SPANDAUER VORSTADT
IN BERLIN-MITTE

HECKMANNHÖFE
CIVAN

Berlin Landesdenkmalamt

Volker Hübner und Christiane Oehmig

SPANDAUER VORSTADT IN BERLIN-MITTE

EIN KUNST- UND DENKMALFÜHRER

Beiträge zur Denkmalpflege Berlin, Sonderband

mit Beiträgen von
Tina Bielefeld, Eva-Maria Eichler, Thomas Flierl,
Norbert Heuler, Bernhard Maaz, Andreas Nachama,
Marlies Newerla, Eberhard Roller, Matthias Weiß

MICHAEL IMHOF VERLAG

Bildnachweis

Abersfelder, Klara *126o., 127o., 128*
Abri, M. *173 r.u., 174o.*
Architektonisches Skizzenbuch Heft LIV., 1864 *71r.u.*
Architekten Gewers, Kühn & Kühn *120o.*
Architekten Kühn von Kaehne und Lange *118r.u.*
Architektur von Ludwig Hoffmann, 1987, S. 93, S. 131 *105l.u., 109l.o.*
Architekturbüro Anne Lampen *45r.*
Barth, Wiltrud *124l.o., 175r.o., 176o.*
Bauausführungen der Berliner Terrain- und Bau-AG, Berlin 1908 *89*
Berlin und seine Bauten, 1896, Abb. 266 *48*
Beyer-Foto *125u.*
Bezirksamt Mitte von Berlin, Archiv Hochbauamt Mitte *170o.*
Bielefeld, Tina *87l., 173l.u., 243l.o.*
Bildarchiv Abraham Pisarek *53l., 230*
Bildarchiv Foto Marburg *24, 25*
Bildarchiv Preußischer Kulturbesitz *39u.*
Bittner, Wolfgang *15u., 31Mitte, 33, 38u., 45u., 49 3.Abb.v.o., 53, 57u., 82r.o., 94u., 108o., 111r.u., 119o., 121r.o., 123l.o., 132Mitte, 150u., 155l.o., 162o., 170u., 204u., 205u., 235, 244*
Buch & Schudrowitz *188l.o.*
Bundesarchiv Berlin *207o. und Mitte*
Bundesarchiv Koblenz (Bild 183/1992/1010/511) *51*
Charité Berlin, Bauaktenarchiv *51u.*
Dall, Anke *180r.u.*
Degenkolb, Jochen *36u., 37u., 82l.o., 181o.*
Deutsche Post *238*
Driesch, Manuela van *46l.u.*
FPK, Ingenieurbüro für Fernerkundung, Photogrammetrie und Kartographie *142u., 157r.o., 246o.*
Geheimes Staatsarchiv Berlin, Preußischer Kulturbesitz, GStA, PK, Freimaurerlogen und freimaurerähnliche Vereinigungen, 5.1.3 Große Landesloge der Freimaurer von Deutschland, Berlin, Nr. 1957, Bl. 99 *64o.*
GWA UmweltConcept *136*
Hölzl, Franz *24o.*
Hübner+Oehmig *Umschlag Vorder- und Rückseite, Einbandklappe vorn, 6, 15o., 17, 18, 22u., 23, 25l., 26o., 27, 29, 30, 31o., 32o., 34, 35, 37o., 38o., 41u., 42o., 43o., 44, 46r.o., 48, 49o. und u., 50u., 51, 52, 54, 57o., 60, 61l.u., 62, 65, 67o. und Mitte, 69r., 70u., 72, 73l.o. und u., 74u., 76, 77o., 78 Mitte und u., 79, 81, 83 Mitte und u., 84o., 85 l.o. und r., 86, 87r.o., 88 Mitte und r.u., 90-92, 94o., 95l.o., l.u., r.u., 96, 97o., 98, 99, 100, 101o. und Mitte, 103r.u., 104, 105o. und r.u., 106 Mitte und u., 107o., Mitte, l.u., 108u., 109r.o., l.u., 110u., 111o., l.u., 112u., 113, 114, 116u., 117l.o. und Mitte, 118o., l.u., 119u., 121l.o., u., 122o., 123r.o., 124r.u., 129u., 130r.o., 132o., 133, 135r.o. und u., 138-141, 142r.o., 143u., 144, 145u., 146, 148, 149o., r.u., 151, 152, 153o., Mitte, l.u., 154o., 155r.o., u., 156o., r.u., 157l.o., u., 159u., 161o., l.u., 162u., 163, 164o., 165r.o.,u., 166l., 168, 169u., 175u., 177r.o., 178r. und u., 179o., r.u., 183r.o., u., 184l.o., 185 Mitte, l.u., 188r.o., Mitte l., u., 189o., 190o., 192l.o., Mitte, 194l.o., u., 195, 196, 197o., r.u., 198, 200u., 201o., l.u., 204o., 206, 209, 211, 212u., 215, 218, 221, 231, 234, 242o., 243r.o., 246u., 250, 263-265, 266u., 268-270*
Imhof, Michael *Einbandklappe hinten, 2, 8, 25r., 26u., 28, 32u., 37 Mitte, 40 Mitte, 41o., 42u., 43 Mitte, 45o., 49 2.Abb.v.o., 59, 61o. und r.u., 67r.u., 68, 69l., 70o., 71o., 74o., 78l.o., 80, 84 Mitte und u., 85 l.u., 86 Mitte l., 87r.u., 88l.u., 93o., 95r.o., l. Mitte, 102, 106o., 107r.u., 109r.u., 110o., 112o., 120u., 122u., 125o., 130u., 132u., 134u., 135l., 142l.o., 143o., 149l.u., 153r.u., 154u., 156l.u., 158u., 160, 161r.u., 164u., 165l.o., 166o., r.u., 167, 169o., 175o.,178l.o., 179l.u., 180l.u., 181u., 183l.o., 184r.o., u., 185r.u., 191, 192r.o, u., 193, 194r.o., 199, 200o., 201r.u., 205 Mitte, 208o., 219, 220u., 242u., 245, 247, 261*
Jank, Sabine *239*
Kramer, Katharina *273, 276*
Koordinationsbüro zur Unterstützung der Stadterneuerung in Berlin *Innenklappe hinten*
Kottke-Gaffrontke, Gisela *143 Mitte*
KuLe e. V. *283, 284*
Landesarchiv Berlin *14, 22, 27, 28, 39 Mitte, 40u., 46o., 48o., 55, 56, 60u., 66u., 73 r.o., 77u., 97u., 103l.u., 116o., 117u., 137, 147o., 158o., 169 Mitte, 172, 186, 197l.u., 205o., 208u., 216*
Landesarchiv Berlin, Aufnahme Klaus Lehnartz *93u., 101u., 129r.o., 177u.*
Landesdenkmalamt Berlin *173o.*
Landeskirchliches Archiv Berlin-Brandenburg, Bestand Sophien /1726 GP1,3 1749 GP1,3; 1645 GP1,3 *117r.o., 129l.o.,130l.o.*
Luchmann, Roland *66o.*
Messbildstelle Berlin GmbH, Büro Berlin *71u.l., 82u., 88o., 190u., 249*
Meyer-Rogge, Klaus *207u., 210u.*
Museum für Kommunikation Berlin *64u.*
Nord, Elke *229*
Padberg & Partner *29r., 30o.,*
Restaurierung am Oberbaum *248*
Reuss, Wolfgang *210o., 255-260*
Roller, Eberhard *272, 277, 280, 281*
Roser, Sebastian *176 Mitte und u.*
Sanden, Ina *126u., 127u., 188 Mitte*
Sander, G. *83o.*
Sanierungsträger Dresden-Pieschen *78o.r.*
Schachinger, Erika *150o., 159o.*
Schauder, Michael *145o.*
Schilling, Otto, Innere Stadterweiterung, 1921, S. 241. *217*
Schmidt, B. *182*
Senatsverwaltung für Stadtentwicklung Berlin *212o.*
Sonnleitner, Andrea *126o., 127o., 128*
Staatsbibliothek Berlin, Preußischer Kulturbesitz, Kartenabteilung *47u., 171u., 185o., 189u.*
St. Hedwig-Krankenhaus Berlin, Archiv der Ordensschwestern *131u.*
St. Hedwig-Krankenhaus Berlin, Archiv der Technischen Verwaltung *131o.*
Stiftung Neue Synagoge Centrum Judaicum, Aufnahme Margit Billeb *58o.*
Stiftung Neue Synagoge Centrum Judaicum, Aufnahme Günter Krawutschke *58u.*
Stiftung Stadtmuseum Berlin, Fotografische Sammlung *31, 40o., 43, 63, 75, 180o., 262*
Storch, Jutta, 123u., 124r.o.
Taube, Eberhard *134o., 266o.*
Widmann, Sampo, Architekt *174u.*
Zeitschrift für Bauwesen 15. 1865 *220o.*
Zentralblatt der Bauverwaltung 53. 1933, S. 5 *50o.*
Zentrales Grundbucharchiv Berlin *36o.*

Michael Imhof Verlag, Stettiner Straße 25, D-36100 Petersberg
Tel. 0661/9628286; Fax 0661/63686; www.imhof-verlag.de

Volker Hübner und Christiane Oehmig: Spandauer Vorstadt in Berlin-Mitte. Ein Kunst- und Denkmalführer, Hrsg. Landesdenkmalamt Berlin/Jörg Haspel, Michael Imhof Verlag, Petersberg 2002 (Beiträge zur Denkmalpflege Berlin, Sonderband).

Herausgeber: Landesdenkmalamt Berlin, Jörg Haspel

Redaktion: Volker Hübner, Christiane Oehmig

Layout und Bildbearbeitung: Michael Imhof Verlag

Druck: Grafisches Centrum Cuno, Calbe

Printed in EU

ISBN 3-937251-01-4

INHALT

GRUSSWORT

Über kaum ein historisches Berliner Stadtgebiet wird derzeit mehr berichtet als über die Spandauer Vorstadt. Die Stadtführungen verzeichnen großen Zulauf. In dichter Folge entstehen historische Monografien über Straßenzüge und Einzelbauten, fotografische Entdeckungsreisen durch Berliner Hinterhöfe, kulinarische Reiseführer durch die üppige Kneipenkultur, und sie alle finden ihre Abnehmer. Die Lage im Gravitationszentrum der Stadt zieht Besucher wie Bewohner magisch an, man wohnt an prominentem Ort und arbeitet im Rampenlicht. Eben etwas Besonderes.

Und das ist gut so. Denn: In der Tat hat sich viel getan in den vergangenen zwölf Jahren nach dem Mauerfall. Bei einem Rundgang durch das Gebiet der Spandauer Vorstadt beeindrucken zahllose sorgsam instandgesetzte Häuser, oftmals ganze Straßenabschnitte. Ihr gepflegtes und restauriertes Erscheinungsbild lebt von den vielen authentisch übermittelten Details und lässt eine Ahnung aufkommen von intensiven Bemühungen um ihren Bestand und von der besonderen Zuwendung, die Bauherren, Architekten, Handwerker und Denkmalpfleger diesem Altstadtgebiet gemeinsam entgegen brachten.

Das Ergebnis kann sich sehen lassen, nicht nur für Konservatoren oder Restauratoren und unmittelbar am Baugeschehen Beteiligte, sondern für viele Menschen, die in dem Gebiet wohnen oder arbeiten, und nicht zuletzt für diejenigen, die neugierig durch die Straßen der Spandauer Vorstadt schlendern, das Unverwechselbare suchen und das einmalige Flair dieses Berliner Stadtgebietes entdecken wollen. Ihnen allen soll das vorliegende Handbuch Orientierungshilfe und womöglich auch Sehhilfe sein. Es richtet sich an Bewohner und an Berlin-Besucher, interessierte Laien und ein fachkundiges Publikum. Es bietet eine informative und illustrative Darstellung nicht nur der einzelnen Baudenkmale, sondern beleuchtet auch die Hintergründe und Zusammenhänge der denkmalpflegerischen Praxis.

Vergleicht man Fotos der Spandauer Vorstadt, die etwa zum Zeitpunkt der „Wende", also um 1990, entstanden, mit dem heutigen Zustand, wird einem erst bewusst, welch gewaltige Sanierungs- und Modernisierungsleistung hier vollbracht worden ist. Wer damals prophezeit hätte, hier entstünde ein höchst attraktives Ausgeh- und Promenierviertel mit internationalem Flair, hätte bestenfalls ungläubige Blicke geerntet, wenn man ihn nicht gar für einen Zyniker gehalten hätte. Mancher potenzielle Abrisskandidat der Planungen der 1970er und 80er Jahre hat sich inzwischen als kaum mehr erwartete Sehenswürdigkeit entpuppt. Ermöglicht wurde diese Wende für die Spandauer Vorstadt mit dem vom Bundesbauministerium und dem Berliner Senat entwickelten Bund-Länderprogramm „Städtebaulicher Denkmalschutz" zur Instandsetzung und Aufwertung historisch wertvoller Stadtquartiere. Bis 2001 wurden in der Spandauer Vorstadt, die ein Schwerpunktgebiet für das Programm ist, 155 Objekte mit einem Fördervolumen von 234,6 Millionen DM und einem Bauvolumen von 366,4 Millionen DM nach den Zielvorgaben des Programms erneuert. Mit Hilfe der Fördermittel gelang es, den Verfall eines gesamten Stadtteils aufzuhalten und anstelle von Billigsanierungen differenzierte substanzschonende Denkmalkonzepte durchzusetzen. Die jüngste Auszeichnung der Spandauer Vorstadt mit einer Goldmedaille im Rahmen des Bundeswettbewerbs „Leben in historischen Innenstädten" ist uns eine Bestätigung.

Die Veröffentlichung dieses Denkmal-Führers haben private Mittel, vor allem

Spenden hier ansässiger Denkmaleigentümer, ermöglicht. Dieser Finanzierungsweg spricht für die Akzeptanz, die das von der Denkmalpflege und der Stadtentwicklung verfolgte Konzept vor Ort genießt. Ich freue mich sehr, dass sich so viele Eigentümer von Baudenkmalen in der Spandauer Vorstadt an der Herstellung dieser Publikation beteiligt haben und möchte allen herzlich danken. Mein besonderer Dank gilt der Deutschen Stiftung Denkmalschutz, die sich paritätisch an den Druckkosten beteiligt und damit auch das finanzielle Engagement vor Ort wirkungsvoll gefördert hat.

Allen Lesern dieses Buches und allen Besuchern der Spandauer Vorstadt wünsche ich viel Freude beim Durchstreifen der Straßen und Plätze und beim Entdecken immer neuer Facetten dieser faszinierenden Stadtlandschaft.

Peter Strieder
Senator für Stadtentwicklung

EINE VORSTADT ZUM VERLIEBEN

Neben der Museumsinsel gehört die Spandauer Vorstadt zweifelsohne zu den bedeutendsten Aufgaben der Berliner Denkmalpflege. An ihrem Rande steht die nach und nach wiederhergestellte Elisabeth-Kirche. „Ich hätte auch Moritaten singen und mit dem Leierkasten über Berliner Hinterhöfe ziehen können...," schrieb in einem Spendenaufruf für dieses Bauwerk vor kurzem Wolfgang Völz, Berliner Schauspieler und auch dem jüngsten Publikum als Stimme von Käpt'n Blaubär bekannt. Man möchte sich für alle Baudenkmale in der Spandauer Vorstadt einen solchen Leierkastenmann wünschen.

Dass auch sonst so manches zusammengesammelte „Scherflein" für die Baudenkmale in der Spandauer Vorstadt zur Verfügung gestellt werden konnte, ist den vielen großherzigen Spendern zu danken, die die Deutsche Stiftung Denkmalschutz unterstützen. Dank ihrer, der Fernseh-Lotterie GlücksSpirale und zeitweisen öffentlichen Mitteln konnte die Deutsche Stiftung Denkmalschutz rund 150.000 Euro (290.000 Mark) für Maßnahmen in der Spandauer Vorstadt zur Verfugung stellen. Konkret kamen sie der ehemaligen Margarinefabrik in der Auguststraße 69 (heute Kunstwerke Berlin) und im Rahmen des Treppenhausprogramms der Stiftung den Wohnhäusern in der Linienstraße 146, dem Schiffbauer Damm 8 sowie der Alten Schönhauser Strasse 25 zugute. Mit diesem Programm konnten zahlreiche historisch wertvolle Berliner Treppenhäuser wieder in ihrem ursprünglichen Zustand zu einem Schmuckstück des Gebäudes werden. Im gesamten Stadtgebiet Berlin konnte die Stiftung in den Jahren von 1991 bis 2001 für die Bewahrung von 65 Denkmalen durch 101 Fördermaßnahmen rund 7,15 Millionen Euro (14 Millionen Mark) zur Verfügung stellen. Für 2002 sind weitere 18 Projekte vorgesehen, für die rund 1,2 Million Euro eingeplant sind.

Nicht erst seit dem Europäischen Denkmalschutzjahr 1975 ist der Denkmalschutz in Berlin zu einem wichtigen Bestandteil der städtischen Identität und Lebensqualität geworden. Seit jeher stellt die Stadt immer wieder große Herausforderungen an diejenigen, die sich mit ihrer baulichen Gestaltung beschäftigen. Die Pflege und Erhaltung des historischen Erbes ist in einer Stadt, deren Bautenbestand den letzten Krieg nur zu 20 Prozent leicht oder unbeschädigt überstanden hat, von besonderer Bedeutung. Dem Erhalt der Zeugnisse vergangener Jahrhunderte, als Einzelbauwerke oder als stadtbildprägende Ensembles und Besiedlungsstrukturen, muss besondere Aufmerksamkeit gelten. Vor allem verdienen die vielfältigen unspektakulären Bemühungen um den Erhalt der historischen Bausubstanz von Denkmaleigentümern, Bürgerinitiativen, Stiftungen und Vereinen der letzten Jahrzehnte großen Respekt.

Die Deutsche Stiftung Denkmalschutz ist bemüht, mit ihrer Förderung gerade dort zusätzliche Hilfe zu leisten, wo ohne diese Hilfe ein Denkmal verloren wäre. Sie kann und will als privatrechtlich verfasste Stiftung die öffentliche Hand dabei nicht entlasten, sondern im Gegenteil immer wieder in die Pflicht nehmen. Denkmalschutz ist jedoch nicht nur eine kulturelle Verpflichtung, sondern darüber hinaus ein wichtiger wirtschaftlicher Faktor. Denn Denkmalschutz sichert Ausbildungs- und Arbeitsplätze im mittelständischen und örtlichen Handwerk.

Die ganze Bandbreite der in Berlin zu findenden Denkmalgattungen ist auch unter den Förderprojekten der Deutschen Stiftung Denkmalschutz vertreten. Sie reicht von Schlossanlagen wie in Schönhausen bis zur ehemaligen Wagenhalle der ABOAG, von den prächtigen Entrees, Tordurchfahrten und Treppenhäusern der bürgerlichen Wohn- und Geschäftsbauten bis zur archäologischen Grabung in Biesdorf, von der kleinen gotischen Heilig-Geist-Kapelle an der Spandauer Straße oder der Dorfkirche von Alt-Staaken bis zur Parochialkirche. Mit großer öffentlicher Resonanz wurde die Sanierung des Reiterstandbildes Friedrich II. unter den Linden oder die Wiederherstellung des Kreuzbergdenkmals wahrgenommen. Eher im Verborgenen blieb die Restaurierung des Liebermann-Grabmals auf dem Jüdischen Friedhof in der Schönhauser Allee.

Auch wenn die Ansätze der Denkmalpflege in Ost und West oft gar nicht so weit auseinander lagen, bleibt durch das schwere Erbe der geteilten Stadt im Osten Berlins noch lange ein Restaurierungsstau aufzuholen. Daher liegt der dringlichere Teil der Förderprojekte der Deutschen Stiftung Denkmalschutz auch im Osten der Stadt. Dank der guten Zusammenarbeit mit dem Bund, dem Land, dem Landesdenkmalamt Berlin, den Unteren Denkmalbehörden und mit Unterstützung vieler im Denkmalschutz engagierter Institutionen und Bürger konnten bereits umfangreiche, im Stadtbild ablesbare Restaurierungen abgeschlossen werden.

Es sind immer einzelne Beispiele, die Mut machen. Und die zu weiterer gemeinsamer Anstrengung anspornen. Denn es ist noch viel zu tun, damit die trotz der Kriegszerstörungen noch reiche Denkmallandschaft Berlins erhalten bleibt. So bleibt der Aufruf aktuell, unter dem die Stiftung 1985 angetreten ist: Rette mit – wer kann!

Gerhard Eichhorn
Geschäftsführer

DEUTSCHE STIFTUNG
DENKMALSCHUTZ

Koblenzer Straße 75 * 53177 Bonn
Telefon 0228/95 738-0, Fax 0228/95 738-23
www.denkmalschutz.de

DENKMALFÜHRER SPANDAUER VORSTADT

SEHENSWÜRDIGKEITEN FÜR DEN WISSENDEN BLICK

Spandauer Vorstadt – das ist ein schillernd bunter Lebensraum mitten im historischen Zentrum von Berlin, ein faszinierender und attraktiver Ort für Bewohner und Besucher der deutschen Hauptstadt. Spandauer Vorstadt – das bezeichnet aber auch einen unerhört vitalen historischen Ort in der Metropole, eine Denkmaladresse von außergewöhnlichem Flair.

Wer dieses Quartier im Bezirk Mitte kennt, weiß, dass es sich nicht stilrein entwickelt hat, so wenig wie der historische Prozess in einer korrekten, weil unzweideutigen räumlichen Abfolge seinen Niederschlag fand. Die Denkmaltopographie und das Straßenbild der Spandauer Vorstadt sind durch Maßstabssprünge, Brüche und Verwerfungen charakterisiert. Dabei ist ein ungemein dichtes und komplexes Netz von Bedeutungsbezügen entstanden und mitten im historischen Zentrum von Berlin auch geschlossen erhalten geblieben. Die Geschichte hat die Bauwerke gleichsam zusammengewürfelt, teilweise auch bunt durcheinandergewürfelt und manches sogar auseinandergewürfelt. Das Auf und Ab der Trauf- und Dachlinien, der unregelmäßige Parzellenrhythmus, das Nebeneinander und stellenweise auch Gegeneinander unterschiedlicher Stilphasen, Materialien, Bautypologien und Bebauungsfiguren, das breite Spektrum und die ungewöhnliche Vielfalt historischer Funktionen auf engstem Raum haben in unmittelbarer Nachbarschaft so etwas wie einen Ballungsraum der komplexen Berliner Kulturgeschichte hervorgebracht.

Die Spandauer Vorstadt hat viele Seiten und sie hat sich gegen die städtebauliche Tendenz des 20. Jahrhunderts zur funktionalistischen Monokultur und zur Entmischung über weite Strecken erfolgreich behauptet. Der Baubestand ist fast ausschließlich Altbaubestand aus der Zeit vor dem I. Weltkrieg, geradeso als sei die Entwicklung mit dem Ende des Kaiserreiches ebenfalls zu Ende gegangen, die städtebauliche Dynamik hier - in unmittelbarer Nachbarschaft zum Finanzzentrum an der alten Berliner Börse und zur Museumsinsel - zum Stillstand gekommen.

Die Spandauer Vorstadt ist ein Mythos, der inzwischen unter Denkmalschutz steht. Seit 1990 ist das Quartier als sogenanntes Flächendenkmal geschützt, heute formaljuristisch als ausgedehntester und wohl auch vielfältigster Denkmalbereich (Ensemble) von Berlin in der Denkmalliste geführt. Über dreihundert Jahre Berliner Stadtgeschichte und Architekturgeschichte vom ausgehenden 17. bis ins frühe 20. Jahrhundert haben sich hier in unmittelbarer Nachbarschaft zum Weltkulturerbe der Museumsinsel und in einer für Berlin beispiellosen Dichte und Mischung erhalten. Als „Hinterhof von Berlin", als „Armeleute-Viertel", aber auch als jüdisches Wohnquartier galt die Spandauer Vorstadt über Generationen eher als großflächiges Sanierungsareal, denn als Stadtdenkmal. Die rettende Denkmaleintragung erfolgte erst vor zwölf Jahren unter dem Eindruck beziehungsweise unter dem Druck von Bürgerprotesten, die 1989 einen endgültigen Stopp der Flächensanierungen durch fünf- bis siebengeschossige Plattenbauten durchsetzen konnten. Eine entscheidende Wende markierte wohl die Auseinandersetzung um das Schicksal einer später als Kunstzentrum „Tacheles" bekannt gewordenen Kriegsruine, der seit 1945 schrittweise dezimierten Friedrichstraßenpassage, einer Einkaufpassage von 1908, deren fragmentierter Kopfbau an der Oranienburger Straße zum Symbolbau der Bürgerbewegung

wurde und zuletzt dank Intervention des „Runden Tisches" von der Abrissbirne verschont blieb.
Tatsächlich ist die Spandauer Vorstadt Standort vieler prominenter und hochkarätiger Denkmale, darunter stadt- und kunstgeschichtlich hervorragender Sakralbauten, wie der barocken Sophienkirche als geistliches Zentrum oder der zur Oranienburger Straße wieder im maurischen Stil als Kuppelbau vervollständigten Neuen Synagoge (1859-66, Eduard Knoblauch und Friedrich August Stüler), einer historischen Traditionsmarke des jüdischen Gemeindelebens. Auch öffentliche Profanbauten von besonderem Rang haben in der Spandauer Vorstadt einen Stammplatz. Beispielsweise das ehemalige Postfuhramt (1875-81, Carl Schwatlo und Wilhelm Tuckermann) an der Ecke Tucholskystraße, ein repräsentativer Klinkerverblendbau im spätklassizistischen Rundbogenstil mit einer imposanten, die Kreuzung zur Tucholskystraße beherrschenden Kuppel über der schräggestellten Rundbogennische. Oder die alte Volkbühne von Oskar Kaufmann, die der historischen Flächensanierung des ehemaligen Scheunenviertels einen wirkungsvollen städtebaulichen Point du vue verlieh und nach dem Krieg als Blickfang und Keimzelle des Kulturlebens wiederaufgebaut wurde, gleich in der Nachbarschaft zu Hans Poelzigs legendärem Kino Babylon aus dem Stummfilmzeitalter. Unter den privaten Großbauvorhaben, die um die Jahrhundertwende vom Cityrand in die Spandauer Vorstadt drängten, haben es vor allem die beliebten Hackeschen Höfe mit ihrer auf August Endell zurückgehenden - und inzwischen restaurierten - Jugendstilausstattung zu einiger Berühmtheit gebracht.
Im statistischen Sinne sind die vorgestellten „Promis" unter den hiesigen Denkmalen freilich keineswegs repräsentativ für die Breite des Denkmalbestands, sowenig wie eine VIP-Liste das Einwohnermelderegister repräsentiert. Zahlenmäßig überwiegend und städtebaulich prägend für den Altbaubestand sind vielmehr die vorstädtischen Wohnhäuser und Höfe des 18. und frühen 19. Jahrhunderts sowie die Ergebnisse der großstädtischen Verdichtung mit Miets- und Geschäftshäusern aus dem Kaiserreich. Die älteren Wohnhäuser zwei- und dreigeschossig mit dahinterliegender Hofbebauung im Blockinnern für Wohn- und Gewerbezwecke, vier- und fünfgeschossig die gründerzeitliche Mietshausbebauung mit Geschäftslokalen im Erdgeschoss an den Hauptstraßen und gelegentlich gewerblich genutzten Hofflügeln. Verglichen mit den eingangs präsentierten Highlights möchte man von Sehenswürdigkeiten für den zweiten Blick oder den wissenden Blick sprechen. Dass es sich dabei auch um einen erhaltenswerten, weil lebenswerten und womöglich sogar liebenswerten Bestand einer historischen Alltagsarchitektur handelt, wurde Skeptikern gelegentlich erst im Rahmen umfangreicher bauhistorischer und restauratorischer Voruntersuchungen oder gar erst nach erfolgreicher Instandsetzung und Modernisierung deutlich. Die Entdeckung barocker oder gründerzeitlich üppiger Treppenhäuser hinter vergleichsweise konventionell anmutenden Straßenfronten, die Freilegung und Proberestaurierung von ornamentaler und manchmal sogar figürlicher Ausmalung, die beispielhafte Wiederbelebung historischer Putztechniken oder die Wiederherstellung des historischen Fassadenschmucks haben den Blick für eher verborgene Schönheiten geschärft und den Weg geebnet für ein breitangelegtes Programm zur denkmalgerechten Sanierung. Dass dabei die für die Spandauer Vorstadt charakteristische Ungleichzeitigkeit vieler Befunde dokumentiert, diskutiert und wo immer möglich auch erlebbar konserviert wurde, macht für die Denkmalpflege den Modellcharakter dieser erhaltenden Stadterneuerung und - so hoffen wir - für die Bewohner und Besucher den besonderen Reiz dieses Denkmalbereichs aus.

Dr. Jörg Haspel
Landeskonservator Berlin

DIE SPANDAUER VORSTADT IN BERLIN-MITTE

Die Veränderungen der Spandauer Vorstadt in Berlin-Mitte sind ein vielbeachtetes Phänomen, das derzeit zu immer neuen Interpretationen und Stellungnahmen herausfordert. Seit dem Mauerfall verändert sich der Stadtteil durch bauliche Erneuerung und entwickelt ein breites Spektrum an Nutzungen mit wachsender Anziehungskraft. Das Geheimnis besteht wohl in der Balance der Gegensätze: Erstaunliche Vielfalt auf engem Raum, belebte Straßen und stille Winkel, Kunst- und Alltagswelt, ein Berliner Kiez inmitten der Großstadt. Aus heutiger Sicht kann das letzte Jahrzehnt des 20. Jahrhunderts ohne Zweifel als das Entscheidende für den Fortbestand der Spandauer Vorstadt und ihre künftige Entwicklung gewertet werden.

Aus ihrer Lage direkt neben dem Weltkulturerbe auf der Museumsinsel, der Nähe zum Regierungsviertel und der Straße Unter den Linden sowie als nördliche Verbindung zum Prenzlauer Berg erwächst die Aufgabe als Mittler von verschiedenenartigen städtischen Funktionen. Insbesondere mit dem nach 1950 fast gänzlich verlorenen und bewusst veränderten Antlitz der Berliner Innenstadt erhält die Spandauer Vorstadt eine Stellvertreterfunktion für das alte Berlin, den eigentlichen Stadtkern.

Die Spandauer Vorstadt gehörte zwischen 1680 und 1709 zu dem Kranz von Vorstädten, der sich um die mittelalterliche Doppelstadt Berlin-Cölln bildete, um die inzwischen kontinuierlich gestiegene Einwohnerzahl aufzunehmen.

Heute ist die Spandauer Vorstadt nach der Dorotheenstadt und der nördlichen Friedrichstadt das älteste in seiner Struktur noch erhaltene Berliner Stadtgebiet. Sie ist jedoch nicht wie jene Gebiete als planmäßige Stadterweiterung in einem Raster angelegt, sondern zwischen den vom Spandauer Tor ausgehenden Ausfallstraßen irregulär gewachsen.

Dieses unregelmäßige Straßennetz ist ein prägnantes Signet für die Spandauer Vorstadt, ein Grundgerüst, das die über dreihundertjährige Geschichte der Vorstadt trägt und kaum einschneidende Veränderungen erfahren hat.

In der seit dem 17. Jahrhundert nahezu unverändert gebliebenen Blockstruktur ist heute noch eine Vielzahl von Gebäuden erhalten, die die Entwicklung des Viertels vom 18. Jahrhundert bis heute dokumentiert.

Im Mittelalter war die Spandauer Vorstadt Teil der Berliner Feldmark. Vor Beginn der Besiedlung gehörten große Teile der späteren Vorstadt zum Vorwerk der Kurfürstin Dorothea, die hier eine Meierei in Spreenähe unterhielt. Mit der Landvergabe durch die Kurfürstin begann die Ansiedlung um 1690 zunächst entlang der bestehenden Straßen. An der Großen Hamburger Straße, die bereits eine mittelalterliche Wegeverbindung über die Berliner Feldmark nach Ruppin bzw. weiter nach Hamburg gewesen ist, wurde 1672 der Jüdische Begräbnisplatz angelegt. Das heute älteste Haus der Spandauer Vorstadt aus dem Jahre 1691, Große Hamburger Straße 19A, steht unmittelbar gegenüber. In seiner Beschreibung der Königlichen Residenzstadt Berlin 1786 erwähnt Friedrich Nicolai, dass die Große Hamburger Straße 1740 gepflastert wurde. Dies unterstreicht die Bedeutung der zu diesem Zeitpunkt durchgängig bebauten Straße.

Auch die Fertigstellung der neuen Berliner Festungsanlagen, 1688 durch Gregor Memhardt, hatte Auswirkungen auf die Stadtgestaltung. Mit der Verlegung des Spandauer Tores, welches der Vorstadt den Namen gab, änderte sich die verkehrliche Anbindung an die

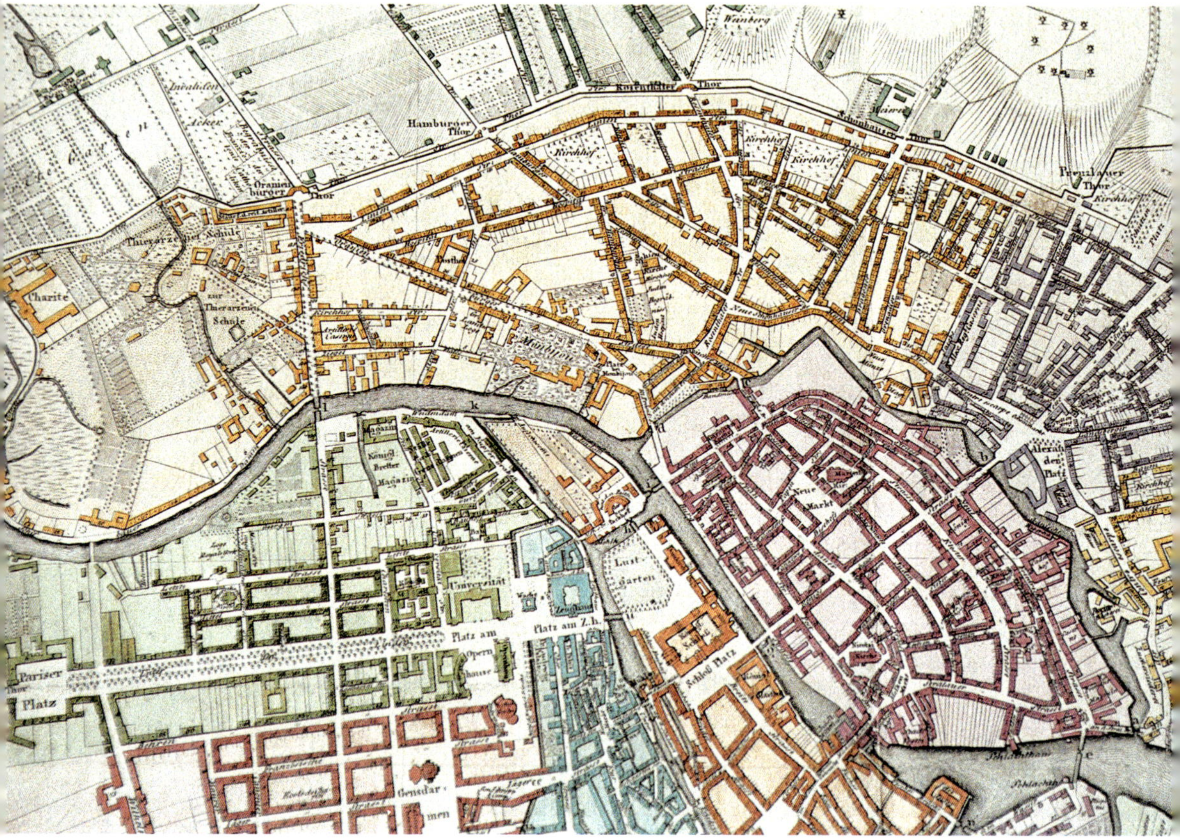

In dem Ausschnitt aus der Stadtkarte von D.G. Reymann 1818 ist die Spandauer Vorstadt nördlich vom alten Berliner Stadtkern zwischen der Friedrichstraße und dem Prenzlauer Tor gelb angelegt.

Oranienburger Straße. Der alte Straßenverlauf ist in einem Teilstück am Monbijouplatz erhalten. Eine erste Abgrenzung der Vorstadt nach Norden gab es seit 1705 mit einer hölzernen Palisadenumwehrung hinter der Linienstraße. Jetzt legte man auch alle die bis heute vorhandenen kleineren Straßen und Gassen an und teilte das Gartenland in Bauparzellen. Mit der allmählichen Besiedlung erhielt die Vorstadt 1712 eine eigene Pfarrkirche. Der 1734 ergänzte Turm von Sophien ist heute als einziger von acht Kirchtürmen erhalten, die Friedrich Wilhelm I. zur Verschönerung der Stadt errichten ließ.

Die 1732-34 errichtete Akzisemauer umschloss das gesamte barocke Berlin und bezog auch die Spandauer Vorstadt ein. In ihrem Verlauf auf der heutigen Torstraße ermöglichten vier Stadttore den Durchlass: das Oranienburger Tor, das Hamburger Tor, das Rosenthaler Tor und das Schönhauser Tor. Die barocken Wallanlagen des alten Berlin mit dem Festungsgraben und dem Spandauer Tor wurden nun nicht mehr benötigt und um 1750 abgetragen. Auf der eingeebneten Fläche entstanden der Hackesche Markt und repräsentative Bürgerhäuser. Die Hofanlagen Neue Promenade 5, Neue Schönhauser Straße 12, die Bürgerhäuser Neue Schönhauser Straße 8 und Rosenthaler Straße 36 und 37 sind wertvolle Zeugnisse der Wohnhausarchitektur aus der Zeit Friedrich des Großen.

Nach der Stagnation während der Befreiungskriege ist erst wieder nach 1820 eine rege Bautätigkeit zu verzeichnen. Aus den Jahren des wirtschaftlichen Aufschwungs bis 1840, der Zeit Karl Friedrich Schinkels, stammen die älteste Gemeindeschule Berlins in der Hirtenstraße, die Feuerwache in der Linienstraße und eine Reihe klassizistischer Mietshäuser in der Tucholskystraße. In der Mitte des 19. Jahrhunderts waren innerhalb der Akzisemauer nahezu alle verfügbaren Grundstücke bebaut. Außerhalb der Tore gab es bislang nur die auch „Voigtland" genannte Vorstadt zwischen Brunnen- und Bergstraße vor dem Rosenthaler Tor. Außerdem hatten sich inmitten landwirtschaftlich genutzter Flächen einige Standorte vorindustrieller Produktion angesiedelt – die Eisengießereien von Schwarzkopff, Borsig und Egells, das sogenannte „Feuerland" vor dem Oranienburger Tor. Unter dem Druck der Zuwanderung und besonders nach dem Fall der Zollgrenzen entstanden in den 1860er Jahren neue Stadtviertel außerhalb der bisherigen Stadtgrenzen. Diese extensive Stadtentwicklung nach dem Generalplan von James Hobrecht berührte auch die Spandauer Vorstadt, veränderte sie aber nicht in ihrem Gefüge. Die bestehenden Grundstücke wurden mit Seiten- und Quergebäuden verdichtet und die vorhandenen Wohnhäuser zum Teil aufgestockt. Ein Sonderfall ist die Krausnickstraße, die auf einem zur Bebauung freigegebenen Gartengelände 1860-62 neu angelegt und in den Jahren bis 1870 mit vorran-

Dachlandschaft in der Neuen Schönhauser Straße.

Das älteste Haus der Spandauer Vorstadt von 1691 steht in der Großen Hamburger Straße 19A.

gig viergeschossigen Mietshäusern gesäumt wurde.
Nach der Reichseinigung von 1871 wurden viele der ein- bis zweigeschossigen Vorstadthäuser abgebrochen und durch größere Mietshäuser ersetzt. Weil sich die Erneuerung meist auf der Einzelparzelle vollzog, blieb der Gebietscharakter mit seiner vielfältigen Mischung von Wohnen und Gewerbe erhalten. Obwohl im Stadtbild wenig präsent, waren die ehemaligen Stockwerkfabriken und Werkstätten in den Hinterhöfen von existentieller Bedeutung für das Stadtviertel. Hier gab es u.a. Metallwarenfabrikation, Zink- und Schriftgiessereien, eine „Broncewaarenfabrik", Bürstenfabriken, Zigarettenfabrikation, Druckereien und kleine Brauereien. Bei einer Umnutzung für die heutigen Ansprüche verbindet sich der Charme der historischen Industriearchitektur mit der neuen Identität als Büro- oder Lofthaus, z.B. in der ehemaligen Pfandleihe in der Torstraße 164, der Essigfabrik in der Almstadtstraße 11 und den Sophie-Gips-Höfen, in denen früher Nähmaschinen und Stahlapparate hergestellt wurden.
Große öffentliche Bauvorhaben trugen im 19. Jahrhundert zur zeitgemäßen Erneuerung bei und bereicherten das Stadtbild. Schon 1792 eröffnete die Große Landesloge der Freimaurer ihren deutschen Hauptsitz in der Oranienburger Straße. Direkt gegenüber errichtete die Jüdische Gemeinde zu Berlin 1867 den größten Synagogenbau Deutschlands, dessen wieder aufgebaute Kuppel einen weithin sichtbaren städtebaulichen Akzent setzt. Ihren angestammten Standort am Postfuhramt erweiterte die Kaiserliche Post mit Repräsentationsbauten für den Postdienst und die moderne Telekommunikation. In ihrer Architektur ist nichts Vorstädtisches mehr zu erkennen. Auch das Kaufhaus Wertheim von Alfred Messel in der Rosenthaler Straße und die Universitätskliniken in der Ziegelstraße haben eine überregionale Funktion, deren gesamtstädtische Bedeutung in der baulichen Größe und künstlerischen Ausschmückung ihren Ausdruck findet.
Den einzigen größeren stadtplanerischen Eingriff um 1900 bedingte die verkehrliche Erschließung des neuen Stadtgebietes auf dem Prenzlauer Berg. Zur Durchlegung der vom Berliner Schloss ausgehenden Achse der Kaiser-Wilhelm-Straße (heute: Rosa-Luxemburg-Straße) brach man das sanierungsbedürftige Scheunenviertel großflächig ab. Auf dem neugeordneten Areal entstanden der Bülowplatz (heute: Rosa-Luxemburg-Platz) mit dem 1914 eröffneten Theaterbau der Volksbühne von Oskar Kaufmann und die 1929 ergänzte Randbebauung von Hans Poelzig.
Auch die Architekten der Moderne schrieben sich ein in das Stadtgeflecht dieses Viertels. Das bekannteste Bauwerk ist das Kino Babylon, 1929 von Hans Poelzig am Rosa-Luxemburg-Platz. Aber ebenso spielen das expressionistische Fernsprechamt Nord, 1927 von Felix Gentzen, der Erweiterungsbau der Universitäts-Frauenklinik, 1932 von Walter Wolff oder das Verwaltungsgebäude der Nord-Südbahn AG von Alfred Grenander aus dem Jahr 1930 eine wichtige Rolle in der Berliner Architekturgeschichte.
Nach dem Ende des Zweiten Weltkrieges zeigte sich das Ausmaß der Zerstörungen im gesamten Gebiet, wobei der östliche, an den Alexanderplatz grenzende Bereich, stärker betroffen war. Schloss und Park von Monbijou waren zerstört, die Torhäuser am Monbijouplatz mit ihrem Figurenschmuck standen noch als Ruinen, bis man sie 1960 abbrach. Aber von einer flächenhaften Verwüstung, wie sie Teile von Alt-Berlin, Friedrichswerder, Dorotheen- und Friedrichstadt erlitten, blieb die Spandauer Vorstadt verschont. Ein großer Teil der Wohnhäuser und der kleinen Gewerbehöfe waren intakt und weiterhin benutzbar. Die Aktivitäten des Wiederaufbaus und der Stadtplanung beschränkten sich bis 1960 auf den

Der Hackesche Markt 1991.

Neue Schönhauser Straße von der Rosenthaler Straße in Richtung Osten.

Hackeschen Markt und ausgewählte Grundstücke wie das Areal des ehemaligen Sophien-Gymnasiums an der Weinmeisterstraße, den Monbijoupark und die Kliniken an der Ziegelstraße. Um 1960 erfolgten die meisten Fassadenmodernisierungen mit einem einheitlichen Neuverputz, die den Mietshäusern aus unterschiedlicher Zeit ein uniformes Aussehen gaben. Davon waren auch die Hackeschen Höfe betroffen. Die Zeit für aufwändige Instandsetzungen oder gar denkmalpflegerische Maßnahmen war noch nicht gekommen.
Erst seit dem Europäischen Denkmalschutzjahr 1975 erhielten konservatorische Bemühungen für den Erhalt des Stadtgebietes neuen Auftrieb. Einige ausgewählte Gebäude wurden unter Schutz gestellt. Zu Erhaltungsmaßnahmen kam es jedoch erst zehn Jahre später in Vorbereitung der 750-Jahr-Feier 1987, die sich auf das Umfeld der Sophienstraße konzentrierten. Für einen großen Teil der Mietshausbebauung war langfristig der Abbruch und die Errichtung von Plattenbauten geplant. Davon zeugt die Blockrandbebauung entlang der Rosenthaler Straße, an der Kreuzung von Weinmeister-, Münz-, Alter und Neuer Schönhauser Straße, aber auch an der Linienstraße oder an der Großen Hamburger Straße Ecke Auguststraße. Mit einer Anpassung an die bestehende Geschossigkeit zeigte man sich bemüht, den Gebietscharakter nicht gänzlich zu zerstören. Mit der politischen Wende in der DDR 1989 kam auch das Ende der Flächensanierung durch Plattenbauten.
Anders als das mittelalterliche Stadtgebiet, das eigentliche historische Berliner Zentrum, aber auch anders als die planmäßig angelegten Vorstädte Dorotheenstadt und Friedrichstadt, die im Laufe ihrer Geschichte immer wieder grundlegend umgebaut wurden und als Stadtgebiete bis heute eher einen homogenen Charakter haben, wird die Eigenart der Spandauer Vorstadt von der Verschiedenheit einzelner Straßenzüge und Quartiere bestimmt.
Die Spandauer Vorstadt hat sich im Laufe ihrer Besiedlung und städtischen Entfaltung immer in Abhängigkeit zu ihren benachbarten Stadtgebieten entwickelt und somit ihren eigenen Charakter in wiederum sehr unterschiedlich geprägten Einzelbereichen erlangt. Die ehemaligen Schiffsbauplätze am Ufer der Spree, Ziegeleien und Gipsbrennereien waren später Flächenreservate für große öffentliche Bauten – die heutigen Standorte von Wissenschaft, Dienstleistung und Kultur. Friedhöfe, einst vor den Toren der Stadt gelegen, sind heute grüne und stille Oasen im Stadtlärm, hier vor allem der Sophienkirchhof und der ehemalige Garnisonfriedhof. Der Park des ehemaligen Schlosses Monbijou wirkt ausgleichend zu den großen Bauvolumen an der Oranienburger Straße.
„Es besteht die Chance, den in Berlin einzigartigen Charakter der Spandauer Vorstadt zu bewahren", lautet ein Zitat aus der Ausstellung über die Denkmalinventarisation von 1991 und benennt damit präzise die Ausgangssituation. Die Bewahrung sollte nicht dem Zufall überlassen bleiben und gehörte fortan zu den vorrangigen Aufgaben der Stadtsanierung, Stadtplanung und insbesondere der Denkmalpflege. Im Ergebnis der flächendeckenden und parzellengenauen Inventarisation aller denkmalwerten Bauten in den Jahren 1991-93 wurde die Spandauer Vorstadt in ihrer Gesamtheit als Denkmalensemble unter Schutz gestellt. Darüber hinaus erwies sich die Festlegung als Erhaltungsgebiet nach § 172 des Baugesetzbuches als ein geeignetes Schutzinstrument für das Weiterbauen im historischen Bestand und ermöglichte den Einsatz von finanziellen Mitteln aus dem Förderungsprogramm von Bund und Ländern „Städtebaulicher Denkmalschutz".
Maßstab aller Bemühungen der Stadterneuerung und insbesondere der Denkmalpflege in den letzten zehn Jahren war und ist es bis heute, dieses vielgestaltige Stadtgeflecht, diesen inzwi-

Babylonblock am Rosa-Luxemburg-Platz von Hans Poelzig.

schen viel gerühmten unverwechselbaren Charakter der Spandauer Vorstadt zu bewahren und fortzuschreiben. Im Rückblick auf das Ergebnis werden sich alle Bemühungen um die Instandsetzung und Sanierung, die Konservierung und Restaurierung und die Neubebauung daran messen lassen müssen, inwieweit sie beigetragen haben, die wertvolle historische Bausubstanz und die städtebauliche Eigenart zu erhalten und eine lebendige Nutzung für die Gegenwart und die nächsten Generationen zu ermöglichen.

Die akribische Erfassung und Bewertung des Bestandes war dabei eine unerlässliche Grundlage für verantwortungsbewusstes und zielgerichtetes Handeln. Gefragt waren geeignete Sanierungskonzepte, die sich mit materialgerechten Handwerkstechniken auf das Gebäudealter, die Baukonstruktion und die typischen Schadensfälle an den Baudenkmalen optimal einstellen. Allerdings können denkmalverträgliche Planungen und Ausführungen nur in einvernehmlicher Zusammenarbeit von Bauherren, Architekten und Behörden zustande kommen. Mit Hilfe der abgeleiteten Vorgaben aus dem Denkmalstatus, dem Inhalt der Erhaltungsverordnung und den Sanierungszielen konnten in vielen Fällen störende Veränderungen des Erscheinungsbildes oder gar ein Abbruch von Gebäuden verhindert werden. Dabei ging es nicht nur um Substanzerhalt, sondern auch um formal begründete Eigenarten, wie den Erhalt der Dachlandschaft und der Hofanlagen. Anstatt Höfe zu überbauen, wurde die Begrünung mit öffentlichen Mitteln gefördert.

Fördermittel aus dem Bund-Länderprogramm „Städtebaulicher Denkmalschutz" unterstützten mehr als hundert Bauvorhaben in der Spandauer Vorstadt und ermöglichten den Ausgleich von Mehraufwendungen, die bei der Reparatur von Bauschäden, der Instandsetzung historischer Fenster und Türen oder bei der Restaurierung von Ausmalungen in den Treppenhäusern entstanden. Ganz unmittelbar erschließen sich dem Betrachter die zahlreichen restaurierten Putz- und Stuckfassaden, bei denen die historische Farbgebung nach den restauratorischen Befunden wiederhergestellt wurde.

Stadtentwicklung war und ist in ihrem steten Auf und Ab immer an politische Geschehnisse und die wirtschaftliche Entfaltung geknüpft. Die Geschichte zeigt, dass gerade das Gebiet der Spandauer Vorstadt sowohl in Zeiten des Aufschwunges als auch des Niedergangs immer wieder seine Identität bewahren konnte. Mit dieser Erfahrung verbindet sich die Hoffnung, dass sich auch künftige Generationen diesen Stadtteil nutzbringend anzueignen wissen.

Literatur- und Quellenverzeichnis (Auswahl)

Adressbücher der Stadt Berlin.
Berlin: offene Stadt, Die Stadt als Ausstellung (Hg. Berliner Festspiele und Architektenkammer Berlin), 2000.
Laurenz Demps, Die Oranienburger Straße: Von der kurfürstlichen Meierei zum modernen Stadtraum, 1998.
Die Bau- und Kunstdenkmale in der DDR, Hauptstadt Berlin I, 1984.
Wolfgang Feyerabend, Quer durch die Mitte, Die Spandauer Vorstadt, 1999.
Uwe Kieling, Berlin - Baumeister und Bauten: Von der Gotik bis zum Historismus, 1987.
Landesdenkmalamt Berlin, Inventarisierung der Baudenkmale, Spandauer Vorstadt in Berlin Mitte.
Friedrich Nicolai, Beschreibung der Königlichen Residenzstadt Berlin (Reprint), 1987.
Hermann Simon, Die Neue Synagoge Berlin, 1997.
Dieter Weigert, Der Hackesche Markt, Kulturgeschichte eines Platzes, 1997.

Quellennachweis, Standorte 1 bis 14

1 Albert Gut, Das Berliner Wohnhaus des 17. und 18. Jahrhunderts, Berlin 1917, Reprint 1984.
2 Julius Kothe, Wohnhäuser von kunstgeschichtlichem Wert in Berlin, in: Zeitschrift für Bauwesen, 1923.
3 Landesarchiv Berlin, Bestand Feuersozietät, AREP. 0180, Acc. 750.
4 Zentrales Grundbucharchiv Berlin, Grundbuchblätter der Königstadt.
5 Erika Schachinger, Alte Wohnhäuser in Berlin, 1969.

STANDORT 1

HACKESCHER MARKT

Angelegt nach dem Abtragen der Wallanlagen, ist der Hackesche Markt seit über 250 Jahren das Bindeglied zwischen dem alten Berliner Stadtgebiet und der Spandauer Vorstadt. Von Beginn an haben seine Gelenk- und Marktfunktion sowie die attraktive Lage der Baugrundstücke diesem Ort innerstädtische Bedeutung und Anziehungskraft verliehen. Der 1751 angelegte Platz ist nach dem Grafen Hans Christoph Friedrich von Hacke benannt, der Hofjägermeister und Generaladjudant unter Friedrich Wilhelm I. war.

Im Zweiten Weltkrieg wurden am Hackeschen Markt etwa zwei Drittel der Bauten zerstört oder stark beschädigt. Nach der Enttrümmerung entstanden im Zuge einer ersten Neugestaltung zwei Grünanlagen zwischen Neuer Promenade und Zwirngraben und östlich die Fläche entlang der Spandauer Brücke. Eine zweite Phase beinhaltete 1958 bis 1962 die Modernisierung des Stadtbildes am Hackeschen Markt. Die historistische Bauornamentik galt als unmodern. Dementsprechend wurden der noch zum großen Teil erhaltene Bauschmuck bzw. die Putz-Stuckfassaden der Hackeschen Höfe, der Wohn- und Geschäftshäuser Neue Promenade 3 und 5 sowie der Wohnhäuser Rosenthaler Straße 36 und 37 entfernt und meist durch Glattputz oder Rauhputz ohne gliedernde Elemente ersetzt. Damit waren auch die unterschiedlichen Bauzeiten der Häuser nivelliert und ihre Geschichte in den Hintergrund gedrängt. Bemerkenswert ist, dass die bereits in den 1930er Jahren überformte Fassade Rosenthaler Straße 39 verschont blieb.

Heute umfasst der Platz den lebhaften Kreuzungspunkt der fünf einmündenden Straßen und die großzügige Platzaufweitung vor dem S-Bahnhof Hackescher Markt, da die Grundstücke der im Zweiten Weltkrieg zerstörten Häuser auf dem Areal zwischen Zwirngraben und Neuer Promenade nicht wieder bebaut wurden. Mit dem 2001/02 umgestalteten Zwirngraben ist ein neuer „steinerner" Stadtplatz entstanden und die Platzgestaltung von 1958-65 wurde gänzlich überformt. Der Name „Am Zwirngraben" erinnert an die Seidenspinnerei am Wehr des Festungsgrabens. Für den Bau der Stadtbahn wurde der Graben nach 1875 zugeschüttet. 1882 wurde der Bahnhof „Börse", wie der S-Bahnhof Hackescher Markt nach der in der Burgstraße gelegenen Börse ursprünglich hieß, eingeweiht.

Hackescher Markt. Postkarte von 1957.

Im Prozess der Erneuerung seit 1990 galt es, durch sorgsames Konservieren und Restaurieren sowie durch qualitätvolle bauliche Ergänzungen die architektonische Vielschichtigkeit an diesem Knotenpunkt der Vorstadt wieder lebendig werden zu lassen, ohne künstliches historisches Flair zu erzeugen.

1 Rosenthaler Straße 40-41 und Sophienstraße 6 – Hackesche Höfe

Eine Initialwirkung für den Hackeschen Markt und seine Revitalisierung als turbulenter großstädtischer Platz hatte die Erneuerung und Restaurierung der Hackeschen Höfe. Seit 1859 war der Kauf-

S-Bahnhof Hackescher Markt nach Süden mit der 2002 fertiggestellten Platzgestaltung.

mann, Hoflieferant und Glasfabrikant Hans Quilitz zunächst Eigentümer des großen, bis an den Jüdischen Begräbnisplatz grenzenden Grundstückes, Rosenthaler Straße 40. Die Quilitzschen Erben erwarben 1905 zusätzlich die Parzellen Rosenthaler Straße 41 und Sophienstraße 6.

Somit verfügten die Eigentümer über die stattliche Grundfläche von rund 9000 qm, die sie im Gesamtauftrag von der Baufirma des Architekten Kurt Berndt in den Jahren 1906/07 vollständig neu bebauen ließen. Insgesamt umfasst die Anlage acht Höfe einschließlich der Geschäftshäuser am Hackeschen Markt und an der Sophienstraße, eines Festsaalgebäudes im ersten Hof, einer Stockwerkfabrik im zweiten Hof und fünf Wohnhöfe, die unmittelbar an den Jüdischen Friedhof und den Sophienkirchhof grenzen und im Erdgeschoss auch damals Gewerberäume enthielten.

Die farbigen Klinkerfassaden des ersten Hofes entwarf der Jugendstilarchitekt August Endell und auch die Ausgestaltung der seinerzeit nach ihrem ersten Betreiber, Wilhelm Neumann, benannten „Neumannschen Festsäle" im Quergebäude stammt von Endell. Erste Veränderungen an der Bausubstanz gab es bereits nach einem Eigentümerwechsel 1920, als die Köster AG im oberen Festsaal eine Zwischendecke zur Schaffung von zwei Etagen einzog und damit teilweise in die Endellsche Fassade eingriff.

1945 zerstörten Bombentreffer das vierte Obergeschoss über dem westlichen Treppenhaus im ersten Hof, es folgte 1961 die Fassadenvereinfachung am Hackeschen Markt. Vor allem bedeutete die fortan unverträgliche Nutzung der Räumlichkeiten im ersten Hof als Werkstatt und Lager weiteren Verlust originaler Bausubstanz.

Rosenthaler Straße 40-41 (linke Bebauung). Die modernisierten Fassaden der Hackeschen Höfe sind das Markenzeichen des Standorts.

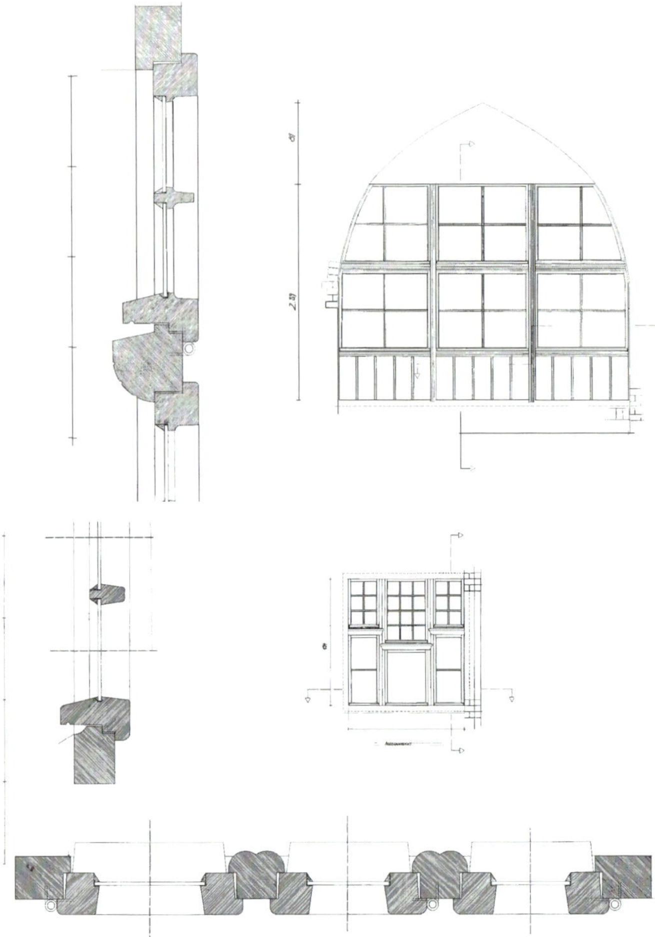

Rosenthaler Straße 40-41. Die Fenster im ersten Hof entwarf August Endell. Außenansichten und Profilschnitte von zwei originalen Fenstertypen. Aufgenommen in M 1:10, 1:1 von Franz Hölzl, 1991.

Rosenthaler Straße 40-41. Hackesche Höfe. Neumanns Festsäle. Aufnahme um 1920.

Die Hackeschen Höfe stehen seit 1977 unter Denkmalschutz. Die 1990/91 gegründete Gesellschaft Hackesche Höfe e. V. hat die wesentliche Vorarbeit für die Wiederbelebung der historischen Mischung von Gewerbe, Wohnen und Kultur geleistet, indem sie von 1990 bis 1995 mit kulturellen Zwischennutzungen weiteren Leerstand und Substanzverfall verhinderte. Auch die detaillierte Erforschung der Eigentümer- und Baugeschichte sowie der Unternehmens- und Bewohnergeschichte ist dem Verein zu verdanken.

Die Restaurierung der Klinkerfassaden von August Endell im ersten Hof zählt ohne Zweifel zu den gelungensten Ergebnissen denkmalpflegerischer Bemühungen in der Spandauer Vorstadt.

In beispielhafter Kooperation realisierten Bauherren, Architekten, Behörden, Bewohner und Gewerbetreibende vom Frühjahr 1995 bis Ende 1996 die Instandsetzung und Modernisierung der Bausubstanz bei teilweiser Aufrechterhaltung des Gewerbebetriebs und der Wohnnutzung. Die Maßnahmen umfassten u. a. die Wiederherstellung der Fassaden im ersten Hof, den Ausbau der ehemaligen Stockwerkfabrik im zweiten Hof und der Gewerberäume im Erdgeschoss der Wohnhöfe sowie eine mit den Mietern abgestimmte Wohnungsmodernisierung. Im Ergebnis konnte eine überzeugende Übereinstimmung von moderner Nutzung und Bewahrung der denkmalgeschützten Substanz erreicht werden. Die neue Straßenfassade nach einem Entwurf der Architekten Weiß & Partner ist bereits zum Wahrzeichen des Hackeschen Marktes avanciert.

Rosenthaler Straße 40-41. Hackesche Höfe, Aufnahme um 1920 (unten) und 2000 (links).

Sophienstraße 6. Fassade.

2 Rosenthaler Straße 42, An der Spandauer Brücke 1-8, Dircksenstraße 48-52 – Neuer Hackescher Markt

Ganz im Sinne städtebaulicher Denkmalpflege tragen die gegenüberliegenden Neubauten, die 1996-98 unter der Entwurfs- und Planungsleitung der Architekten Götz Bellmann & Walter Böhm erbaut wurden, zur Stadtreparatur bei. Sie bilden mit zwölf Wohn- und Gewerbebauten ein eigenes Quartier, das die historische Bauflucht wiederherstellt und die nordöstliche Platzumbauung schließt.

Die sechs im Zweiten Weltkrieg an dieser Stelle zerstörten und nach 1945 vollständig abgeräumten Wohn- und Geschäftshäuser stammten aus der Zeit zwischen 1880 und 1900, als mit dem Bau des Stadtbahnviaduktes auf dem zugeschütteten Festungsgraben parallel zu diesem die Dircksenstraße angelegt wurde. Das neue Quartier belebt mit seiner Folge von neun unterschiedlichen

Neuer Hackescher Markt von Süden. Seit der Neubebauung hat das Quartier mehr Einzelhäuser als der historische Bestand vor den Kriegszerstörungen.

Vorderhäusern die Straßenfronten. Ihre Gestaltung verbindet der Grundgedanke einer modernen Umsetzung von traditionellen Bauformen innerstädtischer Architektur des frühen 20. Jahrhunderts. Der Einzelhauscharakter durch individuell gestaltete Fassadensegmente versinnbildlicht das Bauen auf dem historischen Stadtgrundriss.

3 Neue Promenade 3 / Hackescher Markt 4 / Große Präsidentenstraße 10

Weithin sichtbar beherrscht das fünfgeschossige Wohn- und Geschäftshaus den Platz; seine ohnehin exponierte Lage wird durch die stadtplanerische Entscheidung, die im Zweiten Weltkrieg

Neuer Hackescher Markt.

zerstörten gegenüberliegenden Parzellen an der Neuen Promenade nicht wieder zu bebauen, zusätzlich betont. Bereits 1805 hatte der Bürger und Sattlermeister Koch drei Anwesen am Hackeschen Markt zu einem großen Grundstück vereint. Die Kaufleute Hermes & Hey ließen nach dem Erwerb 1871 sämtliche Vorgängerbauten, die von 1754, 1787 und 1805 stammten, abbrechen und 1873 ein neues Wohn- und Geschäftshaus errichten. Eine außerordentlich qualitätvolle Gestaltung zeichnet die beiden Haupttreppenhäuser an der Neuen Promenade und der Großen Präsidentenstraße aus. Insbesondere die Ausstattung des Vestibüls mit Atlashermen und aufwändiger Stuckdecke sowie die um ein ovales Auge geführte Treppenanlage an der Neuen Promenade lassen vermuten, dass die Entwürfe von einem renommierten Architekten stammen. Es ist nicht auszuschließen, dass der Bauinspektor Carl J. P. Hesse, der 1876 an der Neuen Promenade 3 eine Wohnung gemietet hatte, die Entwürfe für das Gebäude fertigte. Hesse war der älteste Sohn des Architekten Ludwig Ferdinand Hesse, der unter anderem das Lehrgebäude für die Tierärztliche Hochschule in der Luisenstraße 56 erbaut hat.

Im Rahmen der planmäßigen Fassadenmodernisierung der Häuser um den Hackeschen Markt waren 1959-61 auch die

Neue Promenade 3. Deckenrosette aus der Bauzeit 1873 in der Wohnung des Südwestflügels im 1. Obergeschoss.

Stucco-lustro-Gestaltung im Haupttreppenhaus. Eine Musterachse diente zur Ermittlung der Restaurierungsmethoden.

unten rechts: Zeichnung für die Wiederherstellung der Fassadengestaltung.

links: Neue Promenade 3. Zerstörte Gebäudeecke am Hackeschen Markt und an der Großen Präsidentenstraße. Aufnahme von 1946.

S-Bahnhof Hackescher Markt. Die Aufnahme um 1880 zeigt die Bauarbeiten am Stadtbahnhof. Am linken Bildrand ist das Haus Neue Promenade 5 mit der Fassade aus dem Umbau 1863 zu erkennen.

S-Bahnhof Hackescher Markt von Norden. Detail der Klinkerfassade mit Terrakotta- und Mosaikschmuck.

Fronten dieses Hauses nach Entfernen der zum Teil noch erhaltenen spätklassizistischen Gliederungen und des Bauschmucks mit einem hell gestrichenen Glattputz versehen worden.

Mit dem Wiederaufbau der im Krieg zerstörten nordöstlichen Gebäudeecke 2001/02 wird die bauliche Geschlossenheit und damit die Wirkung nach allen Platzseiten wiedergewonnen. Das Fassadenkonzept geht von der Wiederaufnahme tektonischer Gliederungen unter Einbindung der Erker, die den Fassadenrhythmus des großen Baukörpers maßgeblich bestimmen, aus. Es trägt zur Verständlichkeit des historischen Gebäudes bei und stellt formal einen Bezug zu den überkommenen Raumfassungen in den Treppenhäusern her. Die Sanierung und Modernisierung der Gebäudeanlage umfasste auch die Restaurierung beider Treppenanlagen. Diese basierte auf den restauratorischen Befunden aus der Bauzeit 1873 und den Musterachsen, die zur Ermittlung der Methodik für eine erfolgreiche Restaurierung angelegt wurden.

4 S-Bahnhof Hackescher Markt

Gegenüber der Neuen Promenade markiert die auf dem zugeschütteten Berliner Festungsgraben angelegte Hochbahntrasse der Fern- und Stadtbahn mit ihrem geschwungenen Verlauf die einstige Grenze zwischen dem mittelalterlichen Berlin und seiner Vorstadt. Der S-Bahnhof Hackescher Markt, 1882 als Station „Börse" eröffnet, konnte im Rahmen der Neustrukturierung des S-Bahnnetzes 1995-99 instand gesetzt und modernisiert werden. Die gereinigte Klinkerfassade und insbesondere die Wiederherstellung des Hallendaches mit der damals bautechnisch modernen Konstruktion aus eisernen Bogenträgern und sattelförmigen Lichtraupen lassen die nach Plänen des Architekten Johannes Vollmer errichtete Bahnhofshalle wieder als verkehrstechnisches Bauwerk des ausgehenden 19. Jahrhunderts erleben.

5 Neue Promenade 5

Die älteste Wohnhausanlage im Bereich des Hackeschen Marktes stammt noch aus der ersten Ausbauphase des ab 1750 bebauten trapezförmigen Quartiers an der neuen Uferpromenade des Festungsgrabens. Die Erben des Generalleutnants Friedrich Wilhelm Quirin von Forcade ließen 1768 im Wert von insgesamt 14.000 Reichstalern ein Vorderhaus, zwei seitliche Flügelbauten und ein Hintergebäude bei der Feuersozietät versichern. Das mit 9.000 Reichstalern taxierte Vorderhaus war zu diesem Zeitpunkt schon dreigeschossig massiv und zählte zu den gut ausgestatteten Häusern entlang der zwischen 1755 und 1780 zusammenhängend bebauten Commandantenstraße, wie die Straße bis zu ihrer Umbenennung 1840 hieß.

Von den nachfolgenden Besitzern veranlasste 1829 der Stadtrat Johann Heinrich Lenke die bauliche Erweiterung des westlichen Seitenflügels und des Quergebäudes. Aus dieser Bauphase datiert die nordwestliche Holztreppe. Der Kaufmann Adolph Friedemann ließ 1863 das Dach des Vorderhauses straßenseitig anheben und als Fachwerkgeschoss ausbauen. Gleichzeitig erfolgte eine veränderte Grundrissaufteilung der Wohnungen einschließlich der zeittypischen Abtrennung des Treppenhauses, das heißt, die barocke Treppenanlage wurde durch einen an der Hofseite neu errichteten viergeschossigen Treppenanbau ersetzt. Die straßenseitige Aufstockung 1863 führte auch zu einer Fassadenüberformung des barocken Gebäudes.

Bei der umfassenden Sanierung 1995-97, die von einer detaillierten Bauforschung begleitet wurde, stand die Bemühung um den Fortbestand der stark gefährdeten, teilweise desolaten Gebäude im Vordergrund. Sicherung, Ertüchtigung und Erhaltung der Originalsubstanz waren vorrangiges Ziel. Bei der Wiederherstellung des rechten Seitenflügels waren schwierige technische Probleme zu lösen. Die gefährdete Standsicherheit der Ruine und die geringe Druckfestig-

Neue Promenade 5. Fassade nach der Sanierung, Aufnahme 2000.

Der konservierte Schriftzug „Wurach" an der Hoffassade des Quergebäudes erinnert an den Fabrikanten Wurach, dessen Familie das Haus von 1900 bis um 1940 gehörte.

unten links: Um einen Teil der Originalsubstanz der Westwand des östlichen Seitenflügels zu erhalten, musste sie während der Bauarbeiten abgestützt werden. Aufgenommen im Juni 1996.

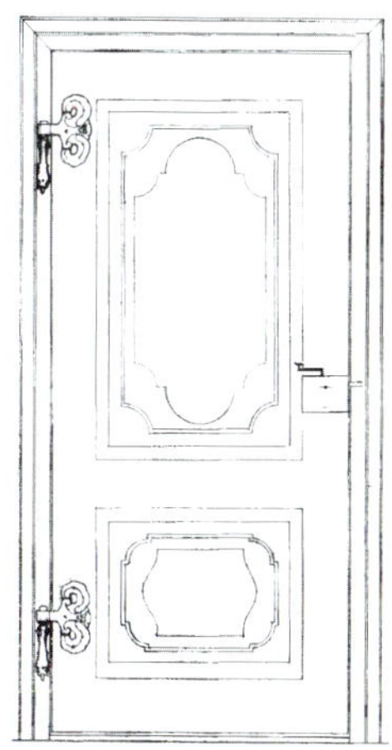

Tür von 1768 mit geschmiedeten Bändern. Aufgenommen im M 1:10 von Padberg & Partner, 1995.

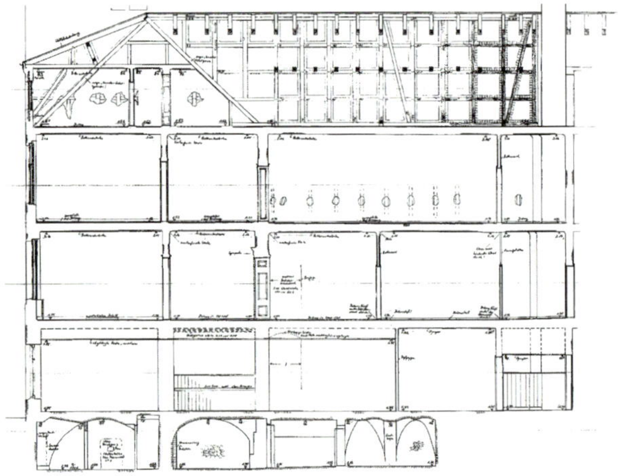

Neue Promenade 5.
Schnitt AA durch das Vorderhaus und den linken Seitenflügel. Das verformungsgerechte Bauaufmaß erbrachte neue Kenntnisse über frühere Bauzustände und überzeugte alle am Bauvorhaben Beteiligten vom Wert der verwendeten Materialien und der historischen Konstruktion. So blieb das Gewölbe von Durchbrüchen verschont, gab der historische Grundriss Anregung für die künftige Gestaltung. Das Holzfachwerk der Giebelwand ist heute sichtbar in die Raumgestaltung im 2. Obergeschoss einbezogen.
Aufgenommen im M 1:50 von Padberg & Partner, 1995.

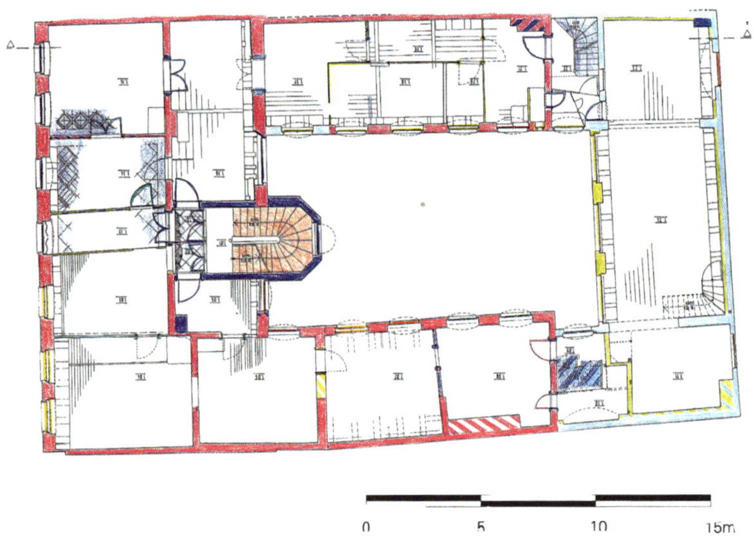

Grundriss des 1. Obergeschosses. Die farbigen Eintragungen unterscheiden die einzelnen Bauphasen. Zum ältesten Bestand von 1768 gehört das rot angelegte Mauerwerk, hellblau markiert ist das 1829 errichtete Quergebäude mit Nebentreppen. Dunkelblau gekennzeichnet ist der Umbau des Hauses von Kaufmann Friedemann 1863. Der Vorbau im Hof für die neue Haupttreppe und ein Teil der erhaltenen Innentüren stammen auch aus dieser Zeit.
Gezeichnet im M 1:100 von Padberg & Partner, 1995.

Neue Promenade 6.

keit der Ziegel bargen die Gefahr, dass herabstürzende Teile das historische Gewölbe zerstören würden. Aufgrund seiner architekturgeschichtlichen Bedeutung sollte das Mauerwerk aus dem 18. Jahrhundert erhalten bleiben. Weiterhin standen der Erhalt historischer Fenster, Türen und einer Treppe aus den 1820er Jahren im Zentrum des denkmalpflegerischen Interesses. Gerade jene authentisch überkommenen Bauteile und Ausstattungen bestimmen heute die Atmosphäre und lassen das tatsächliche Baualter erkennen. Um eine gastronomische Nutzung des Kellergewölbes zu ermög-

lichen, unterfing man die Fundamente durch Hochdruckinjektagen. Die nunmehr sichtbaren Kellerwände und die Rundbögen der Einzelfundamente unter dem Quergebäude geben Aufschluss über historische Konstruktionstechniken.
Dank des Verzichts auf Dachaufbauten oder Aufstockungen hat das barocke Wohngebäude seinen Charakter bewahren können und die Putzgliederung der Straßenfassade nimmt in zurückhaltender Weise auf die Gestaltung von 1863 Bezug. Ihre Qualität beruht auf der handwerklichen Ausführung der Putzarbeiten in traditionellem Material und der Natursteinfarbigkeit des monochromen mineralischen Anstriches sowie der Materialwirkung der Eichenholzfenster. Mit der 1998 gereinigten und sanierten Front des westlich anschließenden Geschäftshauses **Neue Promenade 6** hat sich eine für die Zeit um 1900 typische Pfeilerfassade im Stadtbild erhalten.

6 Rosenthaler Straße 36

Bereits die Architekturhistoriker Albert Gut und Julius Kothe hielten 1917 bzw. 1923 die beiden ältesten Wohnhäuser in der Rosenthaler Straße 36 und 37 für denkmalwert. Diese Bauten liefern wesentliche Informationen zur frühen Geschichte der Bebauung in unmittelbarer Nähe zum Hackeschen Markt. In diese

Rosenthaler Straße 37. oben: Aufnahme von 1995 mit der um 1960 weitgehend entstuckten Fassade. links: Aufnahme 2002. unten: Rosenthaler Straße 37 und 36. Aufnahme um 1900.

Rosenthaler Straße 36. Die Treppenanlage mit schmiedeeisernem Geländer von 1781 zählt zu den wenigen erhaltenen originalen Ausbauteilen. Aufnahme von 1993.

Reihe der Häuser aus dem ausgehenden 18. Jahrhundert gehört auch das Bürgerhaus Neue Schönhauser Straße 8 (siehe **135**).

Der Königliche Hofrat Kartzig ließ auf seinem von den Grotjanschen Erben erkauften Flurstück in der „Rosenthalischen Straße" 1781 das neu erbaute, dreigeschossig massive Vorderhaus Nr. 36 für eine Summe von 2.500 Reichstalern versichern. Die nachfolgenden Besitzer ließen das Wohnhaus 1881 hofseitig um ein Fachwerkgeschoss erhöhen, und 1910 wurde auch die Straßenfront aufgestockt. Während die Fassade und die spätbarocke Ausstattung im Innern weitestgehend bei nachfolgenden Umbauten verändert wurden, gehört die elegant um ein rundes Treppenauge geschwungene, eingestemmte Holztreppe mit schmiedeeisernem Geländer zu den letzten Zeugnissen dieser Art von freitragenden Treppen, wie sie seit Mitte des 18. Jahrhunderts in Berlin unter dem Einfluss französischer Vorbilder gebaut wurden.

Die auf der langgestreckten Parzelle an die Hackeschen Höfe grenzenden seitlichen Hofgebäude wurden 2001/02 als Ladenzeile eingerichtet. Ursprünglich diente 1893 ein Teil der südlichen Hofgebäude als Kegelbahn. Das in seinem Kern aus den Bauphasen von 1848 und 1878 stammende Quergebäude ist heute für gewerblich genutzte Loftetagen ausgebaut.

7 Rosenthaler Straße 37

Die frühklassizistische Fassade des Bürgerhauses von dem Schmiedemeister Samuel Treppens aus dem Jahr 1787 fiel der Fassadenvereinfachung um 1960 zum Opfer. Der Umgang mit solchen Verlusten ist schwierig. Bei aller gebotener Zurückhaltung führen Vereinfachungen bei der Wiederherstellung der früheren Fassadengliederung, wie auch bei dieser Adaption der historischen Vorgaben von 1995-96 nicht automatisch zu einem überzeugenden Ergebnis. Auch wirkt die körperlos helle Farbgebung befremdlich flach und kühl. Im Treppenhaus konnte dagegen trotz spärlicher Befundlage die frühklassizistische Wanddekoration aus der Zeit um 1790

Rosenthaler Straße 37. Treppenanlage von 1787 mit der wiederhergestellten Wandgestaltung.

restauriert werden. Auf die Wände wurde eine Marmorimitation vor blaugrauem Grund gemalt und mit Begleitstrichen gerahmt. Die ursprüngliche Raumwirkung und Farbgebung im Treppenhaus werden so wieder eindrucksvoll erlebbar. Der repräsentative Treppenraum entsteht durch die um ein kreisrundes Auge geführte Innenwange mit einem kräftigen Geländer aus Brettbalustern, die der Steigung entsprechend ausgeformt sind. Das handwerkliche Vermögen des verantwortlichen Treppenbauers zeigt sich darin, dass er eine regelmäßige Kreisform in das Rechteck der schiefwinklig zueinander stehenden Umfassungswände einzupassen verstand.

8 Rosenthaler Straße 38

Um 1905 wurde die bestehende Wohnhaus- und Gewerbehofanlage durch den Neubau eines straßenseitigen Geschäftshauses und den Umbau des Saalgebäudes aufgewertet. Insbesondere der zum Teil freistehende stattliche Saalbau verkörpert die neuen baulichen Bestrebungen hin zu einer multifunktionalen Nutzung von innerstädtischen Gewerbehöfen zu Beginn des 20. Jahrhunderts. Die beiden übereinander liegenden Festsäle werden von dem Treppenhaus des älteren Gebäudeteiles erschlossen. Carl Schwatlo hatte hier bereits 1867 für den „Verein junger Kaufleute von Berlin" einen über zwei Geschosse reichenden Saal entworfen.

Die grundlegende Gebäudesanierung in zwei Phasen, die begründet durch einen Eigentümerwechsel und damit veränderte Nutzungsvorstellungen 1998/99 und 2000 erfolgte, bestimmt das sichtbare denkmalpflegerische Ergebnis. Hervorzuheben ist die fachgerechte Steinrestaurierung des bildhauerischen Schmucks an der Straßenfassade, die im Zusammenhang mit Korrekturen an den nachträglich veränderten Fensterbrüstungen zu einem der Bauzeit gemäßen Erscheinungsbild beiträgt. Zur Gestalt der ehemaligen Sandsteinbekrönung auf der mittleren Gebäudeachse gibt es keine Anhaltspunkte mehr. Die Grundlage für die Fassadeninstandsetzung 2000 bildete eine detaillierte Schadenskartierung mit Empfehlungen für eine Restaurierung. Nach den Vorgaben des Restaurators sind die Fehlstellen in den Quadern mit Sandsteinvierungen geschlossen, der Steinaustausch an den Kämpfersteinen ist mit äußerster Sorgfalt ausgeführt. Der neu eingebaute Sandstein erhielt zur Angleichung an den Bestand eine Patinierung, die Putzflächen wurden im Farbton des Sandsteines gestrichen.

Rosenthaler Straße 38.

9 Rosenthaler Straße 39

Im südlich anschließenden Nachbarhaus hat sich auf schmaler Parzelle eine noch ältere Hofanlage aus der Mitte des 19. Jahrhunderts fast unverändert erhal-

Rosenthaler Straße 39. Hofansicht nach Westen, rechts im Bild die Hoffassade Rosenthaler Straße 38.

ten. Ein dreigeschossiges Vorderhaus mit anschließendem Seitenflügel existiert seit 1831, das zweite Seitengebäude folgte 1841. Ihre heutige Größe und Form erhielt die Anlage, als Tischlermeister Ernst Ludwig Tessin 1864 die bestehenden Gebäude um ein Geschoss erhöhte. Spätere Eigentümer nutzten die Anlage in ihrem überkommenen Zustand. Eine Gedenktafel erinnert daran, dass der Bürstenfabrikant Otto Weidt unter dem nationalsozialistischen Regime jüdischen Mitarbeitern Unterstützung und Schutz vor Zugriffen bot. Die gesamte Anlage befand sich auch im Jahr 2002 noch in unsaniertem Zustand.

10 Hackescher Markt 2-3

Das 2000 nach Entwürfen der Architekten Grüntuch & Ernst fertiggestellte Büro- und Geschäftshaus mit vollflächiger Glasfassade übernimmt die stadträumliche Vermittlung zwischen dem weiten Platz und der in diesem Abschnitt schmalen Oranienburger Straße. Im Gegensatz zu den Gebäuden Neuer Hackescher Markt verzichtet dieser Bau zugunsten vollkommener Transparenz auf eine Interpretation traditioneller Bauformen und vollendet doch zugleich den

Hackescher Markt 2-3.

Oranienburger Straße 4-7.

Traum der perfekten Glasfassade, wie er die Kaufhausarchitektur des ausgehenden 19. Jahrhunderts prägt.

11 Oranienburger Straße 4

Die Erhaltung der originalen Fassaden in Formen der Neurenaissance und des Neubarock verdanken die Häuser Oranienburger Straße 1-3 und 4 dem beständigen Natursteinmaterial, welches auch den Modernisierungsmaßnahmen 1958-62 widerstehen konnte.
Das Geschäftshaus Nr. 4 wurde im Auftrag des Fleischermeisters Oskar Prausnitzer 1897 errichtet. Im restaurierten Zustand übertrifft es vielleicht noch den ursprünglichen Ausstattungsgrad, angesichts der überaus soliden kunsthandwerklichen Ausführung erscheint der Einsatz jedoch angemessen. Die Straßenfassade ist ganz aus Sandstein errichtet und über zwei Geschosse mit korinthischen Dreiviertelsäulen gegliedert. Natursteinmaterialien versprechen Dauerhaftigkeit, verlangen jedoch einen höheren Aufwand bei ihrer denkmalgerechten Konservierung. Konsequenterweise sind auch die Wände in der Durchfahrt ganzflächig mit Stuckmar-

Oranienburger Straße 4. Restauriertes Vestibül.

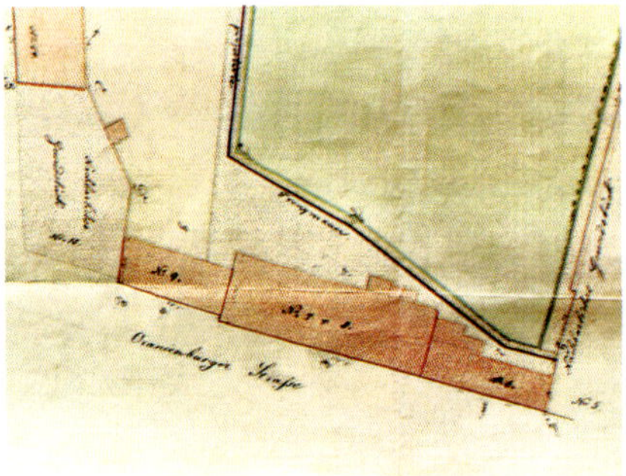

Oranienburger Straße 7 und 8. Lageplan der noch ungeteilten Grundstücke von 1823.

mor gestaltet, was auch in der Oranienburger Straße durchaus keine Selbstverständlichkeit ist. Die sorgfältig behandelten Risse erscheinen dabei als ein Ausdruck des Alterswertes.

12 Oranienburger Straße 7

Die spätklassizistische Fassade des Mietshauses Nr. 7 und ihre nach restauratorischem Befund wiederhergestellte Farbigkeit aus der Bauzeit 1865-67 lässt zunächst nicht erkennen, dass das Gebäude in seiner Bausubstanz noch weitgehend von 1754 stammt. Die genaue Datierung ist das Ergebnis einer intensiven Bauforschung im Rahmen der Sanierung 2000/01, mit deren Hilfe auch nachgewiesen werden konnte, dass das bestehende Haus ein Teil des ehemaligen Jüdischen Lazaretts und damit ein wichtiges Denkmal der Geschichte jüdischen Lebens in diesem Teil der Spandauer Vorstadt ist.

Die Judenkirchhofs-Zunft hatte in den Jahren 1672 bis 1693 das Grundstück Große Hamburger Straße 26 gekauft, das zu diesem Zeitpunkt die erst später abgetrennten Parzellen Große Hamburger Straße 24 bis 27 und Oranienburger Straße 6 bis 9 sowie den hinter diesen Grundstücken liegenden Begräbnisplatz der jüdischen Gemeinde umfasste. Auf dem Flurstück Oranienburger Straße 7-8 wurde 1754 von der Judenkirchhofs-Zunft ein Wohnhaus erbaut und als „das große Haus, 113 Fuß [35,53 m] lang, 4 Stock hoch, westlich zwei aneinander gebaute Seitengebäude" versichert. [3] Die Einrichtung als jüdisches Krankenhaus belegt außerdem die Grundbucheintragung 1787 für die Gebäude Oranienburger Straße 7, 8 und 9: „Wohnhaus in der Oranienburger Straße, worin das jüdische Lazareth, nebst einem kleinen daneben gelegenen Haus linker Hand, hinter dem ersten ist ein kleiner Hof und sodann der Judenkirchhof gelegen." [4]

Die jüdische Gemeinde veräußerte 1862 das Grundstück an den Rittergutsbesitzer Christian Wilhelm Griebenow. Dieser parzellierte das Flurstück im Rahmen der weiteren Verkaufsverhandlungen noch im selben Jahr. Das so genannte „Restgrundstück" Oranienburger Straße 7 und 8 erwarb 1865 der Rentier Carl Friedrich Ludwig Reccius, der

Oranienburger Straße 7. Deckenquerschnitt. Aufgenommen im M 1:10 von J. Degenkolb, 2001.

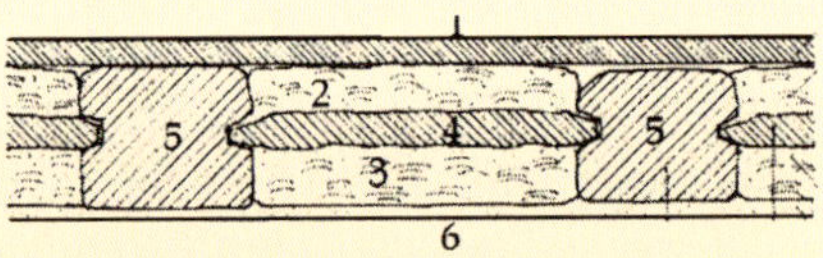

1 Dielung, Nadelholz, b=24-34 cm, d=4 cm, jeweils mit Nut bzw. Feder
2 Strohlehmschlag auf Stakung
3 Unterstakenraum mit gleicher Strohlehm-Mischung ausgeworfen, ohne Putzträger für Deckenputz
4 eingeschobene Stakung aus gespaltenem Nadelholz, Enden angebeilt
5 Deckenbalken, vierseitig gebeilt, meist mit Waldkanten, Staknut eingebeilt, meist 25-29 cm breit und 20-23 cm hoch,
6 Deckenputz ohne Putzträger, Kalkputz mit Lehmanteil, monochrome Fassung

Untersicht der Decke. Bei der notwendigen Reparatur von Schäden geht nicht nur die Stuckdekoration verloren, sondern auch die konstruktive Besonderheit der Holz-Lehm-Decken von 1754.

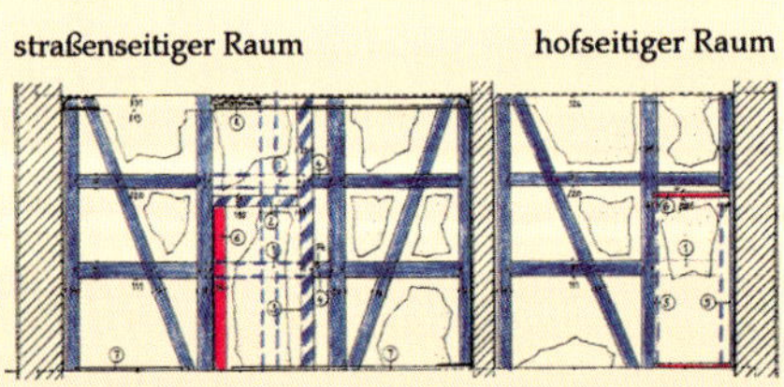

Fachwerkwand von 1754 im 1. Obergeschoss. Aufgenommen im M 1:50, Zeichnung J. Degenkolb, 2001.

Oranienburger Straße 7 (rechts) und 8 (links) vor und nach der Sanierung (Aufnahmen 2002, unten). Bis zur Teilung der Parzellen 1862 befand sich in dem 1754 erbauten Haus das Jüdische Lazarett.

für die bis heute weitgehend erhaltene spätklassizistische Fassadenüberformung des barocken Hauses verantwortlich ist. 1882 veranlasste der Zimmermeister Ernst Müller die Teilung der beiden Hausgrundstücke Nr. 7 und 8. Der neue Eigentümer, Tapezierer Leopold Sperling, ließ im Haus Nr. 7 eine neue Treppenanlage und den östlichen Retourflügel errichten.

In Vorbereitung der umfassenden Instandsetzung 2000-01, die mit Mitteln des städtebaulichen Denkmalschutzes gefördert wurde, konnten im Rahmen der bauforscherischen Untersuchung umfangreiche Erkenntnisse zur ursprünglichen Baustruktur und Nutzungsweise gesichert werden. Neben ungestörten bauzeitlichen Deckenfeldern zeigen Befunde die Lage und Form der ehemaligen Treppe. Kaum veränderte Querwände in Fachwerkkonstruktion – in den straßenseitigen Räumen al-

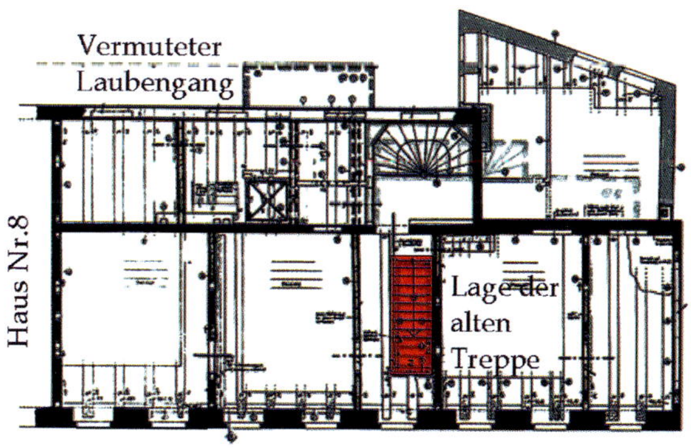

Oranienburger Straße 7. Grundriss des 1. Obergeschosses. Die schwarz angelegten Bauteile zeigen den Grundriss des Jüdischen Lazaretts von 1754.
Die rote Markierung lokalisiert die Lage der Treppe aus der Bauzeit, die heute nicht mehr existiert. Zeichnung J. Degenkolb, 2001.

Oranienburger Straße 84. Die Imitationsmalerei im Treppenhaus mit rahmendem Beschlagwerk, Brettschalung und Ornamentfüllung ist charakteristisch für die Neurenaissance um 1885.

Oranienburger Straße 86. Lünette über den Fenstern des 1. Obergeschosses. Aufnahme von 1991.

ler Obergeschosse noch in ursprünglicher Lage – verweisen auf ehemalige Durchgangszimmer zur Straße und kleinere hofseitige Räume, vermutlich mit schwarzer Küche. Fenster und Türen aus der Bauzeit 1754 sind nicht erhalten. Befunde in der Westwand im 3. Obergeschoss und in der Dachdecke belegen die Konstruktion des in den Akten genannten, bauzeitlichen und später veränderten Mansarddaches zum Hof. Abgesägte Deckenbalken an der Außenwand lassen einen ehemaligen hofseitigen Laubengang im 1. und 2. Obergeschoss vermuten. Dendrochronologische Gutachten bestätigen die bauzeitliche Konstruktion der besonders hofseitig stark veränderten Decken und Fachwerkwände sowie das Baualter von 1754.

Oranienburger Straße 84. Das benachbarte Haus Nr. 85 steht in der bis 1885 gültigen Bauflucht der Straße.

13 Oranienburger Straße 86

Das viergeschossige Traufhaus mit Satteldach von 1818 steht noch in der alten Bauflucht der Oranienburger Straße, die 1885 für die Gleisanlagen der Großen Berliner Pferdebahn zurückgesetzt wurde. 1991 konnte das Haus, dessen Grundrissform und Teile der Ausstattung wie Türen, Fenster und Fußböden noch aus der Bauzeit stammen, als eines der ersten Bauvorhaben im Programm „Städtebaulicher Denkmalschutz" umfassend denkmalgerecht instand gesetzt werden. Während der Fassadenarbeiten wurden über den Fenstern im ersten Obergeschoss halbkreisförmige Blendbögen mit eingeritzten stilisierten Palmettenformen entdeckt, die der Putzgestaltung von 1818 angehören. Eine Wiederherstellung kam aufgrund der spätklassizistischen Überformung der Putzfassade aus denkmalpflegerischer Sicht nicht in Betracht.

14 Oranienburger Straße 84

In der 1885 neu festgesetzten Bauflucht der Oranienburger Straße zwischen Hackeschem Markt und Monbijouplatz steht das im Auftrag von Bäcker Klinge 1887 errichtete Mietshaus. Die 1992-96 ausgeführte Instandsetzung sowie der zweigeschossige Dachausbau haben dem Gebäude einen neuen Duktus gegeben, aber die historischen Spuren geglättet. In der Folge versuchte man bei vergleichbaren Dachausbauten über der Traufe stehende Metallgeländer und bodentiefe Fenster zu vermeiden, um die historischen Konturen der Baukörper im Stadtbild weitgehend zu bewahren.
Erfreulich ist, dass in dem schmalen Treppenaufgang die bauzeitliche Holzimitations- und Intarsienmalerei auf den Treppenunterseiten restauriert werden konnte.

MONBIJOUPLATZ

Die charakteristische trapezförmige Figur des Monbijouplatzes hatte sich bereits vor dem Schleifen der Wallanlagen seit 1735 mit der Entwicklung und Besiedlung der Spandauer Vorstadt zwischen der Oranienburger Straße, dem Schloss Monbijou und dem dazugehörigen Park sowie den beiden Bastionen westlich vom Spandauer Tor herausgebildet. Der einstige Name „Platz bey Monbijou" bezeichnet bis heute die Aufweitung des Straßenraums südlich vom Monbijoupark, in die Große und Kleine Präsidentenstraße münden.

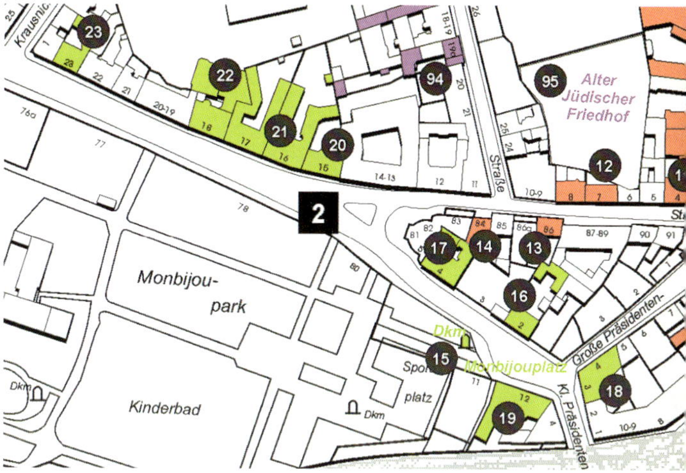

Während die nördliche Seite des Platzes Ende des 17. Jahrhunderts als Gartenland diente und seit 1750 teilweise mit Bürgerhäusern bebaut wurde, befand sich auf dem südlichen Areal, nördlich vor dem alten Ravelin, der zum Schloss Monbijou gehörige Königliche Holzplatz. Unmittelbar an der Spree existierte eine Färberei, welche die Kaufleute Hotho und Wölpert später zu einer großen Manchesterfabrik ausbauten.

Gegenwärtig sind wir Zeugen der „Wiederauferstehung" dieses Stadtplatzes, der 1960/61 mit dem Abbruch der

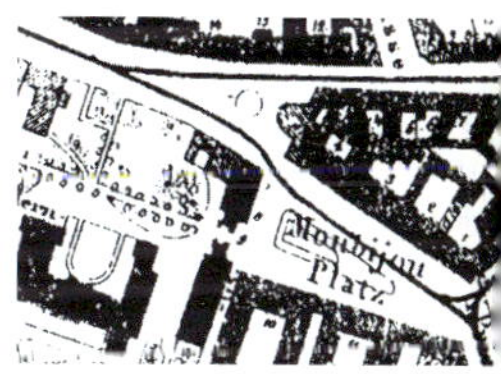

oben: Ausschnitt aus der Stadtkarte von Wilhelm Liebenow, 1888. Mit der Anlage der Gleise für die Große Berliner Pferdebahn wurde der Monbijouplatz 1885-87 mit einer Mittelinsel neu gestaltet.

links: Monbijouplatz. Die Aufnahme von Albert Schwartz ist 1889 nach Aufstellung des Chamissodenkmals von Julius Moser entstanden. Nach Westen bildeten die 1789/90 von Georg Christian Unger erbauten Torhäuser den Zugang zum Monbijoupark.

Chamissodenkmal. Aufnahme von 1946.

teilzerstörten Torhäuser von Georg Christian Unger stadträumlich in den Monbijoupark einbezogen wurde. Erst die Neubauten von 2001/02 auf den Grundstücken Monbijouplatz 3 und 5 bzw. 10 und 11 sowie die neuen Pavillons anstelle der Torhäuser lassen den separaten Platz wieder erstehen. Damit wurde auch den vier älteren Wohnhäusern ihr städtebaulicher Zusammenhang zurückgegeben. Diese wenigen historischen Bauten sind gleichsam das fassbare Gedächtnis des Platzes, an denen sich seine Geschichte aufzeigen lässt.

Monbijouplatz 2. Aufnahme von 1960 (unten) und 2002 (oben).

15 Denkmal für Adelbert Chamisso, Monbijouplatz

Der aus Frankreich stammende Dichter, Naturforscher und Botaniker Adelbert von Chamisso hatte sich in den Wirrnissen der Befreiungskriege für Berlin als Wahlheimat entschieden. Die Stadt ehrte Chamisso anlässlich seines 50. Todestages im Jahre 1888 mit einer 1886/87 von Julius Moser geschaffenen Kolossalbüste aus Marmor. Den Entwurf für das Postament aus rotem schwedischen Granit auf drei grauen, ebenfalls granitenen Stufen lieferte der Baumeister Adolph Heyden.

Der Berliner Stadtverordnetenversammlung lag 1888 ein Antrag über die Aufstellung des Denkmals für Adelbert von Chamisso auf dem Monbijouplatz vor, der von einem Komitee für das Denkmal eingebracht worden war, das sich bereits seit 1882 um eine angemessene Ehrung für den Dichter und Naturwissenschaftler bemüht hatte. Bei den Umgestaltungen von Monbijouplatz und -park, die im Zweiten Weltkrieg stark zerstört worden waren, erhielt das Denkmal 1951 und 1974 einen jeweils neuen Standort. Im Zuge der zeitgenössischen Gestaltung der Platzfläche wird das restaurierte Denkmal wieder seinen ursprünglichen Standort, dessen Fundamentreste noch vorhanden sind, einnehmen.

16 Monbijouplatz 2

Bei dem Wohnhaus handelt es sich um das älteste Gebäude am Platz. Auf dem noch unbebauten Gartengrundstück ließ sich 1817 der Ratsbrunnenmachermeister Friedrich Wilhelm Siegel zunächst ein eingeschossiges Wohnhaus an der Straße mit Nebengelass im Hof erbauen. Schließlich stockte der Schlossbrunnenmachermeister Carl W. E. Siegel 1841 das Haus um zwei Etagen auf und erweiterte es um die westliche Tordurchfahrt. Während der Baumaßnahmen 1999 konnten Unregelmäßigkeiten in der Balkenlage über dem Erdgeschoss und Zapfenlöcher ehemaliger Dachsparren als Spuren der Bauphasen von 1817 und 1841, festgestellt werden, die als Hinweise auf frühere Bauzustände bewahrt wurden.

Das Vorderhaus war nach Kriegsbeschädigungen über dem hohen Drempel nur mit einem Notdach versehen. Die wenigen originalen Stuckgliederungen der

Fassade und sämtliche historischen Fenster sind bei einer Modernisierung nach 1960 entfernt worden. Im Rahmen der Sanierung 1999 wurden die Aufstockung um ein drittes Obergeschoss und der Bau eines neuen Satteldaches mit straßenseitigen Gauben nicht nur konstruktiv, sondern auch gestalterisch als ein Fortschreiben des denkmalrelevanten Bestandes aufgefasst. Anhaltspunkte für die sparsamen Gliederungselemente der Fassade – wie durchgehende Gesimse und waagerechte Fensterverdachungen – lieferten vorhandene Vormauerungen und die Auswertung einer Fotografie von 1960. Die in einigen Wohnräumen erhaltenen Zimmertüren aus der Bauzeit von 1841 und die breite Dielung der Fußböden konnten aufgearbeitet werden.

Monbijouplatz 2. Hofgebäude von 1892 mit aufgelegten Putzblenden.

17 Monbijouplatz 4

2001 wurde am Übergang zwischen Monbijouplatz und Oranienburger Straße auf dem Grundstück Monbijouplatz 5/Oranienburger Straße 81 ein Neubau mit prägnantem halbrundem Abschluss errichtet, der schon den Vorgängerbau von 1880 auszeichnete.

Das benachbarte Mietshaus Nr. 4 stammt aus der Bauzeit 1880/81. Damals konnte der Bauherr nach Abbruch der älteren Bauten mit der Neubebauung die Ausnutzung des Grundstücks durch eine höhere Geschossigkeit und Hofüberbauung um ein Vielfaches steigern. Mieter im ausgehenden 19. Jahrhundert waren hier wie auch in den benachbarten Wohnhäusern vor allem Kaufleute und Fabrikanten, darunter die Putzwarenfabrikanten Genzer & Schreiber, die die gute Wohnlage in unmittelbarer Nähe zum Schlosspark Monbijou zu schätzen wussten.

18 Große Präsidentenstraße 4 / Kleine Präsidentenstraße 3

Weitere Impulse für die großstädtischen Veränderungen auf diesem Areal gingen zwischen 1875 und 1881 von dem Bau der Stadtbahn mit dem ehemals „Börse" benannten Bahnhof am Hackeschen Markt aus. Anstelle des dreigeschossigen Vorgängerbaus ließ der Kaufmann Stempel 1881 auf der nordöstlichen Eckparzelle des Monbijouplatzes das fünfgeschossige Mietshaus mit Gewerbebau errichten. Ein Girlandenfries über dem dritten Geschoss markiert an der Fassade die Traufhöhe der Vorgängerbauten aus den Jahren vor 1880. Zu den ersten Mietern gehörte 1882 unter anderem das Bankgeschäft Brockmann & Landauer, der Bankier Landauer hatte hier auch eine Wohnung angemietet. Neben der Wiederherstellung und Reinigung der Fassaden während der Sanierung 1997 konnte nach Befunden auch ein Teil der illusionistischen Ausmalung im Eingangsvestibül restauriert werden. Die sehr gut erhaltene Fassadengestaltung beider Bauteile und die exponierte städtebauliche Lage begründeten die Ablehnung einer Aufstockung von Seiten der Denkmalpflege.

19 Monbijouplatz 12

Die Qualität der historischen Platzrandbebauung auf der Südseite des Monbijouplatzes belegt noch das Mietshaus

Monbijouplatz 2. Klassizistische Treppenanlage.

Große Präsidentenstraße 4/Kleine Präsidentenstraße 3. Freigelegte Deckenmalerei im Vestibül aus der Bauzeit 1882.

Große Präsidentenstraße 4/Kleine Präsidentenstraße 3. Aufnahme von 1992. unten: Aufnahme von 2002.

Nr. 12 mit seiner fein durchgebildeten Putz-Stuckfassade in Formen der Neurenaissance, mit antikisierender Ornamentik. Bauherr war der Gutsbesitzer F. Lamprecht, der das Grundstück 1865 von den Hennemannschen Erben erworben hatte und hier 1872 eine große Mietshausanlage errichtete. 1874 listet das Adressbuch 39 Mieter auf. Mauerwerkspfeiler und gusseiserne Stützen belegen für die Bauzeit 1872 eine Ladennutzung. Auch heute sind die Erdgeschossräume wieder als Ladengeschäfte eingerichtet.

Bei den Instandsetzungsarbeiten 1998/99 bildete die Fassade den Mittelpunkt des denkmalpflegerischen Interesses. Die gestalterischen und handwerklichen Qualitäten historistischer Baukunst wurden mit ihrer Restaurierung zurückgewonnen und wieder sichtbar gemacht. Auch die einfache Reihung der Gauben für den Dachgeschossausbau wurde von Seiten der Denkmalpflege beeinflusst.

Anstelle der im Krieg zerstörten Gebäudeteile an der Kleinen Präsidentenstraße 4 steht ein 1996-98 errichteter sechsgeschossiger Neubau.

20 Oranienburger Straße 15

Die geschlossene Reihe der Mietshäuser der Oranienburger Straße 15 bis 23 war und ist durch ihre Lage gegenüber dem Monbijoupark als Wohnstandort geschätzt. Hinzu kommt, dass die zum Teil großzügigen Parzellen die Anlage von Gartenhöfen ermöglichen.

Infolge von Kriegsbeschädigung und Modernisierung in den Nachkriegsjahren ist keine der bauzeitlichen Fassaden überliefert. Einzige Träger von Information über die Baudaten im Straßenbild sind die Baukörper selbst mit ihren Erkern, Dachaufbauten, Fenstern und den zum Teil überkommenen Eingangstoren. Denkmalpfleger und Architekten sind gleichermaßen gefordert, wenn es abzuwägen gilt, ob und wie jedem einzelnen Haus auch in der Außenarchitektur sein unverwechselbarer Charakter wiedergegeben werden kann.

Im Vergleich mit den Nachbarhäusern lassen die geringeren Geschosshöhen erkennen, dass es sich hier um das älteste Gebäude der Umgebung handelt. Bereits 1838 beauftragte der Gastwirt und Spediteur Andreas Phalandt, der auch Besitzer der östlich angrenzenden Grundstücke Nr. 13 und 14 war, den Architekten Karl Heinrich Eduard Knoblauch mit der Planung für das Wohnhaus Oranienburger Straße 15.

Zu den bauhistorisch bemerkenswerten Details gehören die originalen Eichenholzfenster von 1838 im Erdgeschoss, denen eine von außen vorgesetzte zweite Fensterebene Schutz gewährt.

Bis zu fünf Meter weit gespannte Gewölbekappen, ein Sterngewölbe im Keller und das Kehlbalkendach mit liegendem Stuhl sind noch die authentischen Baukonstruktionen von 1838. Auch in den Wohnungen ist mit einigen Türen, Wandschränken und Holzdielen ein Teil der wertvollen klassizistischen Ausstat-

oben: Monbijouplatz 12.

Oranienburger Straße 15.
unten: Die Aufnahme von 1890 überliefert die Fassadengestaltung von Eduard Knoblauch.
links: Aufnahme 2002.

Oranienburger Straße 17. Die aufwändig in Formen der Neurenaissance ausgestatteten Haupttreppenhäuser kommen nach ihrer Restaurierung 1999 bis 2001 wieder angemessen zur Geltung. Die Wandflächen sind in Stucco-lustro-Technik ausgeführt, die Sockel zum Teil mit Marmorplatten bekleidet. Auch Fliesenbelag und Deckenstuck gehören zum bauzeitlichen Bestand.

tung bewahrt. Das heute innerhalb der Häuserzeile unscheinbare Wohnhaus ist das wohl einzige erhaltene Berliner Privatwohnhaus des Architekten.

21 Oranienburger Straße 16 und 17

In die Phase der Modernisierung historistischer Fassaden um 1960 fallen auch die entstuckten Fronten der Häuser Oranienburger Straße 16 und 17, deren Putz-Stuckdekorationen nach dem Zweiten Weltkrieg noch vollständig erhalten waren.
Auf dem Grundstück Nr. 16 hatten sich im Jahre 1880 der Rentier Georg Sievers und der Hofmaler Carl Sievers eine dreiflügelige Mietshausanlage errichten lassen. Der günstige Parzellenzuschnitt ermöglichte außerdem eine ausgedehnte Gartenanlage mit Gartenhaus und einen ebenfalls viergeschossigen Flügelbau, der an die Giebelwand des östlichen Seitengebäudes anschloss.
Nach der 1883 vorgenommenen Teilung der vormals zusammengehörenden Parzellen Nr. 16 und 17 entstand im Jahr darauf im Auftrag des Möbelhändlers Henschel die benachbarte großzügige Wohnhausanlage Nr. 17.

22 Oranienburger Straße 18 – Ehemalige Ressource zur Unterhaltung

Der besonderen Nutzung als „Ressource zur Unterhaltung" im 19. Jahrhundert, als Studentenheim seit 1930 sowie als Institutsgebäude der Humboldt-Universität in unseren Tagen ist es zu verdanken, dass sich hinter den geschlossenen Häuserzeilen der Oranienburger Straße und der Krausnickstraße ein großes Gartengelände befindet. Als Ergebnis der erfolgreichen Bemühungen zur Verbesserung des Wohnumfeldes erschließt heute ein gemeinsamer Weg hinter den Mietshäusern diese grüne Oase im ansonsten dicht bebauten Quartier.
Diesen Garten mit dem zugehörigen Gartenhaus hatte die 1784 gegründete „Ressource zur Unterhaltung" im Jahre 1792 von dem Kriegsrat Therbusch gemietet. Daher rührt auch der Name „Therbuschsche Ressource". Der Verein diente der Geselligkeit und der Unterhaltung, Mitglieder waren Bürger, die zumeist auch in der näheren Umgebung wohnten. Nachdem 1800 das Grundstück für die Ressource angekauft worden war, konnte sich der Verein 1840 an der Straße einen dreigeschossigen Neubau nach Plänen des Königlichen Bauinspektors Wilhelm Drewitz, der selbst Vereinsmitglied war, errichten lassen. 1877 wurde die Anlage um das Vereinslokal im Garten unter der Leitung des Baumeisters Nicolaus Becker ergänzt; seine Einweihung fand am 27. Oktober 1878 statt.
Fassadengestaltung und Innenausstattung sind im Laufe der Umnutzungen

Oranienburger Straße 16 und 17.
oben rechts: Aufnahme vor der Entfernung der Stuckfassaden um 1960.
oben links: Fassade Nr. 17 nach der Sanierung. Die aus der Gebäudetypologie abgeleiteten Verbindungen zwischen den Erkern entsprechen dem Anliegen, Balkone auf der Südseite zu schaffen. Durch die Gestaltung mit beleuchtbaren Glasblenden sind sie als neues Architekturelement zu erkennen.

verändert bzw. weitgehend zerstört worden, was bei zukünftigen baulichen Eingriffen eine kenntnisreiche Sorgfalt erfordert, um die verbliebenen historischen Spuren zu sichern.

23 Oranienburger Straße 23

Auch das Grundstück Nr. 23 gehörte Ende des 18. Jahrhunderts zum Grundbesitz des Geheimen Kriegsrates Therbusch. Aufschlussreich für die stadtgeschichtliche Entwicklung sind die Grundstücks- und Baugeschichte des Mietshauses, die zur Vorbereitung der geförderten Sanierungsmaßnahmen de-

Oranienburger Straße 18. Saalgebäude der „Ressource zur Unterhaltung" von 1840.

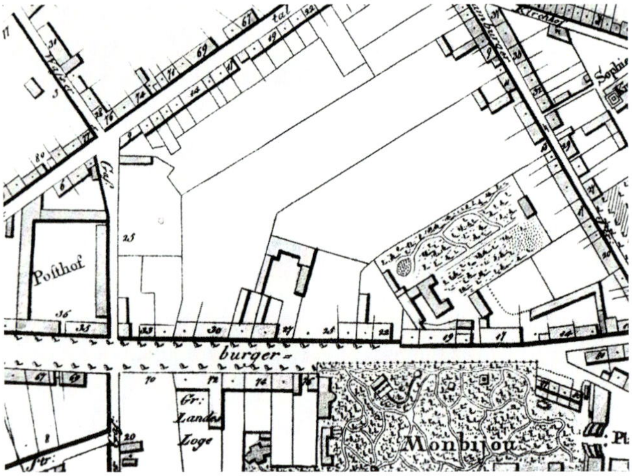

Planausschnitt aus dem Jahre 1804 von Jean C. Selter. Einzig der Garten der „Ressource zur Unterhaltung" auf dem Areal zwischen der Oranienburger Straße, der Großen Hamburger Straße und der Wassergasse ist nach dem Vorbild englischer Gartenanlagen mit freier Wegeführung und Bepflanzung eingezeichnet.

tailliert untersucht werden konnten. Erst 1833/34 ließ der Ratsmaurermeister Johann Christoph Bendler die Parzelle in zwei selbständige Grundstücke Nr. 22 und 23 teilen und verkaufte die westliche Hälfte Nr. 23 an den Wechselfond- und Geldmakler Eduard Flesch. In den Neubau des viergeschossigen Wohnhauses mit Seitenflügel hat Flesch 1835 vermutlich Bauteile des um 1795 erbauten zweistöckigen Wohngebäudes einbezogen. Auch die während der bauhistorischen Untersuchung im Keller des Seitenflügels entdeckte Brunnenanlage gehört zu den frühen Zeugnissen der Hausgeschichte. Die gut erhaltenen Eichenholzfenster mit kunstvollen Horngriffen und Elfenbeinschmuck, Tafelparkettböden, figürliche und ornamentale Stuckgliederungen und vor allem ein repräsentativer Saal mit weitgehend originaler Ausstattung legen Zeugnis von dem gehobenen Ausbaustandard der Bauzeit von 1835 ab.

Bei einer Bauerweiterung 1865 wurde das Vorderhaus, das 1835 mit drei massiven Etagen und einer straßenseitigen Fachwerketage erbaut worden war, durch Anhebung der Dachflächen auch hofseitig auf vier Etagen aufgestockt. Im Rahmen der Umbauten wurde das bis dahin zur Durchfahrt offene Treppenhaus abgetrennt. Das 1872 neu errichtete Quergebäude ergänzte die Hofanlage zur heute bestehenden Größe. Auch die verbindenden Galerien zum Seitenflügel im ersten und zweiten Obergeschoss, die in einer verglasten Holzrahmenkonstruktion spätklassizistisch gestaltet sind, stammen aus dieser Bauphase. Damit wird eine im 17. und 18. Jahrhundert beliebte Bauform wiederverwendet, die eine bis heute unverwechselbare Hofatmosphäre schafft.

Oranienburger Straße 23. Am östlichen Seitengebäude überlagern sich die Fassade von 1835 mit der 1872 angebauten Galerie.

unten rechts: Oranienburger Straße 23. Grundriss des Erdgeschosses.

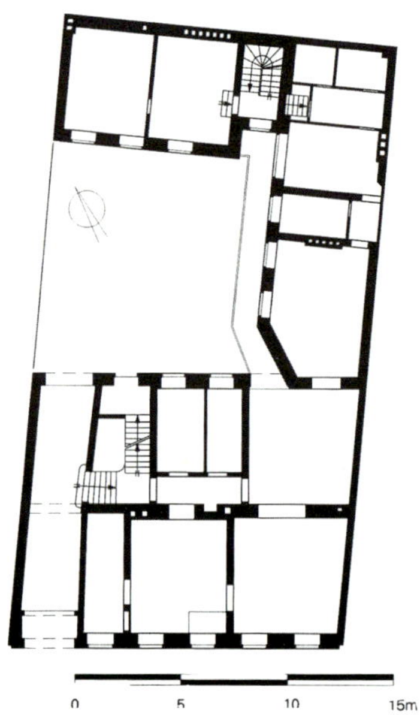

STANDORT 3

ZIEGELSTRASSE

Die Grundstücke zwischen der Friedrichstraße, der Oranienburger Straße, der Spree und der späteren Monbijoustraße zählen zu den von der Kurfürstin Sophie Charlotte 1691-1698 verschenkten Parzellen, also zu jener Landvergabe, die einen wesentlichen Impuls für die nachfolgende Besiedlung der Spandauer Vorstadt gab. Seit nunmehr 120 Jahren beherrschen die Universitätskliniken entlang der Ziegelstraße mit ihren Pavillonbauten zur Spree diesen Standort.

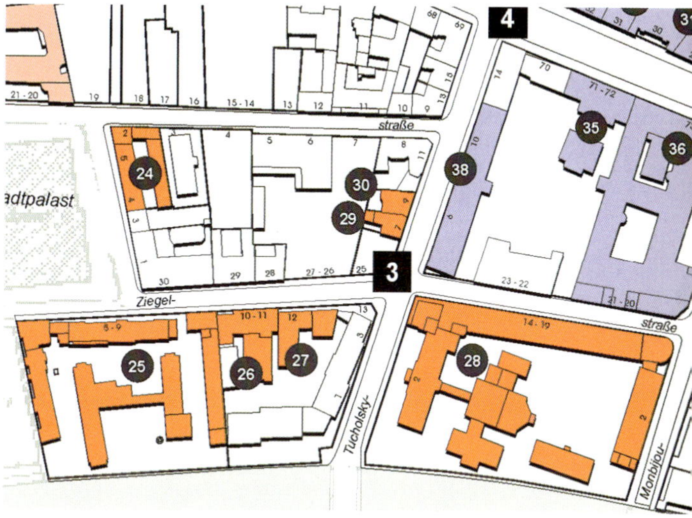

Bereits 1818 war für die Medizinische Fakultät von den Gebrüdern Barez ein Fabrikgebäude in der Ziegelstraße 6 angekauft worden. Christoph Wilhelm Hufeland und Carl Ferdinand Graefe richteten hier die 1810 gegründete Medizinische und Chirurgisch-Augenärztliche Klinik ein.

Für die Kombination von Klinikbetrieb und Medizinerausbildung war von Anfang an die relativ isolierte Lage bei gleichzeitig geringer Entfernung zum Hauptgebäude der Universität Unter den Linden und zur Charité ideal. Nach 1860 gelang es der damaligen Friedrich-

unten links: Ausschnitt aus dem Plan des Preußischen Generalstabes von 1827. An der Ziegelstraße sind sowohl die Kalkscheunen als auch die 1818 von Christoph Wilhelm Hufeland und Carl Ferdinand Graefe in der Nr. 6 gegründete „chirurgische Anstalt bei der Universität" eingezeichnet.

unten rechts: Ausschnitt aus dem Plan von J. F. Walther, 1737. Die Namen „Ziegel-" und „Kalkscheunenstraße" erinnern an die vom frühen 18. bis Mitte des 19. Jahrhunderts am Unterlauf der Spree ansässigen Gewerbe.

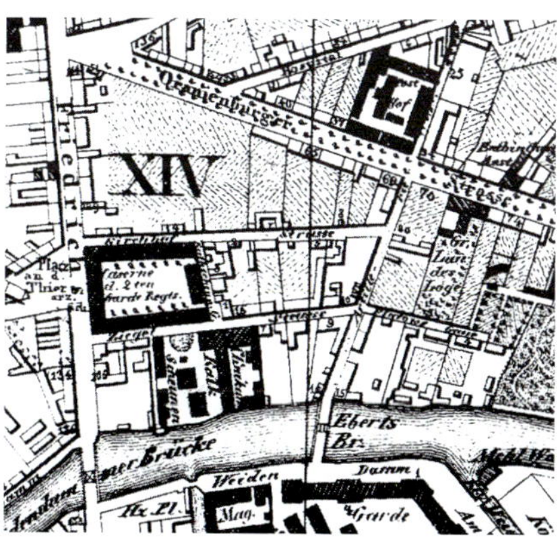

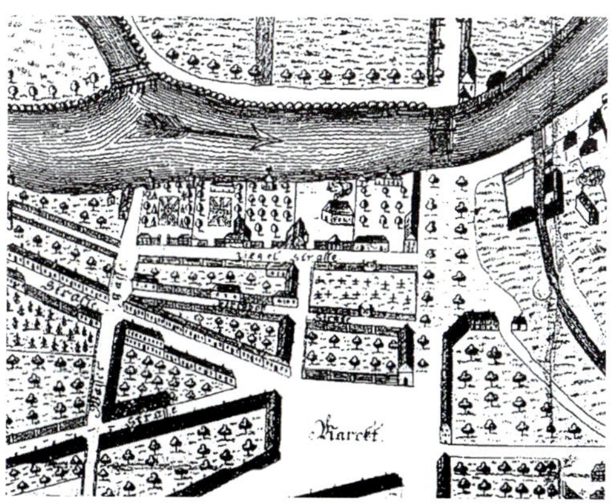

Johannistraße 2/Kalkscheunenstraße 4-5. Die Maschinenfabrik von J. C. Hummel befand sich in den zum Teil eingeschossigen Bauten an der Kalkscheunenstraße. Aufnahme aus der Zeit um 1890 (rechts) und 2002 (unten).

Wilhelm-Universität zwei große Areale zwischen Spree und Ziegelstraße zu erwerben und hier einen Teil ihrer Universitätskliniken zu konzentrieren.

24 Johannisstraße 2 / Kalkscheunenstraße 4-5

Ein anschauliches Relikt der seit dem frühen 18. Jahrhundert an diesem Standort ansässigen Fabrikations- und Lagerstätten mit einer kleinteiligen Gewerbe- und Wohnbebauung ist das zweigeschossige Eckhaus in der Johannisstraße 2. Die Umnutzung als Musik- und Theaterbühne ermöglichte 1998 auch eine umfassende Gebäudesanierung. Das zur Johannisstraße traufständige Haus mit abgewalmtem Giebel zur Kalkscheunenstraße stammt aus dem Jahre

Ziegelstraße 5-9. Spreeansicht des Universitäts-Klinikums, 1896.

1831. 1843 hatte sich Johann Caspar Hummel mit seiner Maschinenfabrik auf dem Grundstück angesiedelt. Wesentliche Umbauten an der Gebäudeanlage datieren von 1855 und von 1925.

Ziegelstraße 5-9. Wiederhergestellte Uferpromenade mit eisernen Pergolen.

25 Ziegelstraße 5-9 – Universitäts-Klinikum

Im westlichen Teil der Ziegelstraße kennzeichnen die gelbroten Klinkerfassaden des Universitäts-Klinikums das vertraute Stadtbild öffentlicher Bauten des 19. Jahrhunderts in Berlin. Sie wurden 1878-83 von der Architektengemeinschaft Martin Gropius und Heino Schmieden entworfen. In den Wirkungsstätten bedeutender Wissenschaftler wie Bernhard von Langenbeck und August Bier wurde Medizingeschichte geschrieben.
Das bereits 1868-74 bei dem ersten, am Friedrichshain gelegenen Klinikbau von Gropius & Schmieden angewandte Pavillonsystem galt als vorbildlich für die damalige Zeit und ermöglichte eine effektive Verbindung von Krankenhaus- und Lehrbetrieb.
Dementsprechend sind straßenseitig der dreigeschossige Verwaltungstrakt und die seitlich anschließenden Klinikbauten gleicher Höhe aus der Gebäudeflucht vor- bzw. zurückgesetzt und durch die abwechselnden Formen von Walm- und Satteldächern zusätzlich als selbständige Baublöcke gestaltet. Die drei ursprünglich durch Verbindungsgänge verbundenen Pavillons – Victoria-, Kaiser- und August-Pavillon – mit offenen Loggien zur Spree, wurden seit den Teilzerstörungen im Zweiten Weltkrieg stark verändert.

unten und links: Ziegelstraße 10-11. Die antikisierende Ornamentik ist charakteristisch für die klassizistische Haltung des Architekten Martin Gropius.

26 Ziegelstraße 10-11 – Ehemalige Chirurgische Poliklinik

Für die gewachsenen Anforderungen an die ambulante chirurgische Versorgung wurde 1889-93 unter der Leitung des Ministeriums für öffentliche Arbeiten auf dem östlich anschließenden Grundstück an der Ziegelstraße 10-11 von Baurat Eduard Haesecke und Regierungs-

Ziegelstraße 12. Das Wappen verweist auf die Stadt als Bauherrin des Schulgebäudes.

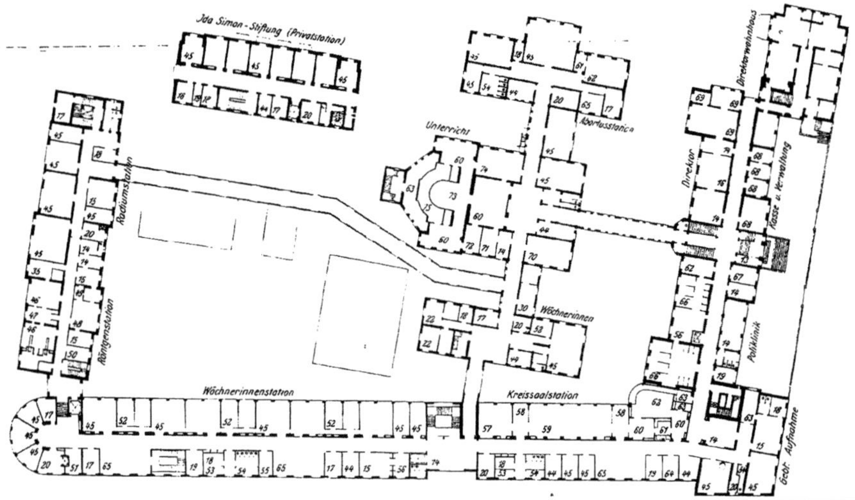

Tucholskystraße 2/ Ziegelstraße 14-19. Universitäts-Frauenklinik, Grundriss des 1. Obergeschosses von 1933.

baumeister Friedeberg die Chirurgische Poliklinik erbaut. Mit der bewussten Angleichung der Fassadengestaltung an das bereits bestehende Klinikgebäude von Gropius & Schmieden ist eine gestalterische Einheit der Klinikbauten erzielt, deren qualitätvolle Ausführung und Belebung durch Formsteine und Terrakotten bis heute überzeugt. Nach einer schonenden Reinigung kann diese Qualität wieder voll zur Geltung kommen.

27 Ziegelstraße 12 – Ehemalige Luisenschule

Zwei Zierkartuschen aus Terrakotta zeigen für das benachbarte Gebäude der ehemaligen Luisenschule das Baujahr 1894/95 an. Der Architekt war Hermann Blankenstein, Berliner Stadtbaurat für Hochbau von 1872 bis 1896, in dessen Ressort auch die Schulbauten gehörten. Auch diesen späten Bau des Architekten kennzeichnet eine klare Tektonik der polychromen Backsteinarchitektur, die

Tucholskystraße 2/ Ziegelstraße 14-19. Die neuklassizistische Ausstattung der Ehrenhalle vor dem Hörsaal von 1952-55 ist vollständig erhalten.

bei der Vielzahl der von ihm geforderten Entwürfe, deren Ausführung Blankenstein nicht selbst überwachen konnte, gut geeignet war, eine modulare Formensprache mit passgerechten Schmuckelementen anzuwenden. Wie auch bei anderen Schulbauten von Blankenstein bezeichnen die Rundbogenfenster in der Straßenfront die Lage der Aula im Obergeschoss.

Tucholskystraße 2/ Ziegelstraße 14-19. Erweiterungsbau der Universitäts-Frauenklinik von Walter Wolff, erbaut 1928-32. Die Fassade war mit hydraulischem Kalkmörtel verputzt und mit matter weißer Ölfarbe gestrichen. Ein feiner Fugenschnitt erzeugte die Wirkung einer Plattenbekleidung. Aufnahme 1932 (oben) und von 1999 (links).

28 Tucholskystraße 2 / Ziegelstraße 14-19 – Ehemalige Universitätsfrauenklinik

Nach einhundertjährigem Bestehen der Universitäts-Frauenklinik auf dem Areal zwischen Tucholsky-, Ziegel- und Monbijoustraße und der Spree erhalten die Klinikgebäude im Zuge der gegenwärtigen Veränderungen innerhalb der Berliner Universitäten neue Nutzungen oder sind an verschiedene Wissenschaftsinstitutionen vermietet. Das erfordert Verän-

unten: Ziegelstraße 14-19. Auf der Bestandszeichnung des Architekten Walter Wolff von 1934 ist der ursprüngliche Fugenschnitt eingetragen.

Ziegelstraße 14-19. Insbesondere die Treppenanlagen zeigen die Qualität der neusachlichen Gestaltung des Architekten Walter Wolff. Der Lichteinfall steigert die skulpturale Wirkung. Aufnahme von 1999.

derungen und Anpassung an heutige Standards. Wenn sich die anstehenden Baumaßnahmen als ein Weiterbauen am Denkmal begreifen, werden die verschiedenen Bauphasen als Spiegel der Medizin- und Architekturgeschichte bewahrt und die vorhandenen baukünstlerischen Qualitäten zum Maßstab bestimmt.

1879 legten die Architekten Gropius & Schmieden mit dem Neubau der Klinik für Geburtshilfe und Frauenkrankheiten unter dem damaligen Direktor Karl Schroeder den Grundstein der Berliner Universitäts-Frauenklinik. Das Hauptgebäude an der Tucholskystraße und die östlich anschließenden Pavillons sind durch Zwischenbauten miteinander verbunden. An den Mittelpavillon schließt ein Hörsaalbau von 1893 an. Südlich wurde 1902-06 an der Monbijoustraße 2 das Gebäude der III. Medizinischen Klinik erbaut, und 1908-10 ließ die Ida-Simon-Stiftung auf dem südöstlichen Teil des Grundstücks ein weiteres Klinikgebäude errichten. Die neubarocke Architektur beider Bauten harmoniert mit dem benachbarten, zeitgleich errichteten Hofbeamtenwohnhaus (siehe **37**) und den Seitentrakten des Haupttelegrafenamtes.

Insbesondere die Klinik an der Monbijoustraße nimmt in der Wahl des Sandsteinmaterials und der ausgewogenen Gliederung Bezug auf den monumentalen Bau des Bode-Museums jenseits der Spree.

Eine komplette Neuordnung der Bebauung plante der Regierungsbaurat Walter Wolff in den Jahren 1928-30 nach funktionalen Vorgaben des renommierten Gynäkologen Walter Stoeckel. Zur Ausführung kam bis 1933 nur der Flügel an der Ziegelstraße. Die Formensprache der Moderne tritt hier in eine räumliche Überlagerung mit den kaiserzeitlichen Bauten an der Monbijoustraße. Stromlinienförmig gerundet, mit verglastem Aufbau und auskragendem Flachdach sind die Intentionen der Bauhausarchitektur überzeugend umgesetzt. Das äußere Erscheinungsbild des Bauensembles wird heute von der Fassadenüberformung von 1947-55 bestimmt.

Zwei benachbarte Bauten künden von der religiösen Toleranz der Zeit um 1900. Das evangelische Studentenwohnheim Tucholskystraße 7 und die Hochschule für die Wissenschaft des Judentums Tucholskystraße 9 grenzen unmittelbar aneinander.

29 Tucholskystraße 7

Das viergeschossige Wohnheim für Studenten der evangelischen Theologie wurde um 1900 durch die Stiftung Johanneum errichtet. Ein Hinweis auf die Nutzung ist das in die Ziegelfläche eingetiefte Kreuz im vierten Obergeschoss, welches ebenso wie Gesimse und Fensterbrüstungen als sparsame Ziegelornamentik ausgeführt ist.

Mit Hilfe von Fördermaßnahmen des städtebaulichen Denkmalschutzes sind 1998-2001 die Fassade und das Dach instand gesetzt worden. Auch der Eingangsbereich, das Haupttreppenhaus mit Oberlicht und die gewendelte

links:
Tucholskystraße 9.
Aufnahme von 1935.

rechts:
Tucholskystraße 7
und 9.

Tucholskystraße 9. Freilegung des 1942 mit Draht und Putz umkleideten Treppengeländers. Aufnahme von 1997.

Nebentreppe aus Kunststein, die zum originalen Bestand aus der Bauzeit zählen, konnten denkmalgerecht wiederhergestellt werden.

30 Tucholskystraße 9 – Ehemalige Hochschule für die Wissenschaft des Judentums

Die 1870 gegründete Hochschule für die Wissenschaft des Judentums befand sich von 1907 bis 1942 in diesem Haus, das 1907/08 nach einem Entwurf von Johann Hoeniger an Stelle einer älteren Hofanlage erbaut wurde. Mit dem Neubau wurde die Straße auch an dieser Stelle auf das heutige Maß verbreitert. Johann Hoeniger, der 1906 auch die Knabenschule der jüdischen Gemeinde in der Großen Hamburger Straße 27 plante und als Architekt der heute noch erhaltenen Synagoge Rykestraße im Stadtbezirk Prenzlauer Berg bekannt ist, konnte mit einer originellen Verbindung von Stilkunst und Neuklassizismus der Bauaufgabe gerecht werden. Die Einrichtung des Gebäudes als Sitz des Zentralrates der Juden in Deutschland 1998/99 stellte besondere Anforderungen an das Denkmalpflegekonzept. Die Erinnerung an Menschen, die hier lebten und arbeiteten, soll anhand von originalen Bauteilen und Ausstattungen mit den authentischen Spuren ihrer Nutzung gegenwärtig bleiben. Schadhafte Bereiche bleiben soweit als möglich sichtbar und sind nur zurückhaltend überarbeitet. Zu nennen wären hier beispielsweise der zum Teil abgetretene Terrazzofußboden, die patinierte Marmorbekleidung im Vestibül oder die abgenutzten Messingstoßkanten an den Trittstufen.

Die ausgewogene Gestaltung der Straßenfassade kommt mit der Korrektur späterer Veränderungen wieder zur Geltung. Vormals zugesetzte Fensteröffnungen wurden wieder auf ihr früheres Maß gebracht; zur formalen Einbindung des geschmückten Sandsteinportals erhielt das Erdgeschoss eine Putzstreifenquaderung. Auf die verlorene Bauornamentik ist bewusst verzichtet worden, nur der Davidstern im zweiten Obergeschoss wurde wiederhergestellt. Obgleich an die Fenster hohe Sicherheitsanforderungen gestellt werden, ist es gelungen, die Holzkastenfenster von 1907 zu erhalten.

STANDORT 4

ORANIENBURGER STRASSE

Die Oranienburger Straße führt vom Hackeschen Markt zur Friedrichstraße. Die Kreuzung der Oranienburger Straße mit der Tucholskystraße beschreibt nicht nur den Mittelpunkt dieses Boulevards in topographischer Hinsicht, hier befinden sich in engem räumlichen Miteinander städtebauliche Dominanten wie die Neue Synagoge, das Postfuhramt und das Haupttelegrafenamt, deren Nutzungsgeschichten die Entwicklung Berlins zur Metropole nachzeichnen.
Vielschichtige Nutzungen kennzeichnen diesen Standort. Das Centrum Judaicum findet den ihm angemessenen Ort in der zu einem Teil wiederhergestellten Synagoge, die historischen Bauten für Post und Telekommunikation südlich der Oranienburger Straße und das ehemalige Postfuhramt erwarten neue Nutzungen, von denen eine weitere Belebung und die Anbindung dieses Areals an die Museumsinsel ausgehen wird.

unten: Oranienburger Straße nach West. Aufnahme um 1915.

31 Oranienburger Straße 30 – Neue Synagoge, Centrum Judaicum

Als Wahrzeichen weist die im Jahre 1866 geweihte Hauptsynagoge Berlins auf die bedeutende Stellung der jüdischen Gemeinde um die Mitte des 19. Jahrhunderts hin. Mit ihren 3.200 Sitzplätzen war sie das größte jüdische Gotteshaus Deutschlands. Zwar entging die Synagoge durch das beherzte Eingreifen eines Polizeioffiziers in der so genannten Kristallnacht am 9. November 1938 der Zerstörung, wurde aber 1943 durch Bomben schwer beschädigt. Ihr Hauptbau wurde 1958 gesprengt und abgetragen. Seit dem Beschluss zum Wiederaufbau vom 27. Juni 1988 folgten Bestandssicherung, Konservierung und ein teilweiser Wiederaufbau der Ruine. Dieses bedeutendste architektonische Zeugnis jüdischen Lebens in Berlin konnte am 7. Mai 1995 als Centrum Judaicum wiedereröffnet werden. Mit der neu errichteten Kuppel ist die Synagoge wieder Teil der Berliner Stadtkrone.

Als Baumeister der Jüdischen Gemeinde Berlin errichtete der Architekt Eduard Knoblauch den Synagogenbau 1859

Oranienburger Straße 27 bis 34. Die Sicherung der historisch wertvollen Bauten und ihre Einbeziehung in eine moderne Nutzung war eine dem maßstäblichen Schließen der Baulücken gleichrangige Aufgabe. Aufgenommen im August 1991.

oben:
Oranienburger Straße 30.
Neue Synagoge Berlin – Centrum Judaicum. Mit der Glas-Stahl-Konstruktion wird die Kontur des 1958 gesprengten Hauptraumes der Synagoge nachgezeichnet und die Abbruchlinie vor Witterung geschützt.

unten:
Oranienburger Straße 30.
Neue Synagoge Berlin – Centrum Judaicum. Die Restaurierung der Haupttreppe bewahrte den fragmentarischen Erhaltungszustand als zeitgeschichtliches Dokument.

bis zu seinem Tod 1865. Sein Sohn Gustav Knoblauch vollendete den Bau 1866, Friedrich August Stüler schuf die reiche Ausstattung.

Der Ziegelverblendbau mit moderner Eisenkonstruktion ist ein Hauptwerk der Berliner Architektur. Reicher Terrakottaschmuck und vor allem die drei Hauptportale mit hufeisenförmigen Bögen sowie die von einem Rippennetz überzogenen Kuppeln übernehmen maurisches Formengut. Eine optimale Ausnutzung auf dem unregelmäßig geformten Grundstück gelang durch den Kunstgriff des Architekten, die Längsachse des gesamten Baus mehrfach zu neigen. Eine Vorstellung von der früheren Gestalt vermittelt ein Modell in der ständigen Ausstellung des Centrum Judaicum. Historische Dokumente, Fotografien und einige geborgene Exponate veranschaulichen die Baugeschichte der Neuen Synagoge und die Vielfalt jüdischen Lebens in der Spandauer Vorstadt. Die in der Freifläche hinter den restaurierten Gebäudeteilen nachgezeichneten Umrisslinien des Grundrisses lassen die gewaltigen Ausmaße des ehemaligen Hauptraumes der Synagoge erahnen. Eine Glas-Stahl-Konstruktion nimmt die frühere Höhe des Hauptschiffes in der Tiefe des ersten von insgesamt fünf Gewölbejochen auf und schützt das freiliegende Mauerwerk mit seinen Narben, welche die Geschichte

Oranienburger Straße 30. Neue Synagoge Berlin – Centrum Judaicum. Marmorbecken im ehemaligen Männervestibül. Einzelne Fundstücke sind an ihren vermuteten Einbauort zurückversetzt, Fehlstellen bezeichnen die Verluste.

Oranienburger Straße 30. Hofansicht der Neuen Synagoge vor Beginn der Ruinensicherung 1988.

hinterlassen hat. Durch eine zurückhaltende Restaurierung sind die originalen Reste der historischen Ausmalung in ihrem fragmentarischen Zustand konserviert. Die hellen Putzergänzungen kennzeichnen das Ausmaß der Zerstörung.

32 Oranienburger Straße 31

An die Synagoge schließt westlich das 1896 von Moritz und Bertha Mannheimer gestiftete ehemalige Jüdische Hospital an. Die zurückhaltende Fassade gewährt dem ehrwürdigen Bau der Synagoge den gebührenden Vorrang. Ein Rundbogenfries in gleicher Trauflinie und die in Bogenstellungen gefassten Fenster sind dem benachbarten Gotteshaus verwandte Architekturglieder; der mittig aufsteigende Blendgiebel hingegen verleiht dem Gebäude durchaus eigenständigen Charakter. Auffallend sind ähnliche Gestaltungsansätze wie bei den Gebäuden des Katholischen Hedwig-Krankenhauses, das an der nördlichen Grundstücksgrenze folgt und von der Großen Hamburger Straße erschlossen wird. Im Januar 1933, eine Woche vor der Ernennung Adolf Hitlers zum Reichskanzler, wurde in diesem Gebäude das Jüdische Museum mit den Beständen aus der Kunstsammlung der Jüdischen Gemeinde Berlin eröffnet.
Beim Eintritt durch das spitzbogige Hauptportal gelangt man in die Durchfahrt und das Treppenhaus. Authentisch überlieferte Ausstattungen erinnern an die frühere Nutzung und haben symbolische Bedeutung für das Wiederaufleben der Arbeit jüdischer Einrichtungen an ihrem angestammten Ort.

33 Oranienburger Straße 28

Das Verwaltungsgebäude der Jüdischen Gemeinde Berlin, 1908/09 für das Gesamtarchiv der deutschen Juden errichtet, nahm sämtliche Urkunden und Akten der jüdischen Gemeinden, Organisationen, Vereine und Stiftungen Deutschlands auf. Ein Teilbestand befindet sich seit 1996 wieder in den histori-

schen Räumen, ein weiterer in Jerusalem, das meiste ging jedoch verloren. Die sparsam gestaltete Ziegelfassade gab eine Orientierung für die Gestaltung des westlichen Erweiterungsbaus Oranienburger Straße 29.

34 Oranienburger Straße 27 – Kunsthof

In der vollständig erhaltenen Hofanlage aus der Zeit Friedrich Wilhelms IV. ist heute der Kunsthof angesiedelt. Hinter dem Vorderhaus verbirgt sich ein überraschend großer Innenhof, der Wohnungen, Galerien, Restaurants und künstlerische Gewerbe beherbergt. Bis 1840 war nur der hintere Teil des Hofes bebaut und als Gastwirtschaft mit Kegelbahn genutzt. Nach dem im Adressbuch 1799 eingetragenen Hausbesitzer Adermann ist heute das Restaurant im Vorderhaus benannt.

Nach mehrmaligem Besitzerwechsel erwarben 1838 der Kaufmann Ernst Wilhelm Müller und der Kassierer des Königlichen Generalpostamtes Weigel das Anwesen und begannen mit der Neubebauung der gesamten Hofanlage. 1840 waren das dreigeschossig massive Vorderhaus mit östlichem und westlichem Seitengebäude sowie das so genannte Belvedere und ein Quergebäude an der südlichen Grundstücksgrenze fertiggestellt. 1855 führte der Fabrikant Joseph Tobias Goldberger die Bebauung der Hofanlage fort.

Während das 1840 erbaute Vorderhaus eine spätklassizistische Wohnhausfassade besitzt und sich durch eine klare Reihung der Fenster auszeichnet, ein gusseiserner Balkon die Mittelachse betont, Friesbänder die Gesimse zieren und die Drempelfenster mit Zinkgussrosetten geschmückt sind, spiegeln die Fassaden der zwischen 1855-60 errichteten westlichen Hofgebäude mit dem Belvedere die spätklassizistische Rundbogenarchitektur in Berlin mit Merkmalen des italienischen Villenstils wider.

Das erst 1866 fertiggestellte Quergebäude prägt mit seinem steilen schieferge-

Oranienburger Straße 28. Ein Sandsteinrelief an der Fassade zeigt das Symbol der Jüdischen Gemeinde Berlin – zwei ineinander geschlungene Hände als Sinnbild brüderlicher Verbundenheit.

Oranienburger Straße 28. Eingang zum ehemaligen Gesamtarchiv der deutschen Juden. Heute befindet sich im Erdgeschoss das Restaurant „Oren".

rechts: Oranienburger Straße 27. Blick über den Kunsthof im Jahr 1992. Die Dachkonstruktion im Seitenflügel war durch Echten Hausschwamm geschädigt.

deckten Mansardgeschoss und dem seitlichen Treppenhausbau den Hofraum. Die erhaltenen Ausstattungen der Räume im ersten Obergeschoss des Vorderhauses stellen in stilgeschichtlicher Hinsicht sowie in künstlerischer

Oranienburger Straße 27-31.

Oranienburger Straße 27. Die Gebäude im Kunsthof sind in einzelnen Bauabschnitten von 1840 bis 1866 entstanden.

Qualität und Materialwahl ein herausragendes Zeugnis ihrer Zeit dar.
1990 befanden sich die Baulichkeiten in einem stark vernachlässigten Zustand. Das Ziel der Baumaßnahmen 1997/98 war die größtmögliche Bewahrung und

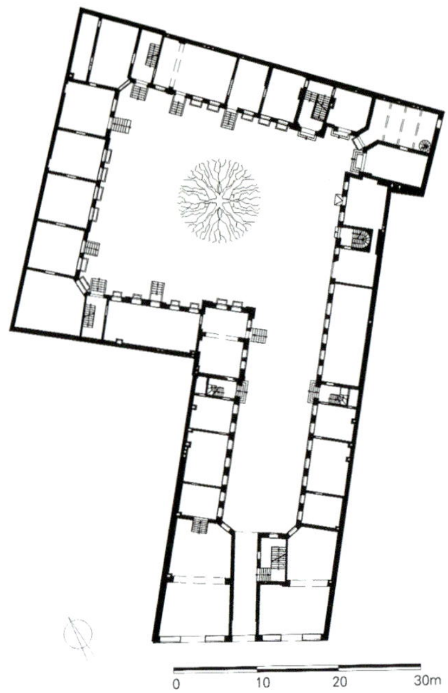

Oranienburger Straße 27. Erdgeschossgrundriss.

oben: Oranienburger Straße 27. Die kostbare Gestaltung der Salontür im 1. Obergeschoss ist vorder- und rückseitig unterschiedlich ausgeführt.

links: Der restaurierte gusseiserne Balkon an der Straßenfront weist auf die repräsentativen Salons im Obergeschoss hin.

rechts: Die eiserne Spindeltreppe im Seitenflügel von 1856 ist aus vorgefertigten Gusselementen zusammengesetzt.

Restaurierung der historischen Eigenart dieser Gebäudeanlage. Die feingliedrigen Putz- und Stuckgliederungen der Fassaden wurden fachgerecht konserviert. Der gusseiserne Balkon am Vorderhaus von 1840 konnte aus den noch vorhandenen Teilen, die im Pferdestall lagerten, restauriert und wieder aufgebaut werden. Als Eigenart vieler Berliner Hofanlagen blieb der ehemalige Pferdestall mit der eisernen Treppe zum Kutscherboden unverändert erhalten und dient heute als Ausstellungsraum.

Die sechs Treppenanlagen repräsentieren einen Querschnitt historischer Konstruktionsweisen. Im Haupttreppenhaus, dem Zugang zum Restaurant im Obergeschoss, ist die nach Befund wiederhergestellte schlichte Erstfassung von 1840 zu sehen. Auf hellen Fond sind rotbraune Rahmungen und Ornamente gemalt. Alle Holzteile tragen eine helle Maserierung.

Aufwändige Ausstattungen kennzeichnen das erste Obergeschoss im Vorderhaus als Beletage mit den ehemaligen Salons des Kaufmanns Tobias Goldberger. Die Furnierparkettierung aus edlen Hölzern wurde unter weitestgehender Erhaltung der vorhandenen Originalsubstanz restauriert. Eine besonders wertvolle Marketerie ist unter einem Glasboden geschützt. Das Café „Silberstein" im Erdgeschoss schmückt eine freigelegte Wanddekoration in geometrischen abstrakten Formen aus den 1920er Jahren.

35 Oranienburger Straße 71-72 – Ehemalige Große Landesloge von Deutschland

Die 1770 gestiftete Große Landesloge der Freimaurer von Deutschland erhielt 1789-91 ihr erstes eigenes Gebäude nach dem Entwurf des Architekten und

Oranienburger Straße 71-72. Diese Aufnahme aus dem Jahre 1889 von F. Albert Schwartz ist die älteste überlieferte Fotografie des Logenhauses.

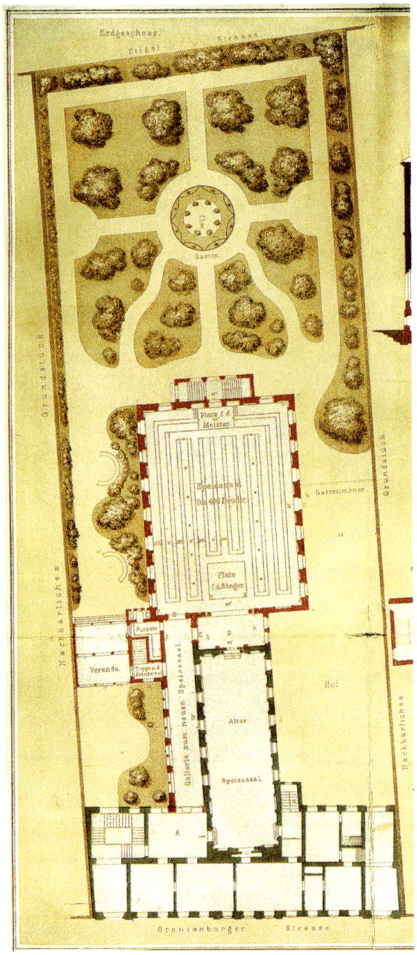

Oranienburger Straße 71-72. Ausschnitt aus dem Lageplan mit Grundrissen für eine geplante Bauerweiterung von 1862. Bereits das von Christian Friedrich Becherer 1790/91 realisierte Gebäude (grau) für die Große Landesloge der Freimaurer von Deutschland verfügte bei seiner Fertigstellung über einen gartenseitigen Mittelflügel, in welchem sich im Erdgeschoss der alte Speisesaal und darüber der St. Johannis-Lehrlingssaal befand. Neben diesen mit Abstand größten Räumen gab es außerdem kleinere Arbeitssäle im Vorderhaus. Die Bauerweiterung erfolgte 1867 in veränderter Form.

Oranienburger Straße 72-76. Zur Zeit der Bauarbeiten am Haupttelegrafenamt waren das Saalgebäude der Großen Landesloge von 1867 (links im Anschnitt) und die Remisen der Paketpost noch vorhanden. Aufnahme von 1912.

Logenmitgliedes Christian Friedrich Becherer, das den speziellen Bauvorschriften für die Riten und Gebräuche der Freimaurer folgte. Es ist heute das einzige erhaltene Bauwerk des Architekten in Berlin.

Die ungerade Zahl von dreizehn Fensterachsen der Straßenfront ermöglicht eine ausgewogene symmetrische Gliederung des langen Baukörpers durch seitliche Risalite und einen Mittelrisalit von drei Achsen. Mit der Aufstockung von 1831 durch Baumeister Ludwig Ferdinand Hesse, der ebenfalls Mitglied der Loge war und später zum Direktor der Schlossbaukommission ernannt wurde, erhielt das dreigeschossige Vorderhaus seine bis heute überlieferte Straßenansicht. An der Fassade spiegelt sich die innere Raumordnung. Zwei seitliche Eingänge führten zu Haupttreppe und Wirtschaftshof, der Mittelteil war den Arbeitssälen vorbehalten. Das östliche Holztor mit Schlupftür und Girlandenschmuck stammt noch aus der Bauzeit von 1791. Die lebendig gestalteten Bildnisse des griechischen Philosophen Sokrates und des römischen Dichters Seneca über den Torbögen datieren ebenfalls von 1791. Aufgrund einer weiteren Erhöhung der Mitgliederzahl errichtete die Loge 1867 nach Entwürfen des Bau- und Zimmermeisters August Caspar anstelle des alten Speisesaales einen größeren Saalbau auf der Hofseite. Aus dieser Zeit stammt die Haupttreppe im Vorderhaus, die heute stellvertretend für das im Krieg zerstörte Saalgebäude eine Vorstellung von der aufwändigen Ausstattung des gesamten Baus in Formen der Neurenaissance vermittelt.

Die Königliche Post hatte sich bereits 1828 auf diesem Areal angesiedelt und 1866/67 den südlichen Gartenteil der Großen Landesloge angekauft. 1898 veräußerte die Landesloge zur Finanzierung eines neuen Logenhauses in der Eisenacher Straße das gesamte Grundstück an die Reichspost. Als Teil des Paketpostamtes und seit 1960 als Teil des Institutes für Post- und Fernmeldewesen führte das Logenhaus lange ein wenig beachtetes Dasein. Die geplante Umnutzung eröffnet auch hier eine neue Perspektive.

36 Oranienburger Straße 73-76 – Ehemaliges Haupttelegrafenamt

Der wilhelminische Monumentalbau war als Zentrum und Entwicklungsstätte des deutschen Funkverkehrs ein Wegbereiter der modernen Telekommunikation. Die Kaiserliche Oberpostdirektion ließ das Haupttelegrafenamt in den Jahren 1910-16 nach Ankauf der Parzellen Oranienburger Straße 73 bis 76 auf dem Eckgrundstück errichten, nachdem die Monbijoustraße 1905 als Verbindung zur Museumsinsel und zum neu errichteten Bodemuseum (seinerzeit Kaiser-Friedrich- Museum) angelegt worden war.
Die ausgedehnten Baulichkeiten, die sich bis zur Ziegelstraße erstrecken, messen sich in ihrer Größe mit den gegenüberliegenden Museumsbauten des Weltkulturerbes. Die Hauptfassade an der Oranienburger Straße setzt sich jedoch in Beziehung zur gegenüberliegenden Synagoge. Säulen und Pilaster aus Trachyttuff stehen auf einem zweigeschossigen Sockel und gliedern den Mittelteil über dem Eingang. An der Monbijoustraße flankieren Turmbauten einen „Ehrenhof", der ursprünglich dem Lieferverkehr diente.

37 Monbijoustraße 4/4a

Das 1912 für Königliche Hofbeamte errichtete Wohnhaus blieb als einziges Gebäude im ehemaligen Schlosspark von Monbijou unversehrt. Ursprünglich Teil im Bauensemble von Schloss Monbijou, Domkandidatenstift und Englischer Kirche, steht es heute als Solitär an der westlichen Parkgrenze. Eine Krone im Wappenfeld über der Durchfahrt weist auf den Königlichen Kronfideikommiss als Bauherrn hin. Die Backsteinfassaden sind in den Formen des holländischen Barock gestaltet. Die Architektur des königlichen Dienstwohngebäudes erinnert an die Zeit des Aufschwungs nach dem

Oranienburger Straße 71-72. Die Haupttreppe von 1867 war als Zugang zum ehemaligen Saal großzügig bemessen und repräsentativ geschmückt.

Oranienburger Straße 72-76. Haupttelegrafenamt, Hauptportal.

Monbijoustraße 4, 4a. Wohnhaus für Königliche Hofbeamte, Zustand 2002.

Monbijoustraße 4, 4a.
oben: Restaurierung der Festons an der Fassade. Vor dem Anmodellieren der abgewitterten Oberfläche werden die sandenden Partien gefestigt und mit dem Untergrund verbunden.
unten: Die Aufnahme von 1960 mit der Ansicht der Westfassade entstand vor dem Abbruch der Ruine des Domkandidatenstifts (im Bild links).

Dreißigjährigen Krieg, als holländische Baumeister in Berlin und Potsdam tätig waren. Zwerchhäuser mit geschweiften Giebeln formen ein bewegtes Erscheinungsbild, und der Bauschmuck belebt die Backsteinfassaden.
Bei der Sicherung und Instandsetzung 2001 gelang es, die geschwärzten Giebel mit Kugelbekrönungen und Muschelornamenten schonend zu reinigen und bildhauerische Ergänzungen an den abgewitterten Blumengirlanden vorzunehmen. Ersatz für fehlende Ziegel mit Sondermaß lieferte die Ziegelei Glindow, die noch über einen Kohlebrandofen verfügt. Mit der Wiederherstellung des hohen Mansarddaches entspricht das Gebäude wieder seinem bauzeitlichen Aussehen im Stadtbild.

38 Tucholskystraße 6/10 – Ehemaliges Fernsprechamt

Den 1926/27 von Felix Gentzen entworfenen expressionistischen Neubau des Fernsprechamtes Nord verdanken wir der Neugliederung des Berliner Fernsprechnetzes, die die Einrichtung übergeordneter Fernsprechämter und Knotenämter erforderte. So entstand an der damaligen Artilleriestraße nach Abbruch der Packkammern des Paketpostamtes ein wichtiger Funktionsbau der Reichspost neben Postfuhramt und Haupttelegrafenamt.
Tradition und Moderne vereint das Zusammenspiel der strengen, fast endlos wirkenden Reihung der rhythmischen Lisenen- und Pfeilergliederung mit der aus der Backsteingotik entlehnten Zieglornamentik. Es entstand ein meisterhaftes Zeugnis expressionistischer Architektur.
Mit dem Tegeler Borsig-Turm von 1924 oder dem zwei Jahre jüngeren Ullstein-Hochhaus in Tempelhof von Eugen Schmohl hat es die dunkle Klinkerbekleidung, die expressionistische Formensprache und den sakral anmutenden Charakter gemeinsam. Vom Grundriss und der Bauaufgabe ist es mit dem von Hans Hertlein im gleichen Jahr er-

richteten Schaltwerk der Siemens-AG am Nonnendamm vergleichbar, einem Höhepunkt der Berliner Industriebaugeschichte, doch Gentzen setzt stärker auf die ornamentale Durchbildung der Fassaden. Mit seinem steilen Dach fügt sich der Bau in das historische städtische Umfeld ein. Die überzeugende Wirkung im Detail wurde durch eine sorgfältige Auswahl und die Verarbeitung der Materialien erzielt. Unterstützt durch das Farbspiel der ofenbunten Kohlebrandziegel und die waagerechte Linienführung der Bänder aus violett gesinterten Dachsteinen werden in unkonventioneller Weise Traditionen der Berliner Bauakademie weitergeführt. Spitzbogige Blendgiebel über den Fenstern sowie Zackenfriese und Kreuzdarstellungen in den Brüstungsfeldern sind unübersehbar aus dem Kirchenbau entlehnte Motive, deren Bedeutungsgehalt das Gebäude aufwertet.

Die einzelnen Etagen verfügen über umfangreiche und sehr variable Raumangebote. Einige Räume reichen als weitläufige Hallen über die gesamte Gebäudelänge und haben eine großzügige Wirkung mit freistehenden Stützenreihen.

39 Oranienburger Straße 35-36 – Ehemaliges Postfuhramt

Der Architekt Carl Schwatlo plante sein bedeutendes Spätwerk 1875-81 unter Mitarbeit von Wilhelm Tuckermann an diesem historischen Standort der Post. Schon 1713 befand sich hier das Wohn-

Tucholskystraße 6-10. Fernsprechamt. Hofansicht von Nordost.

Tucholskystraße 6-10. links: Nördliches Treppenhaus. unten: Detail der Straßenseite.

Oranienburger Straße 35. Postfuhramt, Innenhof (unten) und Tonrelief an der Hoffassade von Hermann Steinemann, 1878 (oben).

haus für die Postillione, seit 1766 die Posthalterei mit der Wohnung des königlichen Posthalters. Aus den langgestreckten Fronten an der Oranienburger und der Tucholskystraße erhebt sich der oktogonale Kuppelbau mit dem hohen Rundbogen über dem Eingang in Formen der italienischen Renaissance. Er beherrscht den Standort und versteht sich als architektonisches Gegengewicht zur Neuen Synagoge. Fein gearbeitete Terrakotten und türkisblaue Bänder mit eingelegten Blütenmotiven schmücken die gelben Klinkerfassaden. In die Bogenzwickel des Erdgeschosses sind Bildnismedaillons namhafter Erfinder und Entdecker von der Antike bis zum 19. Jahrhundert eingefügt. Das große Terrakottarelief einer Postkutsche an der Hoffassade schuf 1878 der Bildhauer Hermann Steinemann. Auf dem weitläufigen Wagenhof waren in zweigeschossigen Stallungen mehr als 200 Postpferde untergebracht. Nachdem die Post die Nutzung des Gebäudes nach 1990 aufgab, diente es in der Folgezeit als Ausstellungs- und Veranstaltungsort verschiedener temporärer Kunstprojekte, darunter der Berliner Biennale Junger Kunst.

40 Oranienburger Straße 37

Das Vorderhaus ist wie das benachbarte Postfuhramt wilhelminischem Repräsentationsanspruch verpflichtet. Mit dem Neubau 1886 führte der Apotheker Dr. Brettschneider die seit 1821 angestammte Nutzung weiter. An das viergeschossige Vorderhaus schließen sich zwei fünfgeschossige Seitenflügel und ein viergeschossiges Quergebäude an.

Oranienburger Straße 35. Postfuhramt.

Oranienburger Straße 35. Die Klinkerfassaden schmücken zahlreiche Bildnismedaillons, die an verdiente Wissenschaftler und Gelehrte wie den italienischen Physiker Alessandro Graf Volta erinnern.

Die dichte Überbauung des Grundstückes lässt nur einen schmalen Hof entstehen.
Ursprünglich war die Fassade von den Materialien Klinker und Stuck geprägt. Die Überdeckung der Klinkerflächen mit Glattputz aus den 1970er Jahren blieb wegen der Beschädigung der darunter liegenden Oberfläche bestehen.

Schwerpunkt der Instandsetzung 1998 war die Sicherung und sorgfältige Überarbeitung der verbliebenen Putz- und Stuckgliederungen.
Im Hausdurchgang sind die Stuccolustro-Oberflächen der Wände fachgerecht freigelegt. Risse und Schadstellen erhielten eine Retusche aus mikrokristallinem Wachs, das mit Farbpigmenten

Oranienburger Straße 37.

passend zum Untergrund abgetönt ist. Im Treppenhaus sollte der Stucco lustro zunächst nach dem Vorbild der Wände im Renaissance-Theater an der Hardenbergstraße in einer reversiblen Wachstechnik überarbeitet werden, das heißt durch Einmassieren und Strukturieren mit mikrokristallinem Wachs. Zur Reduzierung des Aufwandes kam nach dem Auftragen eines reversiblen Schutzanstrichs eine moderne Spachteltechnik zur Ausführung.

41 Oranienburger Straße 34/ Tucholskystraße 18

Das dreigeschossige Eckwohnhaus gehört neben dem Logenhaus zur ältesten Bebauung an diesem Standort. 1792 versicherte der Königliche Kriegsrat Friedrich Ludwig Joseph Fischbach „das Gebäude an der [Oranienburger-] Straße und noch ein Gebäude nach der Wasser Gasse“ [3] bei der Feuersozietät. Als neuer Eigentümer ließ der Königliche Bauinspektor Friedrich Ludwig Burckardt 1806 die vorhandenen Baulichkeiten umbauen. Der Grundriss und das aufgehende Mauerwerk mit den Fensteröffnungen stammen zum großen Teil aus dieser Bauphase. Bestimmendes Element der klassizistischen Fassade von 1806 war ein halbrundes „Thermenfenster“ im zweiten Obergeschoss, das vor der Instandsetzung am freiliegenden Mauerwerk sichtbar war. Ein vergleichbares Gegen-

Oranienburger Straße 37. Restauriertes Treppenhaus.

Oranienburger Straße 34.
links: Ansicht 2002.
unten links: Überzeichnung des Messbilds von 1995 mit den noch sichtbaren Spuren eines Thermenfensters aus der Bauzeit 1806.
unten rechts: Fassadenentwurf von Carl Schwatlo, 1861, aus dem Architektonischen Skizzenbuch.

stück gibt es noch an einer Hoffassade in der Gipsstraße 11.
1859 veranlasste der Kaufmann Albert Morgenstern eine aufwertende Umgestaltung nach Entwurf Carl Schwatlos, die seither bestimmend ist. Bis zu den Baumaßnahmen 1997-99 zeigten zugemauerte Schaufenster, absturzgefährdete Balkone und fehlender Putz den vernachlässigten Bauzustand. Bereits 1989 hatte eine Abrissempfehlung vorgelegen. Bei der behutsamen Instandsetzung konnten die verbliebenen Putzgliederungen erhalten und eingebunden wer-

Oranienburger Straße 34. Im 1999 restaurierten Saal im Obergeschoss hat sich die festliche Ausschmückung von 1861 erhalten. Bereits bei dem Umbau um 1905 war sie anerkannt und dem Zeitgeschmack entsprechend durch eine neue Ausmalung und ein umlaufendes Holzpaneel mit geschnitzten stilisierten Blüten ergänzt worden. In der simultanen Darstellung werden die unterschiedlichen Bauphasen kenntlich.

Oranienburger Straße 34. oben: Der Blick durch das große Auge der Holztreppe von 1806 fällt auf restaurierte Laufdecken und den freigelegten Befund einer ornamentalen Deckengestaltung. Die Restaurierung des Treppenhauses bezieht sich auf die Fassung (um 1905), als das Erdgeschoss zu Ladengeschäften umgebaut wurde. oben rechts: Innenhof. Das historische Eckgebäude wird von Neubauten eingebunden .

den. Die Wiederherstellung der historischen Fassadenfarbigkeit nach dem Befund von 1861 sorgt für die authentische Wirkung im Stadtbild.

42 Oranienburger Straße 32 – Heckmann-Höfe

Durch den Torbogen des benachbarten Hauses Oranienburger Straße 32 gelangt man in die Heckmann-Höfe, eine Mietshausanlage, die der Kaufmann und Holzhändler Heinrich Franz Carl Koehne 1887 auf dem seit 1815 im Familienbesitz befindlichen Grundstück erbauen ließ. 1855 hatte der Holzhändler Friedrich Wilhelm E. Koehne auch das nördlich anschließende Anwesen in der Auguststraße 9 (siehe **45**) erworben.

Bis heute besteht noch der frühere, parzellengeschichtlich bedingte Zusammenhang der Grundstücke zwischen Oranienburger- und Auguststraße. Hinter dem ersten inneren Wohnhof weitet sich der ehemalige Wirtschaftsbereich zu einem kleinen Platz. Von dort ist der Durchgang zur Auguststraße 9 möglich. Die ehemaligen Remisen und Garagen

beherbergen heute Läden und Restaurants. An der Oranienburger Straße sind seit 1999 die Grundlinien der verloren historischen Stuckgliederung zurückhaltend wiederhergestellt.

Oranienburger Straße 32.

oben links:
Die einzigen originalen Teile der Fassade sind die beiden Granitsäulen beiderseits der Durchfahrt und die bauzeitlichen Fenster in den Obergeschossen.

oben rechts:
Remise mit „Altlasten“ 1991.

Hofansicht nach Norden zum Quergebäude Auguststraße 9.

Tucholskystraße 22, 24.

43 Tucholskystraße 22, 24

Da bei der Verbreiterung der ehemaligen Artilleriestraße um 1890 nur die Häuser auf der westlichen Seite weichen mussten, blieb auf der Ostseite der Tucholskystraße ein ungestörtes Ensemble von Wohnhäusern aus den Jahren zwischen 1840 bis 1860 erhalten. Sieben klassizistische Putzfassaden (Nr. 22 bis 34) vermitteln uns eine Vorstellung vom Stadtbild am Ende der Regierungszeit Friedrich Wilhelms IV. Gegenüber dem monumentalen Postfuhramt bildet das 1859-61 erbaute Mietshaus Tucholskystraße 22 den Auftakt des Bauensembles. Mit angepasster Traufhöhe und Gesimsausbildung fügt sich das Wohngebäude in die Reihe dreigeschossiger Putzbauten. Der Seitenrisalit ist durch Doppelpilaster über der Durchfahrt hervorgehoben. An der benachbarten Fassade des ebenfalls 1861 errichteten Hauses Tucholskystraße 24 setzt der Giebel über dem Mittelrisalit durch seine zentrierende Kraft einen deutlichen, auf das einzelne Haus gerichteten Akzent. Unterschiedliche Instandsetzungskonzepte führten zur Erhaltung des Bestandes – von der Selbsthilfe bis zur Förderung der Maßnahmen im Programm „Städtebaulicher Denkmalschutz“.

Tucholskystraße 18-32.

STANDORT 5

AUGUSTSTRASSE

Die Tucholskystraße, ehemals als „Wassergasse“ bezeichnet, führte im 18. Jahrhundert als ein schmaler Weg durch die anliegenden Gärten zum flachen Ufer der Spree. Im Zuge ihrer allmählichen Bebauung wurde die Gasse 1837 in „Artilleriestraße“ umbenannt. Erst am Ende des 19. Jahrhunderts wurde die Straße verbreitert und nördlich bis zur Torstraße verlängert.

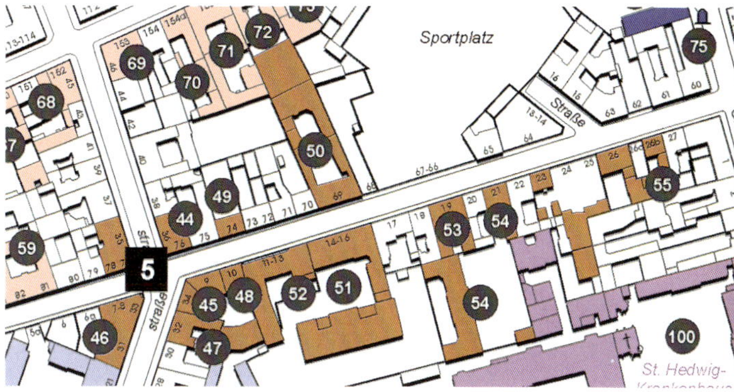

Den Kreuzungspunkt mit der Auguststraße besetzen vier Mietshäuser aus dem Zeitraum 1794 bis 1893. Sie beschreiben genau 99 Jahre Stadtentwicklung, und ihr eigenständiger Charakter ist typisch für das Erscheinungsbild des gesamten Stadtteiles. In den vergangenen zehn Jahren waren die Instandsetzungen maßgeblich durch individuelle Konzepte bestimmt, die exemplarisch den Erneuerungsprozess in der Spandauer Vorstadt seit dem Mauerfall belegen.

Auguststraße 76. Die historische Fotografie dokumentiert die spätklassizistische Fassadengestaltung, die das 1797 erbaute Bürgerhaus um 1850 erhielt. Aufnahme von Georg Bartels, 1904.

44 Auguststraße 76 / Tucholskystraße 36

„Ein auf der Königstadt, Spandauer Viertel in der Hospitalstraße und Wassergasse an der Ecke belegenes Haus, welches [...] 1794 erkauft und Anno 1795 resp. 1797 aber ganz neu von Grund auf massiv erbauet“ [4], so ist 1814 das dreigeschossige Wohnhaus beschrieben. An historischen Ausbauteilen und Bautechniken sind mehrere Umbauten im Inneren nachzuweisen, die Türen mit geschmiedeten Aufsatzbändern im Treppenhaus bezeugen beispielsweise die Bauphase von 1827. Die unscheinbare Rauhputzfassade aus den Jahren um 1960 verbarg noch die Spuren der ehemaligen tektonischen Baukörpergliederung und erbrachte weitere Hinweise auf frühere Bauzustände. So ist die aus einer historischen Aufnahme von 1904 bekannte Fassadengestalt das Ergebnis einer Überformung um die Mitte des 19. Jahrhunderts, die eine Anpassung des spätbarocken Hauses an die Gestaltung der neu errichteten klassizistischen Wohnhäuser auf der Ostseite der damaligen Artilleriestraße erstrebte. Drei korinthische Pilaster betonten den Mittelrisalit an der Hauptfassade zur Auguststraße. Ein Walmdach schließt die breit gelagerte Baukörperform ab.

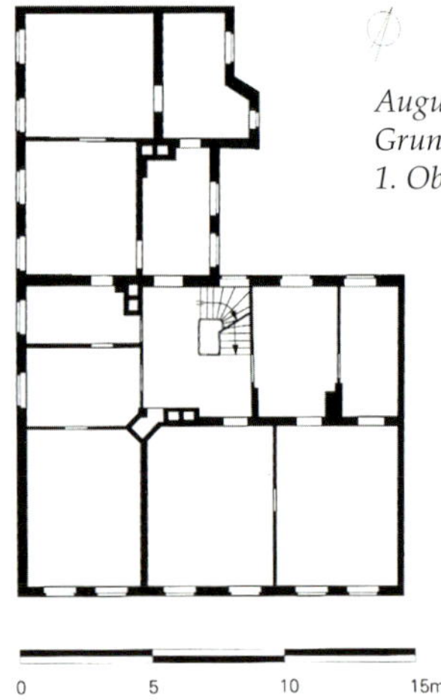

Auguststraße 76. Grundriss des 1. Obergeschosses.

45 Auguststraße 9 / Tucholskystraße 34

Auf der gegenüberliegenden Straßenecke ließ 1856 der Holzhändler Friedrich W. E. Koehner das viergeschossige Eckhaus errichten. Seine Fassaden haben ihr Gesicht bewahrt. Die Wiederherstellung der historischen Farbfassung an der Straßenfassade 1998 erwies sich als stimmiges Konzept, das auf authentische Weise die Gestaltungsintentionen der Zeit um 1850 in das heutige Stadtbild trägt. Während sich an den Putz- und Stuckgliederungen ein sandsteinfarbiger Befund zeigte, waren die Stuck-

Auguststraße 9/ Tucholskystraße 34. Die Eckfassade von 1856 hat wieder die Farbgebung der Bauzeit.

Kreuzung Auguststraße/Tucholskystraße. Das Ensemble von Wohnhäusern mit dem prägnanten Eckhaus Tucholskystraße 31-33 ist ein treffendes Beispiel für die Wiederherstellung der historischen Farbigkeit aus verschiedenen Bauzeiten.

Die Kreuzung von August- und Tucholskystraße vor Beginn der Instandsetzungsmaßnahmen. Aufgenommen im April 1991.

Auguststraße 9/ Tucholskystraße 34.

Auguststraße 9/ Tucholskystraße 34. Zweiflügelige Türen von 1856 verbinden die straßenseitigen Wohnräume zu einer Zimmerflucht (Enfilade).

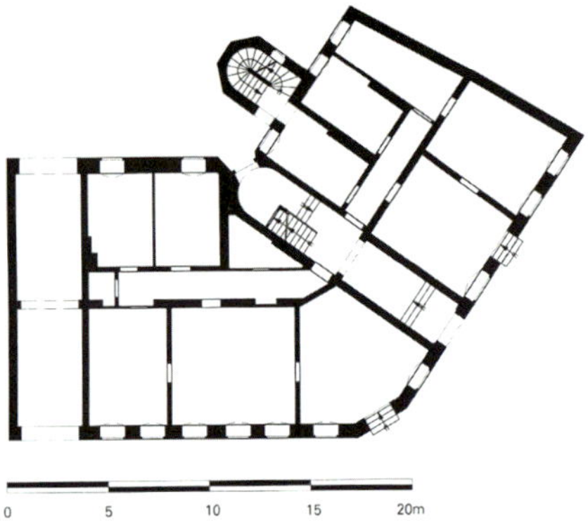

Der Erdgeschossgrundriss ist für gehobene Wohnansprüche eingerichtet. Hausflur und Durchfahrt sind baulich voneinander getrennt, im Treppenturm an der Hoffassade führt eine Dienstbotenstiege direkt zu den Küchen.

friese in den Obergeschossen terrakottarot eingefärbt. Da die nachgewiesene Farbgebung der Fenster etwa dem Farbwert des Putzes entspricht, werden die Fenster stärker als Bestandteil der Fassadenarchitektur wahrgenommen. Die illusionistische Darstellung von Naturmaterialien, Materialkombinationen und -imitationen finden sich auch bei Repräsentationsbauten dieser Zeit, was an dem prominenten Beispiel des Neuen Museums deutlich wird. Auch das Feilnerhaus von Schinkel und die Terracottareliefs aus der Feilnerschen Werkstatt können Vorbilder für diese Gestaltung gewesen sein.

Der Ausbau des Dachraumes zu Wohnzwecken gestaltete sich in denkmalverträglicher Form innerhalb der historischen Kontur. An der Hofsituation hat sich gegenüber der Bauzeit wenig verändert, es fehlt heute lediglich der „Brunnen mit hölzernem Schwengel", der in den Akten genannt wird. Hinter dem Quergebäude von 1887 befand sich

Auguststraße 77-78/ Tucholskystraße 35. Das Eckhaus setzt den Auftakt für die anschließende Häuserzeile und den gesamten Baublock bis zur Linienstraße. Seine Fassade präsentiert sich als typischer Vertreter der Mietshausarchitektur aus den 1880er Jahren, die sich durch eine Vorliebe für üppige Quaderungen, weit ausladende Konsolgesimse und Schlusssteine über den Fenstern auszeichnet. Alle historischen Details der Dekoration und die Fenster wurden erhalten und instand gesetzt.

Tucholskystraße 31-33. oben links: Während die historischen Treppen in Berliner Mietshäusern meist aus Holz oder preußischen Kappen konstruiert sind, kam Eisen nur bei besonderen Anforderungen zum Einsatz. In diesem Fall mußte sich die Eisenkonstruktion dem hufeisenförmigen Grundriss des innen liegenden Treppenhauses anpassen.

Tucholskystraße 32. oben rechts: Die neu angesetzten Stufenkanten der Holztreppe sind dem ausgetretenen Zustand der Stufen angepasst. Die „Lauflinie", eine in 150 Jahren Hausgeschichte entstandene Abnutzung in den Trittstufen, konnte durch handwerkliches Geschick erhalten bleiben.

der ehemalige große Lagerplatz des Holzhändlers Friedrich Koehner, der heute als öffentlicher Durchgang (siehe Nr. **42**) mit Ladenzeile angelegt ist. Im Remisengebäude ist ein Restaurant untergebracht.

46 Tucholskystraße 31, 33 / Auguststraße 7-8

Das jüngste der vier Eckhäuser stammt aus dem Jahr 1893. Ein Erker an der abgeschrägten Ecke unterstreicht die exponierte Stellung des Gebäudes. Die spitzwinklig zueinander stehenden Fassaden steigern die expressive Wirkung, kontrastiert von spielerisch feinen Ornamenten in neugotischen Formen, in welchen bereits der Jugendstil anklingt. Der Charme der vernachlässigten, aber original erhaltenen Fassaden wirkte 1997/98 motivierend für eine behutsame Fassadenreparatur in der historischen Handwerkstechnik. Beide Straßenfassaden sind ganzflächig gequadert, die Feinzugarbeiten sorgfältig ausgeführt. Bei fehlenden Stuckornamenten unterblieb der Versuch, etwas „Passendes" zu ergänzen, lediglich die Konsolen unter dem Eckerker wurden wiederhergestellt. Mit der bauzeitlichen Farbgebung kommt die ursprüngliche Entwurfsidee im Kontrast der grünen Fenster zu dem hellen Putz wieder unverfälscht zur Geltung. In den Treppenhäusern zieren geschmiedete Details die von Industrieformen geprägte Eisenkonstruktion.

47 Tucholskystraße 32

Der Maurerpolier Karl Heinrich Ludwig Friedrich Jacob errichtete 1845 auf dem

Tucholskystraße 32. Über dem Sockelgeschoss sind spielende Putten in den dreiviertelrund gearbeiteten Ranken eingebunden.

Grundstück Artilleriestraße 26 (heute Tucholskystraße 32) das viergeschossige massive Vorderhaus mit dem nördlich anschließenden Seitenflügel und das lediglich drei Geschosse zählende südliche Seitengebäude. Im Verlauf der 150-jährigen Nutzungsgeschichte gab es überraschend wenige bauliche Veränderungen, so dass die Gebäudeanlage weitgehend in ihrer Substanz aus der Bauzeit von 1845 erhalten ist. Lediglich 1885 fügte der Bäckermeister Bairach zwischen Vorderhaus und südlichem Seitengebäude einen viergeschossigen Zwischenbau ein, der den südlichen Flügel mit dem Vorderhaus verband. Der Gebäudegrundriss und die symmetrische Fassade mit dem Rundbogentor repräsentieren einen frühen Bautyp des Berliner Mietshauses. Im Inneren haben sich drei Holztreppen von 1845 erhalten, auf welche die denkmalgerechte Instandsetzung 1999-2001 in gebührender Weise Rücksicht nahm. Mit den sorgsam instand gesetzten Innentüren, Stuckdecken und der breiten Dielung von 1840 behielten neben den Wohnräumen auch die Treppenhäuser ihre authentische und harmonische Raumqualität.

Gemeinsam mit dem nahezu baugleichen Nachbarhaus Nr. 30 ist an diesem Standort noch das Stadtbild aus den Jahren vor der Mitte des 19. Jahrhunderts überliefert. Ein Fries betont die Beletage der klassizistischen Fassade auf ihrer gesamten Länge mit floraler Ornamentik und zwölf Puttendarstellungen von beachtlicher künstlerischer Qualität. Es sind keine weiteren Abgüsse von diesem Fries bekannt. Schon für den damaligen Regierungs- und Baurat in der preußischen Bau- und Finanzdirektion, Julius Kohte, war ein solcher „Fries nach Schinkelschen Vorbildern" ein deutliches Kriterium für den kunstgeschichtlichen Wert des Hauses, was seine Aufnahme in die von ihm erstellte Denkmalliste aus dem Jahre 1923 belegt. [2] Sein Verzeichnis diente der rechtzeitigen Fürsorge gemäß den Aufgaben der Denkmalpflege.

Auguststraße 10. Zur Bewahrung des morbiden Charmes der Fassade wurden der Untergrund verfestigt, Putz und Mauerwerk hydrophobiert.

48 Auguststraße 10

Ausgehend von den ersten Einzelmaßnahmen 1991, Pilotprojekte im Rahmen des „25-Millionen-Programms", war um 1995 bereits eine Veränderung im Stadtbild spürbar. Nicht nur war der Verfall eines gesamten Stadtgebietes gestoppt und der Sanierungsprozess unaufhaltbar, es zeichnete sich bereits ein Trend zur hochwertigen Instandsetzung der alten Gebäude ab, dem sich nur wenige Projekte widersetzten.

Der Kulturverein KULE e. V. konnte dank eines langfristigen Nutzungsvertrages die Instandsetzung des Hauses Auguststraße 10 in Selbsthilfe durchführen. Unterstützt durch Fördermittel gelang 1995-97 die Umsetzung eines Konzeptes, das die Sicherung und Konservierung der Fassade unter Bewahrung aller Spuren der Nutzung – auch der Abnutzung, der Verschmutzung – zum Prinzip der Gestaltung erhob. Fehlstellen wurden nicht ergänzt, Putzschäden konserviert. Der erste Blick lässt auf unterlassene Instandhaltung schließen. Dennoch sind umfassendes technisches Know-how und sorgfältige Arbeit vonnöten, wenn Patina und Spuren des Verfalls erhalten bleiben sollen. Die Sicherung durch Injektagen und das Hydrophobieren der aufgerissenen, stark saugenden Putzgründe sind sogar aufwändiger als bei einer herkömmlichen Sanierung. Dass solch gepflegte Vernachlässigung auch mit dem Charme der Morbidität kokettiert, ist sicherlich Teil des Konzeptes. Bei den von Zeit zu Zeit stattfindenden Aktionen dient die Fassade als symbolträchtige Kulisse für die davor gehängten Kunstobjekte.

49 Auguststraße 74

Namentlich die älteren Bürgerhäuser berichten in der Ablesbarkeit ihrer Nutzungen aus vorindustrieller Zeit. Bis um 1800 gab es in der Auguststraße, der damaligen Hospitalstraße, überwiegend kleine Wohngebäude oder Gartenhäuser. Die Parzellen dienten vor allem als Gartenland. Auf dem Grundstück von Hofvergolder Bochmer in der Auguststraße 74 waren bis 1794 keine Bauten aufgeführt. Erst am 4. November desselben Jahres ließ der Perückenmacher Johann Friedrich Nicolaus Krüger, der das Grundstück von Bochmer erworben hatte, nach der Taxe für 4.000 Reichstaler ein „Wohnhaus massiv mit geradem zweiseitigem Dach“ und ein Gebäude linker Hand für 982 Reichstaler, außerdem einen Abtritt und den Brunnen versichern [3]. Der hintere Teil verblieb als Garten. Im Adressbuch aus dieser Zeit ist das Vorderhaus als dreigeschossig verzeichnet.

Der Gebäudegrundriss hat bis heute die Form eines frühklassizistischen Bürgerhauses mit hohem Souterrain, tragender Mittelwand und einer Durchfahrt in der Mitte des Hauses behalten. 1827 erweiterte der Partikulier Christlieb Edmund Lucht die Anlage. Spätere Umbauten von 1862-76 veränderten das Aussehen, wie der Ausbau des ziegelgedeckten Satteldaches zu einem schiefergedeckten Mansarddach mit Dachgauben und die hofseitige Aufstockung um eine Fachwerketage zeigen. Bei der Instandsetzung 2001 wurde das Dach gänzlich erneuert. Die Treppenanlage aus dem Umbau von 1876 blieb in der vorgefundenen Gestalt und erhielt einen neuen Holzimitationsanstrich. Bis zur Instandsetzung und Modernisierung des Hauses hatten sich auch die aus Ziegeln gewölbten Rauchfänge der schwarzen Küchen über dem ehemals offenen Herdfeuer erhalten, eine nur noch selten vorhandene

Auguststraße 74.
unten links: Zustand vor Instandsetzung und Errichtung des Neubaus. An der östlichen Brandwand zeichnet sich die Kontur des zerstörten Vorgängerhauses ab. Auch die nachträgliche Veränderung des vormaligen Satteldachs zu einem Mansarddach ist am Ortgang ablesbar. Aufnahme von 1995.
unten rechts: Während das Äußere nach der umfassenden Instandsetzung 2001 einen eher nüchternen Eindruck hinterlässt, sind im Inneren noch weitaus mehr Spuren der Hausgeschichte erhalten. In der Treppendiele bilden die 1873 eingebauten, hölzernen Trennwände bis heute den Eingang zu den Wohnungen.

Auguststraße 69. Die originale Sandsteinbekrönung der Fassade von 1794 wurde bei Aufräumarbeiten auf dem Dachboden gefunden. Während der Sanierung kam sie abhanden. Detailgenaue Zeichnungen und Fotografien vonseiten der Bauforschung ermöglichten das Anfertigen einer Kopie in Sandstein, die heute wieder den Mittelteil über dem Eingang ziert. Aufgenommen in M 1:25 von J. Degenkolb, 1997.
unten: Aufnahme von 1995. Bei der Instandsetzung des Portals kam nach Entfernen der rostigen Buchstaben „Berolina Margarinefabrik" die Inschrift der einstigen Textilfabrik „Süssmann & Wiesenthal" zum Vorschein.

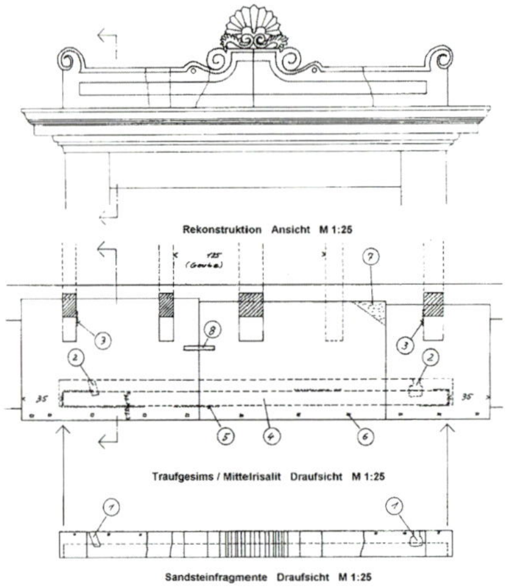

1 Ankerlöcher in Sandsteinfragmenten
2 Projektion der Ankerlöcher/Fragmente
3 Abdruckspuren der Anker am Aufschiebling, Gebinde XIII und XI
4 Projektion der Sandsteinfragmente auf das Traufgesims
5 Demontagespuren von Meißel auf Sandsteinblöcken des Gesimses und an gleicher Stelle der Gegenstücke der Bekrönung (maßliche Übereinstimmung)
6 Löcher 2x2x2 cm, vermutl. für Dübel der ursprünglichen Verblechung
7 Abgeschrägte Fehlstelle im Sandsteinblock, bis 4 cm tief
8 Eisenklammer

Ausstattung, die aus Platzgründen entfernt werden musste.

50 Auguststraße 69

Das Vorderhaus der heute von dem Kunstwerke e. V. genutzten Hofanlage ließ 1794 der königliche Kammerdiener Carl Daniel Christoph Timm für 6.000 Reichstaler bei der Feuersozietät versichern [3]. In einem Zeitraum von über zweihundert Jahren ist aus dem Garten hinter dem zweigeschossigen Vorderhaus eine reizvoll überbaute Hofsituation entstanden, die den Rahmen für wechselnde Ausstellungen und Kunst-

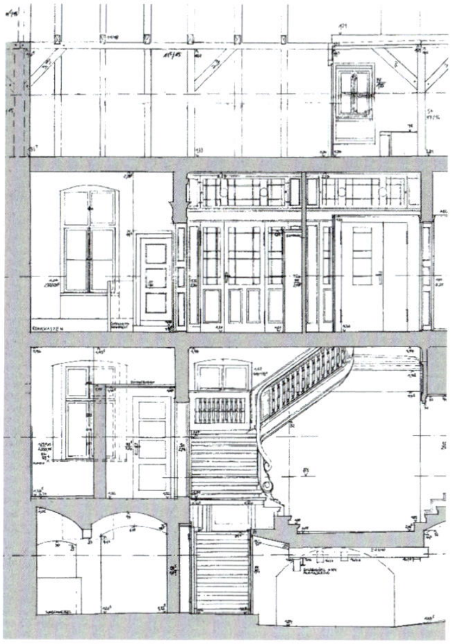

oben: Auguststraße 69.
Der formgetreue Längsschnitt durch das frühklassizistische Wohnhaus veranschaulicht, dass die bauzeitliche Raumstruktur kaum Veränderungen erfahren hatte. Auch die Modernisierung 1996-98 hat dies berücksichtigt. Aufgenommen im M 1:50 von G. Sander 1992.

unten: Innenhof 2002.

rechts: Bei der Reparatur der Holztreppe von 1794 gelang die vollständige Erhaltung des Originalbestandes. Fehlende Holzteile wurden vor Ort an das umgebende Material angearbeitet.

oben:
Auguststraße 69. Erdgeschoss. Der Grundriss des klassizistischen Bürgerhauses von 1794 ist dunkel hervorgehoben. Die Seitenflügel fügte man 1832 und 1839 an das Vorderhaus an. Bauphasenkartierung von J. Degenkolb, 1997 nach der Bauaufnahme im M 1: 50 von G. Sander, 1992.

unten:
Auguststraße 69. Antritt der Haupttreppe.

Auguststraße 69. Der Gartenhof mit dem Pavillon des Künstlers Dan Graham ist ein Refugium für die Begegnung mit Kunstwerken.

Auguststraße 11-13. Ehemalige Jüdische Mädchenschule. Die Krankenhaus- und Schulgebäude der jüdischen Gemeinde entstanden von 1861 bis 1930.

ereignisse wie die Berliner Biennale Junger Kunst bildet.
Der Grundriss des Vorderhauses befindet sich noch weitgehend im Zustand aus dem 18. Jahrhundert; in einigen Räumen sind Spuren der früheren kunstvollen Ausmalung erhalten. Auch die eingestemmte Holztreppe mit schneckenförmig eingerolltem Antritt und kräftigem hölzernen Geländer stammt von 1794.

Auguststraße 14-16. Der geschmückte hohe Rundbogen ist das bestimmende Element der klassizistischen Putzfassade.

Seit 1832 bzw. 1839 begrenzen die beiden Seitenflügel den Hof. Beim Neubau einer Textilwarenfabrik 1842 durch die Fabrikanten Süssmann und Wiesenthal wurden die Fassaden spätklassizistisch überformt. Seit 1999 bereichert ein als Café genutzter Glaskubus des Künstlers Dan Graham den Hofraum.
Bei der baulichen Instandsetzung 1996-98 wurde Wert auf substanzschonende Verfahren gelegt, keine leichte Aufgabe angesichts der umfassenden Schädigungen. Erstmals wurde in Berlin das Heißluftverfahren an einem gesamten Gebäude angewendet, das den Neubefall durch Echten Hausschwamm verhindert. Zu dieser thermischen Behandlung wurde das Gebäude eingehüllt und kontrolliert auf über 60° C aufgeheizt, wo eine regulierte Luftfeuchtigkeit die Holzteile vor Schwundrissen bewahrt.
Unterstützung fanden diese Maßnahmen durch das Förderungsprogramm „Städtebaulicher Denkmalschutz" und durch Lotteriemittel.

51 Auguststraße 14-16

Als Architekt der Jüdischen Gemeinde Berlin plante Eduard Knoblauch in den 1860er Jahren eine Reihe äußerst vielseitiger Projekte. Das ehemalige Verwaltungsgebäude des jüdischen Krankenhauses an der Auguststraße ist in gänzlich anderer Weise gestaltet als der nur wenig später nachfolgende Bau der Neuen Synagoge in der Oranienburger Straße. Die gequaderte Putzfassade des Verwaltungsgebäudes fügt sich mit ornamentalen Gesims- und Friesbändern angemessen in den Straßenraum der Auguststraße ein und korrespondiert mit dem gegenüberliegenden Bürgerhaus Auguststraße 69. Durch den hohen, geschmückten Bogen und die fünf kreuzgewölbten Joche des Torhauses fällt der Blick axial auf das Portal des ehemaligen Krankenhauses. Eine bauliche Erweiterung von 1875 schließt sich mit einem Flügel östlich an das Vorderhaus der Auguststraße mit einer rundbogig gegliederten Klinkerfassade an.

Auguststraße 19. Die Fassaden des gründerzeitlichen Mietshauses konnten mit Unterstützung von Fördermitteln denkmalgerecht instand gesetzt werden. Stuckgliederungen und die mehr als 100 Jahre alten Fenster sind nach fachgerechter Aufarbeitung wieder eine Zierde der Fassade.

links Spalte: Gesamtansicht vor 1997 (oben) und nach der Sanierung (unten). rechte Spalte: Sanierungsmaßnahme. unten: Fassadendetail.

Bis zum Mauerfall wurde das Gebäude von der Erweiterten Oberschule „Max Planck" genutzt, seit der Rückübertragung an die Jüdische Gemeinde Berlin wird nach neuen Nutzungen gesucht.

52 Auguststraße 11-13

Wenige Jahre vor der Machtergreifung durch die Nationalsozialisten ließ die jüdische Gemeinde 1930 den Neubau für eine Mädchenschule nach einem Entwurf von Alexander Beer errichten. Der Architekt baute für die Jüdische Gemeinde Berlin u. a. das Waisenhaus in Pankow und die Synagoge am Fraenkelufer. Die Klinkerfassade in den Formen der Neuen Sachlichkeit tritt hinter die Baulinie zurück, gestaffelte Fassadenebenen schaffen eine gute Einbindung des großen Bauvolumens in das Stadtbild. Der Haupteingang wirkt einladend

Auguststraße 21-25. Während die meisten Häuser der Straße bereits instand gesetzt sind oder sich im Bau befinden, steht die Restaurierung von „Clärchens Ballhaus" im Quergebäude Nr. 23-25 noch aus. Die Vorfläche ist nicht mehr für eine Neubebauung vorgesehen, um der sonst baumlosen Auguststraße ein wenig Grün zu gönnen. Das vorstädtische Wohnhaus Nr. 23 mit kleinem Gewerbe und Remisen im Vordergrund wurde 1837 erbaut. Am Giebel ist noch der Abdruck des Mansarddachs vom kriegszerstörten Nachbarhaus erkennbar. Im Hintergrund erstreckt sich der ehem. „Männerflügel" des St. Hedwig-Krankenhauses fast bis zur Bildmitte. Aufnahme von 1998.

mit seiner trichterförmigen Gestalt und den schmückenden Kunstschmiedearbeiten. Im Seitentrakt, der an das benachbarte Krankenhaus anschließt, befinden sich Turnhalle und Aula.
Vor der Wende war hier die Oberschule „Bertolt Brecht" untergebracht. Seitdem stehen die Restaurierung und Instandsetzung des Schulgebäudes noch aus.

53 Auguststraße 19

Die Hausgeschichte läßt sich bis 1793 zurückverfolgen, damals war das Grundstück mit einem zweigeschossigen Wohnhaus und einem eingeschossigen Seitengebäude bebaut. Erst 1884 ließ der neue Besitzer, Maurermeister Karl

Auguststraße 21. Fassade.
links: Aufnahme von 2002.
rechts oben: Das fachgerechte Verfugen erfordert zeitaufwändige Handarbeit.
rechts: Eingelegte glasierte Formsteine an der Hoffassade.
unten rechts: Direktionsgebäude. Alle historischen Beläge in der Durchfahrt und im Hof blieben bestehen.
unten links: Die Rundbogenarchitektur der Hoffassade bestimmt auch die Raumwirkung der Aula. Die frühere Ausmalung liegt unter den Anstrichen verborgen.

Quast, die gründerzeitliche Mietshausanlage errichten, die 1886 an den Lehrer Carl Schwarzmeier verkauft wurde. 1998-99 wurden die stark von Kriegsschäden und mangelnder Bauunterhaltung beeinträchtigten Gebäude nach denkmalpflegerischen Gesichtspunkten wiederhergestellt. Die restaurierte Fassade überliefert anschaulich die im ausgehenden 19. Jahrhundert übliche Kombination verschiedener Stilelemente der Neurenaissance und des Neubarocks, die historistische Fassaden auszeichnet. Kennzeichnend sind die rustizierten Wandflächen, die unterschiedlichen Fensterverdachungen sowie eine strenge Ausformung der einzelnen Gestaltungsdetails. Auch ein Teil der bauzeitlichen Innenausstattung, insbesondere die Türen und qualitätvollen Stuckdecken und Parekttböden in den Wohnungen, ist erhalten und konnte sorgfältig nach denkmalpflegerischen Gesichtspunkten instand gesetzt werden.

54 Auguststraße 21

1895 war die 10. Städtische Realschule nach Entwurf von Stadtbaurat Hermann Blankenstein fertig gestellt. Wie bei anderen Schulbauten aus dieser Zeit besteht die Anlage aus einem Direktionsgebäude an der Straße und dem Schulhaus im hinteren Grundstücksteil. Dazwischen liegt der Pausenhof.

Der Einzug des Kulturamtes war Anlass für die Instandsetzungsmaßnahmen 2000/01. Alle Fassaden wurden schonend gereinigt. Besonderer Wert wurde auf die Überarbeitung der Fugen, die Abdichtung der Gesimse und den Austausch zerbrochener Formsteine gelegt, weil davon die Dauerhaftigkeit einer Klinkerfassade abhängt. Die Schieferdeckung ist wiederhergestellt und alle historischen Fenster sind instand gesetzt und so für die nächste Generation „gesichert". Den Ziegelbau akzentuieren farbig glasierte Formsteine und plastische Architekturgliederungen an Hauptgesims und Giebel. Die Farbgebung der Fenster und Türen ist dem historischen

Auguststraße 22. Restaurierte Ausmalung im Vestibül. In dem 1895 errichteten Mietshaus war der restauratorische Befund ein wichtiger Ausgangspunkt für die Restaurierung des Vestibüls. Die Ausmalung wurde unter Einbindung der Primärdokumente wiederhergestellt.

Auguststraße 26. Das 1841 erbaute Wohnhaus befand sich 1998 in einem gefährdeten Zustand. Besonders die Straßenfassade war von Kriegsschäden und Setzungen gezeichnet. Trotz starker Abwitterung des Putzes lagen für alle Fassadengliederungen verlässliche Anhaltspunkte für die Wiederherstellung vor. Der Kontrast der lichtgrauen Putzflächen zu den schwarzgrünen Fenstern entspricht nachweislich dem Befund aus der Bauzeit und lässt ein Stück historisches Stadtbild erlebbar werden.

Auguststraße 26B.

Trotz des vernachlässigten Zustandes ließen sich alle Fassadenelemente und die ursprüngliche Farbgebung in den Obergeschossen nachweisen. Lediglich das Erdgeschoss wurde beim Umbau der Ladengeschäfte zu Kleinwohnungen glatt verputzt. Messbild von 1991.

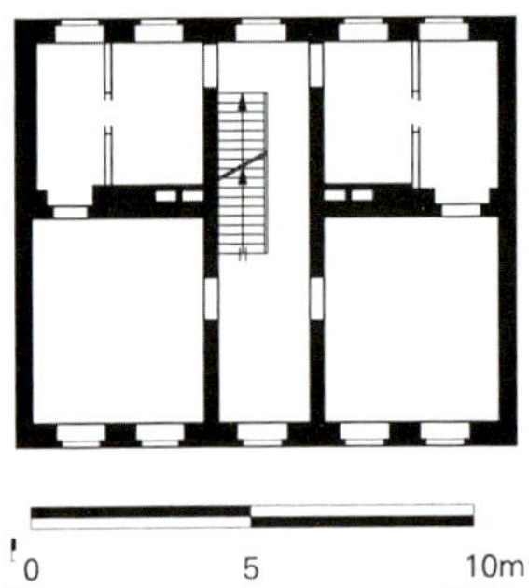

Grundriss des 1. Obergeschosses. Während der Ausführung wurde baubegleitend Einfluss auf die Erhaltung der ursprünglichen Raumstruktur genommen.

Befund entsprechend auf den Ton der grün glasierten Verblendsteine abgestimmt. Die Aula gibt sich mit ihren dreiteiligen hohen Rundbogenfenstern auch nach außen als räumlicher und sozialer Mittelpunkt des Schulhauses zu erkennen.

55 Auguststraße 26B

Auf der schmalen Parzelle hat sich der Gastwirt Johann Friedrich Herig im Jahre 1829 ein dreigeschossig massives Vorderhaus erbauen lassen. Die Hofgebäude wurden erst zwischen 1872 und 1876 errichtet.

Die 1996/97 in der ursprünglichen Farbfassung restaurierte Straßenfassade zeichnet eine strenge Gliederung durch vier Kolossalpilaster aus. Eine schmale einläufige Holztreppe dient zur Erschließung der kleinen Wohnungen, deren Raumverhältnisse den Typus des einfachen Vorstadthauses bis heute erkennen lassen.

links: Während der Instandsetzungsarbeiten wurden im Sockelbereich zwei unter dem Putz verborgene gusseiserne Stützen aus dem Einbau von Ladengeschäften im Jahr 1876 entdeckt. Eine Öffnung der zugemauerten Schaufenster war nicht möglich, da die Wohnungen im Erdgeschoss nicht zweckentfremdet werden durften. So blieb die Form der Nachkriegsfenster bestehen.

Auguststraße 26 und 26B. Ein Blick über die Dachlandschaft lässt ahnen, dass es bei der Erteilung von Baugenehmigungen im Interesse der Geschlossenheit von Dachflächen und der Bewahrung von Dachformen, die dem Bautyp und dem Baualter des jeweiligen Gebäudes entsprechen, Auflagen zur Gestaltung von Dachausbauten gibt.

STANDORT 6

LINIENSTRASSE

Der belebte großstädtische Verkehrspunkt an der Einmündung von Linienstraße und Oranienburger Straße in die Friedrichstraße eignet sich gut als Auftakt zur Erkundung der Spandauer Vorstadt. Hier hat die trichterartige Aufweitung zwischen den beiden Straßen, die nach Nordwesten zum Oranienburger Tor führte, den Charakter eines Platzes. Im 18. Jahrhunderts wurde dieser, zum Beispiel auf der Karte von G. Dusableau aus dem Jahre 1737, „Lindenmarkt" genannt, was von der mit Lindenbäumen gesäumten Oranienburger Straße herrührte. Seit 1871 erforderte der Gleisbau für die Berliner Pferdebahn, die entlang

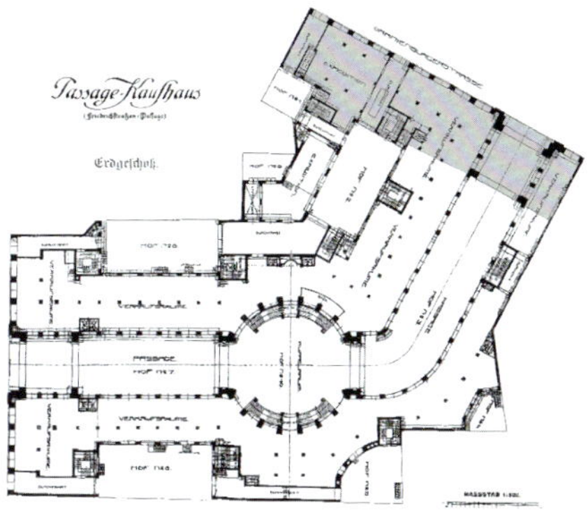

Oranienburger Straße 54-56A. Historischer Erdgeschossgrundriss des heutigen Kunsthauses „Tacheles" mit Kennzeichnung der noch erhaltenen Bauteile.

der Oranienburger Straße zwischen der Friedrichstraße und dem Hackeschen Markt verlief, ein neues Straßenprofil,

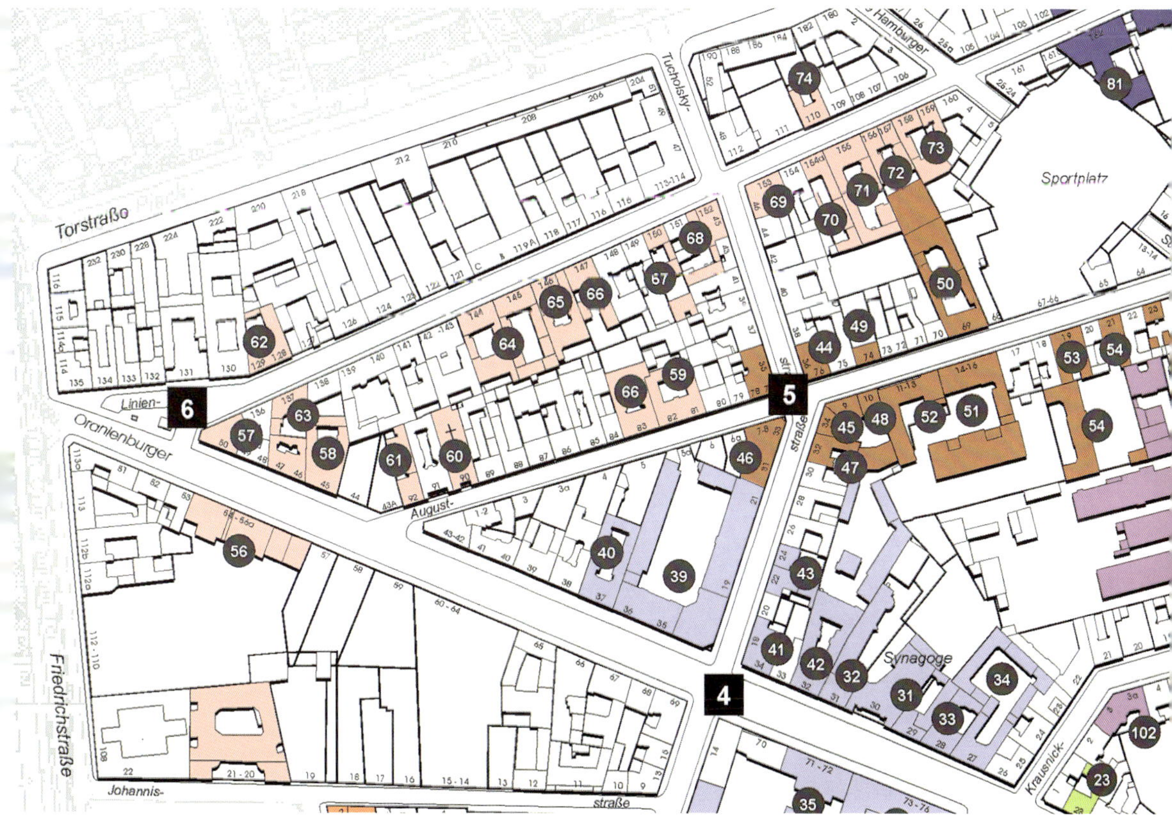

Oranienburger Straße 54-56A. Kunsthaus „Tacheles". Der Zwischenstand der Sanierungsarbeiten im Herbst 2000 verdeutlicht den enormen Aufwand bei der Sicherung der Ruine (rechts). Zustand nach der Instandsetzung 2000 (links).

Oranienburger Straße 50, 54-56A. Am ehemaligen Oranienburger Tor treffen Oranienburger, Linien- und Friedrichstraße zusammen.

das weitgehend bis heute überliefert ist. Auch die Anlage einer kleinen Mittelinsel zur strengeren Kanalisierung des Verkehrs datiert aus dieser Zeit. Während sich die Oranienburger Straße – der einstige Spandauer Heerweg – auch heute wieder als die wichtigste Ost-West-Achse und als Boulevard inmitten der Spandauer Vorstadt präsentiert, hat die Linienstraße mit ihren fast endlos gereihten Mietshäusern den Namen und Charakter der ehemaligen „Circumvallationslinie" um die nördlichen Stadtteile behalten.

56 Oranienburger Straße 54-56A – Ehemaliges Passagekaufhaus, Tacheles

Das Kunsthaus Tacheles ist das Fragment einer sich ehemals von der Oranienburger Straße bis zur Friedrichstraße erstreckenden Anlage, die 1907/08 nach dem Entwurf des Kaiserlichen Baurates Franz Ahrens als Passagekaufhaus errichtet wurde. In ihrer ursprünglichen Ausdehnung war sie nur vergleichbar mit der Kaisergalerie Unter den Linden in Berlin; auch im fragmentarischen Zustand kommt noch der ur-

sprüngliche Baugedanke „Berlin eine Passage von Weltrang zu geben" zum Ausdruck. Stellvertretend für die kriegszerstörten Berliner Warenhausbauten – hier vor allem das Kaufhaus Wertheim am Leipziger Platz – veranschaulicht der Bau den nachhaltigen Einfluss der Messelschen Kaufhausarchitektur und steht für die städtebauliche Aufwertung und die Konzentrationsbestrebungen des Handels im Gebiet der Spandauer Vorstadt zu wilhelminischer Zeit.
Infolge des seit Kriegsende ungesicherten Zustandes der Ruine zeigten die Konstruktionen und Architekturgliederungen vor allem an dem großen Bogen der Passage gravierende Feuchtigkeitsschäden und Verwitterungserscheinungen. Risse und Schalenbildung traten nicht nur oberflächlich auf, sondern gefährdeten die Standsicherheit des Gebäudes. Auch nach der umfangreichen baulichen Sicherung und einigen Ergänzungen an der Gebäudehülle sind der Ruinencharakter und die Spuren der Nutzung durch das Kunsthaus „Tacheles" weiterhin im Stadtbild präsent.

57 Oranienburger Straße 50

Die Reihe der Mietshäuser Oranienburger Straße 50, 51, 46-47 und 45 aus der Zeit zwischen 1884 und 1892 ist beispielhaft dafür, wie die sich entwickelnde Großstadt nach 1871 auch in das bestehende Baugeflecht der Spandauer Vorstadt eingegriffen hat. Zugunsten einer dichteren Bebauung wurde ein Teil der älteren Hausanlagen durch große Miets- und Geschäftshäuser ersetzt.

Oranienburger Straße 50. Neurenaissance-Ausmalung an einer Zimmerdecke im Obergeschoss.

Johannisstraße 20-21. Der Standort hinter dem ehemaligen Passage-Kaufhaus wird neu bebaut, an der Johannisstraße wird der „Johannishof" einbezogen.

Oranienburger Straße 51. Die Fassade bildet den südlichen Abschluss des ehemaligen Lindenmarktes, wie der Platz im 18. Jahrhundert benannt war.

Auguststraße 81-82. Christliches Hospiz.

Der Bauaufgabe eines konfessionell gebundenen Vereinshauses angemessen sind die Hoffassaden neugotisch gegliedert.

unten: Oranienburger Straße 45. Durchfahrt und Haupttreppenhaus mit der restaurierten Dekoration aus der Zeit um 1910.

Um den beiden im spitzen Winkel zueinander stehenden Fassaden des Mietshauses Nr. 50 herrschaftlichen Ausdruck zu verleihen, ließ der Bauherr, Kommerzienrat Robert Hermann Mahlo, 1886 das reichhaltige Formenrepertoire der Neurenaissance und verschiedenste Materialien wie Putz, Stuck, Ziegelverblendsteine und Granit einsetzen. Diesem Bestreben nach stadträumlicher Präsenz entspricht auch die während der Instandsetzung des Gebäudes 1997 nach dem Ergebnis einer restauratorischen Befunduntersuchung wiederhergestellte ursprüngliche terrakottarote Fassadenfarbe.
Das gegenüberstehende Wohnhaus **Oranienburger Str. 51** von 1892 war mit ähnlichem Aufwand ausgestattet; die schon zur Bauzeit konkurrierende Gestaltung der Häuser setzt sich heute mit den auffälligen Dachausbauten fort.

58 Oranienburger Straße 45

Ein beachtenswertes Beispiel für eine nach denkmalpflegerischen Gesichtspunkten ausgeführte Instandsetzung ist diese 1889 erbaute Mietshausanlage. Unterstützt durch Fördermittel des Städtebaulichen Denkmalschutzes konnten die bauzeitliche Putz- und Stuckgliederung und der Figurenschmuck erhalten, Schäden materialgerecht repariert und Fehlstellen dem Bestand entsprechend ergänzt werden. Historische Kastenfenster blieben erhalten und wurden aufgearbeitet. Die Restaurierungsmaßnahmen in Durchfahrt und Treppenhaus beinhalteten die Wiederherstellung aufwändiger Schablonenfassungen, die das ursprüngliche Erscheinungsbild wiedergeben. Der großflächig zerstörte Terrazzobelag in der Durchfahrt wurde in Anlehnung an den Bestand erneuert. Über dem östlichen Seitenflügel ist ein historisches Dachatelier mit Eisenkonstruktion und Verglasung wiederhergestellt.

Auguststraße 90-92. Das Eckgebäude von 2001 stellt wieder eine klare stadträumliche Situation her und ist ein gelungenes Beispiel für maßstäbliche Stadtreparatur.

59 Auguststraße 81-82 – Christliches Hospiz

Das evangelische Vereinshaus wurde 1908 von dem Architekten G. Liebig errichtet. Es beherbergte das Christliche Hospiz, die Herberge zur Heimat, den Evangelischen Jünglingsverein und den Arbeitsnachweis für Handwerker und Arbeiter.

Vier Gebäudeflügel umschließen einen ruhigen Innenhof. Die neugotischen Schmuckformen adaptieren, der konfessionell gebundenen Nutzung des Hauses angemessen, sakrale Architekturvorbilder. Werksteingliederungen, kombiniert

Auguststraße 90-92. Zustand 1989.

Auguststraße 90. Christuskopf aus Terrakotta im Giebelfeld über der Vorhalle zur St. Evangelist-Kirche von Max Spitta, 1900.

mit weiß glasierten Verblendsteinen, sind in Berliner Gewerbehöfen häufig, an einer Straßenfassade jedoch äußerst selten. Drei Risalite unterteilen die Fassadenfläche in maßvolle Abschnitte, die in einem Bogenfries enden. Das Restaurant im Erdgeschoss öffnet sich mit bodentiefen Bögen zur Straße hin. In der Durchfahrt, dem heutigen Hoteleingang, erinnern freigelegte Ornamente an die Ausgestaltung von 1908.

60 Auguststraße 90 – Ehemalige Pfarrkirche St. Johannes Evangelist

Von 1889-1904 entstanden nach Gründung des Evangelischen Kirchenbauvereins 74 neue Gotteshäuser in Berlin und Umgebung. Auch der Architekt Adolf Max Spitta hatte seinen Anteil daran; er entwarf unter anderem die Pläne für die Neue Nazarethkirche am Leopoldplatz, die Erlöserkirche in Rummelsburg und die Golgathakirche in der nahe gelegenen Borsigstraße. Die 1900 gemäß dem offiziellen Baustil der wilhelminischen Zeit in romanisierenden Formen ausgeführte St.-Johannis-Evangelist-Kirche ist eines der letzten Bauwerke des Architekten. Begleitet von Treppenvorbauten tritt die Kirchenfront etwas zurück und gibt Raum für eine offene Halle vor dem Portal in der schmalen Auguststraße. Der hohe Giebel überragt die umgebende Bebauung und bildet eine der sakralen Nutzung des Gebäudes angemessene Höhendominante. Die Kirche dient schon lange nicht mehr ihrer ursprünglichen Bestimmung, ihre Ausgestaltung ist jedoch erhalten.

61 Auguststraße 92

Im Stadtbild an der Einmündung der Auguststraße in die Oranienburger Straße bildet die Klinkerfassade des Mietshauses von 1887 einen prägnanten Punkt. Architekt war vermutlich Wilhelm Bragrock, der das Grundstück 1886 selbst erworben hatte. Bei den Instandsetzungsarbeiten 2000/01 erhielten die Putz- und Stuckteile der Fassade nach Befund einen ockerfarbenen Anstrich entsprechend der historischen Farbgebung. Die Engelsfiguren über dem Portal wurden fachgerecht restauriert. Bei genauem Hinsehen erscheint ein augenfälliger Unterschied in der Bearbeitungsqualität der Stuckoberfläche im Verhältnis zur übrigen Fassade. Die

Linienstraße 128-129. Die ehemalige Feuerwache „Stettin" von 1859 beherbergt bis heute die städtische Feuerwehr.

Dachaufbauten aus der Nachkriegszeit wurden beim Ausbau korrigiert.
Im Hausflur ist unter jüngeren Farbschichten die historische Ausmalung von 1887 vorhanden. Ein freigelegtes Befundfenster zeigt eine künstlerisch anspruchsvolle malerische Dekoration.

62 Linienstraße 128-129 – Ehemalige Feuerwache Stettin

Im westlichen Straßenzug der Linienstraße fällt dieses Bauwerk aufgrund seiner gequaderten Putzfassade besonders auf, da sie dem Typus eines schlicht gegliederten italienischen Palastes entspricht. Die 1851 unter dem Polizeipräsidenten Karl Ludwig Friedrich von Hinkeldey gegründete Berliner Feuerwehr erhielt hier 1859 mit der Feuerwache Stettin ihren ersten Neubau, der bis heute diesem Zwecke dient. Hinter der Fassade im Stil profaner Rundbogenarchitektur sind in den gereihten Arkaden die Tore der Wagenhalle angeordnet, die hohen Fenster in den seitlichen Risaliten belichten die dahinter liegenden Treppenhäuser. Der Architekt ist im Umkreis der Baubeamten zu suchen, die wie August Ferdinand Fleischinger und Louis Wilhelm Drewitz das ehemalige Königliche Garnisons-Lazarett I in der Scharnhorststraße ebenfalls im Rundbogenstil entworfen haben.

63 Linienstraße 137

Ein nahezu vollständiges klassizistisches Gliederungssystem wird durch die Fassade des 1838 von dem Maurermeister Friedrich Wilhelm Ebenau erbauten Mietshauses überliefert. Insbesondere der Ornamentfries über dem Erdgeschoss zeugt von hohem künstlerischen und handwerklichen Niveau. Da im Bauensemble der Spandauer Vorstadt nur wenige Fassaden aus der Zeit Schinkels original erhalten sind, bildet deren fachgerechte Restaurierung einen denkmalpflegerischen Schwerpunkt. Wie bei vielen Gebäuden erlitt auch hier das Dach im Krieg Beschädigungen. Bei den anstehenden Reparaturen wird die frühere Kontur wiederhergestellt, die seit der Aufstockung des oberen Geschosses bestand.

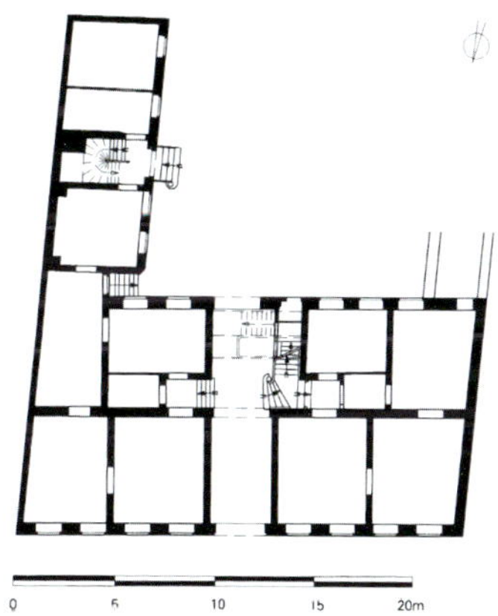

Linienstraße 144. oben links und rechts: Krümmlinge und steingraue Farbgebung sind charakteristische Merkmale dieser frühklassizistischen Holztreppe. links Mitte: Fassade, Ansicht 2002. links unten: Der Erdgeschossgrundriss des Vorderhauses überliefert die Raumaufteilung von 1794.

64 Linienstraße 144

Bis zum Ende des 18. Jahrhunderts war diese Parzelle Gartenland und gehörte zu den Grundstücken auf der südlichen Straßenseite, die von der Hospitalstraße (heute Auguststraße) her erschlossen wurden. Erst als 1794 Eigentümer David Apitsch seinen Garten veräußerte und das Grundstück teilen ließ, entstand das

Linienstraße 137. Um Investoren zu gewinnen, wird das angestrebte Ziel der Sanierung auf einer Folie visualisiert. Die klassizistische Fassade ist mit einem aufwändig gestalteten Stuckfries geschmückt, Aufnahme 2001.

Linienstraße 145. Im Gegensatz zum Nachbarhaus Nr. 144 dominiert hier die Wohnhausbebauung den kleinen Gewerbebau.

Linienstraße 146. Treppenhaus mit der wiederhergestellten Ausmalung aus der Zeit des Umbaus 1884.

selbständige Grundstück an der Linienstraße, das der Kammerdiener Delli erworben hat. Er war der Bauherr des heutigen zweigeschossigen massiven Vorderhauses und des östlichen Seitengebäudes. Im Keller des linken Seitenflügels ist von dem ehemaligen Ausgang zum Garten eine gotisierende spitzbogige Öffnung mit Resten der Türrahmung von 1794 erhalten. Erst 1860 erweiterte der Schriftgießereibesitzer Friederich Ferdinand Theinhardt das westliche Hofgebäude, der südliche Fabrikbau stammt von 1889. Hier betrieb die Handelsgesellschaft Amon & Hertzer, die bereits seit 1888 Hausbesitzer war, eine Eisenwarengroßhandlung und vermietete Gewerberäume.
Mit Hilfe des Programms „Städtebaulicher Denkmalschutz" war 1995/96 eine

umfassende Instandsetzung des Vorderhauses und der Seitengebäude möglich. Im Ergebnis einer bauforscherischen Untersuchung konnten der ursprüngliche Grundriss und wertvolle Ausbauteile wie Zimmertüren und Dielenfußböden aus den verschiedenen Bauphasen dokumentiert und denkmalpflegerische Vorgaben für eine Konservierung genau formuliert werden.
Ein wichtiger Beitrag für die Wiedergewinnung der Baukontur des frühklassizistischen Bürgerhauses war die Korrektur des Notdaches. Die exakt nachweisbare Satteldachform wurde wiederhergestellt und als Kronendeckung mit keramischen Biberschwanzziegeln in historischer Manier eingedeckt. Die Instandsetzungsplanung hat den historischen Grundriss berücksichtigt, damit das ursprüngliche Gefüge des Bauwerks nachvollziehbar bleibt und auch alle historischen Fenster wurden repariert. Die notwendigen Reparaturen an der bauzeitlichen Treppenanlage wurden schonend durchgeführt. Der Aufbau der verschiedenen historischen Farbfassungen des Geländers ist unter dem jetzigen Anstrich, der entsprechend der ersten Fassung von 1794 ausgeführt worden ist, erhalten. Leider umfasste die denkmalgerechte Sanierung damals nicht den Fabrikbau, dessen Fenster, die zum Teil unmaßstäblich erneuert wurden, nicht der heutigen architekturhistorischen Bedeutung der Hofanlage gerecht werden.
Auch der bauliche Kern des benachbarten Wohnhauses Nr. 145 stammt noch aus dem ausgehenden 18. Jahrhundert. Erst die Fabrikanten Proestel und Richter stockten das Vorderhaus 1862 um zwei Geschosse auf und ergänzten die Anlage um den rechten Seitenflügel mit Treppenturm.

65 Linienstraße 146

In dem 1836 erbauten Vorderhaus erfolgten im Zuge der baulichen Erweiterungen von 1884 und 1908 auch Umgestaltungen in der Durchfahrt und im Treppenhaus. Mit Hilfe restauratori-

scher Untersuchungen konnten die malerischen Dekorationen der Bauphasen 1884 und 1908 nachgewiesen bzw. zum Teil freigelegt werden. Der unterschiedliche Erhaltungszustand der historischen Ausmalungen führte 1997 zu der Entscheidung, eine simultane Darstellung dieser beiden Dekorationen zu zeigen. Während in den Wandfeldern der Durchfahrt die neuklassizistische Fassung von 1908 wiederhergestellt ist, wurde im Treppenhaus die ältere Ausgestaltung von 1884 nach Befund neu gefasst.

66 Linienstraße 147 und Auguststraße 83

1872 erwarb der Maurermeister Louis Emil Carl Kuhn das Grundstück Auguststraße 83 und wenig später die nördlich angrenzende Parzelle in der Linienstraße 147. Zwischen 1883 und 1887 errichtete er anstelle der Vorgängerbauten zwischen der August- und der Linienstraße diese ausgedehnte Wohnhausanlage mit Vorderhäusern, Hofbauten und Remise, deren gemeinsamer Gartenhof mit Fragmenten der ur-

Linienstraße 146. oben links: Hofansicht mit dem 1908 überformten Eingang. oben rechts: Linienstraße 147. Dekorationsmalerei aus der Zeit um 1900 an der Decke der Südveranda am Seitenflügel.

Linienstraße 147. Remise, Zustand 1994.

Linienstraße 147.
oben: Südansicht der Hofgebäude.
unten: Hauseingang.

sprünglichen Gestaltung und dem alten Baumbestand bis heute überliefert ist. Intensive denkmalpflegerische Arbeit und sorgfältige Ausführung bei der umfassenden Instandsetzung waren erforderlich, um die bis hin zur malerischen Ausstattung weitgehend original erhaltene Architektur wieder herzustellen. Nunmehr zeigt diese Hofanlage in seltener Geschlossenheit das vielgestaltige Formenrepertoire der um 1885 beliebten Neurenaissance. Die Front an der Linienstraße und die zu dem innen liegenden Garten gerichteten Fassaden besitzen maßvolle historistische Putz- und Stuckgliederungen. Die Gestaltung des zweigeschossigen Remisengebäudes vermittelt gelungen zwischen Hofbereich und Garten. Glanzpunkt der Restaurierung sind die Ausmalungen in der Durchfahrt und im Treppenhaus aus der Zeit vor 1900. Bei dieser Dekoration handelt es sich um die zweite Farbfassung, deren guter Zustand unter späteren Anstrichen eine großflächige Wiederherstellung ermöglichte.

67 Linienstraße 150

Das Vorderhaus von 1826 umschließt mit dem 1857 erbauten Quergebäude den ersten Innenhof. Erst 1909 entstand für die Korpshaus AG Normannia nach einem Entwurf von Fedor Veit das Quergebäude im zweiten Hof, dessen Fassadengestaltung – insbesondere durch die arabeske Ornamentik des Portalgewändes mit gekreuzten Säbeln und Fechtmasken – auf die ehemalige Nutzung Bezug nimmt. Das Gebäude beherbergt noch die einstigen Gesellschaftsräume und den großen Saal mit Empore.

68 Linienstraße 152 / Tucholskystraße 45

Die dichte und geradlinige Reihung der Vorderhäuser lässt nicht unbedingt vermuten, dass sich auf den dahinter liegenden Höfen oftmals noch eine kleinteilige Bebauung für Wohnen und Gewerbe verbirgt. Wie hier bei diesem Fabrikbau mit achteckigem Schornstein von 1878 zeigt sich nach der bei fast allen Häusern abgeschlossenen Instandsetzung das erfolgreiche Bemühen von Denkmalpflegern und Sanierungsbeauftragten um die Bewahrung der historischen Hofgebäude.

69 Linienstraße 153 / Tucholskystraße 46

Mit der südöstlichen Eckbebauung an der Kreuzung zur Tucholskystraße wurde die ursprünglich schmalere Wassergasse um 1830 erstmals baulich gefasst. Die schlichte Putzfassade von 1999 lässt in Anlehnung an die Bauzeit die auffällige Funktionstrennung innerhalb des Hauses – der Haupteingang und die Hauptwohnräume richten sich zur Linienstraße, während Nebenaufgang und Durchfahrt in der Tucholskystraße liegen – an der Fassadengestaltung nicht erkennen. Dem denkmalpflegerischen Anliegen, die historische Gebäudekontur zu erhalten, entsprechen auch die straßenseitigen Dachflächenfenster.
Aufschlussreich für den Treppenbau um 1830 ist die auf schlanken Holzsäulen ruhende Haupttreppe, die als formale Übertragung damaliger gusseiserner Konstruktionen in das traditionell verwendete Baumaterial Holz gelten muss.

70 Linienstraße 154A

Die wiederhergestellte spätklassizistische Fassade mit feinen Stuck- und Putzgliederungen stammt von 1842, als Gustav Friedrich Weller zunächst das Vorderhaus und den ersten östlichen Seitenflügel erbauen ließ. Der seitlich anschließende Gewerbebau im Hof von 1859 diente dem Zinkgießereibesitzer Christian Ludwig Lippoldt als Werkstatt.

oben: Linienstraße 153 bis 158.
unten: Linienstraße 147 bis 150.

Linienstraße 152/Tucholskystraße 45. Fabrikgebäude von 1878 im Hof.

Linienstraße 154A. Hofgebäude von 1842 und 1859. Ein kleiner Pavillon ergänzt seit 1999 das Hofensemble.

71 Linienstraße 155

Erfreulicherweise lassen die schonend gereinigten Fassaden die Altersspuren der 1892 erbauten Mietshaus- und Fabrikanlage noch erkennen. Zwischen den die Linienstraße dominierenden Putzfassaden könnte diese Backsteinfassade auch ein ursprünglich in kommunalem Auftrag errichtetes Gebäude ausweisen. Für den Bauherrn Ingenieur F. Knoll gab aber wohl die Funktionsmischung von Wohnen und Gewerbe den Ausschlag für die Wahl des robusten Materials. Die Fassaden der lang gestreckten Hofgebäude aus gelben, unglasierten Klinkern werden von Bändern, Fensterstürzen und Ornamenten aus roten Formziegeln strukturiert, die im Bereich der Brüstungen als Maßwerk gestaltet sind. Formale Bezüge zur Backsteingotik nimmt auch das Kreuzgratgewölbe in der Durchfahrt auf.

72 Linienstraße 156-157

Von dem 1843 durch Maurerpolier Andreas Engelbrecht erbauten Vorderhaus ist nach Kriegsbeschädigungen nur die Haushälfte Nr. 156 erhalten. Der im Zuge der Instandsetzung 1997-99 angefügte Neubau folgt bewusst nicht dem Konzept einer Gebäudereparatur wie am Hackeschen Markt 4 (siehe **3**), sondern stellt kontrastreich mit heutigen Materialien den Einzelhauscharakter heraus und bewahrt somit authentisch das halbierte historische Haus.

73 Linienstraße 158-159

Die nach mangelnder Bauunterhaltung, Hausbesetzung und durch Brand sehr in ihrem Bestand gefährdeten Bauten konnten 1996-98 wieder gesichert werden. Nach der umfassenden Sanierung ist die 1842 als Doppelhaus nach fast einheitlichem Plan gestaltete Wohnanlage weitgehend modern überformt. Dennoch ist der bauliche Kern der bereits 1794 in den Versicherungsakten erwähnten Mietshäuser mit seinen Bauerweite-

Linienstraße 155.
oben links: Kreuzgratgewölbte Tordurchfahrt.
oben rechts: Hofanlage von 1892.

rungen von 1842, 1866 und 1870 zum Teil bewahrt.

74 Linienstraße 110

Das in seiner originalen Bausubstanz überraschend vollständig erhaltene Wohnhaus auf der nördlichen Seite der Linienstraße entspricht dem für die Bauzeit 1864 üblichen Mietshaustyp aus

rechts: Linienstraße 158-159 und 156-157.
unten: Linienstraße nach Osten, rechts Nr. 154A bis 159. Aufnahme von 1992

Linienstraße 110. Fassade mit Bauplastik von 1864.

Vorderhaus und zwei symmetrisch angeordneten Seitenflügeln. Die spätklassizistische Fassade wird in den Obergeschossen durch fein modellierte Köpfe in Rundbogenfeldern oberhalb der Fenster und Konsolfiguren belebt. Eine Eigenart der Bauzeit überliefert auch die Belichtung des Treppenhauses durch zwei hohe, rundbogig schließende und in Sprossen verglaste Fenster.

STANDORT 7

KOPPENPLATZ

Die eng bebauten Grundstücke zwischen Linien- und Auguststraße werden nördlich der Großen Hamburger Straße – etwa in der Mitte der Linienstraße – vom Koppenplatz unterbrochen. An der Südwestseite des Platzes erinnert das Denkmal für Christian Koppe daran, dass der „Ratsverwandte und Stadthauptmann“ hier 1705 einen Armenfriedhof und ein Armenhaus stiftete. Die heutige Auguststraße hieß deshalb zunächst Armenstraße. 1739 bis 1833 trug sie dann den Namen „Hospitalstraße“, da das Armenhaus als Hospital umgenutzt wurde. Das „Koppensche Armenhaus“ stand auf der Parzelle Auguststraße 59. Mit der Auflassung des Armenfriedhofes im Jahre 1853 wurde auch das Armenhaus bzw. Hospital abgetragen und hier die Große Hamburger Straße bis zur Linienstraße durchgeführt. Auf dem verbliebenen Teil der ehemaligen Friedhofsfläche entstand der Koppenplatz, dessen Gestaltung sich mit der allmählichen Platzrandbebauung mehrmals veränderte. Bis heute lässt sich diese stadträumliche Entwicklung an den Häusern entlang des Koppenplatzes ablesen.

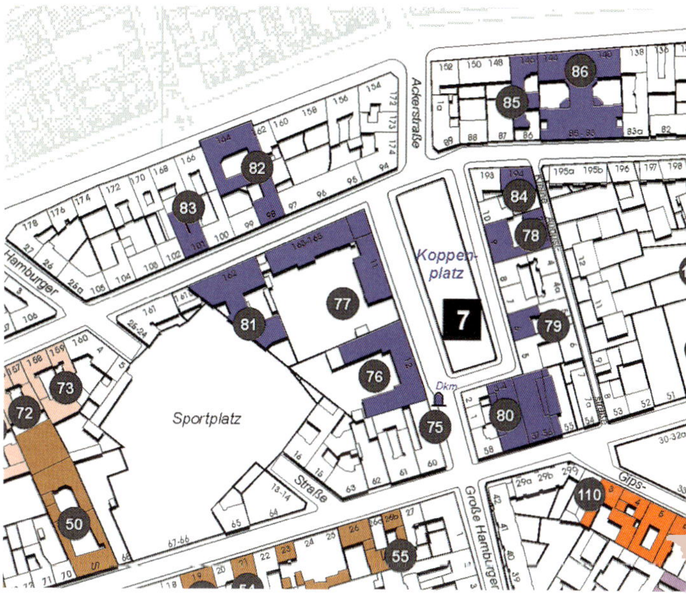

75 Koppenplatz 13 – Denkmal für Christian Koppe

Zum Gedenken an den Stifter von Armenhaus und -friedhof ließ die Stadt Berlin 1855 nach einem Entwurf von Friedrich

Der Ausschnitt aus der Karte von 1849 verzeichnet den Armenfriedhof, der damals an der Berliner Stadtgrenze lag, kurz vor seiner Auflassung und der Umgestaltung zum Koppenplatz.

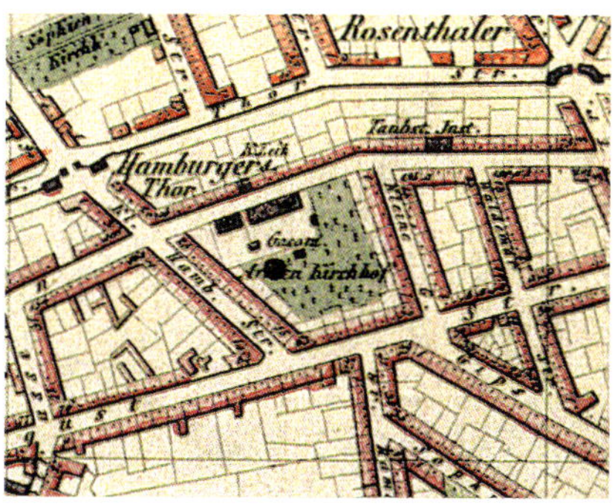

Koppenplatz nach Nordwest. Aufgenommen im April 2000.

August Stüler das Denkmal für Christian Koppe errichten. Das Denkmal erinnert nicht allein an die großzügige Stiftung, sondern auch daran, dass sich Christian Koppe und seine Frau auf diesem Friedhof beisetzen ließen. Über einem Stufenunterbau stehen vier korinthische Säulen mit Gebälk vor einer Rückwand mit der Gedenkinschrift: „Herr Christian Koppe RathsVerwandter und StadtHauptmann zu Berlin widmete diesen Platz und dessen Umgebung im Jahre 1705 als Ruhestaette den Armen und Waisen in deren Mitte Er selbst mit den Seinigen ruhen wollte und ruht. Sein Andenken ehrt dankbar die Stadt Berlin." Das Denkmal konnte 1998-2000 im Programm „Städtebaulicher Denkmalschutz" umfassend restauriert werden.

76 Koppenplatz 12 – Ehemalige 1. Gemeindeschule

Mit dem Bau der Gemeindeschule von Ludwig Hoffmann in den Jahren 1902-07 waren die Grundstücke um den Koppenplatz vollständig bebaut. Zur Steigerung der Wirkung im Stadtbild akzentuierte der Architekt diesen zentralen Punkt am Koppenplatz mit dem steilen Mansarddach und einem weithin sichtbaren Uhrturm. Die nüchterne Putzfassade, die von der straffen Reihung der längsrechteckigen Fensteröffnungen bestimmt wird, spiegelt mit der Dreiteilung des Baukörpers die innere Raumorganisation wider. Während der erhöhte Mitteltrakt die Aula als größten und prominentesten Raum aufnimmt, schließen sich seitlich zwei Flügel mit den Klassenzimmern an.

oben: Koppenplatz 13. Das restaurierte Denkmal für den Stadthauptmann Christian Koppe umschließt seit Dezember 2000 wieder ein gusseisernes Gitter.
unten: Koppenplatz 13. Das erstmals an einem gesamten Bauwerk praktizierte Verfahren der Laserreinigung erlaubt eine äußerst schonende Reinigung der Sandsteinoberflächen. Aufgenommen im Oktober 1999.

oben und unten rechts: Koppenplatz 12. Über einen langen Zeitraum war die Turmspitze unzureichend mit Dachpappe gedeckt. Nach Reparatur der Dachkonstruktion wurden die Kupfertafeln in traditioneller Handwerkstechnik an die geschweifte Form der Turmhaube angepasst. Die sorgfältige Ausführung der stehenden Falze dient nicht nur der Verbindung und Abdichtung der Bleche, sondern bildet zugleich das wesentliche Element der ursprünglichen Gestaltung aus der Bauzeit 1907.

Bisher konnten im Rahmen der geförderten Baumaßnahmen eine Gebäudesicherung und die Instandsetzung des Mansarddaches realisiert werden. Seit der aufwändigen Restaurierung prägt der kupfergedeckte Turm wieder die Stadtsilhouette am Koppenplatz.

77 Koppenplatz 11/ Linienstraße 163-165 – Ehemalige Hollmannsche Wilhelminen-Amalien-Stiftung

Bereits vor der völligen Auflassung des Armenfriedhofes wurde 1839 auf seinem nördlichen Teil, an der Linienstraße 165, das erste Gebäude der Hollmannschen Wilhelminen-Amalien-Stiftung erbaut. In dem städtischen Stiftsinsassenhaus fanden evangelische Witwen und unverheiratete Frauen des Mittelstandes, die mindestens 15 Jahre in Berlin gewohnt hatten, ab ihrem 55. Lebensjahr Aufnahme. Im Zuge der Umnutzung des Friedhofsareals ließ die Stiftung ihre Baulichkeiten nach und nach erweitern. Der höhere Eckbau stammt von 1850, das Gebäude zum Koppenplatz von 1869, und mit dem Bauteil an der Linienstraße 163-164 wurde 1873 die

unten links: Koppenplatz 12. Historischer Grundriss des 2. Obergeschosses. Die Aula wird heute als Theatersaal genutzt.

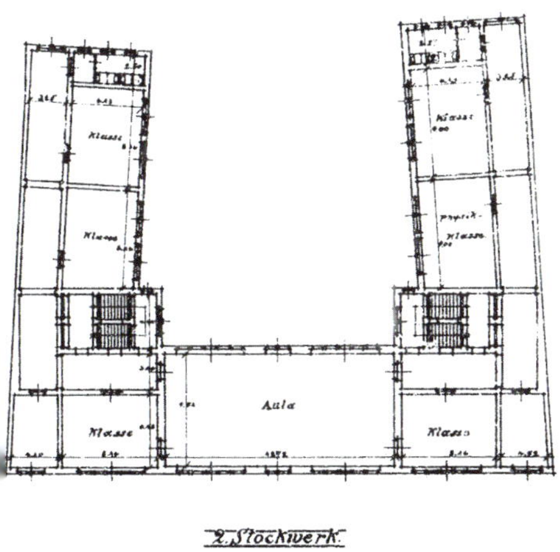

Koppenplatz 11. Ehemaliges Hollmannsches Wilhelminen-Amalien-Stift mit seinen nach 1850 errichteten Erweiterungsbauten. Aufgenommen im Januar 2001.

Gebäudeanlage vollendet. Streng gegliederte Fassaden mit Putzquaderung und durchlaufenden Gesimsen sowie die Akzentuierung durch einen Risalit mit Pilastern und Arkadenfenstern bestimmen die Fassadengestaltung dieser klassizistischen Bauten. Der von Kolossalpilastern betonte, turmartige Eckbau verbindet die Gebäudeteile und bestimmt das Erscheinungsbild am Koppenplatz. In den 1990er Jahren verzögerte sich die Instandsetzung mangels eines wirtschaftlich tragfähigen Konzeptes für eine Nutzung als Altenheim. Die noch nicht restaurierten Fassaden haben durchaus den Charme des Vergänglichen und Ruinösen, dokumentieren sie doch für jedermann sichtbar den Alterswert. Eine gelungene Instandsetzung wird an der Balance gemessen, sowohl das historische Ambiente als auch die qualitätvolle Originalsubstanz langfristig zu bewahren. Eine besondere Aufenthaltsqualität bietet der parkartig gestaltete Garten mit dem alten Baumbestand, der sich in geschützter Lage südwestlich hinter dem Gebäude erstreckt.

Eingangsportal am Koppenplatz. Die fein profilierte, spätklassizistische Bauornamentik am Hauptgesims aus der Bauzeit 1869 ist ebenso qualitätvoll wie die am Koppe-Denkmal, das 15 Jahre früher entstanden ist.

78 Koppenplatz 9

Nach dem endgültigen Auflassen des Friedhofes 1853 wurden die angrenzenden Grundstücke auf der östlichen Platzseite, die zunächst nur von der Kleinen Auguststraße her erschlossen waren, geteilt und nach und nach mit Mietshäusern bebaut. Sie sind bis heute sämtlich erhalten, auch wenn Fassadenvereinfachungen das ursprüngliche Erscheinungsbild nüchterner erscheinen lassen. Aus der ersten Phase der östlichen Platzrandbebauung stammen die Häuser Nummer 7 und 8 aus dem Jahr 1863. Zur zweiten Ausbauphase gehört das Mietshaus Koppenplatz 9, dessen nahezu vollständig überkommene und wiederhergestellte Fassade die Gestaltung aus der Bauzeit um 1905 anschaulich überliefert. Der reichen Fassadengliederung entspricht die repräsentative Ausstattung der Treppenanlagen und der Wohnungen in den Formensprachen von Jugendstil und Neubarock.

Die sorgsame Bewahrung und Instandsetzung der Fassade sowie der Innenräume sichern nachhaltig den denkmalwerten Bestand.

oben: Koppenplatz 6 bis 9. Östliche Häuserzeile am Koppenplatz, Ansicht um 1998.

oben links: Koppenplatz 6. Im Zwerchgiebel ist das Baudatum 1897 angebracht.

79 Koppenplatz 6

Der freie Umgang mit dem Formengut der Renaissance und die Verwendung von Jugendstildekor sind bezeichnend für die Bauzeit 1897. Die mit einem Zwerchgiebel bekrönte Fassade des repräsentativen Mietshauses bildet den Blickfang auf der östlichen Seite des Platzes. Dreigeschossige, durch Balkone verbundene Erker und der reiche Fassadenschmuck unterstützen wirkungsvoll die strenge Plastizität des Baus, der in spannungsvollem Gegensatz zu dem Abspannwerk der BEWAG steht. Seit der Instandsetzung des Hauses im Jahr 2000 erinnert im Hof eine Gedenkwand an die durch die Nationalsozialisten zu

links: Koppenplatz 6. Authentisch erhaltene Baudetails wie die alte Ladenschwelle sind beredte Zeugen der wechselvollen Geschichte des Hauses und seiner Bewohner.

links: Koppenplatz 9. Wohnungsausstattung aus der Bauzeit um 1905. Bei einem Blick in das Hausinnere überrascht die umfangreiche Ausstattung aus der Bauzeit wie Tafelparkett, historische Kachelöfen oder Ledertapeten. Bei der denkmalgerechten Instandsetzung konnten auch bislang verdeckte Ausmalungen in den Treppenhäusern freigelegt und konserviert werden.

unten: Koppenplatz 9.

Koppenplatz 3-4/ Auguststraße 56-57. Detail der ineinander gefügten Hauptgesimse. Im Stadtbild sind die zumeist mit Eisenklinkern verblendeten Fassaden Erkennungsmerkmal der BEWAG-Gebäude von Hans Heinrich Müller.

verantwortende Ermordung der jüdischen Eigentümerin des Hauses, Frau Ilse Goldschmidt geb. Schindler.

80 Koppenplatz 3-4 / Auguststraße 56-57 – BEWAG-Station

Die Südseite des Koppenplatzes beherrschen zwei Klinkerfassaden von Industriebauten. Franz Schwechten, bekannt als Architekt der Kaiser-Wilhelm-Gedächtnis-Kirche, hat hier 1906 eine BEWAG-Unterstation mit Hauptfront zur Auguststraße erbaut. Hans Heinrich Müller oblag als Chefarchitekt der Berliner Elektrizitätswerke AG 1926 die Planung für den Erweiterungsbau, dessen schmale Fassade sich durch eine eigenwillig expressive Formgebung und das dunklere Klinkermaterial bewusst von dem älteren Gebäude Schwechtens absetzt.

81 Linienstraße 162 – Ehemalige Fach- und Fortbildungsschule

Die Gebäude der Hollmannschen Wilhelminen-Amalien-Stiftung (siehe **77**) werden nicht nur am Koppenplatz (siehe **76**), sondern auch an der Linienstraße von einem Schulbau nach Entwürfen des Architekten Ludwig Hoffmann flankiert. Als Berliner Stadtbaurat ist es Ludwig Hoffmann gelungen, mit einer Vielzahl von ausgeführten kommunalen Bauten Maßstäbe für das hauptstädtische Bauen seiner Zeit zu setzen.
An der Westfront der Schule in der Linienstraße 162 markiert zum Sportplatz hin die parallel zur Kleinen Hamburger Straße verlaufende schräge Grundstücksgrenze die ehemals westliche Begrenzung des Armenfriedhofes.
Errichtet wurde die Fach- und Fortbildungsschule 1910/11 anstelle eines älteren Schulgebäudes aus der Zeit um 1840. In dem relativ schmalen Straßenraum entsteht mit der leichten Rücknahme der Bauflucht eine platzartige Aufweitung, deren Mitte durch die vorgelegte zweiarmige Freitreppe am Portal eine Hervorhebung erfährt. Der imposante viergeschossige Putzbau mit zwei rückwärtigen Flügeln hat eine wohlproportionierte Straßenfront mit

Koppenplatz 3-4/ Auguststraße 56-57. Die technischen Bauten der BEWAG heben sich durch ihre Gestaltung und das rote Klinkermaterial der Fassaden deutlich von den umliegenden Wohnbauten ab.

Kolossalpilastern in neubarocken Formen.
Ein Verdienst der im Jahre 2000 abgeschlossenen Instandsetzung ist die schonende Reinigung der Sandsteinoberflächen und die Erhaltung sämtlicher originaler Fenster, deren dunkelbraune Farbgebung aus der Bauzeit wiederhergestellt ist.

Linienstraße 162. Im gesprengten Giebel über dem neubarocken Portal hält ein gerüsteter Putto das Berliner Stadtwappen. Aufnahme aus dem Jahre 1930.

82 Torstraße 164 / Linienstraße 98 – Ehemaliges Königliches Leihamt

Die Maßnahmen zur Umnutzung und baulichen Instandsetzung des ehemaligen Königlichen Leihamtes an der Torstraße fanden 1999 ihren Abschluss. Die imposante Speicherhausanlage erwuchs aus der intensiven Bautätigkeit unter der Regierung Friedrich Wilhelms IV. und stellt ein herausragendes Denkmal frühindustrieller Architektur dar. 1847 wurde der Neubau der Pfandleihe im Einzugsbereich der nördlich gelegenen Berliner Vorstädte an der damaligen Akzisemauer der Spandauer Vorstadt errichtet. Der fünfgeschossige Backsteinbau folgt den gestalterischen Vorgaben der Schinkelschen Bauakademie und wirkt im Stadtbild durch seine strenge Fassadengliederung und durch das Material der rot und gelb sortierten Ziegel.

Im Inneren sind die schweren Holzkonstruktionen der Balkendecken zum Teil sichtbar in die Raumsituation der großräumigen Lofts und Galeriegeschosse einbezogen.
Dem Denkmalverständnis des Bauherrn und der behutsamen Planung seitens des Architekten ist zu verdanken, dass das Gebäude nicht „in alter Schönheit

Torstraße 164/Linienstraße 98. unten links: Innenhof des ehemaligen Königlichen Leihamtes. unten rechts: Fassade des ehemaligen Königlichen Leihamtes an der Linienstraße.

Linienstraße 98/ Torstraße 164. Fassade des ehemaligen Königlichen Leihamtes an der Torstraße.

neu erstanden" ist, sondern dass die historische Substanz und originale Ausstattung authentisch erhalten und mit den Spuren früherer Nutzung bewahrt werden konnten. Die Maßnahmen an den Backsteinfassaden wurden mit Mitteln aus dem Förderprogramm „Städtebaulicher Denkmalschutz" unterstützt und denkmalpflegerisch betreut.

Linienstraße 101. St. Adalbert-Kirche.

83 Linienstraße 101 – St. Adalbert-Kirche

Auf der schmalen Hausparzelle zwischen den Wohnbauten der Linienstraße steht die 1933 nach Entwürfen des Wiener Architekten Clemens Holzmeister erbaute katholische St. Adalbert-Kirche. Der Zugang erfolgt über die Innenhöfe der angrenzenden, zur Pfarrgemeinde gehörigen Wohnhäuser an der Linien- und der Torstraße. Holzmeister hat mit Rücksicht auf die inneren Lichtverhältnisse des Kirchenraumes die Chorpartie zur Linienstraße ausgerichtet. Der Chorturm durchstößt die Decke des Schiffes und lässt das Licht von oben durch die farbigen, in Blei gefassten Scheiben in den Altarraum fließen. Die gebündelte Wirkung des einströmenden Lichts wird durch den dunklen Plattenbelag des Bodens noch verstärkt. Die Chorwand schmücken Putzmosaiken der Heiligen Sebastian, Petrus, Adalbert und Hedwig nach Entwürfen von Egbert Lammers. Das Gestühl aus dunklem Eichenholz vermittelt unverändert den Zustand der Bauzeit. Die den Chorraum abtrennende Kommunionbank aus Marmor wurde 1996 unter Verwendung der Bronzetür zu einem Altartisch umgewandelt.

84 Linienstraße 194 / Kleine Auguststraße

Die 1999 renovierten Fassaden lassen kaum ahnen, dass dieses Wohnhaus im Kern das älteste Bauwerk am Koppenplatz ist. Es wurde bereits 1804 als zunächst zweigeschossiges Wohnhaus durch Ratszimmermeister Johann Matthias Herpitz erbaut und grenzte ursprünglich an den Armenfriedhof. Bauerweiterungen folgten 1820 und 1838. Schließlich ließ 1876 der damalige Besitzer, Telegrafendirektionsrat Herrmann Schulz, das bis dahin dreigeschossig massive Gebäude noch um eine Fachwerketage erhöhen. Der westliche Hausteil wurde im Zweiten Weltkrieg zerstört. Heute steht hier ein Plattenwohnbau von 1985.

85 Torstraße 146 – Ehemaliges Israelitisches Krankenhaus

Zu den weniger bekannten Baudenkmalen jüdischen Lebens in der Spandauer Vorstadt gehört das ehemalige Israelitische Krankenhaus in der Torstraße, das 1884 als Privatfrauenklinik im Auftrag von Dr. Martin erbaut wurde. Die Pläne

Linienstraße 101. St. Adalbert-Kirche.

Linienstraße 194. Aufgenommen 2002.

Linienstraße 194.
unten: Das Haus gehörte zu den Gebäuden, deren Abbruch im Rahmen der städtebaulichen Erneuerungsplanung vor 1989 bereits besiegelt war. Aufnahme von 1994.

Torstraße 146 (rechte Bildhälfte) und Torstraße 140-144 (linke Bildhälfte).

lieferte der Baumeister Ernst Schmid, der für diese Bauaufgabe den Rundbogenstil wählte. Bestimmende Gliederungselemente der Klinkerfassaden bilden die Säulen der gekuppelten Fenster sowie Überfangbögen aus Sandstein.
Die Israelitische Synagogengemeinde beauftragte 1908/09 den Regierungsbaumeister Max Fraenkel mit dem Umbau zum jüdischen Gemeindekrankenhaus „Adass Jisroel."
Zur Modernisierung des Klinikbetriebs und zur besseren Erschließung der Anlage wurde am Quergebäude ein neuer Treppenhaus- und Sanitärtrakt angebaut. Auch bei diesem Denkmal jüdischer Geschichte in Berlin verdienen die zum Teil verdeckten Zeugnisse und Spuren aus der Zeit von 1909 bis zur Schließung des jüdisch-orthodoxen Krankenhauses 1941 besondere Beachtung. Hierzu gehören die Tafel zur Erinnerung an Adolf Goldschmidt, die Gedenktafel über dem Arbeitszimmer von Moritz Knoller sowie die rituellen Türpfosten (Mesusot) zur Aufnahme der auf Pergament geschriebenen Gebote oder die reiche Wand- und Sockelbekleidung aus farbigen Ornamentfliesen der Firma Villeroy & Boch in der Durchfahrt.

Torstraße 140-144. Im Lichthof sind die weißen Verblendsteine aus der Bauzeit erhalten.

86 Torstraße 140-144 / Linienstraße 83-85

Auf dem Standort des seit 1798 existierenden Taubstummeninstitutes errichtete Friedrich Kristeller 1911/12 im Auftrag der Stuttgarter Buchdruckerei A. Schlicke & Co. die um zwei Innenhöfe gruppierte Geschäftshausanlage zwischen Tor- und Linienstraße. In den 1920er Jahren wurde das Geschäftshaus vor allem als Vereins- und Verbandshaus verschiedener Berufsgenossenschaften, wie zum Beispiel von dem Deutschen Metallarbeiterverband, genutzt. Für die städtebauliche Einordnung in den jeweiligen Straßenraum wählte der Architekt unterschiedliche Fassadengestaltungen in den Formen des Neuklassizismus. Der fünfgeschossige, etwa fünfzig Meter lange Baukörper an der Torstraße erfährt durch die Vertikalstruktur der Pfeiler und die in Dreiergruppen zusammengefassten Fenster eine streng symmetrische Gliederung. Gestalterisch herausgehoben ist nur das Mittelportal mit den eingestellten dorischen Säulen. Das hohe Steildach verstärkt die monumentale Wirkung des Gebäudes an der Torstraße. An der Linienstraße nimmt die dreige-

Blick über das „Gipsdreieck". Die neuen Dachaufbauten auf dem Geschäftshaus an der Torstraße 140-144 sprengen den Maßstab der historischen Dachlandschaft.

schossige Fassade mit ihrer Baukörperstaffelung Rücksicht auf die zur Bauzeit kleinteiligere, niedrigere Nachbarbebauung und den schmaleren Straßenraum. Die hohen Segmentbogenfenster im Erdgeschoss hingegen betonen bewusst den Charakter des Geschäftshauses. Der dahinterliegende Saal ist in origineller Weise als Schwimmhalle umgenutzt. Ein noch vorhandenes Bühnenportal und die Säulen in der Gestaltung der 1950er Jahre zeigen die mehrfache Überlagerung verschiedener Baustile und Nutzungen.

Die großzügigen Treppenanlagen mit weißer Blendsteinbekleidung, schmiedeeisernen Geländern und Granitstufen sowie die eisernen Eingangstüren geben noch das Erscheinungsbild der Bauzeit 1912 wieder.

Torstraße 140-144. Umnutzung des ehemaligen Festsaales der Deutschen Reichsbahnverwaltung Berlin als Schwimmbad.

STANDORT 8

GROSSE HAMBURGER STRASSE

Das Quartier zwischen der Großen Hamburger Straße und der Sophienstraße bildet mit der Sophienkirche den historischen Mittelpunkt der Spandauer Vorstadt. Noch vor dem Abstecken neuer Straßen und der Parzellierung von Bauland ab 1691 folgte nach ersten Hausgründungen eine allmähliche Besiedlung. Der Jüdische Begräbnisplatz war bereits 1672 an der Großen Hamburger Straße angelegt worden. Mit dem ältesten überkommenen Gebäude der Spandauer Vorstadt von 1691 an der Großen Hamburger Straße 19A sind auch diese ersten Bautätigkeiten eindrucksvoll belegt.

In der Großen Hamburger Straße bestehen Einrichtungen verschiedener Religionen und Konfessionen nebeneinander. Hinter dem alten Jüdischen Begräbnisplatz befindet sich nicht nur die protestantische Sophienkirche, sondern auch das Jüdische Gymnasium und das katholische St. Hedwig-Krankenhaus. Die Erhaltung dieser Vielfalt ist auch ein denkmalpflegerisches Anliegen.

Die Sophienstraße mit ihrer fast geschlossenen Reihe der Vorderhäuser aus dem 19. Jahrhundert gehörte – wie auch die Husemannstraße im Bezirk Prenzlauer Berg – bereits in den 1980er Jahren zu den ausgewählten Straßenzügen im damaligen Ost-Berlin, auf die sich das historische Interesse und denkmalpflegerische Bemühen konzentrierten.

S. 114: Sophienkirche. Aufnahme von 2002.

87 Sophienkirche und Sophienkirchhof

Seit 1689 hatte die Georgenkirche als gemeinsame Pfarrkirche für die Gemeinden der Stralauer Vorstadt, der Königstadt und der Spandauer Vorstadt gedient. Die ständig wachsende Gemeinde ließ im Jahre 1711 fünfhundert Bewohner beim Magistrat um den Bau einer eigenen Pfarrkirche für die Spandauer Vorstadt bitten. Königin Sophie Luise unterstützte 1712 den bereits begonnenen Kirchenbau mit der Stiftung von 4.000 Talern für die Besoldung eines lutherischen Predigers.

Errichtet wurde ein querrechteckiger Saalbau mit umlaufenden Emporen, dessen Schmalseiten von Giebeln abgeschlossen waren, ohne vortretenden Chor. Der 1732-34 nach Plänen von Johann Friedrich Grael angefügte Turm ist heute der einzige erhaltene von acht barocken Kirchtürmen, die Friedrich Wilhelm I. als städtebauliche Höhendominanten errichten ließ. Im Kircheninnern folgten Umbauten 1834 durch F. Moser und 1864 durch Adolph Lohse.

Außen- und Innenarchitektur der Sophienkirche bestimmte die 1892-95 von Friedrich Otto Schulze, Adolf Heyden und Kurt Berndt geleitete neubarocke Umgestaltung. Im Innern erfolgte der Einbau einer dreiseitigen Empore und der Chorapsis unter Einbeziehung der Kanzel von 1712, der Rokokotaufe von 1741 und der Orgel von 1790.

Für die Anlage des Kirchhofes hatte die jüdische Gemeinde 1714 von ihrem Begräbnisplatz an der Großen Hamburger Straße einen Teil an die Sophiengemeinde abgegeben. Auf dem Kirchhof steht das Grabmal für den Schiffsbaumeister

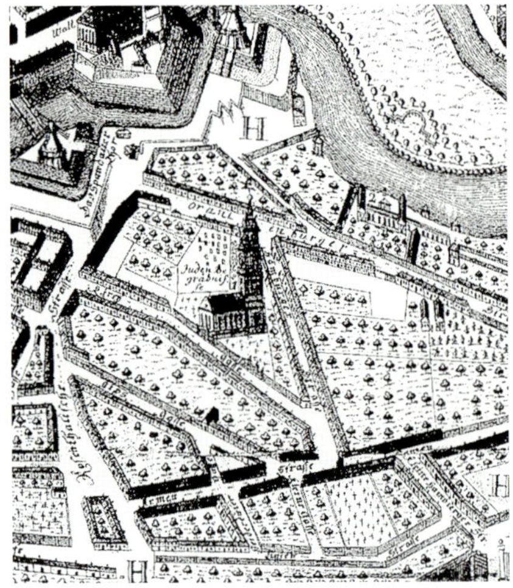

Ausschnitt aus der Karte von J. F. Walther aus dem Jahr 1737.
unten: Sophienkirche. Blick nach Westen.

Sophienkirche, Innenansicht nach Weste.

Sophienstraße und Sophienkirche nach Nordwest. Aufnahme von 1991.

Friedrich Johann Köpjohann und seine Frau (gest. 1776), das eine Engelsstatue mit geöffnetem Buch und Füllhorn sowie Attribute des Schiffbaus zieren. Vermutlich hat Wilhelm Christian Meyer diese Sandsteinfigur nach 1776 geschaffen. Zu den nennenswerten Grabmälern gehören auch die Grabstätten für den Historiker Leopold von Ranke und den Baumeister und Musiker Karl Friedrich Zelter.

88 Sophienstraße 2 und 3 – Pfarrhäuser der Sophiengemeinde

Im geschwungenen Verlauf der Sophienstraße weitet sich gegenüber der nördlichen, geschlossen bebauten Häuserzeile der südliche Straßenraum entlang des Sophienkirchhofes. Seine seitliche Begrenzung bilden die beiden Pfarrhäuser, die ursprünglich den parkartigen Zugang zur Sophienkirche über den Kirchhof flankierten. Das erste Predigerhaus in der Sophienstraße 3 wurde 1880/81 nach Entwürfen des Architekten Friedrich Otto Schulze erbaut, während für die Pläne des 1884 fertiggestellten, zweiten Predigerhauses der Archi-

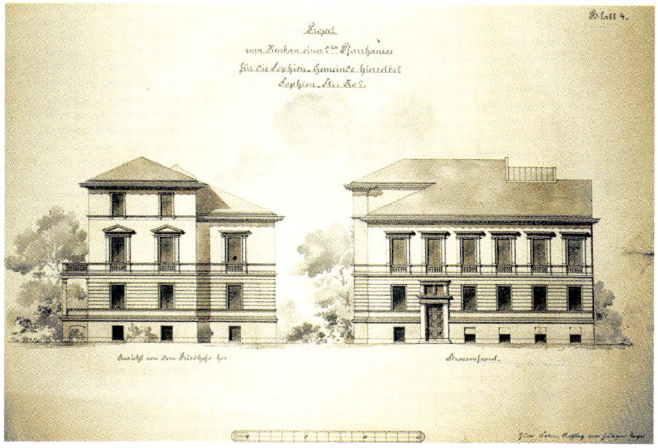

Sophienstraße 2. „Projekt zum Neubau eines 2ten Pfarrhauses der Sophien-Gemeinde hierselbst". Zeichnung von Architekt Brinckmann, 1884.

Mitte: Sophienstraße 3. Südwestansicht des Pfarrhauses.

unten: Die Sophienstraße um 1955. Das zweigeschossige Haus Nr. 11 steht als Einziges noch in der historischen Bauflucht der Sophienstraße.

Sophienstraße 28-29. oben Mitte: Hofanlage mit nördlichem Quergebäude vor Beginn der Baumaßnahmen. Aufnahme von 1997.

rechts: Hofansicht nach Norden nach der Sanierung. rechts: Schnitt durch das Quergebäude. unten: Reparatur des Bohlenbinderdaches über dem Quergebäude von 1840-42.

tekt Brinkmann verantwortlich zeichnete. Die pavillonartigen zweigeschossigen Bauten vermitteln mit ihrer spätklassizistischen Gestaltung den Eindruck von zwei schlichten Stadtvillen.

89 Sophienstraße 11

Das zweigeschossige Bürgerhaus mit Mansarddach und gleichmäßiger Reihung der Fensterachsen, erbaut im letzten Viertel des 18. Jahrhunderts, steht als ältestes Wohnhaus der Straße noch in der alten Bauflucht der „Kirchhofgasse“, wie die Sophienstraße bis 1837 hieß. Insbesondere die Abmessungen und die schlichte Putzgliederung lassen das Gebäude als Zeugnis spätbarocken Bauschaffens erkennen.

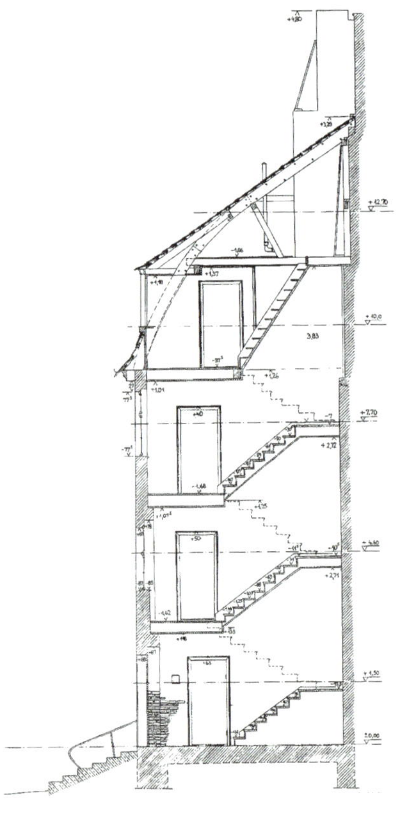

90 Sophienstraße 28-29

In einem langwierigen Sanierungsprozess gelang es, die 1840-42 von dem Getreidehändler Christian Friedrich Fürstenberg mit Wohn- und Wirtschaftsgebäuden bebaute Hofanlage wieder einer lebendigen Nutzung zuzuführen. Aus der Bauzeit stammen noch das dreigeschossige massive Vorderhaus Nr. 29 und das Quergebäude an der nördlichen Grenze des Hofes, ein verputzter dreigeschossiger Fachwerkbau. Seine bauhistorische Eigenart besteht in der Konstruktion eines Bogendaches, dessen Bohlenbinder zweilagig aus gekrümmten, durch Holznägel verbundene Bohlen gefertigt sind. Das Ringen vonseiten des Bauherrn, der Architekten und der Denkmalpfleger um den Erhalt des stark geschädigten Quergebäudes und dieser heute nur noch selten anzutreffenden Dachkonstruktion war von Erfolg gekrönt. Mit den beiden 2000/01 in der historischen Kontur neu errichteten Seitengebäuden, die ebenfalls Bogendächer tragen, wird an die Atmosphäre des ehemaligen Ackerbürgerhofes erinnert, wie sie sich besonders über ein Messbild von 1910 eingeprägt hat.

91 Sophienstraße 22-22a

1899 errichtete die Firma Gaebert & Söhne die sich um zwei Höfe gruppierende

Wohn- und Gewerbehofanlage. Während am vorderen Wohnhaus die historistische Putzfassade mit Stuckornamentik in spätgotischer Manier einen formalen Bezug zu den benachbarten älteren Wohnhäusern herstellt, stimmen die gelben und roten Backsteinfassaden der Hofgebäude mit der gewerblichen Nutzung überein. Die Firma Gaebert & Söhne, eine Fabrik für Gas- und Wasserleitungsgegenstände, war selbst in diesem Gewerbehof angesiedelt, einer der Teilhaber hatte im Vorderhaus seine Privatwohnung. So kann die in Vestibül und Treppenhaus 1995 wiederhergestellte, prächtige Dekorationsmalerei als Zeugnis für den einstigen wirtschaftlichen Erfolg der Firma Gaebert & Söhne angesehen werden.

Sophienstraße 22-22A. Vestibül mit reich dekorierter Ausstattung aus der Bauzeit 1899.

92 Sophienstraße 20-21 – Sophie-Gips-Höfe

Wie die Gewerbehöfe Sophienstraße 22-22A und 18-18A gehören auch die Sophie-Gips-Höfe zu den Hofanlagen, die ihren räumlichen Reichtum hinter schlichten Wohnhausfassaden verbergen. In die 1904 errichteten Gewerbebauten, die vor allem eine Fabrik für Nähmaschinen und Stahlapparate beherbergten, sind die älteren Vorderhäuser einbezogen.

Als Ergebnis der 1995-97 ausgeführten umfassenden Sanierung, die auch den Neubau des Wohn- und Geschäftshauses an der Gipsstraße 12 einschloss, entstand eine neue halböffentliche Wegver-

Sophienstraße 20-21. Vespiegelter Durchgang von der Gipsstraße 12 zu den Sophie-Gips-Höfen.

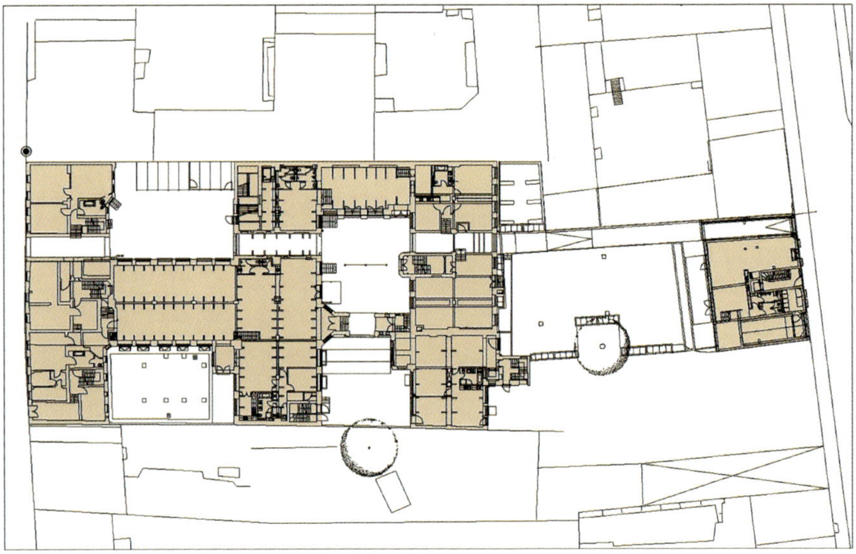

Sophienstraße 20-21 und Gipsstraße 12. Erdgeschossgrundriss.

bindung über die Durchfahrten und Höfe des ehemaligen Fabrikgebäudes bis zur Gipsstraße. Nunmehr ist es möglich, von den Hackeschen Höfen über den Ausgang Sophienstraße 6 und den Zugang Sophienstraße 20-21 bis hin zur Gipsstraße zu spazieren. Originell ist hier die Idee einer Passage mit Restaurants, Läden, Büroräumen, kleinen Werkstätten und Ausstellungsräumen umgesetzt, die sich ihren Weg durch das dicht bebaute Quartier bahnt, den intimen Charakter des Stadtviertels wahrt und somit einen begrüßenswerten Beitrag zur zeitgemäßen Nutzung des Stadtgrundrisses leistet. Da im Bereich des Flächendenkmals Spandauer Vorstadt keine Hofüberdachungen zugelassen sind, lassen auch die neuen Nutzungen noch den ursprünglichen Charakter der Mietshaus- und Gewerbehöfe erkennen.

Sophienstraße 20-21 und 22-22A, Hoffassaden.

93 Sophienstraße 18-18A – Sophiensäle

Das 1864 von Bernhard Kolscher und Heinrich Lauenburg eigens für den bereits 1844 begründeten Berliner Handwerkerverein errichtete Haus Sophienstraße 15 hatte vierzig Jahre lang als Versammlungsstätte des Vereins gedient. 1904 wurde es vom Warenhauskonzern Wertheim übernommen und für den Neubau von Alfred Messel abgebrochen (siehe **128**). In demselben Jahr erwarb

Sophienstraße 18-18A. oben rechts: Die Fassaden übernehmen mit eingelegten Terrakotten und Ziegelornamentik Schmuckformen norddeutscher Backsteinbaukunst. oben links: Die Hofaufnahme vom Juli 2000 entstand während eines Kunstprojektes. links: Der große Saal im Obergeschoss des Quergebäudes dient heute dem Theaterprojekt „Sophiensäle“ als Spielstätte.

Große Hamburger Straße 19A. Die beiden gewölbten Etagen der 1796 erbauten Branntweinbrennerei im Hof sind noch erhalten. Zustand im Juni 2001 vor der Instandsetzung.

der Verein die Grundstücke in der Sophienstraße 18-18A und beauftragte die Architekten Joseph Fraenkel und Theodor Kampfmeyer mit umfangreichen Um- und Erweiterungsbauten für ein neues Vereinshaus. An der Sophienstraße wurde in die bestehenden Wohnhäuser von 1852 ein Doppelportal mit einer zweischiffig überwölbten Durchfahrt als Zugang zum Saalgebäude im Hof eingefügt. Das reich mit neugotischem Maßwerk und Fialen geschmückte Portal ist als Backsteinblendgiebel ausgebildet und weist mit dem aus Formsteinen gefertigten Namenszug „Berliner Handwerker Verein" im Straßenraum gut sichtbar auf die ursprüngliche Nutzung hin. An das Vorderhaus schließen sich hofseitig die 1861 bzw. 1864 erbauten Seitenflügel an. Nach Entwürfen von Fraenkel und Kampfmeyer wurde 1905 auf dem nördlichen Hofgelände ein viergeschossiger Saalbau mit einem 3.000 Plätze fassenden Hauptsaal, weiteren Festräumen, Unterrichtsräumen und einer Bibliothek errichtet. In den Sophiensälen fanden auch politische Veranstaltungen der Handwerker- und Arbeiterverbände statt.

Seit einigen Jahren sind die Sophiensäle als innovativer Theaterort bekannt, eine Zwischennutzung, die diese bemerkenswerten Innenräume aus ihrer langjährigen Vergessenheit gerissen hat. Eine gu-

Große Hamburger Straße 37/Sophienstraße. Den Kreuzungspunkt von Großer Hamburger Straße und Sophienstraße akzentuiert die abgerundete Fassade des 1892 für den Rechtsanwalt Salomon erbauten Mietshauses.

Große Hamburger Straße 19A. rechts: Dachstuhl während der Konservierung und Instandsetzung. Aufgrund der bauhistorischen Bedeutung der Dachkonstruktion, die dendrochronologisch auf 1691 datiert ist, war ein Dachausbau nicht möglich, die Kehlbalken und Sparren wurden nicht verändert. Nicht mehr tragfähige Teile erhielten additive Verstärkungen. Aufnahme von 1996.

te Balance zwischen notwendiger Sanierung der zum Teil stark geschädigten Bausubstanz und dem Belassen von Abnutzungen und Fehlstellen wird über das Weiterleben der unverwechselbaren Raumatmosphäre entscheiden.

94 Große Hamburger Straße 19A, 17

An der Großen Hamburger Straße, die bereits eine mittelalterliche Wegeverbindung über die Berliner Feldmark nach Ruppin und weiter nach Hamburg gewesen ist, steht auf der Parzelle Nr. 19A das älteste erhaltene Haus der Spandauer Vorstadt. Mittels dendrochronologischer Untersuchung wurde für das Holz der Dachkonstruktion das Fälldatum 1691 ermittelt. Bereits 1756 verzeichnen die Akten [3] ein Wohn- und Brauhaus von 102 Fuß (32 Meter) Länge. Bis zur Teilung 1827 bildeten Nr. 20 und 19A ein zusammenhängendes Grundstück. Zu diesem Zeitpunkt kaufte der Gastwirt Johann Ludwig Schwentzen den verbliebenen Teil des Hausbesitzes Nr. 20, während das abgezweigte Grundstück Nr. 19A von dem Branntweinbrenner Johann Heinrich Wrede erworben wurde. Im westlichen Quergebäude, das vermutlich 1796 der Braueigner Zahl errichten ließ, befand sich eine Branntweinbrennerei, deren gewölbter Erdgeschossraum mit der darüberliegenden gewölbten Darre und den Gewölbekellern bis heute erhalten ist. Die im Programm Städtebaulicher Denk-

Große Hamburger Straße 19A. Querschnitt vor dem Südgiebel. Aufgenommen im M 1:25 von J. Storch, 1992.

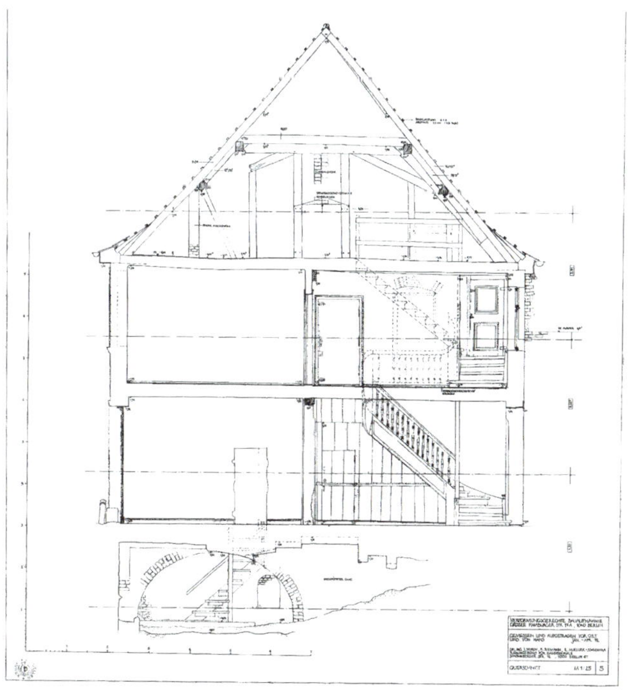

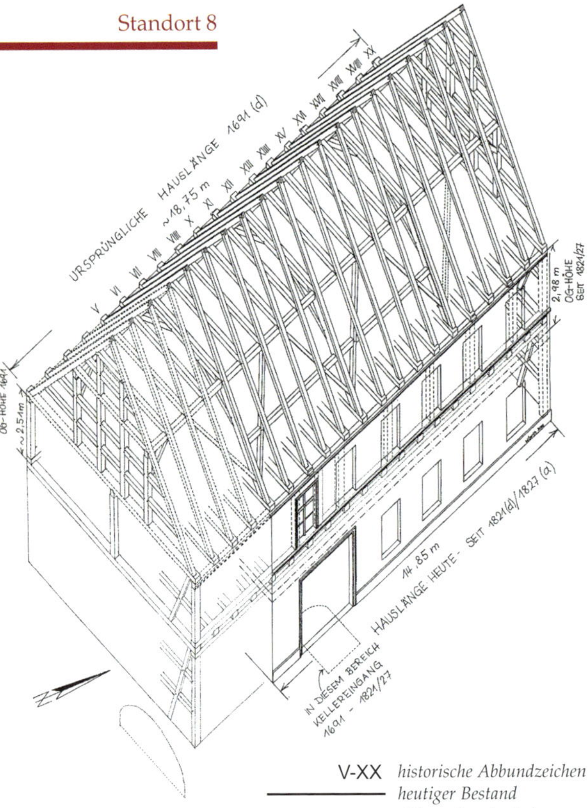

V-XX *historische Abbundzeichen von 1691*
——— *heutiger Bestand*
- - - - - - - *sicher rekonstruierbar*
. . . . *rekonstruierbar durch Analogie*
—·—·— *Lage der heutigen Decke*

Große Hamburger Straße 19A. Isometrie, W. Barth 2002. Rekonstruktion des Zustands 1691 aufgrund von Beobachtungen während der Sanierung 1996 und unter Verwendung des Aufmaßes von J. Storch.
Beleg für die ursprüngliche Hauslänge sind die Abbundzeichen im Dach: die eingekerbten römischen Zahlen nummerieren die Hölzer fortlaufend. Die Zählung beginnt heute bei V, demnach fehlen Gespärre I – IIII. Zunächst bestand das Gebäude aus ausgemauertem Fachwerk. Erhalten sind vermutlich die Nordgiebelwand (nur teilweise erschließbar) und die Rähmbalken des Obergeschosses, an der Straßenfassade profiliert. Ein profilierter Gesimsbalken bildete den oberen Abschluss der Längsfassaden (Spuren von Zapfen an den Dachbalkenköpfen). Ein Teil der ehemaligen Fachwerkstützen ist durch Zapfenlöcher in den Rähmunterseiten nachweisbar (nur über den Fenstern freigelegt). Im Nordgiebelfachwerk ist die einst höhere Lage der Erdgeschossdecke bezeugt. Die bestehende, tiefergelegte Decke wurde dendrochronologisch 1821 datiert. Durch die Entfernung der alten Deckenbalken wurde das Fassadenfachwerk instabil und deshalb vermutlich damals massiv erneuert (Fenstersturz der Hoffassade datiert auf nach 1810). Auch weil mit der Fassadenerneuerung offenbar eine Nutzungsänderung erfolgte – alle Fenster im Obergeschoss befinden sich vor ehemaligen Fachwerkstützen, die Einfahrt über dem ursprünglichen Kellerabgang – ist es plausibel, die ganze Baumaßnahme in die Zeit der Grundstücksteilung zu datieren, die archivalisch 1827 belegt ist. Mit der damals erfolgten Verkürzung des Gebäudes wurden die Änderungen erforderlich. Es erfolgte zudem die Anlage eines neuen Kellerabgangs in der Einfahrt links und der Einbau einer neuen Treppe ins Obergeschoss. Auch der Rauchfang im Obergeschoss (mit der Datierung nach 1803) ist dieser Baumaßnahme zuzurechnen.

rechts: Große Hamburger Straße 17. Hofansicht nach Osten.

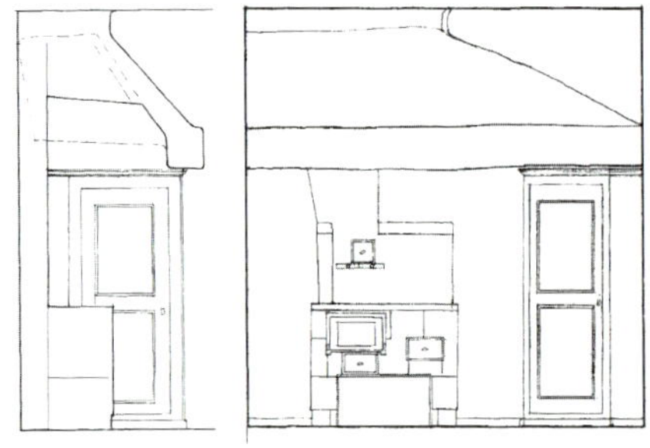

Große Hamburger Straße 19A. Feuerstelle mit offenem Rauchabzug im 1. Obergeschoss von 1821/1827. Aufgenommen im M 1:25 von J. Storch, 1992, Ansicht und Schnitt.

malschutz 1995/96 geförderte Instandsetzung des Vorderhauses war beispielhaft für eine differenzierte Schadensbewertung und den schonenden Umgang mit der Bausubstanz.
Das im Kern von 1700 stammende Vorderhaus **Große Hamburger Straße 17** markiert mit seiner Bauflucht noch wie das Haus Nr. 19A das ehemals schmalere Straßenprofil.

95 Große Hamburger Straße – Jüdischer Friedhof

1671 fanden aufgrund eines kurfürstlichen Dekrets fünfzig jüdische Familien in Brandenburg und Berlin Aufnahme. Ein Jahr nach dieser Neugründung der Jüdischen Gemeinde Berlin konnte Mor-

Große Hamburger Straße 27. Jüdisches Gymnasium.

dechai Model, genannt Model Riess, 1672 für die Anlage eines jüdischen Begräbnisplatzes das 0,59 Hektar große Areal an der Großen Hamburger Straße kaufen. 1827 wurde der Friedhof geschlossen und ein neuer Begräbnisplatz an der Schönhauser Allee eröffnet.

An den Friedhof grenzten in der Oranienburger Straße 7-8 das Jüdische Lazarett und in der Großen Hamburger Straße 25-27 das Jüdische Altersheim, in dem sich 1942 die Waffen-SS einquartiert hatte, um von hier aus die Deportationen nach dem Osten zu organisieren.

Große Hamburger Straße 13-14. Am freigelegten Mauerwerk zeigen sich Spuren der nur zweigeschossigen Fassade von 1820. Hinter einer vorgeblendeten Mauerschale verbirgt sich die Fachwerkkonstruktion des 1855 aufgestockten 2. Obergeschosses. Das Haustor von 1820 ist etwas weiter nach innen versetzt unverändert erhalten. Auf den Türfüllungen fanden sich Abdrücke früherer Applikationen aus Holz oder Zinkguss. Messbild von 2001.

Der Jüdische Begräbnisplatz wurde 1943 von Nationalsozialisten zerstört. Bei der Umgestaltung des Friedhofes zu einer Parkanlage nach 1945 sind drei Gedenktafeln und etwa zwanzig geborgene Grabsteine in die südliche Grundstücksmauer eingelassen worden, deren ältester für Gumpericht Jechiel Aschkenasi, gestorben 1672, aus dem Jahr der Friedhofsgründung stammt. Für den Philosophen und Vorkämpfer der Judenemanzipation, Moses Mendelssohn, wurde ein Gedenkgrabstein auf dem Friedhof aufgestellt. An das Schicksal der 56.000 Berliner Juden, die nach der Machtübernahme Hitlers in Todeslager deportiert wurden, gemahnen ein Gedenkstein und eine Figurengruppe von Will und Mark Lammert.

96 Große Hamburger Straße 27 – Jüdisches Gymnasium

Im Auftrag der jüdischen Gemeinde entwarf der Architekt Johann Hoeniger 1906 die Jüdische Knabenschule. Hoeniger wählte wie bei seinem zeitgleichen Wohn- und Verwaltungsgebäude für die

Gemeinde Adass Isroel in der Tucholskystraße 40 und wie bei der Hochschule für die Wissenschaft des Judentums Tucholskystraße 9 (siehe **30**) eine zeitgemäß neuklassizistische Architektur, die an diesem Schulhaus noch weitgehend original überliefert ist. Ornamentaler Bauschmuck betont das Portal aus hellem Sandstein und die Wandfelder zwischen den Bogenfenstern der Aula im Obergeschoss. Seit 1993 beherbergt das Schulhaus das Jüdische Gymnasium sowie eine jüdische Grund- und Realschule.

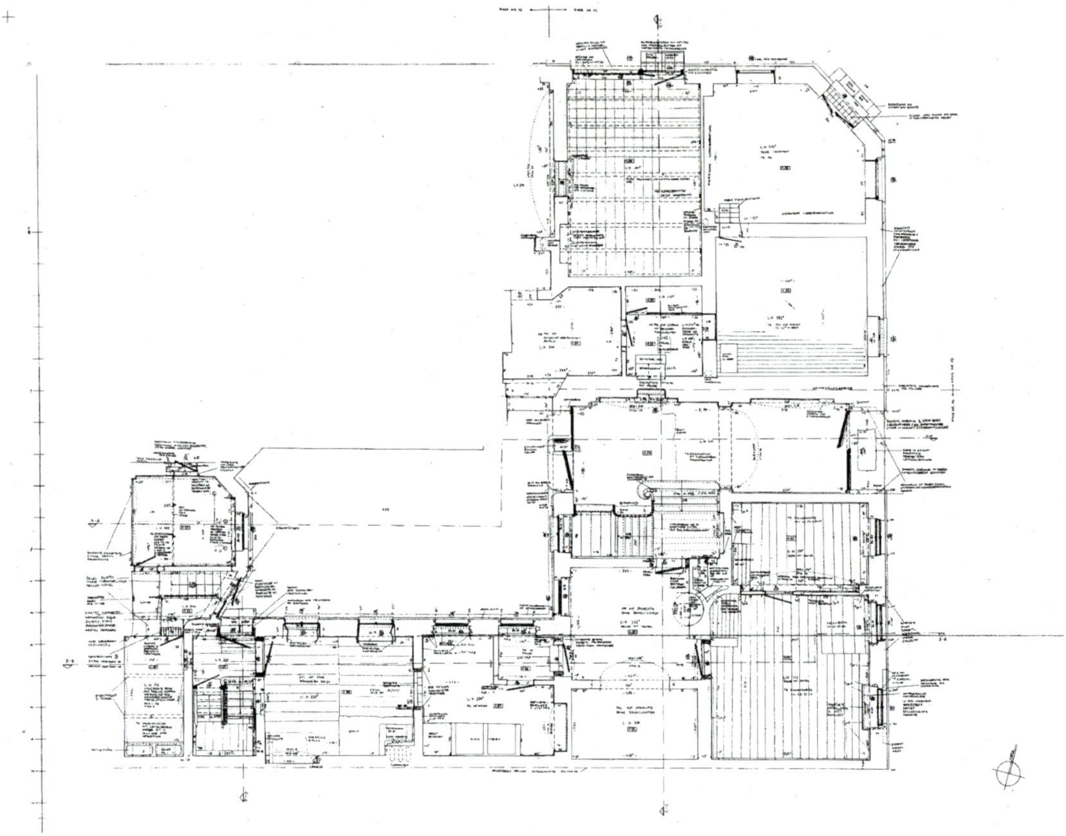

Große Hamburger Straße 13-14. Erdgeschossgrundriss. Verformungsgerechtes Aufmaß, aufgenommen im M 1:50 von A. Sonnleitner und K. Abersfelder, 2001. Im Erdgeschoss und im annähernd gleich angelegten 1. Obergeschoss gab es 1820 jeweils nur eine Wohnung mit vom Vorderhaus zum Seitenflügel durchgehenden Raumfluchten. Die Erschließung erfolgte über zwei Treppenhäuser. Von der anspruchsvoll gestalteten Vorderhaustreppe gelangte man in die zur Großen Hamburger Straße ausgerichteten, repräsentativen Wohnräume. Bemerkenswert sind die halbrunden Ofennischen, die durch kleine Öffnungen mit einem Vorgelege verbunden waren. Dieser „Heizraum" ist vom Treppenhaus aus begehbar und ermöglichte eine Bedienung der in den Nischen aufgestellten, vermutlich runden Kachelöfen. Im Vorderhaus befindet sich im Anschlussbereich zum Seitenflügel in jedem Geschoss ein unbelichteter Raum, der als Schlafkammer verwendet wurde. Mit diesen sogenannten Alkoven haben sich die in der Spandauer Vorstadt letzten Beispiele eines zur Erbauungszeit üblichen Raumtyps erhalten. Das kleine, einfache Treppenhaus im Seitenflügel bot eine direkte Erschließungsmöglichkeit für die Küche, die noch heute an dem großen Schornstein erkennbar ist. Der vom Hof aus begehbare, letzte Raum im Erdgeschoss des Seitenflügels diente als Abort.

Große Hamburger Straße 13-14. Mit der eingestemmten Holztreppe und der unmittelbaren Erschließung der Wohnungen vom Treppenraum sind der offene Hausgrundriss und die Ausstattung von 1820 überliefert.

97 Große Hamburger Straße 13-14 / Krausnickstraße 12

Der Fortgang städtebaulicher Verdichtung in der Spandauer Vorstadt lässt sich exemplarisch anhand der Baugeschichte dieses Hauses seit Mitte des 18. Jahrhunderts verfolgen. Eine erste Bebauung war 1755 für den Schlächtermeister Carl Friderich Hebener auf dem Grundstück Nr. 14 und von dem Königlichen Rendanten Christian Friedrich Sieburg für Nr. 13 bei der Feuerversicherung eingetragen. Nachdem 1816 der Kassenverwalter Christian Andreas Martin Sasse das Anwesen Nr. 14 gekauft hatte, ließ er 1820 die Vorgängerbauten abbrechen und ein neues zweigeschossig massives Vorderhaus mit Seitengebäude und gewölbtem Keller errichten. Auch am Nachbarhaus Nr. 13 folgte mit einem zweigeschossigen Anbau an das Vorderhaus von 1751 eine Bauerweiterung, die

Konstruktionsdetail der Treppe im Vorderhaus Große Hamburger Straße 14. Aufgenommen im M 1:10 von A. Sonnleitner und K. Abersfelder, 2001. Zur original erhaltenen Ausstattung gehören neben den Kreuzstockfenstern an den Hoffassaden und mehreren Türen auch die beiden Treppenanlagen. Die freitragende Holztreppe des Vorderhauses zeigt die für das erste Viertel des 19. Jahrhunderts typischen konstruktiven und gestalterischen Merkmale. Das rechteckige Treppenauge ist in den Ecken durch Krümmlinge ausgerundet, schlank und in der Mitte eingeschnürt sind die größtenteils noch vorhandenen, gedrechselten Geländerstäbe.

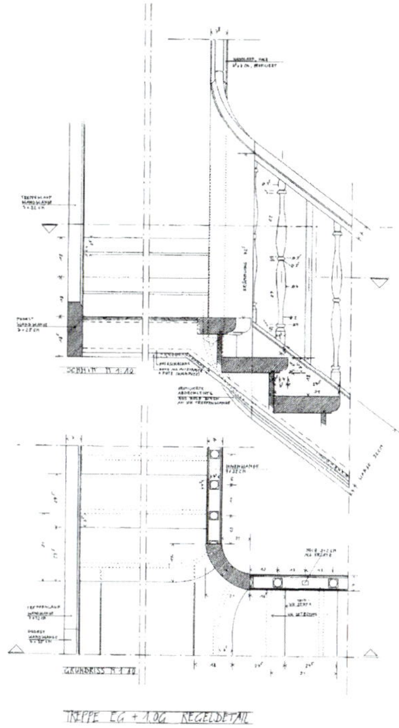

oben und rechts: Große Hamburger Straße 13-14. Der restauratorische Befund zeigt Reste der Erstfassung von 1820. Unter grau-blauen und beige-grauen Begleitern, welche den Anschluss zur Decke bilden, erstrecken sich ein gemaltes Gesims mit Zahnschnittfries und ein ebenfalls dreidimensional wiedergegebenes Band aus langgestreckten Mäandern. Hier handelt es sich um eine der selten erhaltenen, sehr fragilen Raumfassungen in Leimfarbentechnik von hohem baugeschichtlichen Wert. Befund und Rekonstruktionszeichnung von Ina Sanden, 2001.

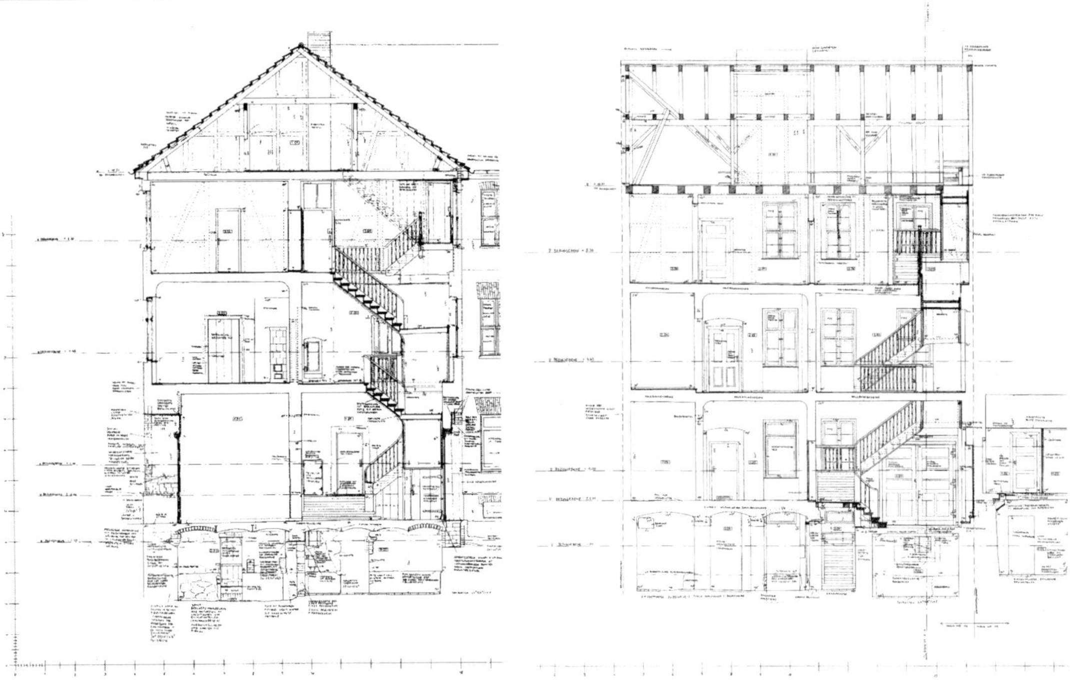

Große Hamburger Straße 14. Querschnitt und Längsschnitt durch das Vorderhaus. Verformungsgerechtes Aufmaß, aufgenommen im M 1:50 von A. Sonnleitner und K. Abersfelder, 2001.
Am Querschnitt durch das Vorderhaus lassen sich mehrere Bauphasen ablesen. Erdgeschoss und 1. Obergeschoss zeigen bis auf wenige Veränderungen im Bereich der Eingangstore noch die gleiche Situation wie 1820. Die bis auf einige Geländerstäbe vollständig erhaltene Holztreppe ist in der für das Biedermeier schlichten Formensprache gestaltet. In allen Wohnräumen des Vorderhauses sind die re-präsentativen Voutendecken mit ihrem gerundeten Übergang zwischen Wand und Decke zu finden. Einer späteren Bauphase ist die Aufstockung des 2. Obergeschosses zuzuordnen, das 1855 als Fachwerkkonstruktion mit Ziegelsteinverblendung errichtet wurde. Die nun notwendige Verlängerung der Treppe weist eine deutliche Veränderung der Stilmerkmale auf. Das heute noch in selten anzutreffender Vollständigkeit und Einheitlichkeit vorhandene Sparrendach ist gleichzeitig mit dem Fachwerkgeschoss entstanden. Frühestens 1855 wurde außerdem die Durchfahrt unterkellert. Die damals als Holzbalkendecke ausgeführte Kellerdecke ersetzte man nach 1900 durch gemauerte Flachgewölbe, die auf Stahlträgern ruhen (Preußische Kappendecke).

die Baulücke zwischen den beiden Häusern schloss. Spätestens seit 1834 waren beide Parzellen im Besitz der Familie Sasse, die ihre Häuser 1854 an die Pensions-Zuschusskasse der Königlichen Schutzmannschaft Berlin verkaufte. Aus dieser Zeit datiert die Aufstockung des Hauses Nr. 14 und des Anbaus von Haus Nr. 13 um eine Etage.

1860-62 erforderte die Durchlegung der Krausnickstraße von der Oranienburger zur Großen Hamburger Straße den Abbruch des 1751 erbauten Hauses Nr. 13 und führte zur Bildung einer Eckparzelle entlang der neuen Straßenflucht. Die Anlegung der Straße war von dem Unternehmer und Torfgräbereibesitzer Carl Wilhelm Friedrich Kelch initiiert, der dafür 1860 die Häuser an der Großen Hamburger Straße 13-14 und die Grundstücke Oranienburger Straße 24-26 erworben hatte und schließlich die neu parzellierten Grundstücke entlang der Krausnickstraße gewinnbringend weiter veräußerte. Nach einem Zwischenkauf 1863 durch Moritz Simon erwarb 1870 der Kaufmann Eduard Albert Schultze die Hausanlage Nr. 14 und den noch bestehenden Hausteil von Nr. 13, erweiterte 1872-73 das Anwesen um den viergeschossigen Bauteil an der Krausnickstraße 12 und erhöhte das bestehende Eckhaus von Nr. 13 um ein viertes Geschoss. Das Wohnhaus Nr. 14 ist bis auf den verlorenen Fassadenschmuck und den späteren Ausbau des

Große Hamburger Straße 28.
Nicht ausgeführte Variante für die Gartenfront das Gemeinde- und Wohnhauses, vermutlich 1901.

Das Haus der Sophiengemeinde ist mit hervorragenden Bildhauerarbeiten geschmückt. Aufnahme von 1976.

Kellergeschosses von größeren Umbauten unberührt und weist somit noch immer die Grundrissstruktur sowie einen erheblichen Teil der Innenausstattung der Bauzeit von 1820 auf. Genaue Erkenntnisse über die Baugeschichte lieferten die bauforscherischen und restauratorischen Untersuchungen, die zur Vorbereitung der umfassenden Instandsetzung mit Fördermitteln im Städtebaulichen Denkmalschutz 2001 baubegleitend erfolgen konnten.

98 Große Hamburger Straße 28

Infolge der Durchlegung der Krausnickstraße bemühte sich die Sophiengemeinde seit 1884 um eine neue städtebauliche Einbindung und die Herstellung einer Sichtachse zum Turm der Sophienkirche (siehe **87**). Sie hatte deshalb 1885 die Häuser an der Großen Hamburger Straße 28-31 angekauft. 1892 war allerdings zunächst der neubarocke Umbau der Kirche realisiert worden, und erst nach dem Amtsantritt des Pastors Wilhelm Witte 1901 kam es zur Umgestaltung und Neubebauung dieser Parzellen. Am 27. Juni 1902 fand die Einweihung des neuen Gemeindehauses, erbaut unter der Leitung von Kurt Berndt, in der Großen Hamburger Straße 28 statt. Die Hausanlage ist so konzipiert, dass sich das eigentliche Gemeindehaus mit dem Saal im Quergebäude

Die Blickverbindung über den Kirchhof zur Sophienstraße war der Anlass, auch die Gartenfassade des Gemeinde- und Wohnhauses repräsentativ auszuführen. Die neubarocke Formensprache nimmt Bezug auf die Umgestaltung der Sophienkirche 1892 bis 1895.

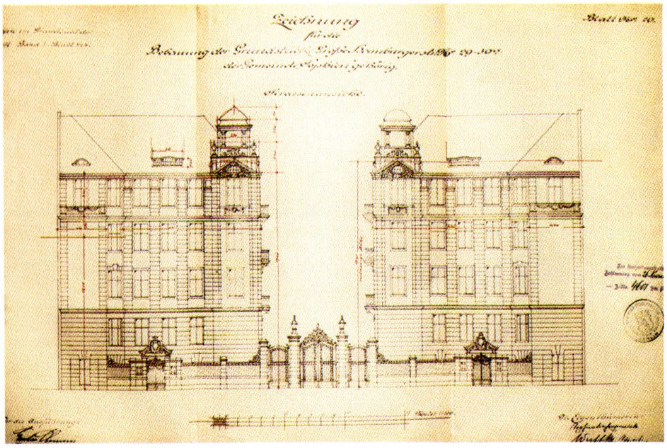

Große Hamburger Straße 30.

Große Hamburger Straße 29, 30-31. Ausführungszeichnung von Gustav Clemens, 1905.

Sophienkirche und Große Hamburger Straße 29-30 von der Krausnickstraße.

befindet, das eine zum Kirchhof gerichtete, repräsentative neubarocke Fassadengestaltung hat. Am straßenseitigen Wohnhaus zeichnet sich die fein gegliederte neuklassizistische Putzfassade durch ein plastisches Bildprogramm aus, das insbesondere mit den beiden stehenden Engeln auf die Funktion des Gebäudes hinweist.

99 Große Hamburger Straße 29, 30, 31

Die zwischen 1902 und 1905 nach Plänen von Baumeister Gustav Clemens im Auftrag der Sophiengemeinde erbauten Wohnhäuser entsprechen mit ihrem Gartenhof und der Grundrissaufteilung den Reformbestrebungen der frühen Moderne nach 1900. Mit den neubarocken Fassadenelementen, der Putzstreifenquaderung und den kupferbeschlagenen Turmhauben stellen sie außerdem eine formale Verbindung zur 1892 überformten Sophienkirche her und bestimmen mit ihrer axialen Ausrichtung die Kirche zu ihrem Mittelpunkt.

100 Große Hamburger Straße 5-11 – St. Hedwig-Krankenhaus

Das 1844 unter der Leitung der Barmherzigen Schwestern des heiligen Borromäus gegründete, erste katholische Krankenhaus Berlins zeigt beispielhaft, wie die Neugotik des 19. und frühen 20. Jahrhunderts zu einem wichtigen Ausdrucksträger für Architektur und Nutzung einer Gebäudeanlage geworden ist. Die konservative Haltung von Bauherr und Architekten, die immer im Einklang mit der Tradition des Hauses stand, bestimmte wesentlich die Kontinuität der Bauformen für Um- und Erweiterungsbauten. Das Krankenhausensemble, aufgefasst wie eine mittelalterliche Klosteranlage, spiegelt in der unterschiedlichen Ausprägung der neugotischen Formen die jeweils als zeitgemäß erachtete Umsetzung des historischen Baustils.

Große Hamburger Straße 5-11.
oben: Haupthaus und Kapelle in Schnitt und Ansicht. Die Zeichnungen fertigte Maurermeister Robert Lorenz nach Entwürfen des Dombaumeisters Vincent Statz.

unten: Gebäude und Gartenanlage des St. Hedwig-Krankenhauses von Süden. Aufnahme von 1910.

Große Hamburger Straße 5-11.
oben: Die Fliesen sind sämtlich von der Firma Villeroy & Boch hergestellt.

Das Haupthaus mit Kapelle und das südliche Vorderhaus von Vincent Statz weisen strenge und sehr klare neugotische Formen auf, wie sie für die Jahre zwischen 1850 und 1880 durchaus typisch sind. Diese sogenannte „strenge Neugotik“ ist auch für die Leichenhalle und das Kinderkrankenhaus von Franz Statz charakteristisch.

Dagegen wurde die Straßenfassade des Hospitals für Altersschwache, erbaut 1889 von Max Hasak, mit den Sandsteinsäulen in den Fenstern und der Sandsteinrahmung des Portals mehr auf eine dekorative Wirkung hin ausgebildet. Dem entspricht auch die historistische Gestaltung des südlichen Erweiterungsbaus an dem Haupthaus von 1900 nach Plänen von August Menken in Mischformen von Neugotik und Neurenaissance. Das fünf Jahre später nach Entwürfen von Carl Moritz erbaute Josephhaus zeigt eine gelungene Synthese aus Neugotik und Jugendstilformen. Ein baukünstlerischer Höhepunkt gelang Wilhelm Fahlbusch mit seiner expressionistischen Variante der Neugotik, als er 1928 Haupthaus und Vorderhaus um ein Geschoss aufstockte und die innere Ausstattung der neuen Vorhalle am Haupthaus entwarf.

Die Terrakottafiguren der Heiligen Hedwig und Karl Borromäus unter Baldachinen über dem Hauptportal im Gartenhof und die Madonna mit dem Kind sind Werke des Bildhauers Johannes Janda von 1854. Die Ausmalung der Kapelle schuf 1874 der Maler Nowag nach Entwürfen von Kleinert aus Köln. In den Fluren sind farbige Mettlacher Platten aus verschiedenen historischen Kollektionen der Firma Villeroy & Boch erhalten. Diesen wertvollen Bestand an originalen Fliesen in seiner Gesamtheit zu bewahren, ist ein wichtiges Anliegen bei notwendigen Umbauten für den modernen Krankenhausbetrieb.

Der Grundgedanke vom „Weiterbauen“ am Denkmal hat durch das Wirken der für die Katholische Kirche tätigen Baumeister ein lebendiges Vorbild. Neu- und Umbauten fügten sich harmonisch

Große Hamburger Straße 5-11. Vorhalle im Haupthaus mit der restaurierten expressionistischen Gestaltung von 1928.

Krausnickstraße 14. unten links: Erdgeschossgrundriss. unten rechts: Innenhof.

in das Bauensemble des St. Hedwig-Krankenhauses ein. Die Backsteinfassaden, die ein wesentliches verbindendes Gestaltungselement aller Bauten sind, wurden 1998 bis 2002 restauriert.

101 Krausnickstraße 14

Die 1860-62 von dem Torfgräbereibesitzer Carl Wilhelm Friedrich Kelch angelegte und nach dem Oberbürgermeister Heinrich Wilhelm Krausnick benannte Straße war eine private Unternehmung,

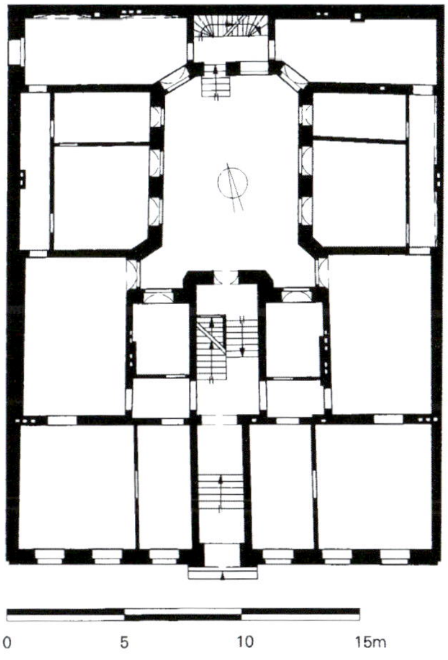

die dem Geist der Hobrechtplanungen für die Stadterweiterung von Berlin entsprach. Vorrangig erfolgte die Bebauung zwischen 1862 und 1870, und die Miethäuser liefern einen anschaulichen Formenkatalog vom Spätklassizismus bis zur Neurenaissance. Das 1862 erbaute Haus Nr. 14 ist der Prototyp dieser auf intensive Ausnutzung der Grundfläche ausgerichteten Mietshausanlagen um einen engen Innenhof noch vor Beginn des gründerzeitlichen Baubooms.

oben: Krausnickstraße 3. Vestibül, Gesims. Rekonstruktion der bauzeitlichen Gestaltung von 1862. Zeichnung von E. Taube, 2001.

Krausnickstraße 3-3A. Fassade.

102 Krausnickstraße 3-3a

Das dem Verlauf der abgewinkelten Krausnickstraße folgende Wohnhaus Nr. 3-3a wurde ebenfalls 1862 errichtet. An dem Knick der Straße schmückt ein Erker mit aus Zink gegossenen Konso-

len die markante Quaderfassade, deren bauzeitliche steingraue Farbigkeit seit der Instandsetzung 2002 wiederhergestellt ist. Bei dieser großen Mietshausanlage hat sich in seltener Vollständigkeit die spätklassizistische Innenausstattung der Vestibüle und Treppenanlagen mit ihrer historischen Ausmalung erhalten. Zum wertvollen Bestand gehören in einigen Wohnräumen das hochwertige

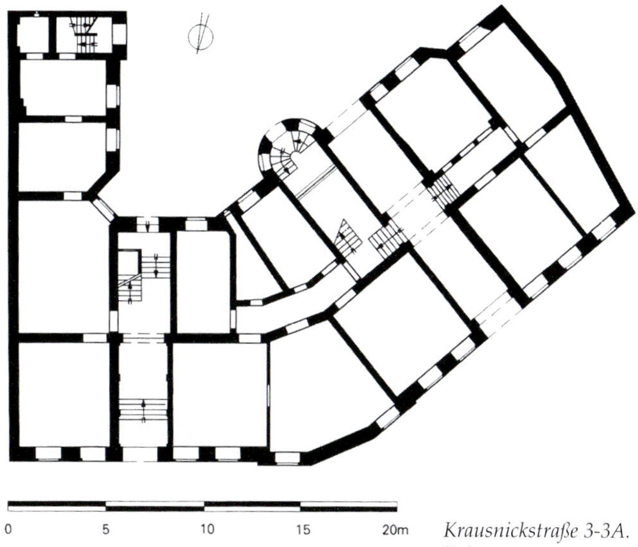

Krausnickstraße 3-3A. links: Erker der Fassade. rechts: Erdgeschossgrundriss.

Krausnickstraße 3. Während der restauratorischen Untersuchung im August 2001 wurde für die spätere Fassung aus der Zeit um 1890 eine Probefreilegung als Musterachse an der Ostwand im Vestibül angelegt.

Auguststraße 49A und 50/Ecke Joachimstraße.

nungstüren ist in den Grundtönen wiederhergestellt. Gut harmonieren hierzu der original erhaltene Sockel aus bläulich changierenden Fliesen, die roten sechseckigen Fußbodenplatten und die aus Holz geschnitzten Füllungsgeländer der Treppe. Im Eckladen der ehemaligen Konditorei „Hackbarth“ befindet sich heute eine gleichnamige Bar.

104 Auguststraße 50A

Auf dem Gelände ehemaliger Gärten und Plantagen ließ der Fabrikant Johann

Blick über das „Gipsdreieck“. Von der ehemals dichten Bebauung auf der Nordseite der Gipsstraße ist das Mietshaus Gipsstraße 27 das einzige erhaltene Gebäude.

oben links: Auguststraße 49A. Nach der Restaurierung erschließt sich wieder die neuklassizistische Gestaltung des Hausflurs aus der Zeit um 1910.

Auguststraße 50A. oben rechts: Ansicht vor der Sanierung. unten links: Das einzige erhaltene Relief in den Brüstungsfeldern blieb als Unikat erhalten. Aufnahme von 1993. unten rechts: An der Fassade ist die Farbgebung von 1866 wieder hergestellt. Obwohl nicht alle Teile der Stuckdekoration nachgefertigt wurden, ist das ursprüngliche Gliederungssystem verständlich.

Christoph Börnicke 1830 das dreigeschossige Wohnhaus an der Auguststraße errichten. Es handelt sich vermutlich um die erste Bebauung auf diesem Grundstück. 1866 übernahm der Kaufmann Carl Friedrich Haupt den Besitz und fügte das Seitengebäude im Hof an. Die straßenseitige Dachfläche wurde angehoben und die Putz-Stuckfassade neu gestaltet. Seitdem fanden keine grundlegenden Umbauten mehr statt. Auch für die heutigen Nutzungsansprüche erwies sich der Bestand als tragfähig. Bei der Instandsetzung und Modernisie-

Auguststraße 50A. Im Hauseingang sollte der Raumcharakter von 1830 wiedergewonnen werden. Die Fugen der Quaderung sind leider etwas unbeholfen ausgeführt.

Bei Sanierungsmaßnahmen werden die alten „Kochmaschinen" meist entfernt. Auch hier waren die Versuche zur Einbeziehung in die moderne Küchenplanung nicht erfolgreich.

rung, 1997-99 mit öffentlichen Mitteln aus dem Förderungsprogramm „Städtebaulicher Denkmalschutz" unterstützt, wurde auf Erhalt der historischen Bausubstanz geachtet. Ein besonderes Problem war der durch undichte Abflussrohre verursachte Hausschwammbefall an der Holztreppe von 1830. Ein vollständiger Abbruch konnte verhindert werden. Auch für die Holzdecken und die Dachkonstruktion fanden sich geeignete Verfahren, die den Erhalt ermöglichten. Dielenböden von 1830 sind noch in einigen Wohnräumen überkommen. Überraschenderweise waren die ältesten Holzbauteile in einem besseren Zustand als die baulichen Ergänzungen von 1866.

105 Joachimstraße 16

Im nördlich von der Auguststraße gelegenen Teil der Joachimstraße stehen noch fünf Wohnhäuser aus der Zeit zwischen 1830 und 1840 in unmittelbarer Nachbarschaft. Bei diesen Bauten handelt es sich um die erste Bebauung dieser Grundstücke an der damaligen „Heidereuthergasse", die bis um 1830 zwischen Gärten und Plantagen verlief. Auf der Eckparzelle Auguststraße 50 befand sich das Haus des Direktors Frisch, der mit dem Seidenraupenanbau in dieser Gegend experimentierte. Heute steht hier ein Neubau.

Joachimstraße 15 (links), 10 (rechts), 6 (Mitte). Ein Gang durch die Treppenhäuser in der Joachimstraße gestaltet sich zu einem Lehrpfad. Klassizistische Holztreppen aus dem Zeitraum 1803 bis 1842 geben einen Überblick über verschiedene Konstruktionsmöglichkeiten und die gestalterische Vielfalt ihrer Zeit.

Bauherr und vermutlich auch Architekt des 1833 erbauten Wohnhauses Joachimstraße 16 war der Geheime Oberbaurat August Adolph Günther. Günther war seit 1816 in der Oberbaudeputation als Wasserbauspezialist tätig, 1836 wurde er Lehrer an der Berliner Bauakademie und 1838 Stellvertreter bzw. 1841 Nachfolger Schinkels als deren Direktor. 1822 hatte Günther das heutige „Magnushaus" Am Kupfergraben 7 erworben und wohnte darin mit seiner Familie bis 1840. Sein Haus in der Joachimstraße war vermietet. Von der Mietshausanlage mit Seitenflügel und Quergebäude existiert noch das bereits 1830 viergeschossig versicherte Vorderhaus mit der strengen klassizistischen Fassadengestaltung, die durchlaufende Gurt- und Sohlbankgesimse sowie gerade Fensterverdachungen mit antikisierendem Palmettenschmuck auszeichnen.

oben: Joachimstraße 14-17.

106 Joachimstraße 14, 15

Das Nachbarhaus Nr. 15 ist auf das Jahr 1831 datiert, bei dem anschließenden Haus Nr. 14 bestätigt die um ein trapezförmiges Treppenauge geführte, eingestemmte Holztreppe mit rundprofilierten Geländerstäben ebenfalls eine Bauzeit um 1830.

107 Joachimstraße 11A, 11

Das Mietshaus Joachimstraße 11A stammt ebenfalls aus der Zeit des Biedermeier und verbirgt sein Baualter hinter einer später aufgebrachten Stuckfassade. Bei den Instandsetzungsarbeiten 1995-97 attestierte ein im Haus aufgefundenes Merkblatt von 1837 das bislang ermittelte Baudatum 1838. Der Fuhrherr Albert Ferdinand Kraatz, der 1890 die bauliche Erweiterung um ein Quer-, ein Stall- und ein Remisengebäude veranlasst hat, ist auch für die Fassadenüberformung an der Straßenfront verantwortlich. Nach Vorfestigung, Hinterfüllen und Überarbeiten der desolaten Putz- und Stuckteile erhielt die Fassade ihre Farbgebung von 1890 zurück. Auch die Dachgauben sind

Joachimstraße 11A.
oben: Nachdem man die Dachgauben wegen Einsturzgefahr entfernte, war das Steildach der Mansarde einige Jahre lang notdürftig mit einer Plane abgedeckt, Aufnahme 1993.
links: Die Restaurierung der Straßenfassade erfolgte 1996.

*Joachimstraße 11.
oben links: Ansicht des Fabrikgebäudes 2002.
oben rechts: Zustand der Fabrikfassade 1992.*

in den historischen Abmessungen wiedererrichtet.
Um das benachbarte Fabrikgebäude im Hofbereich des Grundstückes Nr. 11 für eine zeitgemäße Nutzung herzurichten, haben wenige Korrekturen am Bestand und eine zurückhaltende moderne Ergänzung genügt.

108 Joachimstraße 20, 21

Die älteste Bebauung in der Joachimstraße ist die bereits um 1780 nachgewiesene Haushälfte Nr. 20. Der heutige Zustand ist das Ergebnis einer wechselvollen Baugeschichte. Im Berliner Adressbuch von 1799 ist eine Schenke unter dem Namen „Fuhrmannsche Tabagie" verzeichnet, aus welcher sich später, 1859, ein Ballhaus entwickelte. Vom ursprünglichen Bau sind an der Fassade über den Fenstern Kartuschen und fein modellierte Tuchgehänge, an den Decken der Innenräume profilierte Stuckkehlungen überliefert.
Im Vergleich mit später erbauten Mietshäusern fällt die geringe Gebäudetiefe auf. Auf dem Nachbargrundstück Nr. 21 erbaute der Polizeisekretär Alexander August Wilhelm Malzahn 1803 ein zweigeschossiges Wohnhaus, das sich mit seiner Straßenfront von neun Achsen und mit der Haustiefe von nur acht Metern an das Nachbargebäude angleicht. Malzahn war zu dieser Zeit bereits Eigentümer der beiden Grundstücke Nr. 20 und 21. 1817 kaufte der Gastwirt Friedrich Wilhelm Graebert die Häuser und erhöhte sie um ein Geschoss. Das ehemalige Traufgesims ist noch sichtbar vorhanden.
Bis 1891 blieb das Anwesen im Besitz der Familie Graebert. Den großen Ball-

*Joachimstraße 20.
An der Hofseite sind die Abbruchspuren des „Alten Ballhauses" auch heute an der Putzkante abzulesen. Der Torbogen der ehemaligen Durchfahrt ist wieder geöffnet. Messbild von 1991.*

Joachimstraße 21 (linke Gebäudehälfte) und 20 (rechte Gebäudehälfte). Ansicht von 2002.

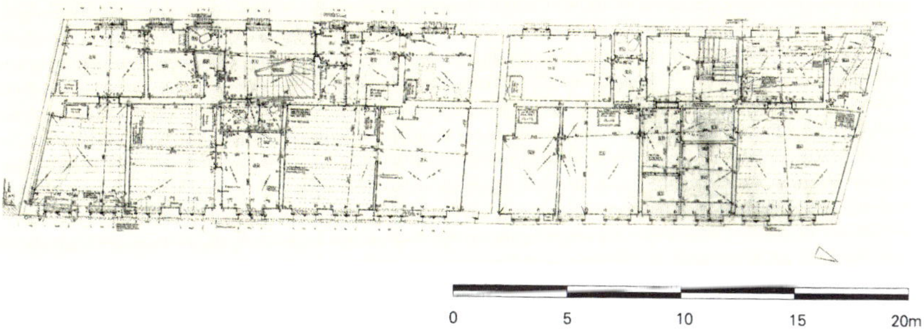

Joachimstraße 20, 21. Grundriss 1. Obergeschoss. Verformungsgerechtes Aufmaß, aufgenommen im M 1: 25 von Gisela Kottke Gaffrontke, 1992.

Joachimstraße 20. Bei der behutsamen Überarbeitung konnte der plastische Fassadenschmuck aus der Zeit um 1780 konserviert werden. Aufnahme von 2001.

*Gipsstraße 4.
Mietshaus von 1867.*

wahrscheinlich bis zu seiner Pensionierung 1861 in der Gipsstraße. Bauliche Veränderungen von seiner Hand sind im Inneren des Gebäudes erhalten geblieben. Besonders ein runder Raum mit Figurennischen am Übergang zum Seitenflügel lässt etwas vom Glanz der früheren Ausstattung erahnen.

1872 errichtete der Tischlermeister Georg Ludwig Mermel das Quergebäude im Hof und stockte das ehemals zweigeschossige rechte Seitengebäude auf. 1886 wurde mit August Kleefeld wiederum ein Bildhauer Hauseigentümer. Vermutlich ließ Kleefeld das große Rundbogenfenster aus der Erbauungszeit, das sich mittig über dem Eingangstor befand, auf die Hofseite versetzen und die rahmende Stuckdekoration über den Treppenhausfenstern anbringen.

Mit den Ladeneinbauten für eine koschere Fleischerei in den Erdgeschossräumen um 1900 war auch eine Modernisierung und Aufwertung des Vorderhauses verbunden. Ein Windfang schließt seitdem die Treppe von der Durchfahrt ab. Bis in die 1930er Jahre hatte die Jüdische Synagogengemeinde „Mogen Dovid" in diesem Haus ihre Geschäftsstelle.

Zu Beginn der 1990er Jahre war die Bausubstanz des Hauses durch langjährigen Leerstand stark gefährdet. Das Dach fehlte völlig, von der obersten Geschossdecke blieb ein Balken. Nach der umfassenden Sicherung und Instandsetzung der Substanz 1994-96 mit Unterstützung des Förderprogramms „Städtebaulicher Denkmalschutz" ist ein wichtiges Architekturdenkmal aus der Zeit des Frühklassizismus gerettet, das in seinen Nutzungen die stadtgeschichtliche Entwicklung in der Spandauer Vorstadt exemplarisch spiegelt.

110 Gipsstraße 3, 4, 5, 6

Die Mauern des ehemaligen Katholischen Hospitals in der Gipsstraße 3 beherbergen heute die Kunststiftung Poll. 1998 wurde das dreigeschossige Vorderhaus von 1836 überformend instand gesetzt. Im Seitengebäude, dem ältesten Bauteil dieser Hofanlage, ist die Holztreppe von 1823 unverändert erhalten.

Der 1999 von Hans Kollhoff geplante Neubau Gipsstraße 5 fügt sich harmonisch zwischen die älteren Bauten in der Gipsstraße 4 von 1867 und Nr. 6 von 1865 ein.

Gipsstraße 3.

*Gipsstraße 3.
Im Kellergewölbe des Seitenflügels von 1823 unterstützen gemauerte Gurtbögen die gewölbten Ziegelkappen über Fundamentmauern aus Rüdersdorfer Kalkstein.*

Joachimstraße 21 (linke Gebäudehälfte) und 20 (rechte Gebäudehälfte). Ansicht von 2002.

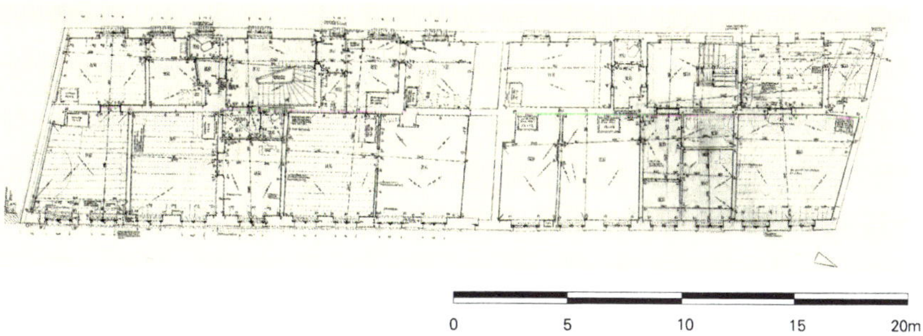

Joachimstraße 20, 21. Grundriss 1. Obergeschoss. Verformungsgerechtes Aufmaß, aufgenommen im M 1: 25 von Gisela Kottke Gaffrontke, 1992.

Joachimstraße 20. Bei der behutsamen Überarbeitung konnte der plastische Fassadenschmuck aus der Zeit um 1780 konserviert werden. Aufnahme von 2001.

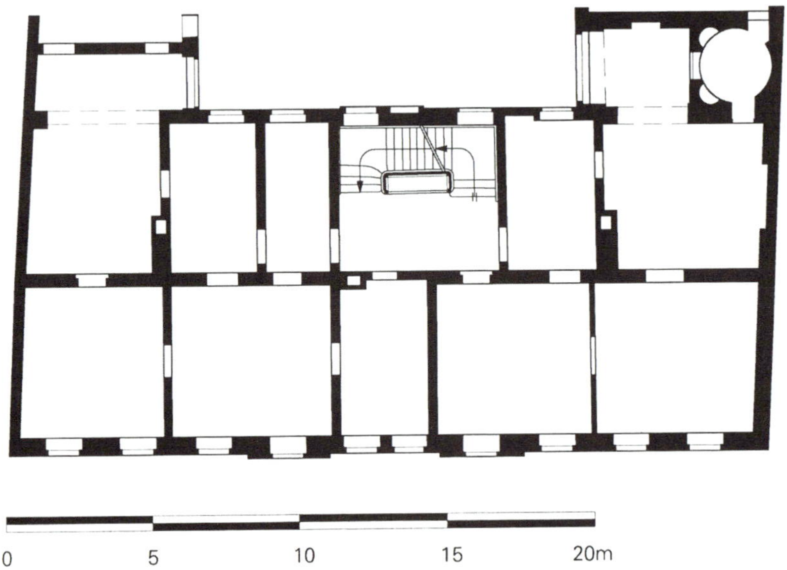

Gipsstraße 11. Grundriss des 1. Obergeschosses und vermutete Fassadengestaltung von 1800 mit Thermenfenster.

Die intakte Straßenfassade ist seit 1996 wieder ein Identität stiftendes Merkmal im historischen Stadtbild.

saal im Hof, von dem sich nur noch Konturen an der Hoffassade abzeichnen, hatte 1859 der Gastwirt Carl Wilhelm Graebert anbauen lassen. Aus der Nutzungphase als Ballhaus stammt noch eine Wandbemalung im Erdgeschoss. Von den nicht mehr vorhandenen Anbauten auf dem Hofgelände zeugen gewölbte Keller, die bei der Instandsetzung des Gebäudes zum Teil gesichert und erhalten werden konnten. Der größere Teil dieser Keller, die sich bis unter die angrenzende Grünfläche erstrecken, wurde verschüttet.

109 Gipsstraße 11

An der Einmündung der Joachimstraße in die Gipsstraße steht eines der seltenen Beispiele frühklassizistischer Architektur in Berlin. Der Bildhauer Carl Ludwig Bettkober erwarb laut Kaufvertrag vom 10. Februar 1797 das Grundstück mit älteren Baulichkeiten für 2.800 Reichstaler. 1800 baute er das zweigeschossige Bürgerhaus seinen eigenen Bedürfnissen entsprechend und achtete als Künstler besonders auf eine kompromisslos moderne Gestaltung. Die Fassade zeichnet sich durch ausgewogene Proportionen und die Beschränkung auf wenige gliedernde Gesimse, Konsolen und Mäanderbänder aus. Das Anwesen wurde für die stattliche Summe von 8.400 Reichstalern versichert.[4]
Von den Bettkoberschen Erben erwarb der Architekt Gustav Friedrich Alexander Stier 1843 das Haus, als er eine Professur an der Bauakademie erhielt. Er war zuvor bis 1837 als Zeichner bei Schinkel tätig gewesen und wohnte

Gipsstraße 11.
oben: Die Bauforschung ermöglicht einen Blick in die Geschichte des Hauses. Grau angelegt ist die Bausubstanz von 1800, spätere Veränderungen sind farbig gekennzeichnet. Aufgenommen im M 1: 25 von Michael Schauder.
rechts: Nach umfassender Instandsetzung ist nicht nur das älteste Haus der Gipsstraße wieder unter Dach, auch wichtige Ausbauten wie die Holztreppe und das runde Eichenholzfenster von 1800 sind gesichert.

Gipsstraße 4. Mietshaus von 1867.

wahrscheinlich bis zu seiner Pensionierung 1861 in der Gipsstraße. Bauliche Veränderungen von seiner Hand sind im Inneren des Gebäudes erhalten geblieben. Besonders ein runder Raum mit Figurennischen am Übergang zum Seitenflügel lässt etwas vom Glanz der früheren Ausstattung erahnen.

1872 errichtete der Tischlermeister Georg Ludwig Mermel das Quergebäude im Hof und stockte das ehemals zweigeschossige rechte Seitengebäude auf. 1886 wurde mit August Kleefeld wiederum ein Bildhauer Hauseigentümer. Vermutlich ließ Kleefeld das große Rundbogenfenster aus der Erbauungszeit, das sich mittig über dem Eingangstor befand, auf die Hofseite versetzen und die rahmende Stuckdekoration über den Treppenhausfenstern anbringen.

Mit den Ladeneinbauten für eine koschere Fleischerei in den Erdgeschossräumen um 1900 war auch eine Modernisierung und Aufwertung des Vorderhauses verbunden. Ein Windfang schließt seitdem die Treppe von der Durchfahrt ab. Bis in die 1930er Jahre hatte die Jüdische Synagogengemeinde „Mogen Dovid" in diesem Haus ihre Geschäftsstelle.

Zu Beginn der 1990er Jahre war die Bausubstanz des Hauses durch langjährigen Leerstand stark gefährdet. Das Dach fehlte völlig, von der obersten Geschossdecke blieb ein Balken. Nach der umfassenden Sicherung und Instandsetzung der Substanz 1994-96 mit Unterstützung des Förderprogramms „Städtebaulicher Denkmalschutz" ist ein wichtiges Architekturdenkmal aus der Zeit des Frühklassizismus gerettet, das in seinen Nutzungen die stadtgeschichtliche Entwicklung in der Spandauer Vorstadt exemplarisch spiegelt.

110 Gipsstraße 3, 4, 5, 6

Die Mauern des ehemaligen Katholischen Hospitals in der Gipsstraße 3 beherbergen heute die Kunststiftung Poll. 1998 wurde das dreigeschossige Vorderhaus von 1836 überformend instand gesetzt. Im Seitengebäude, dem ältesten Bauteil dieser Hofanlage, ist die Holztreppe von 1823 unverändert erhalten.

Der 1999 von Hans Kollhoff geplante Neubau Gipsstraße 5 fügt sich harmonisch zwischen die älteren Bauten in der Gipsstraße 4 von 1867 und Nr. 6 von 1865 ein.

Gipsstraße 3.

Gipsstraße 3. Im Kellergewölbe des Seitenflügels von 1823 unterstützen gemauerte Gurtbögen die gewölbten Ziegelkappen über Fundamentmauern aus Rüdersdorfer Kalkstein.

STANDORT 10

GORMANNSTRASSE

Zwischen den schmalen Gassen der Mulack- und Steinstraße liegt eine eng miteinander verflochtene Bebauung. Die kleinteilige Parzellierung wurde im frühen 18. Jahrhundert bei der Besiedlung dieses Bereiches der Spandauer Vorstadt abgesteckt. Heute bestimmen den stadträumlichen Charakter kleine Mietshäuser aus der zweiten Hälfte des 19. Jahrhunderts, die anstelle der ein- bis zweigeschossigen Vorgängerbauten auf gleicher Parzelle errichtet wurden. Kennzeichnend sind die unterschiedlichen Dachformen und Traufhöhen und eine maßvolle Fassadengliederung. Alle Sanierungsbestrebungen und denkmalpflegerischen Bemühungen richteten sich auf die Erhaltung der Eigenart dieser gewachsenen Baustruktur. Inzwischen sind die 1990 begonnenen Maßnahmen zur Instandsetzung und Modernisierung an fast allen Gebäuden abgeschlossen. Das Bauensemble konnte dabei vollständig bewahrt werden.

111 Kleine Rosenthaler Straße 3-7 – Garnisonfriedhof

In einem spitzen Winkel zweigt die ehemalige „Todtengasse", die heutige Kleine Rosenthaler Straße, von der Rosenthaler Straße ab und führt geradewegs zum alten Garnisonfriedhof. Der von einer hohen Mauer umschlossene Begräbnisplatz ist heute eine grüne Oase inmitten enger Gassen, in denen sonst wenig Raum für Bäume oder Grünflächen bleibt. Der Friedhof wurde 1722 für die Verstorbenen der in Berlin stationierten Regimenter angelegt und gehörte zu der 1701 an der Spandauer Straße erbauten Garnisonkirche. In seiner ursprünglichen Größe erstreckte er sich zu beiden Seiten der Gormannstraße (ehemals Laufgasse). Der östlich der Gormannstraße gelegene Mannschaftsfriedhof ist seit 1900 mit Mietshäusern bebaut. Auf dem noch erhaltenen westlichen Offiziersfriedhof wurden 1978 bei der parkartigen Umgestaltung zahlreiche Grabmale und gusseiserne Gitter entfernt, so dass heute nur

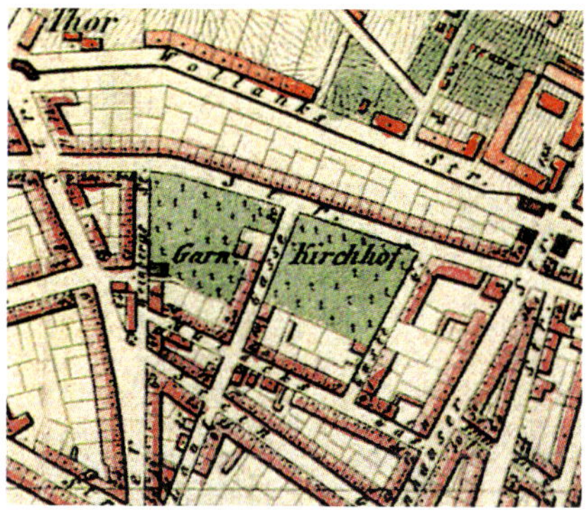

Ausschnitt aus der Karte von 1849.

Kleine Rosenthaler Straße 3-7.
rechts: Marmorgrabmal für die Familie Greiffenberg.

rechts: Grabmal Schachtmeyer von 1825.

noch ein Bruchteil des ursprünglichen Bestandes zu sehen ist. Dennoch sind eine Reihe von Gräbern bedeutender Persönlichkeiten und wertvolle Zeugnisse des Berliner Eisenkunstgusses erhalten geblieben. Stilgeschichtlich und künstle-

unten rechts: Grabmal Olga Malcomess von Adolph Jahn, 1908.
unten links: Gusseiserne Grabmale der Familie Gumtau.

risch herausragend sind das neugotische Tabernakel der Familie Teichert und drei Epitaphe der Familie Gumtau, die klassizistischen Grabmale für Carl von Schachtmeyer, gest. 1825, und das Grabmal von Ludwig Matthias Nathanael Gottlieb von Brauchitsch, gest. 1827, Letzteres ebenfalls aus Eisenguss. Zu den prominenten Grabmählern gehören auch eine Granitstele von 1847 für Adolph Freiherrn von Lützow (gest. 1834) und die nach Schinkels „Stele für einen Krieger" 1829 geschaffene rote Granitstele für Carl Friedrich von Holtzendorff (gest. 1828). Auch jüngere Grabmale stehen nicht nach, darunter die Ruinenarchitektur aus drei Marmorsäulen für die Familie Greiffenberg oder das skulpturengeschmückte Grab von Olga Malcomess, 1908 von Adolph Jahn ausgeführt.

Linienstraße 206/ Kleine Rosenthaler Straße 8. Die klassizistische Treppenanlage von 1826 ist stark in Mitleidenschaft gezogen.

112 Kleine Rosenthaler Straße 8 / Linienstraße 206

Im alten Berliner Stadtgebiet gibt es nur noch wenige Gebäude mit dem aus der Barockarchitektur abgeleiteten Motiv der abgerundeten Hausecke. Die Rundung verbindet elegant die beiden Fassadenteile und setzt sich im Walm des Daches fort. Prominentester Vertreter ist das in historischer Form 1985-87 wieder aufgebaute Ephraimpalais im Nikolaiviertel. Das viergeschossige Mietshaus an der Ecke Linienstraße wurde 1826 an-

Linienstraße 206/ Kleine Rosenthaler Straße 8.
oben: Aufnahme kurz nach der Hausbesetzung 1992.
links: Ansicht. Aufnahme von 2002.

Linienstraße 62. Tor mit feingliedrig stuckierter Supraporte. Aufnahme von 1969.

stelle eines einstöckigen Vorgängerbaus errichtet. Die Fassaden sind in einfacher Weise mit Putzrahmungen und horizontalen Fensterverdachungen gegliedert. Ein vorspringendes Gesims über der inzwischen zugemauerten Toreinfahrt lässt erkennen, dass der ursprüngliche Haupteingang an der Kleinen Rosenthaler Straße lag. An der Durchfahrt befindet sich eine großzügig angelegte, hölzerne Treppenanlage von 1826. In das leerstehende Haus zogen 1991 Hausbesetzer ein.

unten: Linienstraße 62 und Linienstraße 60. Im Vordergrund steht das klassizistische Wohnhaus von 1825.

113 Linienstraße 62

Gegenüber dem Garnisonfriedhof nördlich der ehemaligen „Circumvallationslinie" wird 1825 in den Akten der Feuersozietät das dreigeschossige Wohnhaus des Töpfermeisters Weidel in der heutigen Gestalt versichert. Es gehört mit zu den ältesten Gebäuden der Straße. In ihrem 1969 erschienenen Buch „Alte Wohnhäuser in Berlin" hielt Erika Schachinger das damals in seinem Bestand gefährdete klassizistische Wohnhaus fotografisch fest und beschrieb es wie folgt: „An dieser Stelle sei lediglich das schönste Wohnhaus der Straße erwähnt, das sich hart an der Ecke zur Gormannstraße befindet. [...] Das dreigeschossige, sechs Fenster breite Haus zeichnet sich durch eine mit schlichten Mitteln eindrucksvoll gestaltete Fassade aus, die leider sehr instandsetzungsbedürftig ist (gequadertes Erdgeschoss, einfache Fensterumrahmungen und im ersten Obergeschoss gerade Fensterverdachungen). Lediglich das Portal ist durch ein Ornamentfeld in der Art einer Supraporte (plastischer Rankenschmuck mit einer weiblichen Büste) besonders hervorgehoben. An der Rückfront des Hauses befindet sich ein schönes, aber vernachlässigtes Hoftor mit einer Tür für Fußgänger." [5] Um 1985 wurde das Haus anlässlich der 750-Jahr-Feier der Stadt Berlin nach dem damaligen Standard „rekonstruiert". Die eingestemmte Holztreppe aus der Bauzeit ist erhalten. Andere Fassadendetails wie der Mädchenkopf über dem Tor, drei Dachgauben, Kreuzstockfenster und das erwähnte Hoftor hingegen sind leider verloren.

114 Gormannstraße 13 – Ehemaliger „Central-Arbeits-Nachweis“

In dem dicht bebauten Bereich zwischen Mulack- und Linienstraße war die Bereitstellung größerer zusammenhängender Bauflächen für den Gemeinbedarf problematisch. Eine Lösung bot sich, als der östliche Teil des ehemaligen Garnisonfriedhofes 1899 zur Bebauung freigegeben wurde.
Auf einer Teilfläche errichtete 1910 die Stadt Berlin den „Central-Arbeits-Nachweis“. Die Entwürfe lieferte der Baumeister Carl Koeppen. Die große Halle mit Oberlicht, die der Arbeitsvermittlung diente, wird heute als Sporthalle genutzt. Klare Gliederungen und die offenen Bogenstellungen der umlaufenden Galerie mit schmiedeeisernem Geländer sorgen für eine großzügige Raumwirkung. Koeppen verzichtete bei der Fassadengestaltung weitgehend auf historisierende Dekorationen. Die architektonische Wirkung wird von den verwendeten Materialien – rotem Klinker und grauem Sandstein, der in horizontalen Bändern die Straßenfront durchzieht – bestimmt. Die Erschließung des Hofes erfolgt unter dem Hallenfußboden mittels einer abgesenkten Durchfahrt. Das Gebäude erlitt Kriegsbeschädigungen an den seitlichen Turmbekrönungen, um 1960 verputzte man das Sichtmauerwerk bis auf den Sockel. Seit der umfassenden Instandsetzung 1999 kommen die Ziegelfassaden wieder zur Wirkung. Bei näherem Hinsehen ist noch die vor dem Verputzen ausgeführte Aufrauung der Ziegeloberfläche zu erkennen. Diese Spuren des Maurerhammers bleiben sichtbarer Hinweis auf den vormaligen Umgang mit dem historischen Bestand.

Gormannstraße 13. Freilegung des entdeckten Sichtmauerwerks. Aufnahme von 1998.

Gormannstraße 13. Sichtmauerwerk der Fassade nach Reinigung und Instandsetzung.

115 Gormannstraße 22

Zimmermeister Ferdinand Fritz errichtete 1910 für die in der Burgstraße ansässigen Kaufleute Vöcklinghaus & Kerkenbusch ein dreigeschossiges Geschäftshaus gegenüber dem neu errichteten Arbeitsamt. Bis 1997 war hier das

Gormannstraße 22.

Gormannstraße 12. Instand gesetzte Fassade im Jahr 2000.

Messbildarchiv untergebracht. Für die heutige Nutzung – im Erdgeschoss befindet sich das Restaurant „Brasil", darüber sind Büros eingerichtet – blieb der Bestand aus der Bauzeit unverändert erhalten. Vier Pfeiler gliedern die Fassade, die eine Art „Miniaturausgabe" der großen Geschäftshausfassaden in der Friedrichstadt darstellt. An den baulichen Details wie dem schmiedeeisernen Eingangstor, dem Treppengeländer und der Fliesenbekleidung im Hausflur sind Einflüsse des Jugendstils und des Neuklassizismus gleichermaßen spürbar. Die Fassaden zum Innenhof, der an den Garnisonfriedhof grenzt, sind mit weißen glasierten Steinen verblendet. Die im Rahmen der Sanierungsmaßnahmen eingesetzten großflächigen Atelierfenster wahren die ruhige Geschlossenheit der Dachfläche und lassen einen angemessenen Umgang mit dem historischen Bestand erkennen.

116 Gormannstraße 12 und Mulackstraße 14

In den engen Gassen der Gormann-, Mulack- und Steinstraße ist auch in der zweiten Hälfte des 19. Jahrhunderts die Architektur den vorstädtischen Standortbedingungen angepasst worden. Um 1880 brach man an der Ecke Gormann- und Mulackstraße mehrere der ein- bis zweigeschossigen Häuser des 18. Jahrhunderts ab und ersetzte sie durch dreigeschossige Mietshäuser. Obwohl bei dieser Gelegenheit durch geringfügige Zurücknahme der Bauflucht die ehemalige „Laufgasse", seit 1867 in Gormannstraße umbenannt, etwas verbreitert wurde, durften nach damaligem Baurecht in dem immer noch schmalen Straßenraum nicht mehr als drei Etagen errichtet werden, die sich maßstäblich in das Straßenbild einfügten. Dafür hatten alle Häuser bereits ein ausgebautes Mansardgeschoss. Zu den Neubauten aus dem Jahr 1882 gehörte auch das Haus des Kaufmanns Johannes Werkmeister in der Gormannstraße 12. Mit seiner Brandwand grenzte es an den östlichen Teil des Garnisonfriedhofes, der damals noch nicht bebaut war. Die Verwendung der gleichen Stuckelemente wie an der Fassade Mulackstraße 14 belegt, dass es einen Gesamtplan zur Gestaltung der Straßenecke gab, dem sich die Fassadengestaltung unterordnete. Bei den Maßnahmen zur Modernisierung 1998 achtete man auf die Wiederherstellung der bauzeitlichen Farbgebung, die Erhaltung historischer Baudetails und die Bewahrung der typischen Mansarddachform mit stehenden Gauben.

117 Gormannstraße 25-26 / Steinstraße 18

Das um 1905 erbaute Jugendstilhaus ist ein markanter Blickfang an der Kreuzung von Gormann- und Steinstraße. Bei der Fassadeninstandsetzung sind entstellende Veränderungen korrigiert, fehlende Stuckelemente und die glasierten tiefblauen Sockelfliesen ergänzt worden. Zur kunsthandwerklichen Ausstattung im Treppenhaus zählen ornamental geschmückte Türen, schmiedeeiserne Geländer und in Blei gefasste, farbige Fensterscheiben.

118 Gormannstraße 6

Die Stadt Berlin, vertreten durch das zuständige Hochbauamt, war 1926 selbst Bauherr für das Eckwohnhaus an der Gormann- und Steinstraße. Neben der Verbesserung der Wohnbedingungen war der kommunale Wohnungsbau, der auch eine Verbreiterung der schmalsten Stelle in der Gormannstraße brachte, Teil der Stadterneuerung im „Scheunenviertel“. Wenn auch relativ klein, waren die Wohnungen im Grundriss gut geschnitten und mit Bädern ausgestattet. An der Fassade bilden in den Putz eingelegte Keramikformen ein formales Gerüst. Dabei verstärkt die spitze Gebäudeecke die expressive Wirkung. Auch in der Gestaltung der Hausflure und Treppenhäuser sind die Einflüsse der Moderne und des Reformwoh-

*Gormannstraße 25-26.
links: Jugendstiltür und wiederhergestellter Fliesensockel.
unten: Wiederhergestellte Stuckornamentik.
Aufnahme von 1996.*

*Gormannstraße 25-26.
unten links: Zustand im Jahr 1995.
unten rechts: Aufnahme 2002.*

Gormannstraße 6. Entsprechend der Gestaltung von 1926 sind die gedrechselten Stäbe zweifarbig abgesetzt.

nungsbaus unverkennbar. Wie zur Bauzeit sind die Wandflächen in den beiden Treppenaufgängen heute wieder mit kräftigen Farbakzenten in Beziehung zu den ebenfalls stark farbigen Treppengeländern und Wohnungstüren gesetzt. Das traditionelle Mansarddach hingegen wählte man wohl in Anpassung an das historische Umfeld.

Gormannstraße 6. Zustand nach der Fassadenrestaurierung 1999.

Bei den denkmalgerecht ausgeführten Baumaßnahmen ist besonders auf die dem Original entsprechende Instandsetzung des strukturierten Fassadenputzes in der historischen Materialfarbigkeit und auf die Wiederherstellung der heiteren Farbstimmung von 1926 in den Treppenhäusern geachtet worden.

119 Mulackstraße 23 und Steinstraße 19

Das von dem Maurermeister Joseph Grund 1882 errichtete Nachbarhaus bildet auf dem den gesamten Block durchmessenden Grundstück zusammen mit dem Haus an der Steinstraße eine schmale Hofanlage. Mit einem gut durchdachten Instandsetzungskonzept, das die über hundert Jahre alte Hausgeschichte respektierte, konnten 1996-97 die Fassaden und die Innenausstattungen weitgehend bewahrt werden. Die Stuckfassade und die Dachgauben zeigen sich in ihrer bauzeitlichen Farbgebung. Auch der Laden im Erdgeschoss, zu dem man einige Stufen hinaufsteigt, hat noch seinen ursprünglichen hölzernen Schaufenstereinbau und die Ladentür. Im Hausflur und im Treppenaufgang an der Mulackstraße ist die schablonierte Ausmalung aus der Bauzeit nach historischem Befund restauriert.

120 Mulackstraße 22 und Steinstraße 21

Bei Instandsetzungsarbeiten fand sich an der Kellersohle der Grundstein, den der Kaufmann Hermann Ferdinand Doerfel 1862 für seinen Neubau gelegt hatte. Die dreigeschossigen Vorderhäuser Mulackstraße 22 und Steinstraße 21 umschließen mit ihren Seitenflügeln, in denen auch Remise, Pferdestall und Futterboden untergebracht waren, einen mit Granitplatten ausgelegten Hof. Der Grundriss war zeitweise in Kleinstwohnungen und Kochstuben aufgeteilt, es gab je Etage nur eine Kochstelle und eine Toilette „auf halber Treppe“. Die von sechs Pilastern gegliederte Fassade an der Mulackstraße ließ

Mulackstraße 23.
oben links: Fassade.
oben rechts: Instandsetzung der Gaube 1996.

unten links: Steinstraße 21. Treppenanlage von 1862.

unten rechts: Mulackstraße 23. Restaurierter Hauseingang in der Gestaltung von 1882.

von außen besehen reichere Verhältnisse vermuten. Das schiefergedeckte Mansardgeschoss überragt das zwanzig Jahre später errichtete Nachbarhaus Nr. 23 des Maurermeisters Grund.

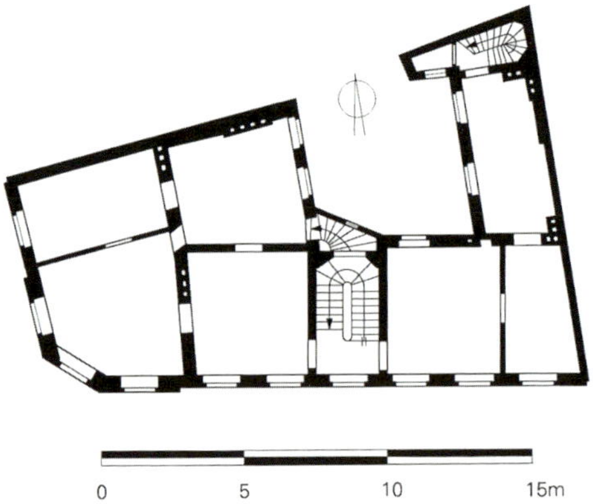

Mulackstraße 20/ Kleine Rosenthaler Straße 1.

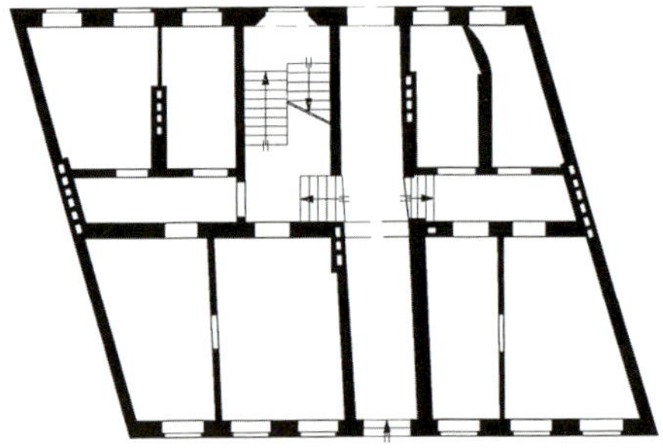

Mulackstraße 19
Die Erdgeschossgrundrisse folgen in ihrer Form dem unregelmäßigen Zuschnitt der Parzellen. So entstehen häufig schiefwinklige Räume.

Mulackstraße 19. Fassade, Aufnahme 2002.

121 Mulackstraße 19

Das dreigeschossige Mietshaus wurde 1879 im Auftrag des Theologen Gustav Hermann Struck errichtet. Es grenzt unmittelbar an den Garnisonfriedhof. Segmentbogen- und Giebelverdachungen verleihen der Fassade Plastizität und lebendige Schattenpartien. An den historischen Kastenfenstern, die fast alle erhalten und handwerklich instand gesetzt sind, kehren die Architekturformen der Fassade wieder. Auch die Eingangs- und Hoftüren sind reparierter Originalbestand. Der optisch gute Erhaltungszustand der Fassade täuschte vor Beginn der Sanierungsarbeiten 1999 über

Mulackstraße 19. Freigelegte und restaurierte Deckengestaltung im Hausflur aus der Bauzeit 1879.

oben links: Mulackstraße 27. Das original erhaltene Haustor von 1853 weist maßstäblich auf die Fassadengliederung abgestimmte, kassettierte Füllungen auf.
oben rechts: Mulackstraße 25. Das Messbild wurde 1991 zur Dokumentation des Zustands vor Beginn der Instandsetzungsarbeiten an der Fassade angefertigt. Es veranschaulicht die durch langjährige Vernachlässigung entstandene Tristesse in der Mulackstraße.
unten rechts: Mulackstraße 14-18.
unten links: Mulackstraße 22. Erdgescgossgrundriss.

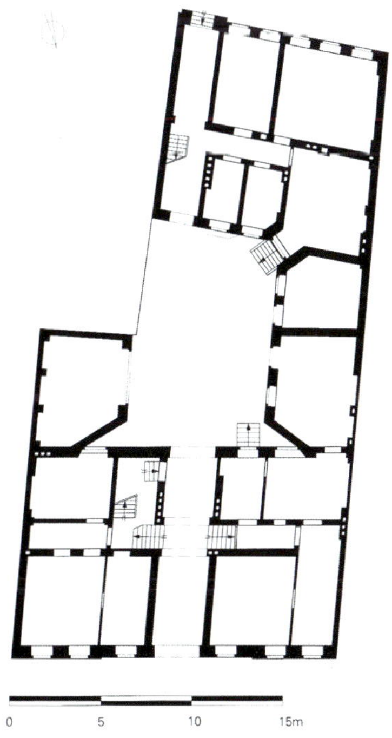

Mulackstraße 37. Die bereits vorbereitete Sprengung des Hauses wurde durch die politische Wende in der DDR verhindert.

gravierende verdeckte Schäden hinweg. Der unerwartet starke Befall durch Echten Hausschwamm, der das Treppenhaus und die Holzbalkendecken durchzog, wurde mit einem innovativen und zugleich ökologischen Verfahren bekämpft. Dabei erhitzt eingeblasene Heißluft die befallenen Bauteile auf über 60° C und bringt den aktiven pflanzlichen und tierischen Befall (z. B. Nagekäfer) zum Absterben. Nach Abschluss der Behandlung verbleiben keine schädlichen Rückstände im Bau. Neubefall ist ausgeschlossen, solange eine erneute Durchfeuchtung vermieden wird. Das behutsame Verfahren lohnt nicht nur in ökologischer Hinsicht. Dank seiner blieben auch die historischen Putze mit ihrer malerischen Dekoration an Wänden und Decken erhalten. Die freigelegte und konservierte Decke im Hausflur zeigt exemplarisch die hohe Qualität der historischen Ausgestaltung. Es handelt sich um eine malerisch imitierte Holzintarsienarbeit im Stil der Neurenaissance. Die pilastergeschmückten Wände sind mit einer Marmorimitation neu gefasst. Die umfassende Instandsetzung der geschädigten Bausubstanz wurde mit Fördermitteln aus dem Programm „Städtebaulicher Denkmalschutz" unterstützt.

Mulackstraße 37. Fassade. Aufnahme von 2002.

122 Mulackstraße 37

„Auferstanden aus Ruinen" hätte 1990, 45 Jahre nach dem Ende des Zweiten Weltkriegs, das Motto für die Rettung der Mulackstraße 37 sein können. Nur knapp der Zerstörung entgangen, spiegelt es beispielhaft den Umgang mit der Spandauer Vorstadt wider, die nachdem sie bis in die 1980er Jahre völlig unbeachtet blieb, nach dem Mauerfall in den Mittelpunkt der Aufmerksamkeit rückte. In diesem leerstehenden Mietshaus waren noch 1989 Bohrlöcher für die Sprengung angebracht worden, mit der politischen Wende kam es auch zu einer glücklichen Wendung für das bereits besiegelte Schicksal des Hauses. Als eines der ersten Förderobjekte aus dem 25 - Millionen -Sofort - Programm zur Sanierung von Bauten im ehemaligen Ostberlin wurde es in Selbsthilfe durch seine neuen Bewohner wieder instand gesetzt. Genau hundert Jahre, nachdem der Schlächtermeister Wilhelm Schneider 1893 das Mietshaus mit Wagenremise und Pferdestall in den Hofgebäuden errichten ließ, erlebte das Haus 1993 seine Wiedergeburt.

123 Steinstraße 1-7 / Alte Schönhauser Straße 16-19

Auf den brachliegenden Bauflächen zwischen Mulack- und Steinstraße entstand Ende der 1990er Jahre eine Blockrandbebauung, die an das historische Stadtbild anknüpft, jedoch über die kleinteiligen Parzellen hinweg größere Wohneinheiten zusammenfasst. Auch das Grundstück Steinstraße 6 ist in der Neubebauung auf der Nordseite der Steinstraße aufgegangen. In ihrem Buch „Alte Wohnhäuser in Berlin" beschreibt Erika Schachinger das 1967 noch vorhandene Wohnhaus kurz vor dem Abbruch: „Steinstraße 6, zwei Geschosse hoch, vier Fenster breit, hatte eine ganz schlichte Front (Gesimsband, angedeutete Fensterumrahmungen). Die einläufig gewendelte Treppe ging von der seitlich liegenden, offensichtlich später veränderten Durchfahrt ab. [...] Das auf Grund bescheidener Besitzverhältnisse anspruchslose Haus stammte wahrscheinlich im Kern aus dem Ende des 18. Jahrhunderts wie das klassizistische

Steinstraße 6. Kurz vor dem Abbruch 1967 dokumentierte die Historikerin Dr. Erika Schachinger das kleine Vorstadthaus.

Steinstraße 17, 16, 15-13. Aufnahme von 1991.

127 Linienstraße 49

An der Einmündung der Rückerstraße wurde das Mietshaus 1859 neu erbaut. Wie in dieser Zeit üblich ist die Straßenfront mit seitlichen Risaliten und mittiger Durchfahrt symmetrisch gestaltet. Eine formale Sonderstellung hingegen nimmt gegenüber zeitgleichen Bauten der Spandauer Vorstadt die Treppenanlage westlich der Durchfahrt ein. Die zweiläufige Treppe besteht aus massiven gewölbten Kappen und aufgesattelten Stufen mit profiliertem Stabgeländer. Die Zwischenpodeste sind an ihrer Unterseite baldachinartig über einem scheinbar frei schwebenden Scheitelpunkt in Stuck geformt. Farbige Fenstergläser, von feingliedrigen Holzsprossen gehalten, vervollständigen den authentischen Gesamteindruck.

Linienstraße 60. An der Kreuzung Gormann- und Linienstraße steht das 1999 realisierte Projekt „Schmaler Wohnen". Das Wohngebäude wurde auf dem bislang unbebauten Eckgrundstück mit einer Haustiefe von nur vier Metern errichtet.

Linienstraße 49. Baldachinartig geformte Podestdecken überspannen die ungewöhnliche Wohnhaustreppe.

STANDORT 11

ROSENTHALER STRASSE

Der Kreuzungspunkt mit der Gips- und der Weinmeisterstraße ist noch zum Teil von den im Zweiten Weltkrieg entstandenen Baulücken gezeichnet und gewinnt erst langsam wieder seine Urbanität zurück.

Die „Rosenthalische Straße" führte bereits im Mittelalter vom Spandauer Tor nach dem Dorf Rosenthal und entwickelte sich seit Errichtung der Palisadenumwehrung 1705 zu einer Hauptachse der Vorstadt. Auch heute teilt die Rosenthaler Straße als Nord-Süd-Achse das Viertel in einen westlichen und einen östlichen Bereich. Ihr mehrfaches Abknicken entstand durch Veränderung der Wegführung infolge der Verlegung des Spandauer Tores nach dem Ausbau der Memhardtschen Befestigung um 1660. Die 1699 angelegte Weinmeistergasse verlief durch den Garten des Weinmeisters Stohse, was bis heute im Namen der zur Straße verbreiterten Durchwegung nachklingt. Gleiches gilt für die Bezeichnung „Gipsgasse", die auf eine in dieser Straße bis zur Mitte des 19. Jahrhunderts bestehende Gipsbrennerei zurückgeht.

Rosenthaler Straße/Gipsstraße.

128 Rosenthaler Straße 28-31 / Sophienstraße 12-15 – Ehemaliges Kaufhaus Wertheim

Zeitgleich mit seinem berühmten Kaufhaus Wertheim am Leipziger Platz baute Alfred Messel 1903 auch an der Rosenthaler Straße für Wertheim ein Warenhaus. Es ist heute das einzig erhaltene Berliner Kaufhaus des renommierten Architekten. Nach Kriegsbeschädigungen ist nur am Bauteil in der Sophienstraße die charakteristische Pfeilerfassade überkommen. Der bildhauerische Fassadenschmuck aus Dorlaer Kalkstein stammte von dem Künstler Ernst Westphal. Auch im Innern sind die einst aufwändigen Wandbekleidungen und der reich dekorierte Lichthof fast gänzlich verloren. Seit der Sanierung bestimmen

Rosenthaler Straße/Ecke Neue Schönhauser Straße nach Nord.

in den Büroetagen gusseiserne Säulen den Raumeindruck und offenbaren die einst hinter der Ausstattung verborgene moderne Konstruktion des Messelschen Kaufhauses, dessen freie Raumaufteilung und Variabilität auch gegenwärtigen Nutzungsansprüchen genügt.

129 Rosenthaler Straße 51

Die einst nach dem Vorbild italienischer Renaissancepaläste gestaltete Straßenfassade wurde im Zuge der umfassenden Gebäudesanierung 1999/2000 komplett erneuert. Die gereinigten ziegelverblendeten Hoffassaden zeigen noch die bauzeitliche Gestaltung von 1877. Zwei Relieftafeln im Hof spielen mit der märchenhaften Szenerie des Bierbrauens auf den Bauherrn Richter & Co. an, der diese Hofanlage als Weißbierbrauerei errichten ließ. Die prächtige Neurenaissanceausstattung von Vestibül und Treppenhaus, die noch einen Teil der herrschaftlichen Wohnräume auszeichnet, ist Ausdruck des wirtschaftlichen Aufschwungs der Gründerzeit, der auch das Stadtbild der Spandauer Vorstadt verändert hat.

130 Weinmeisterstraße 15 – Ehemaliges Direktoratsgebäude des Sophiengymnasiums

Auf dem sich von der Weinmeister- bis zur Steinstraße erstreckenden städtischen Schulgrundstück sind zwischen 1865 und 1875 das Sophiengymnasium, das Realgymnasium und die Töchterschule unter der Leitung von Adolph Gerstenberg erbaut worden. Aus dieser Zeit ist nur das unmittelbar an der Straße gelegene, ehemalige Direktoratsgebäude erhalten, das 1865-67 zur Einrichtung der Wohnungen für die Schuldirektoren, den Leiter der Turnhalle und

Rosenthaler Staße 28-30/Sophienstraße. Ehemaliges Kaufhaus Wertheim vor der Fassadeninstandsetzung, Aufnahmen Mai 2002.

Rosenthaler Straße 51.
oben links: Fassade. Ansicht von 2002.
oben Mitte: Wohnungstüren und Eichenholztreppe sind reich mit Beschlagwerk verziert und überliefern die Formenpracht der Neurenaissanceausstattung von 1877.
rechts und unten: Hofanlage der 1877 erbauten Weißbierbrauerei. Die Hoffassaden der ehemaligen Weißbierbrauerei sind mit Relieftafeln geschmückt, die Heinzelmännchen beim Bierbrauen zeigen.

Weinmeisterstraße 16-17 (links) und 15 (rechts).

Weinmeisterstraße 15. rechts oben: Die figürlichen Darstellungen im Fries zeigen Knaben und phantastische Wesen mit Fischleibern beim Unterricht und stellen so einen Bezug zur Funktion des Gebäudes her. rechte Spalte: Tordurchfahrt. unten: Die Relieftafeln in der Durchfahrt stammen von einem Bildhauer aus dem Umfeld von Ludwig Tieck.

den Schuldiener aufgeführt wurde. Gerstenberg, 1861 bis 1872 Berliner Stadtbaurat, setzte an dem Backsteinbau mit der plastischen Gliederung der Sohlbankgesimse und Fensterrahmungen aus Formsteinen und Terrakotten das vertraute Repertoire der Berliner Bauakademie ein. Beachtenswert ist die bildkünstlerische Ausstattung des Bauwerkes. Das breite Friesband unter dem Hauptgesims hatte ursprünglich der bei Julius Schnorr und Peter von Cornelius ausgebildete Maler Max Lohde 1867/68

als Sgraffito ausgeführt. Bereits 1886 wurde der abgewitterte Fries in der ursprünglichen Farbgebung aus gebrannten Tontafeln von der Firma March erneuert. Aus dieser Zeit datieren auch die Sandsteinfiguren über dem Rundbogenportal, eine Büste der Minerva zwischen zwei Greifen. Die unteren Wandfelder der ebenfalls mit Backstein verblendeten Durchfahrt schmücken Tonreliefs, die nach Aussage von Adolf Gerstenberg von dem Vorgängerbau des Schulhauses stammen und von einem Bildhauer aus dem Umfeld von Christian Friedrich Tieck geschaffen wurden. Es sind Kopien von Bildwerken an Schinkels Ge-

Weinmeisterstraße 15.

bäude der Berliner Bauakademie. Der baukünstlerischen Bedeutung entsprechend erfolgte 1999-2001 die Restaurierung und Konservierung der Fassaden und Bildwerke sowie die Erneuerung der zerstörten Gewölbekappen über der Durchfahrt mit Mitteln des städtebaulichen Denkmalschutzes.

131 Weinmeisterstraße 16-17 – Schule

Zu den „jungen“ Denkmalen der Spandauer Vorstadt gehört die 1950-53 auf dem historischen Schulgelände des Sophien- und Real-Gymnasiums errichtete Grundschule. Mit diesem Bauvorhaben verband sich im Rahmen des Wieder-

Weinmeisterstraße 16-17.
oben links: Aula im 1. Obergeschoss des südlichen Bauteils. Die Fotografie zeigt die neuklassizistische Formensprache des Interieurs von 1953 in einer Farbgebung aus den Jahren 1970-75. Aufnahme von 1991.
oben rechts: Haupttreppe im Bauteil Gormannstraße.

aufbaus nach dem Zweiten Weltkrieg eine städtebauliche Neuordnung des Areals. Architekturhistorisch bedeutsam ist der innerhalb von drei Bauabschnitten vollzogene Wandel der Architektursprache von einer der Moderne der 1930er Jahre verpflichteten Sachlichkeit bis hin zur schöpferischen Umsetzung „nationaler Tradition" im Neuklassizismus der DDR.

1950 wurde zunächst nach Entwürfen von Rudolf Ullrich und unter Nutzung der noch vorhandenen Bauteile des Realgymnasiums von 1865-70 der von einem Raster großer Fensterflächen gegliederte Nordflügel an der Steinstraße erbaut. Mit dem ein Jahr später begonnenen westlichen Gebäudeteil war ein Architektenwechsel verbunden. Gerhard Eichler plante 1951/52 den Verbindungsbau zwischen Nord- und Südflügel in einer bereits vom Einfluss traditioneller Formensprache geprägten „gemäßigten" Moderne. Der für die städtebauliche Wirkung wichtigste Bauteil von 1953 fasst mit seiner monumentalen Kolossalordnung die Fenster des Turnsaales im Erdgeschoss und der Aula im oberen Geschoss zusammen. Am westlichen Giebel rahmen Doppelpilaster das Hauptportal und die nach außen verglaste Haupttreppe. Ein Figurenrelief im realistischen Stil der 1950er Jahre bildet den oberen Abschluss. Die ambitionierte Architektur knüpft damit gestalterisch an den einzigen erhaltenen Bauteil des ehemaligen Sophiengymnasiums (siehe **130**) an.

Weinmeisterstraße 16-17. Haupteingang der Schule an der Gormannstraße.

132 Gipsstraße 23A – Schule

Den geeigneten Standort zum Neubau dieser Gemeindedoppelschule von 1875 erhielt die Stadt mit der Aufteilung des Grundstücks einer ehemaligen Gipsbrennerei. Wie auch bei dem Schulbau in der Weinmeisterstraße 15 steht das dreigeschossige Rektorenwohnhaus an der Straße, so dass die Durchfahrt den Haupteingang zu den eigentlichen Schulgebäuden auf dem größeren Hofgelände bildet. In der Bauverwaltung hatte 1872 Hermann Blankenstein den bis dahin für Schulbauten zuständigen Stadtbaurat Adolph Gerstenberg abgelöst. Alle Fassaden sind in sorgfältiger handwerklicher Arbeit durch segmentbogige Fensteröffnungen, Sohlbankgesimse über dem Erdgeschoss und ein Konsolgesims als oberen Abschluss gegliedert. Ziegelornamente und sparsamer Terrakottenschmuck in den Brüstungsfeldern unterstützen die maßvolle tektonische Gestaltung in der Tradition der Berliner Bauschule. Der architekturhistorischen Bedeutung des Schulgebäudes konnte mit der Instandsetzung der Klinkerfassaden im Rahmen des Programms „Städtebaulicher Denkmalschutz" Rechnung getragen werden.

133 Gipsstraße 23 und Gipsstraße 13, 14, 15, 17

Seit dem späten 18. Jahrhundert bis in das dritte Viertel des 19. Jahrhunderts befand sich auf den damals zusammengehörigen Grundstücken Gipsstraße 22 und 23 eine in langer Familientradition geführte Gipsfabrikation. Anstelle älterer Vorgängerbauten ließen 1845 die Gipsfabrikanten August und David Castner das viergeschossige Vorderhaus errichten. Die ehemalige rundbogige Durchfahrt zum Hof in der östlichen Achse zeichnet sich durch Putzrisse noch heute deutlich ab. 1871 ließ der Kaufmann Salomon Levin das rechte Seitengebäude an das Vorderhaus anfügen. Die Durchfahrt wurde in den Ladeneinbau einbezogen und der Hauseingang in die westliche Achse verlegt. Anlässlich dieser Umbauten erhielt die Straßenfassade eine spätklassizistische Putz- und Stuckgliederung mit Sohlbankgesimsen, eine Betonung der Fensterachsen in den Obergeschossen durch profilierte Rahmungen und Verdachungen mit Palmettenschmuck und Medaillons.

Aus der Erbauungszeit des Hauses 1845 stammt auch die bis zum Dach reichende eingestemmte hölzerne Treppe, de-

Gipsstraße 23A.

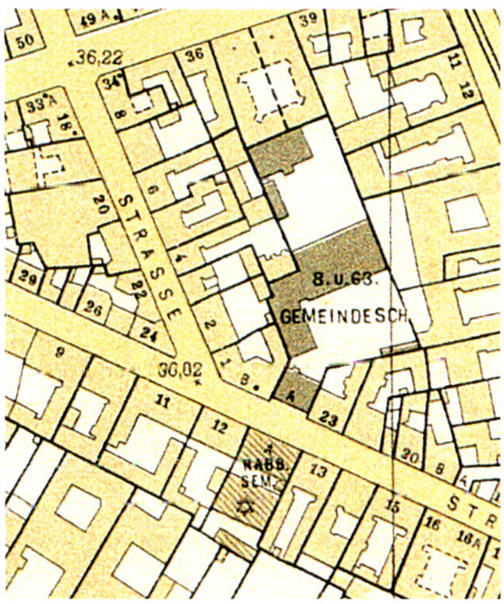

Stadtkarte um 1905. Ausschnitt mit Gipsstraße und Einmündung der Joachimstraße.

Gipsstraße 23. Ansicht durch die Baulücke Gipsstraße 12A, wo sich das Rabbiner-Seminar befand.

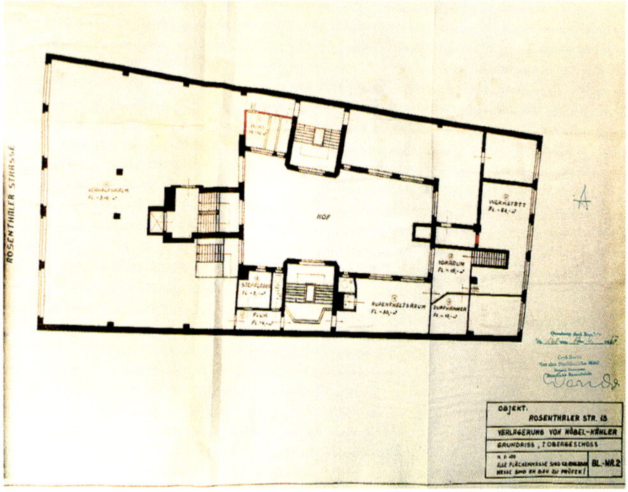

Rosenthaler Straße 13. Grundriss des 1. Obergeschosses von 1961. Der für eine variable Raumaufteilung konzipierte Grundriss des Geschäftshauses von 1912 erfüllt auch heutige Ansprüche an eine Büronutzung.

ren Geländer die in den 1840er Jahren übliche straffe Profilierung der Stäbe aufweist.
Gemeinsam mit den gegenüberliegenden Mietshäusern Gipsstraße 13 von 1863, Nr. 14 von 1880, Nr. 15 von 1834 und Nr. 17 von 1872 veranschaulicht das bauliche Ensemble des 19. Jahrhunderts den Wandel klassizistischer Architekturformen über einen Zeitraum von etwa fünfzig Jahren.

Rosenthaler Straße 13.

134 Rosenthaler Straße 13

Von den starken Kriegsbeschädigungen im Bereich der Rosenthaler Straße zwischen Gips- und Auguststraße blieb das Geschäftshaus Nr. 13 verschont. Eingespannt steht es zwischen Plattenbauten aus den 1980er Jahren, deren weitläufige Hofflächen die vormals dichte Bebauung abgelöst haben.
1910 hatten der Rentier Emil Altmann und der Kaufmann Salomon Schüler das Anwesen in der Rosenthaler Straße 13 erworben. Nach Abbruch der bestehenden Baulichkeiten ließen sie 1912 von Regierungsbaumeister Louis Fränkel und Architekt Adolf Sommerfeld ein neues Geschäftshaus errichten. Die Gebäudeanlage, ein Mauerwerksbau mit Stahlsteindecken, besteht aus einem fünfgeschossigen Vorderhaus mit anschließenden viergeschossigen Hofflügeln.
Nach Abschluss der fachgerechten Instandsetzung und Restaurierung entfaltet die neuklassizistische Pfeilerfassade mit eingestellter Tempelfront seit 2001 wieder ihre monumentale Wirkung im Stadtbild. Um die ursprünglich beabsichtigte Illusion einer Natursteinfassade wiederherzustellen, wurde die genaue Zusammensetzung und Pigmentierung des seinerzeit aufgebrachten Oberflächenmaterials ermittelt. Bei der erforderlichen partiellen Putzerneuerung wurde dann entsprechend der Befunde ein blaugrau eingefärbter feingestockter Edelputz mit einem Zusatz von Glimmer verwendet und so eine erstaunlich gut abgestimmte Angleichung an den Bestand erreicht. Zur Restaurierung gehörten auch die Ergänzung und Reparatur der Marmorplattenbekleidung an den rahmenden Pfeilern des Mittelrisalits und die bildhauerische Ergänzung des figürlichen Reliefs im Giebelfeld. An den Hoffassaden ist die originale Putzgliederung ebenfalls erhalten, die Eingänge sind hier durch seitliche Pilaster mit bekrönendem Giebelfeld und Medaillon betont.

STANDORT 12

NEUE SCHÖNHAUSER STRASSE

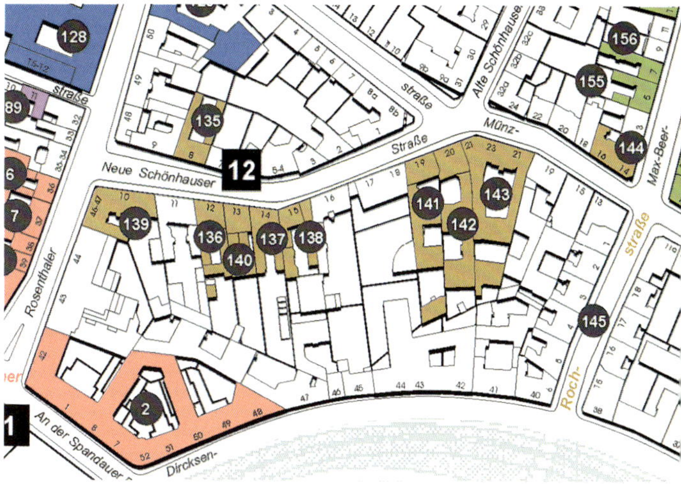

Die abgewinkelte Führung der Neuen Schönhauser Straße und die südlichen Parzellengrenzen markieren anschaulich den Verlauf der ehemaligen Festungsanlagen zwischen der Spandauer Bastion und der Königsbastion. Das große Eckgebäude Neue Schönhauser Straße 10/Rosenthaler Straße 46 steht auf der ehemaligen äußeren Grabenböschung der Spandauer Bastion, das Geschäftshaus Neue Schönhauser Straße 21/Münzstraße 21-23 auf der spitzwinkeligen Schanze der Königsbastion. Bis in das Jahr 1800 hieß die gesamte Wegeführung vor der einstigen Wallanlage Münzstraße, erst danach erfolgte die Unterscheidung in Münz- und in Neue Schönhauser Straße.

Während die nördliche Straßenseite bereits mit dem anfänglichen Ausbau der Spandauer Vorstadt seit 1700 bebaut wurde, konnten auf dem südlichen Teil erst um 1750 – nach dem Schleifen der Wallanlagen – weitere Grundstücke auf der neu gewonnenen Fläche parzelliert werden. Anhaltspunkte für die frühere Uferlinie des Ravelingrabens sind die hinteren Begrenzungen der Grundstücke Nr. 10 bis 15 sowie die Umfassung der Parzelle Dircksenstraße 47.

In besonderem Maße spiegelt dieser Straßenzug mit den aus der Zeit zwischen 1755 und 1795 erhaltenen Häu-

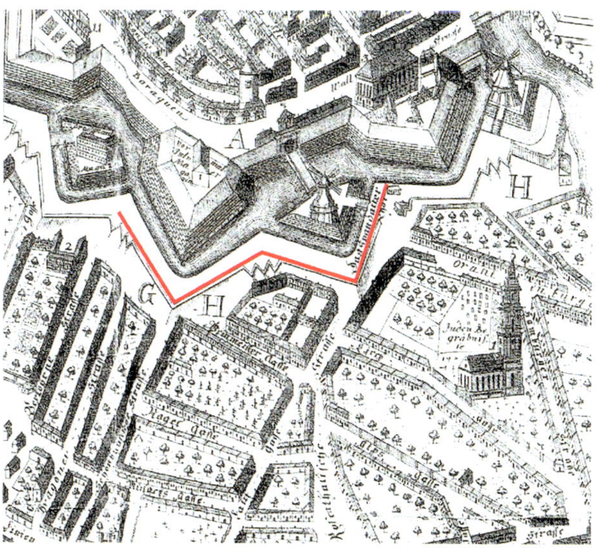

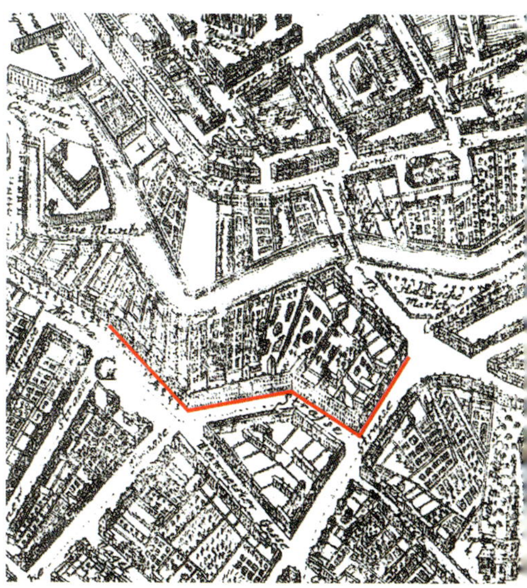

links: Ausschnitt aus dem Plan von J. F. Walther von 1737.

rechts: Ausschnitt aus dem Plan von J. D. Schleuen von 1773.

Neue Schönhauser Straße 8. Aufnahme von 1930.

sern Nr. 8, 12, 14 und 15 die noch unter Friedrich II. nach dem Siebenjährigen Krieg ausgelöste planmäßige Verschönerung der Stadt wider, die nicht nur eine repräsentative Ausgestaltung mit öffentlichen Bauten, Brücken und neuen Toranlagen umfasste, sondern auch Immediatbauten ermöglichte. Diese zum Teil auf Veranlassung des Königs errichteten Häuser haben auch für die nachfolgenden Generationen den Stadtraum attraktiv gemacht.
Mit der bei fast allen Gebäuden abgeschlossenen Instandsetzung und Sanierung konnte die historische Eigenart des Straßenzuges wieder lebendig werden.

135 Neue Schönhauser Straße 8

Ein mustergültiges Beispiel für die Belebung des Stadtbildes aus der Zeit um 1785 ist die frühklassizistische Fassade des Bürgerhauses Neue Schönhauser Straße 8. Nach dem bisherigen Stand der Forschung wurden das Vorderhaus und der westliche Seitenflügel zwischen 1785 und 1794 erbaut. Diese Datierung stützt sich auf das Ergebnis der dendrochronologischen Untersuchung des Dachstuhls, die ein Fälldatum von 1784/85 ermittelte, sowie auf den Eintrag in der Feuerversicherung: Der Knopflieferant Mollardt, der das Anwesen 1781 von dem Zeugfabrikanten Johann Christoph Jancke erworben hatte, ließ 1794 „das Vorderhaus, das Gebäude linker Hand, das zweite Gebäude linker Hand, das Quergebäude und den Brunnen" für eine Gesamtsumme von 10.250 Reichstalern neu versichern. [3] Georg Christian Unger, der in seiner Funktion als Direktor der Immediatbaukommission zahlreiche Entwürfe für Wohnhäuser fertigte, kann als Baumeister für das Vorderhaus gelten. Das bestätigt auch der Vergleich mit anderen Wohnbauten des Architekten. Insbesondere das im Zweiten Weltkrieg zerstörte, aber fotografisch anschaulich überlieferte Wohnhaus Neue Promenade 2 zeigte Parallelen in der Fassadengestaltung. Sogar die Form des Geländers hatte starke Ähn-

oben: Neue Schönhauser Straße 8. Die nach Restauratorenbefund vierte Fassung des Treppenhauses ist auf dieser historischen Fotografie dokumentiert. Aufnahme um 1910.

unten links: Neue Schönhauser Straße 8. Bei dem abgebildeten Befund handelt es sich um die vierte Fassung. Einem grauen Grund sind grüne Rahmen aufgemalt, in den Ecken befindet sich jeweils eine stilisierte Blumenform, die mit Hilfe einer Schablone aufgebracht wurde. Auf eine Restaurierung der historischen Ausmalung im Haupttreppenhaus wurde verzichtet. Die historischen Malschichten sind zu ihrem Schutz mit einer Makulaturtapete reversibel abgedeckt, so dass eine spätere Restaurierung des kunsthandwerklich bedeutsamen Treppenhauses möglich ist. Aufnahme aus der Befunduntersuchung im Treppenhaus, 1996.

unten rechts: Neue Schönhauser Straße 8. Die repräsentative Haupttreppe nimmt eine vollständige Raumachse im historischen Grundriss ein. Aufmaß des Treppenantritts, aufgenommen im M 1:10. Zeichnung von M. Abri, 1992.

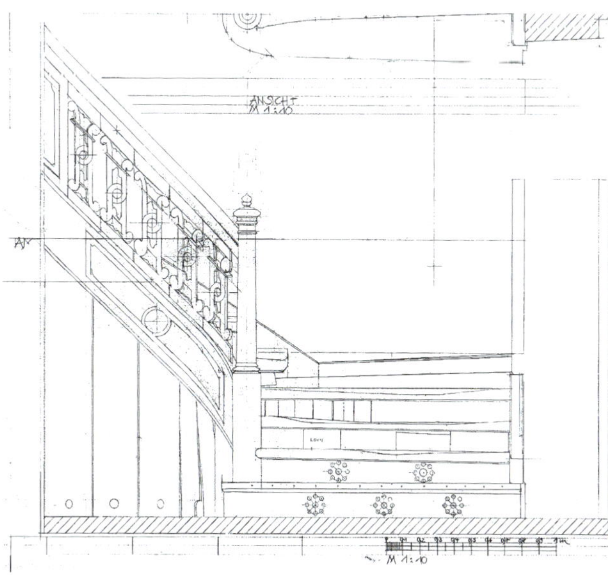

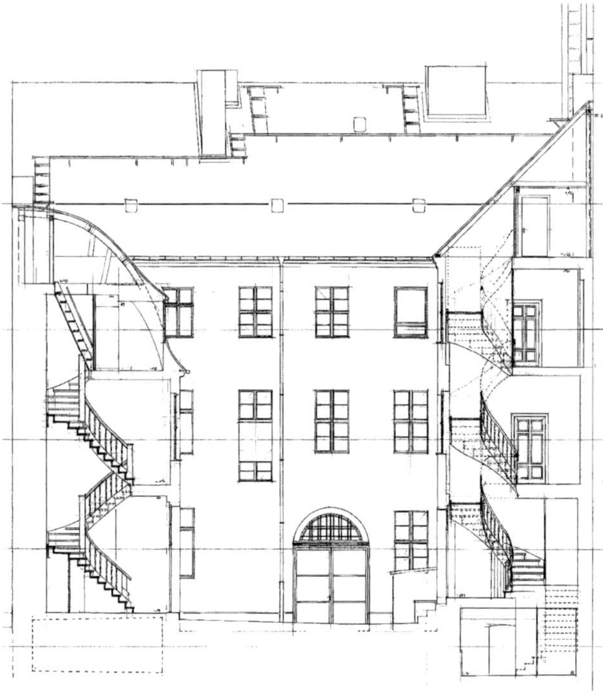

Neue Schönhauser Straße 8. Hofansicht des Vorderhauses und Schnitt durch die beiden Seitengebäude. Aufgenommen im M 1:50 von M. Abri, 1992.

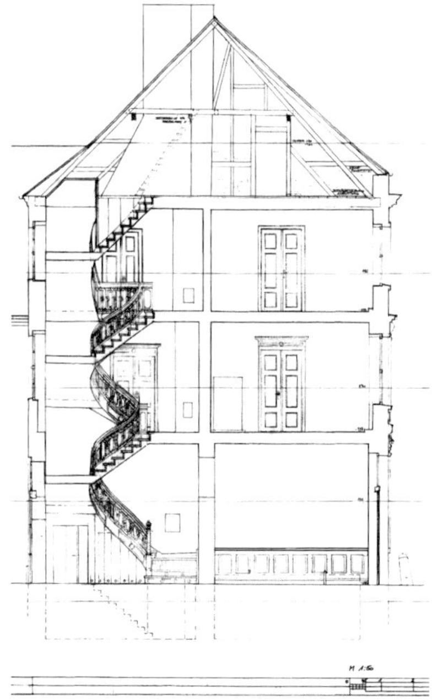

Neue Schönhauser Straße 8. Schnitt durch das Vorderhaus. Aufgenommen im M 1:50 von M. Abri, 1992.

Neue Schönhauser Straße 8. Grundriss des 2. Obergeschosses. Die Planung des Architekten S. Widmann von 1995 akzeptiert den historischen Grundriss und geht somit von denkmalgerechten Voraussetzungen aus. Die Bauforschung trug sehr zum Verständnis der ältesten Wohngebäude in der Spandauer Vorstadt bei. Sie lieferte detailgenaue und verformungsgerechte Aufmaße, die dankbar als Planungsgrundlage angenommen wurden. Auf Eigenarten in der Konstruktion und der Gestaltung konnte so besser reagiert werden.

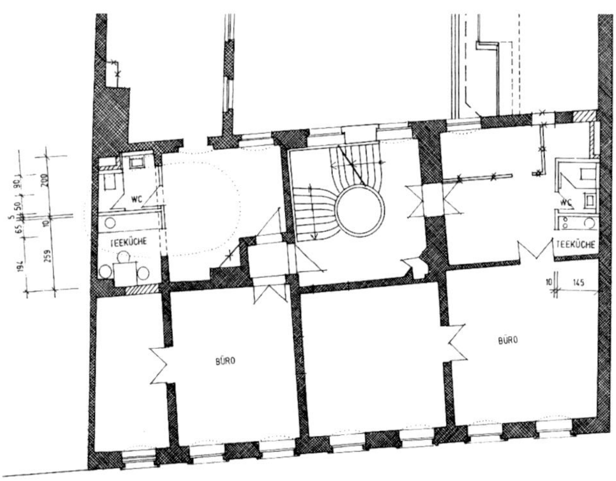

lichkeit mit der Treppe in der Neuen Schönhauser Straße 8.

Mit nachfolgenden Besitzerwechseln waren weitere Umbauten verbunden. Das östliche Seitengebäude wurde 1804 erbaut, 1836 um ein Fachwerkgeschoss aufgestockt und mit dem bis heute in seiner Konstruktion erhaltenen Bogendach versehen. 1839 erwarb der Königliche Beleuchtungsinspektor Karl Wilhelm Leist den Hausbesitz, der bis 1890 im Eigentum seiner Nachkommen blieb. Leist veranlasste 1840/41 die Aufstockung des westlichen Seitengebäudes um ein drittes Fachwerkgeschoss sowie den Bau eines massiven Quergebäudes, das im Krieg zerstört wurde, außerdem ließ er das Treppenhaus neu ausmalen. In der Durchfahrt links ist ein Befundfeld dieser ersten nachweisbaren Fassung freigelegt.

Schwerpunkt der denkmalpflegerischen Maßnahmen war im Rahmen der 1998 abgeschlossenen Instandsetzung und

Modernisierung die Restaurierung der frühklassizistischen Stupfputzfassade mit dem wertvollen bildhauerischen Schmuck über dem Erdgeschoss. Entsprechend der bauhistorischen Bedeutung behielt das Dach des Vorderhauses seine originale Kehlbalkenkonstruktion und damit die typische Kontur seiner Dachform. Der Dachausbau zeichnet sich äußerlich durch drei schmale Gauben, die bereits seit etwa 1860 zum Bestand gehören, in zurückhaltender Weise ab.

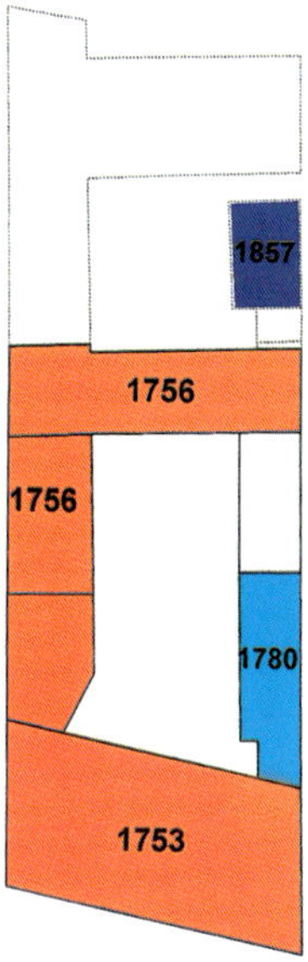

Neue Schönhauser Straße 12. Ansicht (oben links) und Lageplan (oben rechts) mit Eintragung der Bauphasen, die aus dem Fälldatum der verwendeten Bauhölzer ermittelt werden konnten.

136 Neue Schönhauser Straße 12

Der bauliche Kern der drei Wohnhäuser Neue Schönhauser Straße 12, 14, und 15 stammt zum großen Teil noch aus der ersten Bebauungsphase zwischen 1750 und 1770. Die umfassende Instandsetzung dieser ältesten Hausanlagen in der Neuen Schönhauser Straße gehörte seit 1991 zu den Schwerpunkten des Programms „Städtebaulicher Denkmalschutz".

Der erste archivalische Nachweis für die Hausanlage Neue Schönhauser Straße 12 datiert von 1764, als Frau Dorothea Carolina Jablonsky ihre Bauten für 6.100 Reichstaler versichern ließ. [3] Zunächst bestand die Hofanlage aus Vorderhaus, westlichem Seitengebäude und Querflügel. Der Königliche Kriegsrat Carl Friedrich Heinrich Holtze ließ als nachfolgender Besitzer 1792 zunächst ein östliches Seitengebäude errichten und erweiterte 1798 die Hausanlage um einen zweiten Hof mit Seiten- und Quergebäuden. Diese vor 1800 errichteten Bauten bestimmen die Atmosphäre im ersten Hof. Die spätklassizistische Fassadengestaltung mit fein geschnittener Putzquaderung, ornamentierten Friesen

unten links: Eisentreppe aus vorgefertigten Gussteilen im Vorderhaus aus der Umbauphase 1857.
unten rechts: Die schmale Parzelle war ursprünglich ein „Wassergrundstück". Bis zum Bau der Stadtbahn um 1880 gewährte die rundbogige Durchfahrt im Quergebäude den Zugang zu einem Seitenarm des Festungsgrabens.

Neue Schönhauser Straße 12. Deckenkonstruktion aus der Zeit nach 1753. Die Füllbalken verlaufen parallel zu den Deckenbalken und liegen eingelegten Wechseln auf. Das Wechselholz vor der Wand war für einen Kaminzug notwendig. Aufnahme von W. Barth am 7.9. 1994.

unten: Ergänzende Bestandsaufnahmen während der Instandsetzung an der Fußboden-Balkenlage im 2. Obergeschoss. Aufgenommen im M 1: 50 von S. Roser, 1995.

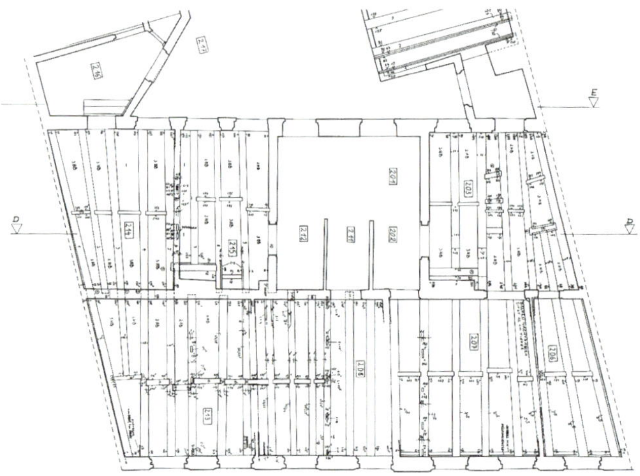

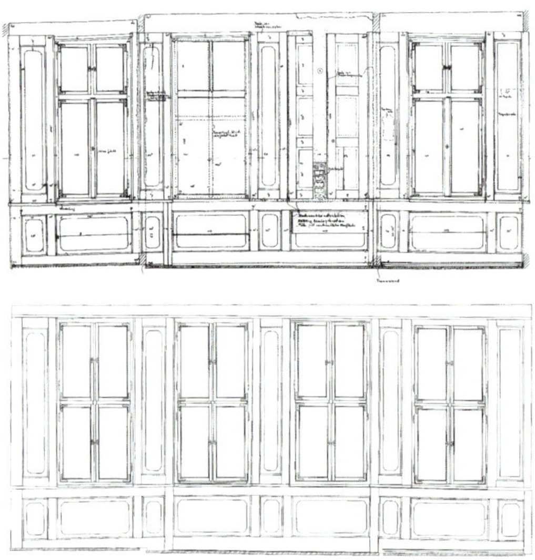

Aus der Befundaufnahme an der östlichen Fachwerkwand im Seitenflügel konnte eine Rekonstruktionszeichnung erstellt werden, die den ersten Zustand der Raumgestaltung nach 1780, vermutlich aus dem Jahr 1792, veranschaulicht. Aufgenommen im M 1: 40 von S. Roser, 1995.

und geraden Fensterverdachungen stammt aus der Umbauphase von 1857, als der Brauereibesitzer Johann Ley auch Umbauten im Innern veranlasste. Eine für die Bauzeit von 1857 seltene Konstruktion zeichnet die bautechnisch und kunsthandwerklich bemerkenswerte Eisentreppe aus vorgefertigten Gusselementen aus. Von der typischen Mischnutzung, die Wohnen und Gewerbe auf den innerstädtischen Grundstücken im 19. Jahrhundert vereinte, zeugt der ebenfalls unter Johann Ley errichtete dreigeschossige Gewerbebau auf dem zweiten Hof. Hier ist die massive Wendeltreppe aus gemauerten Blockstufen eine bauliche Besonderheit.

Bauforschung und archivalische Untersuchung in Vorbereitung der Instandsetzung 1993-95 lieferten im barocken Wohnhaus Neue Schönhauser Straße 12 wesentliche Erkenntnisse über die Hausgeschichte und insbesondere die bauzeitliche Konstruktion und Ausstattung aus der Bauphase um 1760. Bei der baubegleitenden Bauforschung wurde eine sehr seltene und vollständig überlieferte, massive Holzdeckenkonstruktion aus der Zeit nach 1753 entdeckt und zeichnerisch dokumentiert. Während der übliche Deckenaufbau in dieser Zeit meist aus Lehmstaken zwischen Holzbalken bestand, wählte man hier eine sehr materialintensive Blockbauweise. Aufgrund der hohen Eigenlast der Decke sind die Balken in engem Abstand gelegt. Dazwischen sind massive Füllhölzer bündig eingebracht. Zur Abdichtung erhielten sie einen Lehmverstrich. Die auf der Oberseite nicht bebeilten Füllbalken besitzen noch ihre „Waldkante", was die dendrochronologische Untersuchung zur Bestimmung des Fälldatums erleichterte. Die umfangreichen Maßnahmen zur baulichen Sicherung und denkmalgerechten Instandsetzung wurden mit Mitteln des städtebaulichen Denkmalschutzes gefördert.

137 Neue Schönhauser Straße 14

Die noch dem spätklassizistischen Kanon verpflichtete Vorderhausfront geht auf einen Umbau von 1869 zurück, bei dem das ursprünglich dreigeschossige Vorderhaus um ein massives Geschoss erhöht wurde. Diese Fassadengestaltung ist ein Spiegel damaliger Bemühungen um die Anpassung von Barockbauten an den veränderten zeitgenössischen Geschmack. Bauherr war der Kaufmann Gabriel Landsberger, der das Grundstück bereits 1858 erworben hatte. Die Einbaulage der Treppe jedoch verdeutlicht, dass der dreigeschossige Kern des Vorderhauses noch aus der ersten Bebauungsphase nach der Mitte des 18. Jahrhunderts stammt. Dies bestätigt auch die Eintragung in die Versicherungsakten 1767 durch den Fabrikanten Johann Christoph Müdiger, der seine Gebäudeanlage für insgesamt 6.000 Reichstaler, davon 4.600 Reichstaler mit Bezug auf das Vorderhaus, taxieren ließ. [3]

138 Neue Schönhauser Straße 15

Für das dreigeschossige Wohnhaus mit hohem Satteldach konnte wiederum mit Hilfe von dendrochronologischen Analysen eine Bauzeit um 1755 festgestellt werden, da die untersuchten Kellerbalkendecken im westlichen Ladengeschäft, die Deckenbalken im zweiten Obergeschoss und im Dachwerk auf 1752-1754 zu datieren sind. 1769 hatte

oben: Hofanlagen in der Neuen Schönhauser Straße Nr. 13, 14, 15 mit dem Glasdach auf dem gegenüberliegenden Geschäftshaus Nr. 4-5.

unten: Neue Schönhauser Straße 14-16. Aufnahme von 1960.

Neue Schönhauser Straße 14. Ansicht von 2002.

Neue Schönhauser Straße 14. Brüstungsfeld mit feingliedrigen Figurenreliefs vor der Restaurierung.

der Mediziner Heinrich Wilhelm Behm seinen Hausbesitz für 6.000 Reichstaler versichert. 5.000 Reichstaler davon kamen auf das Vorderhaus, zur damaligen Zeit eine Summe, welche die bis heute überlieferte Gebäudegröße bestätigt. [3] Der wohl um 1900 erneuerte Laubengang vor dem zweiten und dritten Obergeschoss zählt zu den wenigen erhaltenen Berliner Beispielen dieser im 17. und 18. Jahrhundert üblichen Erschließung auf der Hofseite.

rechts: Neue Schönhauser Straße 15. Treppenanlage im Vorderhaus.

Neue Schönhauser Straße 15. Hofansicht mit dem Laubengang am Vorderhaus.

Neue Schönhauser Straße 10.

oben links: Nach Befund wiederhergestellte Neurenaissancefassung von 1887 im Vestibül.
oben rechts: Sog. Rote Apotheke. Plafondmalerei von 1887 im mittleren Feld der holzgetäfelten Decke.

139 Neue Schönhauser Straße 10 / Rosenthaler Straße 46

1887/88 wurden anstelle älterer Vorgängerbauten die beiden fünfgeschossigen Mietshausanlagen Neue Schönhauser Straße 10 und 11 errichtet. Während das Mietshaus Nr. 11 bis heute die Fassadengestaltung von 1888 in Formen der Neurenaissance präsentiert, erhielt das ursprünglich vergleichbar dekorierte große Eckhaus 1929 eine neue Putzfassade im Stil der Neuen Sachlichkeit. Bauherr war der Apothekenbesitzer Dr. Wilhelm Wartenberg. Die moderne Eleganz der horizontalen, im Wechsel rot und gelb gefassten Putzbänder unter Einbeziehung der älteren Fenster und Erkervorbauten kommt seit der Erneuerung des eingefärbten Terranovaputzes 1995/96

Neue Schönhauser Straße 10.
oben: Die Ablösung der Putzschicht von 1929 legt den Fassadenbefund von 1887 frei. Aufnahme von 1992.

Gesamtansicht von Nord. Aufnahme von 2002.

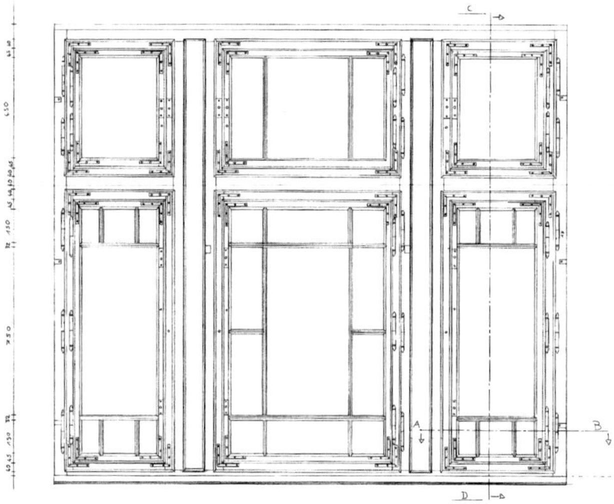

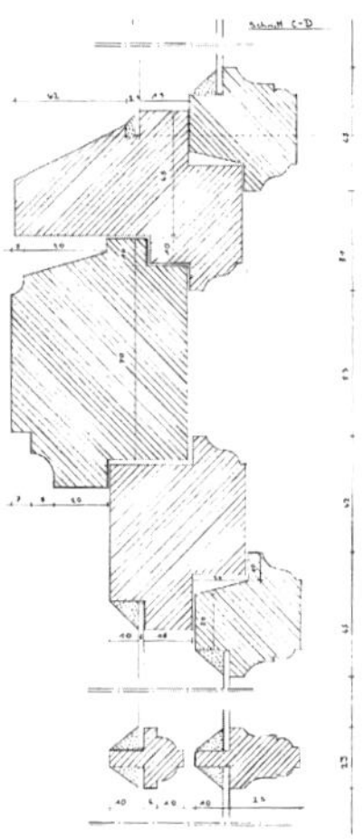

Neue Schönhauser Straße 13.
oben: Die Bauforschung dokumentierte wichtige Kenntnisse über das Bauwerk von Alfred Messel. So standen dem Tischler genaue Profilzeichnungen der Fenster zur Verfügung, bei denen es sich um die frühe Form eines Verbundfensters mit verbessertem Schall- und Wärmeschutz handelt. Innenansicht des Verbundfensters im Erker. Aufgenommen in M 1:10 von B. Schmidt, 1996.
links: Schnitt durch das Verbundfenster im Erker. Aufgenommen in M 1:10 von B. Schmidt, 1996.

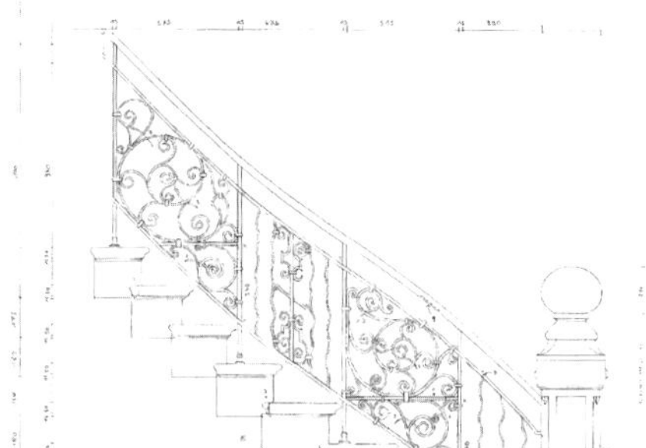

Neue Schönhauser Straße 13. Die Zeichnung des Treppenantrittes in der Hausdurchfahrt belegt Messels souveräne Beherrschung von Stilmitteln aus dem Repertoire der Neurenaissance. Aufgenommen im M 1:10 von B. Schmidt, 1996.

141 Neue Schönhauser Straße 19

Nach Ankauf des Grundstückes durch die Butter- und Fettwaren-Großhandlung Schramm & Goldenring 1904 und dem Abbruch der Vorgängerbauten erhielt der Maurermeister Hermann Schwiertz 1905 den Auftrag, ein neues Wohn- und Geschäftshaus auf der barocken Parzelle zu errichten. Die künstlerische Gestaltung der Straßenfassade stammt von dem Bildhauer Otto Stichling, der unter anderem die figürlichen Kupfertreibarbeiten am Rathaus Charlottenburg geschaffen hat. Eine ebenso feingliedrige, an Metalltreibarbeiten erinnernde Differenziertheit zeichnet auch den plastischen Schmuck der hiesigen Fassade aus. Das verwobene Dekor und die Schraffur des Putzes lassen eine flächenhaft grafische Gesamtwirkung im Sinne des Jugendstil entstehen. In der verhaltenen Farbigkeit des Vestibüls und des geometrischen Plattenmusters am Sockel und auf dem Fußboden findet der Anspruch des Bauherrn auf zeitgemäße Formen der Repräsentation eine fein abgestimmte Entsprechung. Die Erhaltung der künstlerischen Qualität in der Fassadengestaltung war ein vordringliches Anliegen der geförderten denkmalpflegerischen Maßnahmen 1998-2000. Eine sensible Herangehensweise und handwerkliche Erfahrung ermöglichten das Bewahren der originalen Jugenstilfassade und die Wiederherstellung der nachgewiesenen Farbgebung von 1905.

142 Neue Schönhauser Straße 20

Die 1911/12 von dem seinerzeit renommierten Atelier für Architektur und Bauausführung Kurt Berndt für die Metropol-Theater AG erbaute Geschäftshausanlage wurde 1998/99 nach umfassender Instandsetzung, Modernisierung und Restaurierung der neuklassizistischen Werksteinfassade unter dem Namen „Kurt-Berndt-Höfe" neu eröffnet.
Kurt Berndt, der schon für die Bauausführung der Hackeschen Höfe 1907 verantwortlich war, hat auch bei diesem

Neue Schönhauser Straße 10.
oben links: Nach Befund wiederhergestellte Neurenaissancefassung von 1887 im Vestibül.
oben rechts: Sog. Rote Apotheke. Plafondmalerei von 1887 im mittleren Feld der holzgetäfelten Decke.

139 Neue Schönhauser Straße 10 / Rosenthaler Straße 46

1887/88 wurden anstelle älterer Vorgängerbauten die beiden fünfgeschossigen Mietshausanlagen Neue Schönhauser Straße 10 und 11 errichtet. Während das Mietshaus Nr. 11 bis heute die Fassadengestaltung von 1888 in Formen der Neurenaissance präsentiert, erhielt das ursprünglich vergleichbar dekorierte große Eckhaus 1929 eine neue Putzfassade im Stil der Neuen Sachlichkeit. Bauherr war der Apothekenbesitzer Dr. Wilhelm Wartenberg. Die moderne Eleganz der horizontalen, im Wechsel rot und gelb gefassten Putzbänder unter Einbeziehung der älteren Fenster und Erkervorbauten kommt seit der Erneuerung des eingefärbten Terranovaputzes 1995/96

Neue Schönhauser Straße 10.
oben: Die Ablösung der Putzschicht von 1929 legt den Fassadenbefund von 1887 frei. Aufnahme von 1992.

Gesamtansicht von Nord. Aufnahme von 2002.

wieder zur Geltung. Als eine Art „archäologisches Fenster“ gestattet ein freigelegter Teil der Klinkerfassade von 1888 einen Einblick in die Hausgeschichte.
Auch die restaurierten Farbfassungen der Eingänge zeigen simultan die beiden wesentlichen Phasen der Ausstattung. Im Treppenhaus an der Rosenthaler Straße ist ein Teil der bauzeitlichen Neurenaissancefassung, in der Durchfahrt an der Neuen Schönhauser Straße die Ausgestaltung von 1929 nach Befunden wiederhergestellt. Hinter der umlaufenden hohen Drempelwand sind die 1995/96 ausgebauten Dachgeschosswohnungen unauffällig angeordnet.
Die Tradition des Apothekenbetriebes im Erdgeschoss geht bis in das Jahr 1758 zurück, als das Grundstück nach dem Abtragen der Festungsanlage – das heißt der äußeren Grabenböschung – erstmals bebaut werden konnte. Zur sehenswerten Ausstattung von 1888 gehören die Ladeneinbauten und insbesondere die Bemalung des Plafonds der Apotheke, die damals Johannes Marggraf gehörte.

140 Neue Schönhauser Straße 13 – Ehemaliges Volkskaffeehaus

In fast unmittelbarer Nachbarschaft stehen zwei Bauwerke von Alfred Messel, nämlich das 1890/91 erbaute Wohn- und Geschäftshaus für die „Volkskaffeehaus- und Speisehallengesellschaft“ in der Neuen Schönhauser Straße 13 und das Warenhaus Wertheim aus dem Jahre

Neue Schönhauser Straße 13.
rechts: Fotografie um 1900.
unten links: Aufnahme nach Fertigstellung der Fassadenrestaurierung im März 1999.
unten rechts: Erhaltene Fassadenmalereien sind in Berlin etwas durchaus Seltenes. In der Schadenskartierung des farbigen Ornaments ist die unter späteren Anstrichen aufgefundene Bemalung eingetragen, Fehlstellen sind ausgelassen. Das originale Ornament ist heute vorbildlich restauriert. Die Schrift wurde nach den abgenommenen Schablonen erneuert. Dokumentation von A. Dall, 1996.

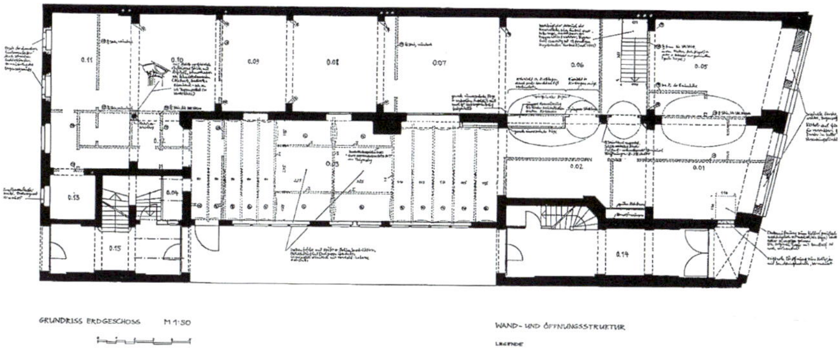

Neue Schönhauser Straße 13. Grundriss Erdgeschoss. In der baubegleitenden Dokumentation wurden die Wand- und Öffnungsstruktur sowie die originale Ausstattung zeichnerisch dokumentiert. Aufgenommen im M 1:50 von J. Degenkolb, 1996.

1903, von dem noch die originale Fassade an der Sophienstraße 12-15 erhalten ist (siehe **128**). Nur wenige Schritte voneinander entfernt, lässt sich an diesen beiden Bauten anschaulich die Entwicklung der Messelschen Architekturformen hin zur Frühen Moderne direkt am Objekt nachvollziehen. Für das Volkskaffeehaus hat Messel die traditionelle Neurenaissance gewählt. Demgegenüber repräsentiert die Pfeilerfassade an der Sophienstraße einen Teil der modernen Gestaltung Messelscher Kaufhausarchitektur.

Vor Beginn der Instandsetzung und Modernisierung 1995 befand sich das bedeutende Baudenkmal aufgrund von Vernachlässigung, Leerstand und schließlich Hausbesetzung in einem gefährdeten Zustand. Nach den unvermeidlichen, doch letztlich von Erfolg gekrönten Verhandlungen über den Umfang der Restaurierung ist es gelungen, die Gestaltungsintention von Alfred Messel an der Straßenfassade wiederzugewinnen. Dazu gehört auch der nach Befund wiederhergestellte Schriftzug einschließlich der floralen Umrahmung und der Erhalt historischer Fenster. Zu einigen Teilverlusten an originalen Holzdecken, Stuckaturen und Wandpaneelen kam es aufgrund des schlechten Bauzustandes, hoher technischer Anforderungen und durch Unachtsamkeiten bei der Ausführung.

Neue Schönhauser Straße 13. Fassadendetail.

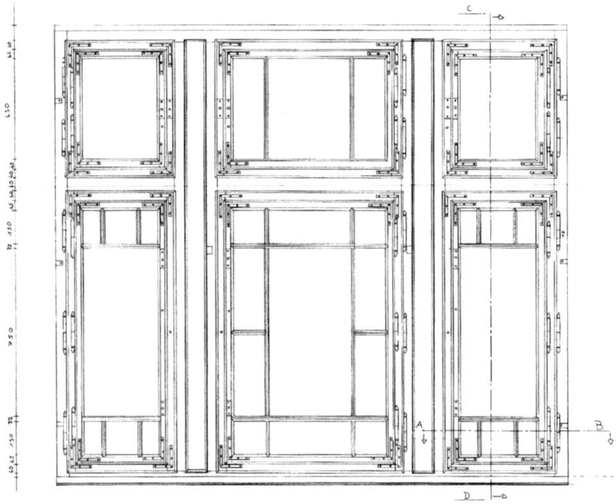

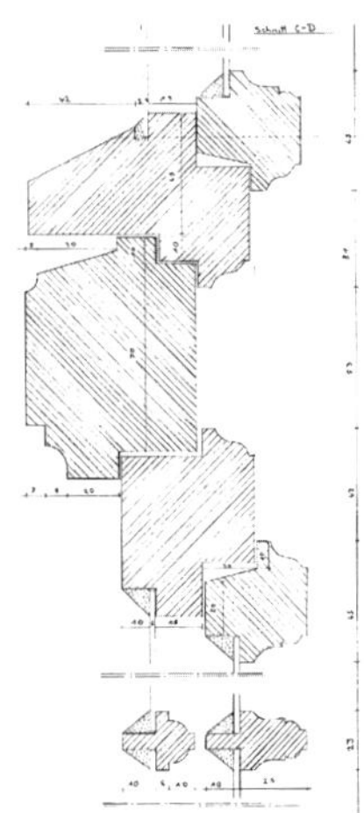

Neue Schönhauser Straße 13.
oben: Die Bauforschung dokumentierte wichtige Kenntnisse über das Bauwerk von Alfred Messel. So standen dem Tischler genaue Profilzeichnungen der Fenster zur Verfügung, bei denen es sich um die frühe Form eines Verbundfensters mit verbessertem Schall- und Wärmeschutz handelt. Innenansicht des Verbundfensters im Erker. Aufgenommen in M 1:10 von B. Schmidt, 1996.
links: Schnitt durch das Verbundfenster im Erker. Aufgenommen in M 1:10 von B. Schmidt, 1996.

Neue Schönhauser Straße 13. Die Zeichnung des Treppenantrittes in der Hausdurchfahrt belegt Messels souveräne Beherrschung von Stilmitteln aus dem Repertoire der Neurenaissance. Aufgenommen im M 1:10 von B. Schmidt, 1996.

141 Neue Schönhauser Straße 19

Nach Ankauf des Grundstückes durch die Butter- und Fettwaren-Großhandlung Schramm & Goldenring 1904 und dem Abbruch der Vorgängerbauten erhielt der Maurermeister Hermann Schwiertz 1905 den Auftrag, ein neues Wohn- und Geschäftshaus auf der barocken Parzelle zu errichten. Die künstlerische Gestaltung der Straßenfassade stammt von dem Bildhauer Otto Stichling, der unter anderem die figürlichen Kupfertreibarbeiten am Rathaus Charlottenburg geschaffen hat. Eine ebenso feingliedrige, an Metalltreibarbeiten erinnernde Differenziertheit zeichnet auch den plastischen Schmuck der hiesigen Fassade aus. Das verwobene Dekor und die Schraffur des Putzes lassen eine flächenhaft grafische Gesamtwirkung im Sinne des Jugendstil entstehen. In der verhaltenen Farbigkeit des Vestibüls und des geometrischen Plattenmusters am Sockel und auf dem Fußboden findet der Anspruch des Bauherrn auf zeitgemäße Formen der Repräsentation eine fein abgestimmte Entsprechung. Die Erhaltung der künstlerischen Qualität in der Fassadengestaltung war ein vordringliches Anliegen der geförderten denkmalpflegerischen Maßnahmen 1998-2000. Eine sensible Herangehensweise und handwerkliche Erfahrung ermöglichten das Bewahren der originalen Jugenstilfassade und die Wiederherstellung der nachgewiesenen Farbgebung von 1905.

142 Neue Schönhauser Straße 20

Die 1911/12 von dem seinerzeit renommierten Atelier für Architektur und Bauausführung Kurt Berndt für die Metropol-Theater AG erbaute Geschäftshausanlage wurde 1998/99 nach umfassender Instandsetzung, Modernisierung und Restaurierung der neuklassizistischen Werksteinfassade unter dem Namen „Kurt-Berndt-Höfe" neu eröffnet. Kurt Berndt, der schon für die Bauausführung der Hackeschen Höfe 1907 verantwortlich war, hat auch bei diesem

Neue Schönhauser Straße 19. Bei der Fassadeninstandsetzung wurden Fehlstellen materialgleich ergänzt und Hohlstellen durch Putzplomben gesichert.

Geschäftshaus die Fassaden im ersten Hof mit farbigen Verblendsteinen und plastischem Schmuck in den Brüstungen hervorgehoben. In der mit stilisierten Akanthusblättern geschmückten Durchfahrt zu den drei Höfen befindet sich auch der Hauptzugang für die Wohn- und Geschäftsräume des Vorderhauses, eine geschickte Lösung, die eine Unterbrechung der gleichmäßigen korbbogenförmigen Arkadenreihe des Erdgeschosses vermeidet.

In dem Gestaltungskonzept vereinen sich moderne Ansprüche und denkmalpflegerisches Anliegen nach authentischer Bewahrung. Historische Architekturfragmente werden in ihrem überkommenen Zustand hinter beleuchteten Glastafeln wie in Vitrinen ausgestellt und erhalten somit eine besondere Aufmerksamkeit.

Neue Schönhauser Straße 19, 20, 21, Münzstraße 21–23. Aufnahme 2000.

Neue Schönhauser Straße 20.
oben: Einige unbehandelte Fragmente in der Durchfahrt und an der Fassade werden hinter Glas wie in einer Vitrine ausgestellt und nachts beleuchtet.
rechts: Innenhof. Aufnahme von 2002.

143 Münzstraße 21-23 / Neue Schönhauser Straße 21

Eine städtebauliche Dominante haben die Architekten Poetsch & Bohnstedt mit ihrem 1893 auf dem Areal von drei zusammengelegten Grundstücken erbauten Wohn- und Geschäftshaus geschaffen. Die Straßenkreuzung von Münz- und Weinmeisterstraße sowie von Alter und Neuer Schönhauser Straße erhält mit der langgestreckten und von seitlichen Erkern betonten Neurenaissancefassade fast den Charakter eines Stadtplatzes. Die Fassade lebt von der Farbwirkung des hellen Sandsteines und der roten Klinker. Voraussetzung für die Erhaltung des historischen Stadtbildes ist deshalb die denkmalgerechte Fassadenreparatur, die eine schonende Reinigung der geschwärzten Sandstein- und Klinkerflächen ebenso einschließt wie die Reparatur der mit Neurenaissanceformen geschmückten Kastenfenster. Auch die aufwändig gestaltete Treppenanlage mit Vorhalle wartet mit Befunden der historischen Ausmalungen und Stuckdekorationen aus verschiedenen Bauphasen auf.

Der Hofbereich der großen Vierflügelanlage ist als Gartenhof mit Pflanzflächen und Umwegung gestaltet. Er gehört zu den wenigen Gartendenkmalen in Hofanlagen der Spandauer Vorstadt.

Münzstraße 21-23/Neue Schönhauser Straße 21. Gartenhof. Aufnahme von 2002.

144 Münzstraße 14-16

Das Wohn- und Geschäftshaus wurde 1883 für den Pfefferküchlermeister Friedrich Gustav Knobel errichtet. Um 1900 befanden sich in diesem Gebäude Wohnungen von Kaufleuten und Rechtsanwälten sowie ein Kaffeespezialgeschäft. 1911 erfolgte ein Umbau der Läden im Erdgeschoss und 1928 ein Erweiterungsbau. Die in Anlehnung an italienische Renaissanceformen gestalteten Fassaden sind nur vereinfacht überliefert. Zu der größtenteils originalen reichen Innenausstattung gehören auch die Treppenanlagen aus der Bauzeit. Besonders die Konstruktion und Ausschmückung der über einem kreisförmigen Grundriss gewendelten, eisernen Treppe mit rundem Auge und Lichtkuppel, Wangen aus Stahlprofilen und geschmiedetem Geländer im Aufgang Münzstraße 14 zeugen von einem hohen Anspruch an die künstlerische und handwerkliche Ausführung. Ihre Anlage ermöglicht eine großzügige Wirkung bei geringem Platzbedarf. Das Konzept zur Restaurierung basiert auf der ersten Fassung von 1883.

Münzstraße 21-23/ Neue Schönhauser Straße 21. Ausschnitt aus der Stadtkarte von 1905.

145 Rochstraße

Als Ergebnis eines Privatunternehmens von Baukonduktor Roch und Justizrat Kunowski wurde 1825 zur Verbindung von Münzstraße und Neuer Friedrichstraße die nach einem der Initiatoren benannte Rochstraße mit einer Brücke über den Festungsgraben (bis etwa 1850 Kunowskibrücke, danach Rochbrücke) angelegt. Nach der Zuschüttung des Wallgrabens und dem Bau der Stadtbahn 1880-82 war eine Neuordnung der Grundstücke zwischen der Münzstraße, der damals neu angelegten Dircksenstraße und der Rochstraße nicht nur möglich, sondern auch erforderlich. Die

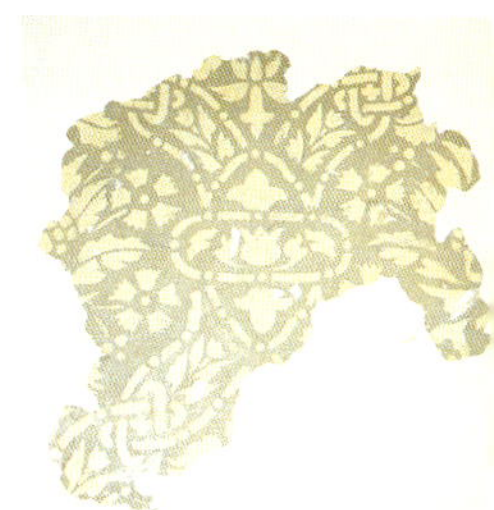

Münzstraße 14-16. Die Spontanfreilegung der vermutlich bauzeitlichen Wanddekoration im Treppenhaus Münzstraße zeigt eine schablonierte Brokatimitation von 1883.

Münzstraße 14-16.

unten links: Treppenanlage.
unten rechts: Fassade.

Rochstraße. Die Vedute aus der Zeit vor 1880 zeigt die beim Bau der Stadtbahn abgebrochene Rochbrücke und die Vorgängerbauten an der Rochstraße in Richtung der Münzstraße.

schmalen langen Parzellen erstreckten sich ursprünglich von der Münzstraße bis zum Festungsgraben. Bis 1888 erfolgte in mehreren Teilungsverfahren eine neue Parzellierung der Grundstücke Rochstraße 3 bis 6 und eine dichte Überbauung mit fünfgeschossigen Mietshausanlagen, was dem stetig steigenden Bedürfnis in der wachsenden Großstadt nach zentrumsnahen Mietwohnungen entsprach. Bemerkenswert sind die nach einem einheitlichen Prinzip gestalteten Fassaden in Formen der Neurenaissance und des Neubarock, die durch den Wechsel von seitlichen und mittigen Erkern eine Rhythmisierung erfahren.

Rochstraße in Richtung Dircksenstraße. Aufnahme von 1993.

STANDORT 13

ALTE SCHÖNHAUSER STRASSE

Als die Stadt noch von Zollmauern umgeben war, hatten die Ausfallstraßen vor den Toren eine übergeordnete Bedeutung. Sie waren breiter angelegt und bündelten den in die Stadt drängenden Verkehr. Die Alte Schönhauser Straße führte von dem Schönhauser Tor als Allee durch die Berliner Feldmark, die der Versorgung der Stadt diente. Nicht zufällig lag das „Scheunenviertel" nahe bei diesem Tor. Die Alte Schönhauser Straße war keineswegs eine Prachtstraße und erlangte erst nach dem Fall der Zollgrenzen und der nördlichen Stadterweiterung auf dem Prenzlauer Berg eine bauliche Aufwertung. Für den Bau größerer Mietshäuser legte man die schmalen Parzellen zusammen, woran zahlreiche zusammengelegte Hausnummern erinnern. Das dreiachsige Haus Nr. 45 von 1866 hingegen steht noch auf der schmalen Parzelle.

Eine Ausnahme bildet der ehemalige Gutshof der Familie Bötzow in der Alten Schönhauser Straße 23-24. An ihm sind die räumlichen Beziehungen zur Landwirtschaft vor den Toren der Stadt noch nachvollziehbar.

Die ehemalige Bebauung auf der heutigen Grünfläche zwischen Alter Schönhauser Straße, Max-Beer-Straße und Schendelgasse ging im Zweiten Weltkrieg gänzlich verloren. Die schmalen Gassen und eine kleinteilige Gebäudestruktur bis hin zum Rosa-Luxemburg-Platz waren einst charakteristisch für das gesamte Scheunenviertel in der östlichen Spandauer Vorstadt, wo sich zu Beginn des 20. Jahrhunderts ein ausgeprägtes jüdisches Leben mit seinen religiösen und kulturellen Wertevorstellungen angesiedelt hatte. Die wenigen historischen Gebäude tragen heute zum Verständnis der Stadtentwicklung bei.

146 Alte Schönhauser Straße 6

Die Mietshausanlage aus dem Baujahr 1879 hatte früher eine intensive gewerbliche Nutzung. Seit Abbruch der kriegszerstörten Hofgebäude erinnern daran nur die schweren Granitplatten und Schrammborde der befestigten Durchfahrt. Gerade dort entdeckten Restauratoren 2001 ein ungewöhnliches Wandbild. Von einer aufgemalten Loggia aus zeigt es den Ausblick auf eine südlich anmutende Landschaft unter Palmen in der Abendsonne. Von dem unter späte-

Alte Schönhauser Straße 6.
oben links: Die Freilegungen zeigen die historische Ausmalung von 1879.
oben rechts: Die Kelleranlagen sind ohne Verwendung von Eisen ungewöhnlich stabil aus gewölbtem Mauerwerk errichtet.
rechts: Das Wandgemälde in der Durchfahrt ist von beachtlichem künstlerischem Wert und verleiht der Durchfahrt eine südländische Stimmung.

ren Anstrichen verdeckten Wandgemälde ist bislang ein Quadratmeter freigelegt. Auch im Vestibül und Treppenhaus lassen freigelegte ornamentale Wanddekorationen aus der Bauzeit den einstigen Repräsentationsanspruch erkennen.

147 Alte Schönhauser Straße 13

Das heute älteste Gebäude der Alten Schönhauser Straße stammt aus dem Jahr 1835. Aufgrund der schmalen Parzelle ist das Vorderhaus nur vier Fensterachsen breit. Bereits 1923 bezeichnete es der damalige Regierungs- und Baurat der preußischen Bau- und Finanzdirektion Julius Kohte als ein Wohnhaus von kunstgeschichtlichem Wert. Sein Verzeichnis sollte der rechtzeitigen Fürsorge denkmalwerter Wohnhäuser dienen. [2] Der von ihm beschriebene „Fries nach Schinkel'schen Vorbildern" an der Straßenfassade ist nicht überkommen und die bei der Sanierung des Hauses 1996 hergestellte Stuckgliederung ist wenig überzeugend. Dagegen sind im Inneren noch bauliche Details aus der Entstehungszeit erhalten. Rechts neben der Durchfahrt liegt die originale eingestemmte Holztreppe mit feingliedrigen und sanft gerundeten Geländerstäben. Der Antrittspfosten besitzt eine originelle Gestaltung aus der Zeit des Biedermeier.

Alte Schönhauser Straße 13.
oben: Entgegen der eindeutigen Befundlage stuckte man bei der Fassadenerneuerung Dreiecksgiebel auf.
unten: Vor der Sanierung 1993 sind am freiliegenden Mauerwerk der Fassade die Abbruchspuren gerader Fensterverdachungen noch erkennbar.

Alte Schönhauser Straße 13.
Holztreppe von 1835.

148 Alte Schönhauser Straße 14-15

Auch in der Alten Schönhauser Straße findet man Zeichen für eine architektonische Erneuerung gegen Ende des 19. Jahrhunderts. Die neu angelegte Kaiser-Wilhelm-Straße (deren nördlicher Teil heute Rosa-Luxemburg-Straße heißt) gab hier das Vorbild. Das 1891 errichtete Mietshaus gehört zu den Beispielen, die der Straße großstädtisches Gepräge verliehen. Die prachtvolle Gliederung seiner Fassade in Formen der Neurenaissance und des Neubarock steht im Kontrast zur kleineren, zurückhaltenderen des Nachbarhauses Nr. 13 aus dem Jahre 1835 (siehe **147**). Zur ursprünglichen Hofanlage gehörten bis zu ihrer Zerstörung im Zweiten Weltkrieg ein viergeschossiges Seiten- und ein fünfgeschossiges Quergebäude. Dahinter befand sich noch ein weiterer Hof. Im Treppenhaus ist eine Dekorationsmalerei in zarten Linien und Pastelltönen aus der Zeit um 1910 fast vollständig erhalten und restauriert. Vermutlich handelt es sich um die zweite Ausmalung.

Alte Schönhauser Straße 14-15. Die ornamentale Dekorationsmalerei im Treppenhaus wurde bei der Restaurierung nur gereinigt und retuschiert, um die originale Wirkung zu erhalten. Dabei sind Primärdokumente einbezogen, um die Authentizität der Fassung zu belegen.

Alte Schönhauser Straße 23-24. Wagenspuren haben sich in die Granitplatten auf dem ehemaligen Boetzowschen Gutshof eingegraben.

149 Alte Schönhauser Straße 23-24

Im Straßenbild fällt die 32 Meter lange Front des Doppelmietshauses Nr. 23-24 auf. Das überdurchschnittlich große und unregelmäßig geformte Grundstück weist auf eine besondere Nutzung hin. Die Grundbuchakten nennen 1816 den Ackerbürger Boetzow als Eigentümer, 1842 wird das viergeschossige Doppelhaus an der Straße versichert. Die Aufzählung von Seiten- und Quergebäuden sowie zweier Scheunen lassen die Nutzung als Gutshof erkennen. Unter dem Gutsbesitzer F. J. A. Boetzow wurde der Hof 1865 weiter ausgebaut. Seine Erben errichteten 1876 die heute noch erhaltenen, viergeschossigen Seiten- und Quergebäude. Die Bau- und Nutzungsgeschichte zeigt, wie sich auch nach Einbeziehung der Spandauer Vorstadt in das Berliner Stadtgebiet ein Gutshof behaupten konnte und wie man infolge des großen Bevölkerungszustroms in den 1870er Jahren einen Teil der Vorratsgebäude durch Wohnbauten ersetzte. Im Inneren bewahrt das Vorderhaus bauliche und gestalterische Details der Bau-

Alte Schönhauser Straße 23-24. Ausschnitt aus der Stadtkarte von 1903.

Alte Schönhauser Straße 46. Die über lange Zeit undichte Abdeckung des Dachgesimses war eine der Hauptursachen für den desolaten Zustand der Fassade.

zeit von 1842, darunter im nördlichen Aufgang die hölzerne eingestemmte Treppe mit feingliedrigem Geländer und die originalen Wohnungstüren.

150 Alte Schönhauser Straße 39-40

Die viergeschossige Mietshausanlage aus der Bauzeit um 1850 zeigt, wie weit man bei der Überbauung der Grundstücksfläche gehen konnte. Zwischen dem Vorderhaus, zwei Seitengebäuden und einem Quergebäude verbleibt nur ein winziger Innenhof. Die dichte Überbauung der Hofanlage ist als Antwort auf den großen Zustrom an Menschen zu verstehen, der die großstädtische Entwicklung Berlins begleitete. Die Straßenfassade ist symmetrisch mit sieben Fensterachsen und mittiger Einfahrt gestaltet. Die bis heute ausschließlich hölzernen Treppenkonstruktionen genügten noch den Vorschriften vor Inkrafttreten der Bauordnung von 1853, die für nachfolgend errichtete Bauten Massivtreppen forderte. Drei verschiedene Treppenanlagen mit jeweils gleicher Geländerform gehen optimal auf die beengte Grundrissform des Hauses ein.

Alte Schönhauser Straße 46. Zustand vor Beginn der Instandsetzung. Messbild von 1995.

151 Alte Schönhauser Straße 46

Das 1890 von den Eigentümern und Baumeistern Louis Rinkel und S. Zadek errichtete Mietshaus befand sich vor der Instandsetzung 1997 in einem desolaten Zustand. Putz- und Stuckgliederungen an der Fassade waren zwar bis in die Details vorhanden, jedoch so stark abgewittert, dass der Erhalt des originalen Fassadenschmucks bei der Instandsetzung einen besonderen denkmalpflegerischen Aufwand erforderte. Gleiche Sorgfalt ließ man auch in den Innenräumen, z. B. bei der Bewahrung von Parkettböden, historischen Türen und Stuckdecken, walten.

Mit dieser Mietshausanlage haben sich beispielhaft die Grundrisse und Ausstattungen bürgerlicher Wohnkultur des ausgehenden 19. Jahrhunderts in Berlin erhalten. Die als sogenannte Einspänner angelegten Wohnungen umfassten fünf Wohn- und Schlafräume im Vorderhaus, während die Bäder, die Küchen, Wirtschafts- und Dienstmädchenzimmer im Seitenflügel angeordnet waren und über die Nebentreppe erschlossen wurden.

links: Alte Schönhauser Straße 46-49.

Alte Schönhauser Straße 47. Das ovale Medaillon mit der reizvollen Tänzerin und ein Bildnisrelief sind wie antike Spolien auf die Fassade gesetzt. Aufnahme von 1999.

152 Alte Schönhauser Straße 47

Im Vergleich zu den beiden älteren Nachbarhäusern zeugt das 1911 errichtete Wohnhaus Nr. 47 von einer gewandelten Stilauffassung bei der Fassadengestaltung und bei den baulichen Details im Inneren. Zwar ist der Baukörper an die benachbarten Mietshäuser angeglichen, die Fassade mit ihrem flächigen Charakter und den wenigen schmückenden Medaillons zeigt jedoch die für Berlin in dieser Zeit übliche Formensprache von Jugendstil und Neuklassizismus. Die Reliefs über der Eingangstür und an den Putzfeldern – Früchtekorb, Girlanden, Bandelwerk und ein Medaillon – zitieren Formen aus der klassischen Architektur um 1800. Die restaurierte Innendekoration des Hausflurs mit seinen farbigen Ornamentfliesen unterstreicht die gediegene Ausstattung des Aufgangs, der nur eine Wohnung je Etage erschließt. Die Fassade erhielt wie zur Bauzeit einen sandockerfarbenen Anstrich.

153 Alte Schönhauser Straße 48-49

Die plastisch dekorierte Neurenaissancefassade zeigt sich nach der Instandsetzung wieder in der Farbgebung aus ihrer Entstehungszeit um 1890. Zu dem roten Klinker wählte man gemäß Befund ein kräftiges Sandocker für alle Putz- und Stuckteile, was seinerzeit echten Naturstein vorstellen sollte. Die nur noch selten in der hier angetroffenen Vollständigkeit überlieferte Innendekoration der ehemaligen

Alte Schönhauser Straße 48-49.
oben links: Im Hauseingang ist die historische Ausmalung nach Befund wiederhergestellt. Die Materialimitationsmalerei erzeugt eine stimmige Farbwirkung und Lichtführung. Der Fußboden aus Mettlacher Platten stammt noch aus der Bauzeit.

rechts und oben rechts: Die ehemalige Fleischerei Koschwitz beherbergt heute eine Buchhandlung.

Fleischerei Koschwitz, mit farbigen Ornamentfliesen sowie den stuckierten Rahmungen und Verdachungen der Türen, vermittelt einen Eindruck von der aufwändigen Ladenausstattung zu Beginn des 20. Jahrhunderts. Die Ladenräume im Erdgeschoss sind mit der Wohnung im ersten Obergeschoss durch eine eiserne Wendeltreppe verbunden. Hervorzuheben ist die gelungene Restaurierung des Hausflures, dessen formale Üppigkeit und farbliche Intensität wieder dem Gestaltungsaufwand der Bauzeit des Hauses entsprechen.

154 Max-Beer-Straße 2-4 / Münzstraße 12

Der Straßenzug der früheren Dragonerstraße ist schon zu Beginn des 18. Jahrhunderts verzeichnet und 1750 bereits in geschlossener Reihe bebaut. Den heuti-

Max-Beer-Straße 2-4/ Münzstraße 12.

gen Charakter bestimmt vor allem die Bebauung aus dem 19. Jahrhundert. Das 1909/10 auf der Fläche von zwei Vorgängerbauten errichtete Geschäftshaus an der Münzstraße nimmt eine Sonderstellung in dem vorwiegend von Wohnbauten geprägten Straßenbild der Max-Beer-Straße ein. Die Neue Berliner Baugesellschaft unter der Geschäftsleitung des Architekten Albert Wehe übernahm die Ausführung in eigener Regie. Ein Bau dieser Größenordnung musste sich dem Vergleich mit anderen Geschäftspalästen namhafter Architekten der Zeit stellen. Der Bauzeit entspricht die Pfeilerfassade, die das Volumen des Baukörpers gliedert und auch nach außen die moderne Baukonstruktion sichtbar werden läßt. Im Rahmen der umfassenden Instandsetzung 1998 konnten auch der orangebraun eingefärbte Spritzbewurf der Fassade wiederhergestellt sowie die sparsam eingesetzte neuklassizistische Bauornamentik und die beiden Figurendarstellungen restauriert werden.

Max-Beer-Straße 2-4/ Münzstraße 12. Alle Architekturgliederungen sind aus Putz geformt und mit einem eingefärbtem Spritzbewurf versehen. Das Hauptgesims nimmt die damals vorherrschende Traufhöhe der angrenzenden Bebauung auf und setzt das fünfte Geschoss optisch zurück.

155 Max-Beer-Straße 5

Der Historienmaler August Wilhelm von Rentzel war Bauherr des 1842 errichteten Vorderhauses mit einem rechten Seitenflügel. Die damalige Adresse lautete Dragonerstraße 22. Das linke Seitengebäude wurde 1857 hinzugefügt. Die zeitliche Folge der Bauteile ist im Inneren an der unterschiedlichen Gestalt der Treppen ablesbar. Noch von 1842 stammt die Holztreppe im Vorderhaus mit gefelderten Wangen und feingliedri-

Max-Beer-Straße 5. In dem Mietshaus von 1842 befand sich von 1916-1929 das Jüdische Volksheim.

oben links: Treppe von 1842.
oben rechts: Fassade.

gem Stabgeländer. Von 1916-1929 nutzte das Jüdische Volksheim einen Teil des Gebäudes. Neben Werkstätten und einem Kinderhort wurde hier ein Begegnungsort für die jüdische Bevölkerung aus den umliegenden Straßen des „Scheunenviertels" geschaffen.

156 Max-Beer-Straße 7

Das 1859 von dem Schulmeister Friedrich Wilhelm Gebhardt erbaute Mietshaus war vor 1989 aufgrund seines desolaten Bauzustandes vom Abriss bedroht. Heute kann die 1996 restaurierte Fassade wieder von der Architektur der Berliner Schule und ihrer Formenvielfalt in der Mitte des 19. Jahrhunderts berichten. Vergleichbar den Häusern in der Tucholskystraße 30 bis 34 (siehe **45** bis **47)** ist die Achse über der Durchfahrt sowie insbesondere der Bereich des Tores durch antikisierende Figuren hervorgehoben und die Gesimse sind mit feinen

Max-Beer-Straße 7.
links: Was schon zum Abriss bestimmt schien, zeugt heute wieder von der Formenvielfalt Berliner Architektur in der Mitte des 19. Jahrhunderts.
unten: Die Schäden an der Fassade sind nicht nur auf Kriegsbeschädigungen, sondern mehr noch auf schadhafte Regenfallrohre zurückzuführen. Aufnahme von 1992.

Max-Beer-Straße 13, 15, 17. Aufnahme Mai 2001. Drei Vorstadtmietshäuser aus den 1840er Jahren kennzeichnet eine gemeinsame Bauform.

Rankenfriesen geschmückt. Vor der Instandsetzung war die spätklassizistische Bauornamentik zwar stark geschädigt, aber fast vollständig vorhanden und somit restaurierbar. Fehlende Kassettierungen und Dreiviertelsäulen am originalen Tor sind ebenfalls ergänzt.

Max-Beer-Straße 13. Aufnahme von 1998.

157 Max-Beer-Straße 13, 15, 17

Die Hausnummern 13, 15 und 17 bilden eine Gruppe von viergeschossigen Vorstadthäusern gleichen Bautyps, sie sind je vier Fensterachsen breit, von gleicher Traufhöhe und Dachform und haben eine seitliche Durchfahrt. Ihre jeweilige Entstehungszeit während der Regierung Friedrich Wilhelms IV. liegt nur wenige Jahre auseinander. Die einfache Ausstattung machte sie in einer Zeit, als die Zuwanderung in die Stadt aus der ländlichen Umgebung zunahm, auch für ärmere soziale Schichten erschwinglich.

Die schmale Hofanlage Max-Beer-Straße 13 wurde 1842, also in demselben Jahr wie das Haus des Historienmalers Rentzel in der Max-Beer-Straße 5 (siehe **156**), errichtet. Bei der Instandsetzung der Straßenfassade dienten als Anhaltspunkt für die Herstellung einer einfa-

Almstadtstraße. Ausschnitt aus der Stadtkarte von 1903 mit Kartierung der heute noch vorhandenen historischen Bebauung der ehemaligen Grenadierstraße mit den früheren Hausnummern.

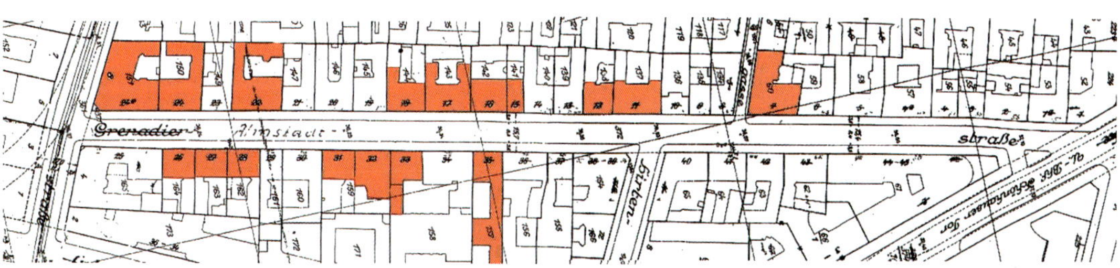

Almstadtstraße 1-3/ Münzstraße 8. Die schmucklose Straßenfassade lässt nichts von der großzügigen Ausstattung im Inneren ahnen.

chen Putzgliederung die teilweise noch vorhandenen Vormauerungen über den Fenstern und Gesimsen. Im Vorderhaus und im Seitenflügel sind zwei Holztreppen aus der Bauzeit erhalten. Ursprünglich waren auch im schlecht belichteten Souterrain Kleinwohnungen untergebracht.

Der Bauherr des 1848 errichteten Hauses Nr. 15 war der Fuhrherr Carl Ferdinand Hellriegel, dessen Familie das Fuhrgeschäft über einen langen Zeitraum betrieb. So sind 1882 Umbauten von dem Fuhrwerksbesitzer Otto Hellriegel ausgeführt worden.

Das nördliche Nachbarhaus Max-Beer-Straße 17 war ein Jahr zuvor entstanden, nämlich 1847. Aus dieser Zeit ist die Holztreppe mit den für diese Zeit charakteristischen Geländerstäben erhalten. Die heutige Fassadengestaltung ist das Ergebnis eines 1919 erfolgten Umbaus.

Almstadtstraße 5. In diesem Haus hatte um 1910 das jiddische „Theater des Centrums" seine Bühne.

DIE GRENADIERSTRASSE, HEUTE ALMSTADTSTRASSE

Die Wegeführung der ursprünglichen „Verlohrenen Straße" und späteren Grenadierstraße ist bereits zu Beginn des 18. Jahrhunderts verzeichnet und gehört mit zu den frühesten bebauten Straßenzügen der Spandauer Vorstadt. Die Grenadierstraße wurde in besonderer Weise Schauplatz jüdischen Lebens, als zu Beginn des 20. Jahrhunderts jüdische Emigranten aus Russland, Polen und Österreich-Ungarn nach Berlin kamen und sich in diesem Stadtteil ansiedelten. Von der historischen Bebauung sind noch siebzehn Wohnhäuser aus dem 19. Jahrhundert überliefert. Sie sind authentische Zeitzeugen des alten „Scheunenviertels".

158 Almstadtstraße 1-3 / Münzstraße 8 (ehemals Grenadierstraße 24 A / Münzstraße 23)

Die Eckhäuser Almstadtstraße 1-3 und Nr. 43, beide aus dem Baujahr 1866, markieren heute die Anfangs- und Endpunkte des historischen Bereiches der Grenadierstraße. Im Gegensatz zu den meist einfachen Wohnquartieren in der Straße ist das Eckgebäude des Rentiers Friedrich August Herold an der Münzstraße (früher Grenadierstraße 24A/ Münzstraße 23) deutlich aufwändiger ausgestattet. Die großzügig bemessene und von korinthischen Säulen getragene Treppenanlage im Aufgang Münzstraße ist kunstvoll gestaltet und verweist auf

Almstadtstraße 11.
oben links: Die Durchfahrt im Vorderhaus führt zum Treppenaufgang und war zugleich die Einfahrt zur Essigfabrik.
oben rechts: Die Fabriketagen der ehemaligen Essigfabrik werden heute als Büros genutzt.
unten links: Zeichnung zum Baugesuch von Essigfabrikant Otto Heinn für den Neubau seines Wohn- und Fabrikgebäudes, 1901.
unten: Fassade.

die früher teilöffentliche Nutzung des Hauses. Um 1900 waren das Bankgeschäft von L. Jacobsohn sowie ein jüdisches Mädchenstift neben Wohnungen von Händlern und Fabrikanten in diesem Gebäude untergebracht.

159 Almstadtstraße 9-11 (ehemals Grenadierstraße 22)

Der Essigfabrikant Otto Heinn ließ 1902 auf diesem Grundstück die bestehenden

Gebäude abbrechen und dafür ein neues Wohn- und Fabrikgebäude von dem Architekten, Maurer- und Zimmermeister Gustav Lanzendorf errichten, um das seit 1840 bestehende Familienunternehmen zu modernisieren. Auch bei dem Neubau spielte die traditionell enge Verbindung von Wohnfunktion im Vorderhaus und Fabrikation in den anschließenden Seiten- und Quergebäuden eine wichtige Rolle. Entsprechend ihrer Nutzung weisen die Gebäudeteile unterschiedliche Architekturformen auf. An der aufwändig mit Jugendstilornamentik dekorierten Vorderhausfassade ist das gequaderte Erdgeschoss mit hohen Rundbögen als Geschäfts- und Ladenetage gekennzeichnet. Weinblattmotive weisen auf das Gewerbe des Eigentümers, die seitlichen Erker scheinen wie das stilisierte Blattwerk organisch aus der Fassade heraus zu wachsen. Der Neffe von Franz Otto Heinn, W. Mantel, übernahm 1925 den Betrieb, ließ ihn mit der Aufstockung des linken Seitenflügels weiter ausbauen und ließ die von der Essigsäure zerfressenen Betriebseinrichtungen vollständig erneuern. Die Pläne fertigte wieder Gustav Lanzendorff.

Almstadtstraße 16. (ehem. Grenadierstraße 31). oben: Der Weg zu den chassidischen Gebetsräumen und Thoraschulen führte über diese Holztreppe. Auch an der Treppenhauswand sind unter dem Anstrich hebräische Aufschriften verborgen. unten: Wie weit kann Spurenerhalt gehen? Über das Mosaikpflaster im Hauseingang gehen die Bewohner seit 150 Jahren ein und aus.

Die Schadensaufnahme 1996 verzeichnete Verluste an der Putzornamentik und einen fehlenden Balkon. Die Schieferdeckung war durch Bitumenschindeln ersetzt. Wie schon 1925 waren die Geschossdecken der Fabrik durch die Einwirkung von Essigsäure stark geschädigt. Seit der erfolgreichen Instandsetzung 1998 widerspiegeln die fachgerecht gereinigten, weiß und türkis glasierten Verblendsteine der Hoffassaden mit ihrer sauberen und kühlen Atmosphäre das gepflegte Aussehen der Bauzeit.

160 Almstadtstraße 16 (ehemals Grenadierstraße 31)

Das Gebäude stammt noch aus der ersten Hälfte des 19. Jahrhunderts. Bauliche Details wie die Holztreppe mit dem spiralförmig geformten Antrittpfosten aus den Jahren um 1840 sowie handgeschmiedete Beschläge an einem Kreuzstockfenster und an einer Tür stammen aus der Zeit vor dem einschneidenden Umbau des damals zweigeschossigen Wohnhauses.
1864 erwarb es der Baumeister Carl Wilhelm Hoffmann, dem auch das Nachbarhaus gehörte. Die Aufstockung um ein zweites Obergeschoss, mit der die Umgestaltung der Straßenfassade und die eigenwillige Form des eingetieften Hauseingangs einhergingen, wurden von ihm veranlasst.
Darüber hinaus ist das Haus eines der wichtigen Zeugnisse jüdischen Lebens in der Grenadierstraße. Etwa seit 1920 waren hier und im Nachbarhaus Almstadtstraße 18 mehrere chassidische Gebetskreise und eine Thora-Schule untergebracht. Aus dieser Zeit sind an der Treppenhauswand hebräische Aufschriften, die als Wegweiser durch das Haus führten, unter den Anstrichen erhalten.

161 Almstadtstraße 18 (ehemals Grenadierstraße 32)

Das klassizistische Wohnhaus wurde von dem Baumeister Carl Wilhelm Hoffmann 1845 neu erbaut. Als Landbau-

Almstadtstraße 16. Aufnahme von 2002.

meister war Hoffmann am Bau des Neuen Museums tätig und maßgeblich an der Entwicklung von dessen Deckenkonstruktionen beteiligt. Darüber hinaus hatte er sozialreformerische Ambitionen. 1848 gründete er mit Victor Aimé Huber die gemeinnützige Berliner Baugesellschaft und setzte sich nach englischem Vorbild für den Neubau kleinerer Wohnungsbauten anstelle einer verdichteten städtischen Bebauung ein.

Sein Wohnhaus von 1845 folgt jedoch noch nicht diesem Ziel. Im Vergleich mit den Nachbarhäusern weist es sogar eine noch dichtere Überbauung der Grundstücksfläche auf. Die Gestaltung der Putzfassade folgt dem Vorbild Schinkelscher Bauten. Aus der Durchdringung der Wandvorlagen bildet sich ein formales Gerüst, welches die antikisierend geschmückten Fenster des ersten und zweiten Obergeschosses rahmt und eine klare tektonische Gesamtwirkung hervorruft. Der sparsame Schmuck besteht aus Palmetten an den segmentbogigen Verdachungen der Fenster. Die Fassade ist weitgehend original erhalten geblieben. Die innen liegende Treppen-

Almstadtstraße 18. oben: Die Fassade von 1845 gibt die gestalterische Intention von Baumeister Carl Wilhelm Hoffmann unverändert wieder. unten: Innen liegende Treppe.

anlage auf kreisförmigem Grundriss mit Oberlicht ist ein früher Vorgriff auf die Grundrissentwicklung im späten 19. Jahrhundert und bedeutet eine Besonderheit bei Wohnbauten aus dieser Zeit. Die Holztreppe ging nach einem Brand des Dachgeschosses 1919 verloren. Sie wurde mit massiven Stufen und eisernem Stabgeländer ersetzt.

Das Haus war Hauptsitz des 1917 gegründeten Talmud Thora e. V. Hier und im Nachbargebäude Nr. 16 gab es eine Thora-Schule und mehrere Gebetskreise, darunter das Radomsker und Gerer Stiblach, das Stibel des Kalischer Raw, das Stibel von Raw Liebermann und das Beth Hamidrasch Meradomsk. 1921 richtete Talmud Thora e. V. im Hochparterre ein Restaurant mit koscherem Fleischverkauf ein. An der südlichen Achse waren am Quadersockel noch lange hebräische Aufschriften lesbar. Sie überdauerten die Zeit des Nationalsozialismus und wurden erst nach 1970 gänzlich überstrichen.

162 Almstadtstraße 19 (ehemals Grenadierstraße 18)

Das viergeschossige Mietshaus gehört mit zu den ältesten Häusern in der ehemaligen Grenadierstraße. Die baulichen Details im Treppenaufgang um 1840 sind teilweise noch erhalten, wenn auch die neue Gestaltung und Farbgebung die authentische Wirkung des historischen Treppenaufganges etwas beeinträchtigen. Das linke Seitengebäude besitzt eines der wenigen erhaltenen Bohlenbinderdächer. Das originale, noch verhältnismäßig gut erhaltene Haustor aus der Bauzeit wurde bei der Sanierung leider durch einen kompletten Nachbau ersetzt.

163 Almstadtstraße 43 / Schendelgasse (ehemals Grenadierstraße 7)

Das 1866 erbaute Eckwohnhaus blieb als einziges Gebäude in der Schendelgasse, dem „Tor zum Scheunenviertel" erhalten. Die Hausgeschichte war wechselvoll wie das Schicksal der Grenadierstraße selbst. Um 1925 richteten die Fleischermeister Josef Süssmann und Samuel Krieger einen Schlächterladen im Erdgeschoss ein. Die dunklen Sockelfliesen am Schaufenster neben der Durchfahrt sind noch heute sichtbarer Beleg. Bis 1938 war Fleischer Süssmann Hauseigentümer und betrieb seinen Laden.

oben links: Almstadtstraße 19. Haustor von 1840. Bemerkenswert ist die Dreiteiligkeit der Anlage. Die mittige Schlupftür diente den Bewohnern als Zugang, die äußeren Flügel wurden nur für die Durchfahrt von Wagen geöffnet. Aufnahme von 1991.

Almstadtstraße 19. Das neu gefertigte Tor orientiert sich zwar an den Vorgaben seines Vorgängers, doch selbst die detailgenaue Kopie hat keinen historischen Zeugniswert. Aufnahme von 2001.

Unten links und rechts: Almstadtstraße 43. In der Schendelgasse überdauerte nur ein einziges Haus unversehrt Krieg und Nachkriegszeit. Aufnahme von 1997 und Zustand nach Instandsetzung und Ergänzung des zerstörten Obergeschosses. Aufnahme von 2002.

Im Ecklokal befand sich die Kneipe von Gastwirt Julius Miegel. 1943 lässt das Adressbuch den jüdischen Eigentümer ungenannt, stattdessen taucht der Verwalter F. Rogge auf. Auch der Schneidermeister Pinkus Korngut, ein Mieter im Haus, und der Bäcker Goldfarb, der seinen Backwarenladen unter die Aufsicht der Koscherkommission der jüdischen Gemeinde gestellt hatte, werden 1943 nicht mehr im Adressbuch geführt. Im Zweiten Weltkrieg wurde das Gebäude schwer getroffen. Ein dreiachsiger Bauteil an der Schendelgasse ging gänzlich verloren, das ausgebrannte Obergeschoss wurde abgetragen und der Rest mit einem Notdach abgedeckt. Bei der Instandsetzung 2000 wurden das fehlende Geschoss und das Dach wieder aufgebaut. Trotz der schwerwiegenden Schäden gelang es, die Reste der spätklassizistischen Stuckfassade original zu erhalten und das Fehlende in traditionell handwerklicher Technik zu ergänzen. Gegenüber dem historischen Bestand ist der neu aufgebaute Fassadenteil einfacher gestaltet, damit der zwischenzeitlich eingetretene Verlust für den Betrachter nachvollziehbar bleibt. Die Fragmente einer Aufschrift auf dem historischen Putz über der ehemaligen Fleischerei sind kaum mehr leserlich. Die Aufschrift „Zur kleinen Markthalle", ursprünglich für Filmaufnahmen aufgemalt, hat nichts mit der wirklichen Hausgeschichte zu tun.

STANDORT 14

ROSA-LUXEMBURG-PLATZ

Rosa-Luxemburg-Platz

Die Anziehungskraft Berliner Stadtplätze wird oft am Bekanntheitsgrad ihrer öffentlichen Gebäude gemessen, zumal wenn sie eine kulturelle Nutzung beherbergen. Unübersehbar beherrscht der Bau der „Volksbühne" den Mittelpunkt des Platzes. Weithin sichtbar verkündet allabendlich ein Transparent am Bühnenturm das aktuelle Programm und das übergroße Logo stellt sich in Form einer Bronzeskulptur dem Ankommenden in den Weg. Gegenüber im Kino „Babylon" von Hans Poelzig werden seit der Neueröffnung im Mai 2001 wieder Stummfilmklassiker gezeigt, begleitet von der restaurierten Kino-Orgel, ein nicht alltägliches Vergnügen.

Im Verlauf seiner hundertjährigen Geschichte wurde die Gestalt des Rosa-Luxemburg-Platzes maßgeblich von den Wendepunkten der deutschen Geschichte bestimmt. Bereits die zahlreichen Umbenennungen des Platzes spiegeln seine politische Bedeutung. Eingeweiht als Babelsberger Platz, hieß er von 1910 bis 1933 Bülowplatz, zwischen 1933 und 1945 Horst-Wessel-Platz, danach Liebknechtplatz, ab 1947 Luxemburg-

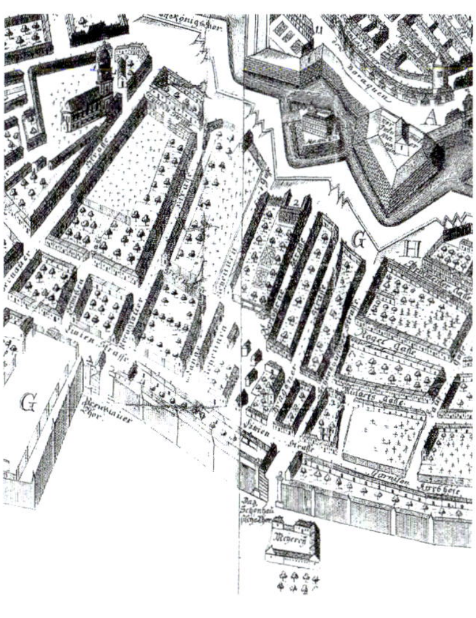

Ausschnitt aus dem Plan von J. F. Walther, 1737.

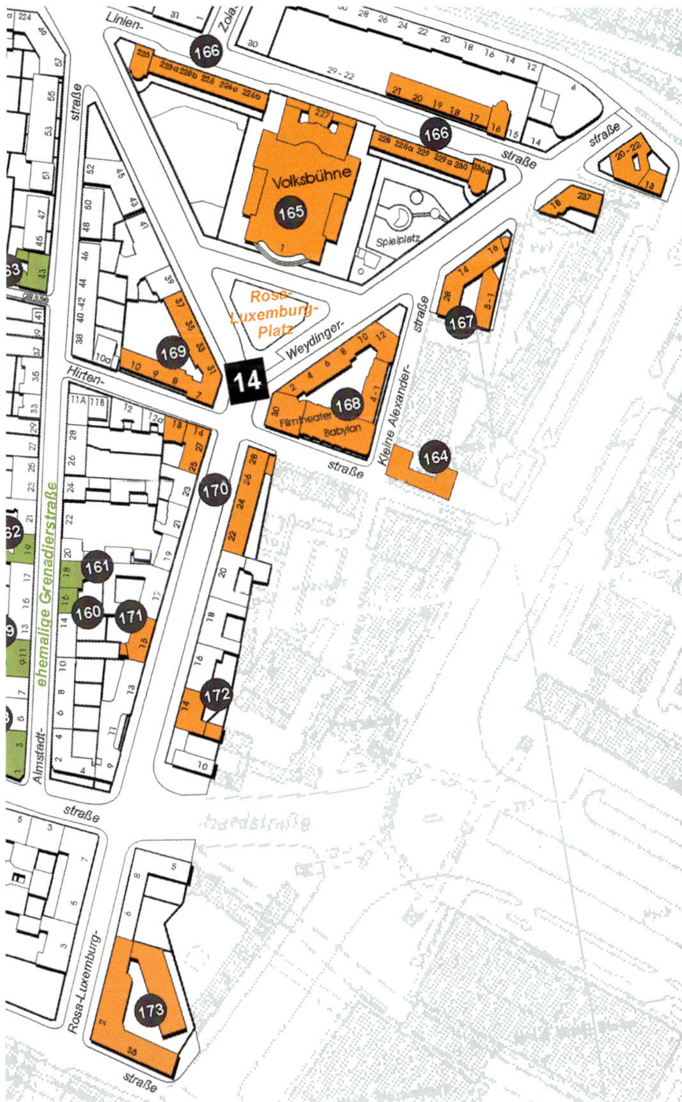

Rosa-Luxemburg-Platz. Im Gehweg sind die Spuren der geometrischen Pflasterung der Umgestaltung zum „Anmarschplatz" von 1935 sichtbar.

platz und schließlich, seit 1969 Rosa-Luxemburg-Platz.
Die großzügige Straßengabelung, die das historische Scheunenviertel zwischen der Almstadtstraße und der Bartelstraße durchschneidet, wurde zwischen 1890 und 1900 geplant und 1906-10 im Rahmen einer städtischen Neuordnung der Verkehrsführung realisiert. Damit verbunden war die Auflassung schlechter Wohnquartiere und die Verdrängung der dort ansässigen Bevölkerung.
1913-15 wurde mit dem Theatergebäude für die Volksbühne das bis heute den Platz dominierende Bauwerk errichtet. Erster Weltkrieg und Inflation unterbrachen die kontinuierliche Platzbebauung. Erst durch den wirtschaftlichen Aufschwung in der Weimarer Republik kam es 1925-29 mit der Planung und Ausführung der Bauten von Hans Poelzig zu einem weiteren Höhepunkt in der Platzgeschichte. Die ideologische Vereinnahmung durch die Nationalsozialisten führte 1934-38 zur Änderung des bisherigen Konzeptes. Aus der blumengeschmückten Rasenfläche wurde ein steinerner Aufmarschplatz. Nach dem Zweiten Weltkrieg 1948-54 zählten Volksbühne und Platz zu den ersten Wiederaufbauprojekten. Zu diesem Zeitpunkt erhielt der Platz auch seine bis heute erhaltene Freiraumgestaltung, die ganz auf die Volksbühne ausgerichtet ist. Promenadenwege führen durch parkartig umgestaltete, mit Sandsteinmauern eingefasste Grünbereiche. Die Vorfläche wurde entsiegelt und wieder begrünt. Das Konzept für die notwendige Instandsetzung orientiert sich denn auch an der überlieferten Fassung von 1954, in der Spuren früherer Gestaltungen aufgegangen und bewahrt sind.
Eindrucksvoll zeichnet sich die Geschichte des Platzes auch an seinen umliegenden Bauten ab. Ihre Eigenarten sind durch die Instandsetzung im Stadtbild bewahrt.

Hirtenstraße 4.

164 Hirtenstraße 4 – Ehemalige Gemeindeschule

Das städtebauliche Umfeld dieses ältesten Schulhauses in Berlin Mitte wurde durch die Neubauten an der Liebknechtstraße in den 1960er und 1970er Jahren sehr verändert. Die Gemeindeschule aus dem Jahre 1842 ist eines der letzten baulichen Zeugnisse aus dem alten „Scheunenviertel". An diesem Schulgebäude, das ursprünglich einen ganzen Baublock zwischen den einstigen Scheunengassen einnahm, lassen sich die geringen Abmessungen eines solchen Quartiers im „Scheunenviertel" noch letztmalig ablesen.
Die Putzfassaden besitzen ausgewogene klassizistische Maßverhältnisse. Sie werden von einem abgewalmten Satteldach abgeschlossen. Die beiden Treppenhäuser an der Hirtenstraße zeichnen sich mit ihren geschossübergreifenden Fenstern an der Fassade ab. Zugleich verbinden die Treppenhäuser das Vordergebäude mit den seitlichen Flügeln. Pfosten und Geländer der eingestemmten Holztreppen von 1842 sind in

einfachen und strengen Formen gehalten, ein durchbrochener Krümmling ändert die Richtung der Treppenläufe. Im Zusammenhang mit der Belichtung durch die geschossübergreifenden Fenster entsteht eine großzügige Raumwirkung.

165 Rosa-Luxemburg-Platz 1 – Volksbühne

Der Verein „Neue Freie Volksbühne" ließ 1913-15 einen eigenen Theaterbau von dem Architekten Oskar Kaufmann nach damals modernsten Gesichtspunkten auf der Mitte des Platzes und als Blickpunkt in der Achse der Rosa-Luxemburg-Straße (damals Kaiser-Wilhelm-Straße) errichten. Breiten Kreisen der Bevölkerung Kunst und kulturelle Bildung zu vermitteln, war das Anliegen des um 1895 gegründeten Vereins, wie die Widmung auf dem Architrav, „Die Kunst dem Volke", zum Ausdruck bringt. In dieser Hinsicht ist auch das bildkünstlerische Programm plastischer Figuren von Franz Metzner zu sehen. Sie stellen einen integrativen Bestandteil der Fassade dar. Einige Figuren sind im Schutz des Lichthofes noch unversehrt erhalten. Höhepunkte erlebte das Haus unter der Regie von Max Reinhardt und Erwin Piscator mit sozialkritischen Theaterstücken. Helene Weigel, Ernst Lubitsch und Hans Albers werden hier stellvertretend für viele große Schauspieler dieser Zeit genannt.

Nach Bombenangriffen am 20. November 1943 und am 26. April 1945 standen nur noch die Außenmauern der ausgebrannten Ruine. Der Wiederaufbau begann 1948 nach einem Wettbewerb, an dem sich unter anderem Hermann Henselmann beteiligte. Richard Ermisch

Volksbühne.
oben: Aufnahme von 1947.
Mitte: Aufnahme von 2002.
unten: Rangfoyer mit der Gestaltung von 1952-54.

und Hans Scharoun waren unter den Preisrichtern. Ausgewählt wurde der Entwurf von Hermann Fehling und Gustav Müller. Die 1948-54 nach Plänen der Architektengemeinschaft Fehling, Müller, Sobotka reduziert wiederhergestellte Fassade lässt die Außenarchitektur archaischer wirken, als ursprünglich von Kaufmann beabsichtigt. Die seitlichen Anbauten der ersten Wiederaufbauphase sind in Formen der Moderne gestaltet. Der weitere Wiederaufbau 1952-54 war dem Architekten Hans Richter übertragen worden, der vor allem bei der Innenraumgestaltung die in dieser Zeit von der DDR-Regierung geforderten Formen der neuklassizistischen Tradition umsetzte. So verzichtete man auch auf den Figurenschmuck von Franz Metzner. Der Zuschauerraum und seine Ränge mit intarsiengeschmückten Wandtäfelungen, Marmorbekleidungen und vergoldeten Stuckdekorationen zählen zu den bedeutenden Zeugnissen der Innenarchitektur aus der stalinistischen Ära der DDR.

166 Linienstraße 16-21, 225-226B und 228-230A

1935 war mit den beiderseits der Volksbühne errichteten Wohnbauten von Richard Ermisch die Randbebauung des Platzes abgeschlossen. Die Linienstraße fassen seither symmetrisch angeordnete, pavillonartige Torhäuser ein, die entlang der Straßenflucht auf gewölbten Arkaden ruhen. Die Flügelbauten setzen auf eine eigene, anspruchsvolle Gestaltung, ordnen sich aber dennoch dem Theater als Platzmittelpunkt unter. Das Attikageschoss mit halbkreisförmigen Fensteröffnungen zitiert Architekturformen des Theaterbaus von Oskar Kaufmann, die gerundete Form der seitlichen Pavillons stellt einen Bezug zur geschwungenen Eingangsfront der Volksbühne her. Die Wohnzeilen wurden bereits „serienmäßig" mit Luftschutzräumen ausgestattet.

Linienstraße 225 bis 226b. Blick von der Weydingerstraße in die Linienstraße mit der von Richard Ermisch 1935 gestalteten Torhaussituation als Auftakt für seine Wohnbauten.

167 Kleine Alexander Straße 28/ Weydinger Straße 14-16 – Karl-Liebknecht-Haus

Die wechselvolle Bau- und Nutzungsgeschichte des Karl-Liebknecht-Hauses reflektiert mehr als andere Bauten die Geschichte des Rosa-Luxemburg-Platzes. Politische Umbrüche waren immer mit Umbauten und einer Veränderung des äußeren Erscheinungsbildes verbunden. Bereits 1910 war die noch unbebaute Platzanlage fertiggestellt. Die Krise der Bauwirtschaft in der Vorkriegszeit verhinderte jedoch den von der Stadtgemeinde Berlin geplanten, zügigen Verkauf der Parzellen mit insgesamt rund 32.000 Quadratmetern an private Bauherrn und eine kontinuierliche Bebauung. Realisiert wurden städtische Infrastrukturen wie die von Alfred Grenander gestaltete und 1913 eröffnete U-Bahnstation „Schönhauser Tor" und damit der Anschluss an die erste U-Bahnstrecke unter dem historischen Stadtzentrum.

Zu den wenigen Investoren in dieser ersten Zeit gehörte der Kaufmann Rudolph Werth, der 1912/13 ein Geschäftshaus für seine Berliner Türschließerfabrik „Schuberth & Werth" erbauen ließ. 1926 erwarb die KPD das Haus. Sie veranlasste erste Umbauten der Etagenfabrik für die Nutzung durch das Zentralkomitee der KPD und weitere Parteiorgane wie die Redaktion „Rote Fahne". Nach der Regierungsübernahme durch die Nationalsozialisten 1933, der die

Kleine Alexander Straße 28/Weydinger Straße 14-16. Karl-Liebknecht-Haus. Aufnahmen von 1925, 1932, 1935, 1950.

Enteignung der KPD folgte, wurde das Haus in „Horst-Wessel-Haus" umbenannt und auf Anordnung des Preußischen Finanzministers als Behördenhaus für Berliner Katasterämter unter der Leitung von Baurat Fritz Keibel erneut umgebaut. Die Geschäftshausfassade von 1913 erhielt nach Entfernen der Bauornamentik einen glatten hellen Putz entsprechend den nationalsozialistischen Vorgaben für die sogenannte „Bereinigung des Berliner Stadtbildes". Im Zweiten Weltkrieg stark zerstört, wurde das Karl - Liebknecht - Haus 1946 auf Befehl des sowjetischen Militärkommandanten der SED übereignet. Die Wiederaufbaupläne 1948-50 stammen von dem Architekten Hans Schlüter. Für das geplante Gäste- und Bürohaus des Zentralkomitees der SED wurde aus verschiedenen Entwurfsvarianten, die auch Formen der Moderne einschlossen, schließlich eine neuklassizistische Gestaltung gewählt, wie sie für die frühen 1950er Jahre in DDR typisch war. Die mehrschichtige Überlagerung der Strukturen aus den unterschiedlichen Nutzungsphasen des Hauses ist wichtiges Zeugnis der politischen Geschichte, deren bauliche Spuren bewahrenswert sind.

168 Rosa-Luxemburg-Straße 30 – Wohnbebauung mit Kino „Babylon"

Nach dem ersten Weltkrieg und der Inflation ruhten die weiteren Planungen für die Gestaltung des Rosa-Luxemburg-Platzes. Erst im Ergebnis eines städtebaulichen Wettbewerbes wurde nach einem Gesamtentwurf von Hans

Rosa-Luxemburg-Straße 30. Kino Babylon. Erdgeschossgrundriss.

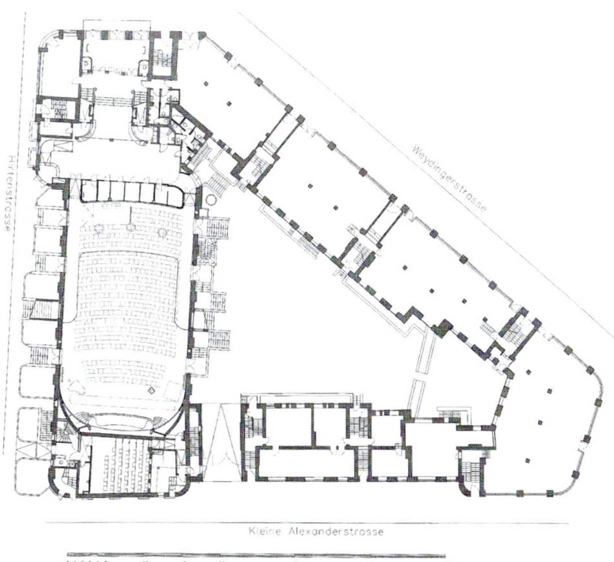

Rosa-Luxemburg-Straße 30. Babylonblock.

Vogelschau auf den Rosa-Luxemburg-Platz mit dem Babylonblock im Vordergrund. Aufnahme von 1990.

Poelzig die Platzrandbebauung mit 170 Wohnungen und etwa 80 Läden 1928/29 realisiert. Poelzigs Verdienst ist es, dass er sich nicht auf den Platz als Abschluss der Kaiser-Wilhelm-Straße beschränkte, sondern die neuen Knotenpunkte am Schönhauser und Prenzlauer Tor als Beginn zweier Hauptstraßenzüge nach Norden in seine Planungen mit einbezog.

Von den Zerstörungen des Zweiten Weltkriegs blieben der „Babylonblock" und zwei Eckbebauungen an der Weydinger Straße 18/Linienstraße 237 und Weydinger Straße 20-22/Linienstraße 13 verschont. Mit ihnen schloss Poelzig an die bestehende Stadtstruktur an. Sie bilden heute das einzige erhaltene Bauensemble, das es von diesem bedeutenden Architekten in Berlin gibt.

Das Kino Babylon wurde 1928/29 als größtes Uraufführungskino des Berliner Ostens - als Teil eines Wohnblocks - nach Entwurf des Architekten Hans Poelzig errichtet und am 11. April 1929 mit dem Stummfilm „Fräulein Else" von Paul Czinner, mit Elisabeth Bergner und der szenischen Ballettaufführung „Alexander Oumansky" eröffnet. Es ist eines der wenigen erhaltenen historischen Urauf-

führungskinos, dessen Entstehung noch in die Stummfilmära fällt. Erhalten hat sich hier, als unschätzbare Besonderheit, die ursprüngliche Kinoorgel, die heute wieder voll funktionfähig ist. Das Kino bietet damit die einmalige Möglichkeit, Stummfilme authentisch aufzuführen.
Zu welchen Umbauten der bereits kurz nach Eröffnung des Kinos einsetzende Siegeszug des Tonfilms geführt hat - im Eröffnungsjahr des Babylon, 1929, wurde am Kurfürstendamm, im Gloria-Palast, der erste Tonfilm, „The Jazz Singer" uraufgeführt - ist heute nicht mehr nachvollziehbar. Aus Stummfilmzeiten stammt, neben der bereits genannten Orgel, auch das ursprüngliche Bühnenportal. Im zweiten Weltkrieg wurde das Kino nur leicht beschädigt und nach Umbau und Renovierung im Mai 1948 wieder eröffnet. Eine weitere grundlegende Überformung des Kinosaales erfolgte 1951/52 in Folge der Neuorientierung der Architektur der DDR.
Bereits vor dem 3. Oktober 1990, also noch vor der Wiedervereinigung, engagierte sich die Initiative Berliner Filmkunsthaus Babylon (seit 1.1.1991 eingetragen als Verein Berliner Filmkunsthaus Babylon e.V.) für die Erhaltung des Babylon als Filmkunsttheater und für dessen Instandsetzung und Restaurierung.
Durch den Bruch einiger Dachbinder im August 1993, den zu befürchtenden Einsturz der Saaldecke und die daraufhin erfolgte Schließung bzw. Sperrung des Kinosaales wurden die Diskussion und begonnene Planung sowie Finanzierungüberlegungen zurückgeworfen. Unabhängig von den Überlegungen zur Gesamtfinanzierung wurde 1994 die von der Schließung des großen Saales nicht betroffene Kinoorgel mit der finanziellen Unterstützung des Landesdenkmalamtes instand gesetzt und restauriert. Mit finanzieller Unterstützung der Europäischen Kommission konnten 1996 das Vordach und der Eingangsbereich wiederhergestellt werden. Die Finanzierung der inzwischen abgeschlossenen Instandsetzung und Modernisierung des Kinos und des Kinosaales wurde aus Mittel des Sonderprogrammes Städtebaulicher Denkmalschutz und aus Lottomitteln unterstützt.
Am 2. Mai 2001 wurde das Kino Babylon in Berlin-Mitte wieder eröffnet.
Das Foyer erstrahlt heute wieder in der nach Befund wiederhergestellten sachlichen Gestaltung und kräftigen Farbgebung, wie es 1929 auf Grundlage der Entwürfe von Hans Poelzig ausgeführt war. Der große Saal ist in der überkommenen Umgestaltung der 1950er Jahre erhalten und restauriert und zeigt den qualitätvollen Formwillen der Nachkriegszeit. Auch wenn die ursprüngliche Ausstattung des Kinosaales von Hans Poelzig unzweifelhaft von großer

Rosa-Luxemburg-Straße 30. Die Treppenhäuser sind in der von Hans Poelzig entworfenen Farbigkeit restauriert.

Rosa-Luxemburg-Straße 30. Babylonblock.

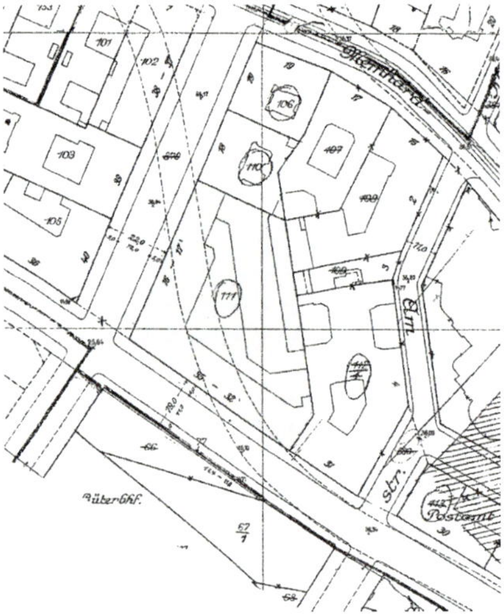

Rosa-Luxemburg-Straße 2-4. Lageplan mit Kennzeichnung des U-Bahntunnels unter dem Haus. Ausschnitt aus der Stadtkarte von 1935.

172 Rosa-Luxemburg-Straße 14

Der Vorliebe des Kaisers für mittelalterliche Architektur entspricht das 1908/09 an der damaligen Kaiser-Wilhelm-Straße errichtete Wohn- und Geschäftshaus des Likörfabrikbesitzers C. A. F. Kahlbaum. Das Quadermauerwerk der Fassade ist betont schroff gestaltet und steht im Kontrast zu den filigranen Unterteilungen der einzelnen Fenstergruppen. Die Brüstungsfelder und der gesprengte Giebel über dem Eingang sind mit Bauplastik geschmückt. Die Fenster mit Dreipass- oder Kleeblattbögen assoziieren mittelalterliche Architektur.
Dem repräsentativen Charakter der Fassade wird auch die überwiegend in Formen des Jugendstils gehaltene Ausstattung des Treppenhauses gerecht. In die Füllungen des Geländers aus Eichenholz sind florale Motive geschnitzt. Der in das Treppenauge eingebrachte, historische Aufzug mit einer schmiedeeisernen Tür wurde durch eine moderne transparente Konstruktion an gleicher Stelle ersetzt.

173 Rosa-Luxemburg-Straße 2-4 / Dircksenstraße 35

Alfred Grenander, Architekt zahlreicher U-Bahnhöfe und Gestalter der Innenausstattung der U-Bahnwaggons, entwarf 1928-30 auch das Verwaltungsgebäude der Berliner Nord-Südbahn AG. Der siebengeschossige Bau, im Zusammenhang mit der Untergrundbahn von Gesundbrunnen nach Neukölln errichtet, steht direkt über dem U-Bahntunnel. Mehrfach abgewinkelt umschließt er das im Hof liegende Umformerwerk. Über die reine Zweckbestimmung hinaus gelang Grenander damit ein städtebaulicher Akzent an der Kreuzung von Kaiser-Wilhelm- und Dircksenstraße. Neben den Bauten von Peter Behrens am Alexanderplatz und Hans Poelzig am Rosa-Luxemburg-Platz ist Grenanders Bauwerk als entscheidender Beitrag zum Neuen Bauen in Berlin Mitte zu werten. Die mit Muschelkalk verkleideten Pfeiler und Stürze der Stahlskelettkonstruktion fassen die beiden unteren Etagen optisch zusammen. Die darüber liegenden Bürogeschosse erhalten durch die breit gelagerten Fenster und die roten Klinkerbänder eine Betonung der Horizontalen. Während klare einfache Formen und strenge Umrisslinien den Außenbau bestimmen, ist das Treppenhaus mit dem schwungvollen Lauf der massiven Treppe und dem filigranen Geländer dynamisch gestaltet.

Rosa-Luxemburg-Straße 2-4. Ehemaliges Verwaltungsgebäude der Nord-Südbahn AG, 1928-30 von Alfred Grenander.

Marlies Newerla

BUND-LÄNDERPROGRAMM „STÄDTEBAULICHER DENKMALSCHUTZ"

Angesichts des drohenden Verlustes von bau- und kulturhistorisch wertvoller und unersetzlicher Bausubstanz in den neuen Bundesländern, die sich, wie sich nach der Wende zeigte, verbreitet in einem beklagenswerten baulichen Zustand befanden, wurde 1991 durch die Bundesregierung in Abstimmung mit den Ländern das Förderungsprogramm „Städtebaulicher Denkmalschutz zur Sicherung und Erhaltung historischer Stadtkerne" beschlossen.

Die Realisierung dieses Programms zielt auf die Rettung von Baudenkmalen sowie denkmalpflegerisch und städtebaulich wertvoller Ensembles. Die Fördermittel ermöglichen es, einzelne Gebäude und historische Altbauquartiere aus unterschiedlichen Epochen in besonderer architektonischer und denkmalpflegerischer Qualität zu erhalten, behutsam zu erneuern und somit zukünftigen Generationen zu überliefern. Ziel ist es aus Respekt vor dem Bestehenden die notwendige Entwicklung der Städte weiterzuführen, um sie lebenswert zu erhalten und zu gestalten. Künftige Generationen sollen in die Lage versetzt werden der heutigen Generation den gleichen Respekt für die Erhaltung der historischen Bausubstanz entgegenzubringen, wie wir das heute tun.

Die Programmmittel können eingesetzt werden, wenn für die Gebiete, die mit dem Bund abgestimmt sind, ein Beschluss über den Erlass von Rechtsverordnungen nach § 172 Baugesetzbuch (Erhaltungssatzung) vorliegt. In Berlin sind das die Gebiete Spandauer Vorstadt und Rosenthaler Vorstadt in Berlin-Mitte, die Altstadt Köpenick, die Kietzer Vorstadt, Friedrichshagen/Bölschestraße und das Wohngebiet Oberschöneweide in Berlin-Treptow/Köpenick sowie die Victoriastadt in Berlin-Lichtenberg.

Neben der Sicherung, Instandsetzung und Modernisierung erhaltenswerter Gebäude, Ensembles oder sonstiger baulicher Anlagen von geschichtlicher, künstlerischer oder städtebaulicher Bedeutung können die Fördermittel aber auch für die Erhaltung und Umgestaltung von städtebaulich oder denkmalpflegerisch bedeutenden Straßen- und Platzräumen eingesetzt werden.

Das Programm „Städtebaulicher Denkmalschutz" ist gleichzeitig integraler Bestandteil der behutsamen und sozialen Stadterneuerung in Berlin. Die in diesem Programm erneuerten Wohngebäude werden in der Regel zeitgemäß mit Heizung, Innentoilette und Bad ausgestattet. Somit sind Bewohner, Eigentümer, aber auch Betrachter gleichermaßen Nutznießer der Förderung.

Ebenso hervorzuheben ist die Sozialverträglichkeit des Programms: Sozialverträgliche Mietgestaltung, Durchführung der Baumaßnahmen im Einvernehmen mit den Mietern, Mitsprache der Betroffenenvertretung und Mieterberatung, keine Verdrängung der Bewohner aus den Stadtteilen.

Die durch dieses Programm in den Gebieten erreichten Ergebnisse wirken vorbildhaft auf viele Eigentümer, auf Investoren, auf die Kommunen, aber auch auf die Bewohner bei der Erneuerung der Häuser, Straßen und Plätze in Abstimmung mit der Denkmalpflege gleichermaßen behutsam mit den historischen Details umzugehen. Das Programm trägt in erhöhtem Maße dazu bei, die Identifikation der Bewohner mit Ihrem Quartier zu wahren und zu fördern.

Das zeigt sich im Besonderen in der Tatsache, dass z. B. im Gebiet der „Spandauer Vorstadt" nach letzten Erhebungen nur ein Leerstand von zwei Prozent zu verzeichnen ist (Berlin gesamt sechs Prozent; andere neue Bundesländer bis zu zwanzig Prozent). Die Bewohner genießen ihren neuen, alten Kiez und leben sehr gern hier.

Nach 10 Jahren Programmdurchführung sind sichtbare Zeichen der Stadterneuerung und der Denkmalpflege in den vorgenannten Gebieten gesetzt worden: Von 1991-2000 wurden bzw. werden 390 denkmalpflegerisch wertvolle Gebäude instand gesetzt und modernisiert.

Besondere Höhepunkte bisher waren z.B.

- ***in der Spandauer Vorstadt*** die Neue Schönhauser Straße und die Tucholskystraße, wo sich in wiederhergestellter Form ein geschichtsträchtiges Haus neben dem anderen wie auf einer Perlenschnur aneinander reiht oder die Wiederherstellung des von Hans Poelzig erbauten Kinos „Babylon" am Rosa-Luxemburg-Platz einschließlich der angrenzenden Wohngebäude (Babylonblock);

- ***in Berlin-Treptow/Köpenick*** die Altstadt Köpenick mit ihren wertvollen Ensembles in den Straßenzügen Alt-Köpenick und Katzengraben; die Kietzer Vorstadt mit ihrer historischen Bebauung aus dem 18. und 19. Jahrhundert oder in Berlin-Friedrichshagen die Bölschestraße mit ihren 26 einzigartigen Baudenkmalen;

- ***in Berlin-Lichtenberg*** neben vielen Häusern die Wiederherstellung des Tuchollaplatzes als moderner Stadtplatz unter Einbeziehung historischer Strukturen und Einzeldetails.

Mit den Fördermitteln werden über die Erneuerung der Gebäude hinaus aber auch eine Reihe weiterer wirtschaftlicher Effekte erzielt, die nicht unerwähnt bleiben können:

- durch die bereits genannte Vorbildwirkung dieses Programms geht eine große Initialwirkung für private Investitionen in den Gebieten aus, wobei sich Eigentümer und Investoren bemühen, in der gleichen Art und Weise behutsam mit den historischen Gebäuden und Anlagen umzugehen;
- durch die Bereitstellung der Fördermittel werden in großem Umfang Arbeitsplätze im lokalen Handwerk und der einheimischen mittelständischen Wirtschaft gesichert (der Einsatz von Generalübernehmern ist nicht erlaubt);
- es zeigen sich aber auch andere Beschäftigungseffekte, wie z. B. die Erhöhung der Ausbildung in speziellen Handwerkstechniken und -berufen;
- nicht zuletzt schafft dieses Programm auch Arbeitsplätze im innovativen Bereich, da die Anforderungen, schonende Untersuchungsmethoden oder Verfahren zu entwickeln, Technik-Innovationen und neue Arbeitsfelder nach sich ziehen.

Die überzeugende Qualität, die bei der Baudurchführung der Objekte im Programm „Städtebaulicher Denkmalschutz" erreicht wurde, ist 1998 mit einem 1. und zwei 2. Preisen beim Bundespreis für Handwerk und Denkmalpflege gewürdigt worden. In dem Wettbewerb der BHU „Fassaden gestalten – Baukultur erhalten" wurden 1992 zwei Objekte als Bundessieger ausgezeichnet. Im Jahr 2000 hat die Maler- und Lackiererinnung Berlin zwei Objekte (mit einem 2. Platz und einem 3. Platz) ausgezeichnet.

Die Bedeutung des Programms wird auch bundesweit dadurch unterstrichen, dass die Deutsche Stiftung Denkmalschutz in Abstimmung mit dem Bundesministerium für Verkehr, Bau- und Wohnungswesen bereits zum zweiten Mal einen Bundeswettbewerb „Leben in historischen Innenstädten und Ortkernen – Zukunft für urbane Zentren und Räume" für die Jahre 2001/02 ausgelobt hat, an dem sich Berlin mit den Ergebnissen der denkmalpflegerischen Erneuerung in der Spandauer Vorstadt in Berlin-Mitte und in der Bölschestraße in Berlin- Friedrichshagen beteiligt.

Es bleibt zu hoffen, dass das Programm „Städtebaulicher Denkmalschutz“ auch in seinem seit 2002 verringerten Umfang weiterhin erfolgreich verläuft. Denn alle, die sich des städtebaulichen Denkmalschutzes und der historischen Bauten annehmen, betreiben keine Stabilisierung konservativer Ideen, sondern leisten einen aktuellen Beitrag zur Verbesserung der Wohn- und Lebensbedingungen in den Städten, besonders in den Innenstädten.

Alte Schönhauser Straße nach Süden.

Eva-Maria Eichler

DER DENKMALGESCHÜTZTE STADTGRUNDRISS DER SPANDAUER VORSTADT ALS KONFLIKTPOTENTIAL

„Die Spandauer Vorstadt zeichnet sich durch eine über drei Jahrhunderte reichende Bebauung, deren relativ hohes Alter, große Geschlossenheit und zum Teil guter Erhaltungszustand in Berlin einzig sind, aus. Hinzu kommt ein aus dem späten 17. und frühen 18. Jahrhundert überliefertes Wege- und Straßennetz, das in dieser Ausdehnung und ungestörten Form in Berlin ebenfalls einmalig ist. Aufgrund ihrer besonderen Bedeutung wurde die Bebauung der Spandauer Vorstadt als Denkmalbereich in die Denkmalliste aufgenommen. Bebauung und Straßennetz bilden hierbei eine homogene Einheit. Als integrale Bestandteile der Spandauer Vorstadt sind die Flächen des historischen Straßennetzes mit der Bebauung der Spandauer Vorstadt eng verbunden. Sie unterliegen daher zusammen mit den Gebäuden dem Denkmalschutz."[1]

Der Stadtgrundriss spannt sich zwischen die seit dem Mittelalter bestehenden Wegeverbindungen, die Berlin über die ehemals zur Berliner Feldmark gehörende Spandauer Vorstadt mit den nördlich gelegenen Ortschaften verbanden und die sich zu Ausfallstraßen entwickelten: die Oranienburger Straße nach Spandau, die Große und Kleine Hamburger Straße nach Ruppin bzw.

Rosa-Luxemburg-Platz. Luftbildaufnahme, um 1930.

[1] SenStadt, LDA, Inventarisierung vom 29.09.1987.

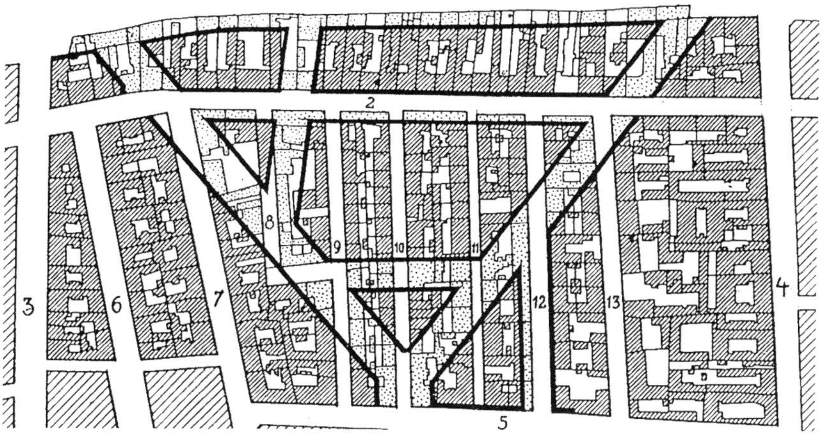

weiter nach Hamburg, die Rosenthaler Straße nach Rosenthal und die Alte Schönhauser Straße nach Schönhausen. Mit der Entwicklung und Besiedlung der Vorstadt Ende des 17. Jahrhunderts wurden das Bauland parzelliert und neue Straßen abgesteckt wie z.B. 1705 die Auguststraße (ehemals Hospitalstraße), 1699 die Gormannstraße (ehemals Laufgasse) und 1730 die Große Präsidentenstraße. 1705 war als nördliche Begrenzung der Spandauer Vorstadt die Palisadenumwehrung an der späteren Linienstraße angelegt worden.

Als nennenswerte spätere städtebauliche Eingriffe sind lediglich Mitte des 19. Jahrhunderts die Anlage der Krausnickstraße, der Durchbruch und die Verbreiterung der Tucholskystraße zwischen Torstraße und Linienstraße sowie 1906-10 der radikale Durchbruch der Nord-Süd-Achse (ehem. Kaiser-Wilhelm-Straße, heute Rosa-Luxemburg-Straße) in das historische Gassengeflecht des ehemaligen Scheunenviertels erfolgt.

Die Erschließung der Spandauer Vorstadt mit öffentlichen Verkehrsmitteln, seit 1871 die Große Berliner Pferdebahn (später Straßenbahn), 1880-1913 die U-Bahn sowie das größere Verkehrsaufkommen insgesamt, erforderten die durchgängige Anlage von Gehwegen und einigen Mittelinseln an den Knotenpunkten.

Zusammenfassend kann man sagen, dass das heutige Straßennetz sowie die Aufteilung des Straßenraumes im Wesentlichen noch der in den vorliegenden Vermessungsplänen von 1900 bis 1913 dokumentierten Situation entspricht.

Die vorrangig zwischen 1875 und 1900 erneuerten Straßenprofile bestimmen bis heute die Straßenführung und insbesondere die Gehwegbeläge.

Zum Schutzgut zählen neben den überlieferten, die Spandauer Vorstadt besonders prägende, geradlinigen Straßenbordführungen die unterschiedlichen Straßenbreiten und die Befestigungen der Straßen.

So findet man auf Gehwegen überwiegend bauzeitliche Granitborde, Granitplattenbeläge und Bernburger Kalksteinmosaikpflaster. Überlieferte Sondersituationen zeigen sich bei Gebäuderücksprüngen an Friedhöfen und Gehwegüberfahrten.

Ausgehend von dem reichen historischen Bestand ist das denkmalpflegerische Ziel bei Straßenplanung und -bau (sinnfälligerweise in der Fachsprache der Tiefbauer als „Straßenneubau" bezeichnet) die Erhaltung des charakteristischen Erscheinungsbildes und der städtebaulichen Eigenart.

Im Einzelnen sollen erhalten werden:

- überlieferte Materialien, d. h. Kleinmosaikpflaster und Granitplatten (ohne Kantenbegradigung und Planmeißelung)

Straßenplanung des Berliner Magistrats für das Scheunenviertel 1899.

Aufpflasterung vor dem St. Hedwig-Krankenhaus.

- Sondersituationen in Toreinfahrten, an Gebäuderücksprüngen und Friedhöfen
- historische Straßenprofile in ihrer Durchgängigkeit, Linearität und Bordführung.

Notwendige Ergänzungen sollen materialgerecht ausgeführt werden.
In besonderen Fällen sind aus der fachlichen Sicht der Denkmalpflege auch Ausnahmen möglich. Zum Beispiel unumgängliche Gehwegvorstreckungen am Knoten Tucholskystraße/Linienstraße werden gestalterisch so gelöst, dass die alten Borde ablesbar in Originallage erhalten bleiben und die Gehwegvorstreckungen deutlich als Hinzufügung erkennbar sind.

Eine andere Sondersituation stellt der Bau des behindertengerechten Zugangs zum Hedwig-Krankenhaus in der Großen Hamburger Straße dar. Hier wurde die Höhendifferenz durch eine Anböschung ausgeglichen. In der Durchfahrt ist die originale Lage ablesbar.
Grundsätzlich gehen wir davon aus, dass die Funktion der Straße neben Belangen des Denkmalschutzes auch den Anforderungen als Aufenthaltsort für Gehbehinderte und Fußgänger genügen muss.
So gilt es, gemeinsam mit allen Beteiligten geeignete Kompromisse zu finden.
Leider gab es in der Vergangenheit häufig keine Lösungen, die dem denkmalpflegerischen Anspruch an die bauliche Entwicklung der Straße gerecht werden. Welche Auswirkungen bisher ausgeführte „Straßenneubauten" haben, zeigt sich an folgenden Beispielen:

- erhebliche Entstellung des Straßenraumes durch die Ausbildung von DIN-gerechten Kreuzungsvorstreckungen und Ausbildung von Parktaschen in der Weinmeisterstraße bis hin zur Kreuzung von Alter und Neuer Schönhauser Straße.
  Problematisch ist auch die Verwendung von neuen Materialien.
- Gehwegvorstreckungen am Koppenplatz und an der Großen Hamburger Straße/Auguststraße.

Parktaschen in der Weinmeisterstraße.

Aktuelle Planungen sehen vor, untergeordnete Straßen, die in die Linienstraße einmünden, baulich abzutrennen und somit die historisch gewachsenen Straßenverbindungen zu zerstören. Diese nur für die Fußgänger sinnvolle Lösung stellt aus denkmalpflegerischer Sicht einen massiven Eingriff in das überlieferte Straßensystem dar.
Um derartige, nicht denkmalgerechte Maßnahmen zu vermeiden, muss ein Gesamtkonzept mit flächendeckender Bestandsaufnahme und daraus abgeleitetem Maßnahmenkatalog erarbeitet werden.
Mehrkosten gegenüber durchschnittlichen Straßenbauten könnten durch die Wiederverwendung erhaltener Materialien sowie durch Zusatzfinanzierung aus dem Programm „Städtebaulicher Denkmalschutz" gedeckt werden.

Andreas Nachama

EIN JÜDISCHES QUARTIER IN BERLIN

Als am 28. Februar 1993 mehrere hundert Berliner zusammenkamen, um in Berlin-Mitte an den 50. Jahrestag des Protests[1] der Frauen in der Rosenstraße zu erinnern, kamen sie an einer Freifläche hinter einem in den 1970er Jahren errichteten Häuserblock zusammen, der nicht erkennen ließ, dass dort über annähernd zweieinhalb Jahrhunderte d i e Berliner Synagoge stand. Nachdem nun der komplizierte Prozess der Rückübertragung für die Grundstücke in der Rosenstraße und der ehemaligen Heidereutergasse abgeschlossen ist, sind dort das bereits zu DDR-Zeiten in Auftrag gegebene Denkmal von Ingeborg Hunzinger aufgestellt und ein kleiner Teil des Grundrisses der Alten Synagoge sichtbar gemacht worden. Zuvor hatten Grabungen ergeben, dass noch ein Teil des Grundmauerwerks im Boden liegt.

Das am 14. September 1714 eingeweihte Bethaus in der ehemaligen Heidereutergasse wurde seit den 70er Jahren des 19. Jahrhunderts „Alte" Synagoge

1 Nathan Stoltzfus, Widerstand des Herzens: der Protest in der Rosenstraße und die deutsch-jüdische Mischehe, in: Geschichte und Gesellschaft: Zeitschrift für Historische Sozialwissenschaft; 21(1995)2, S. 218-247. Gernot Jochheim, Frauenprotest in der Rosenstraße: „Gebt uns unsere Männer wieder", Berlin 1993.

Oranienburger Straße 30. Neue Synagoge.

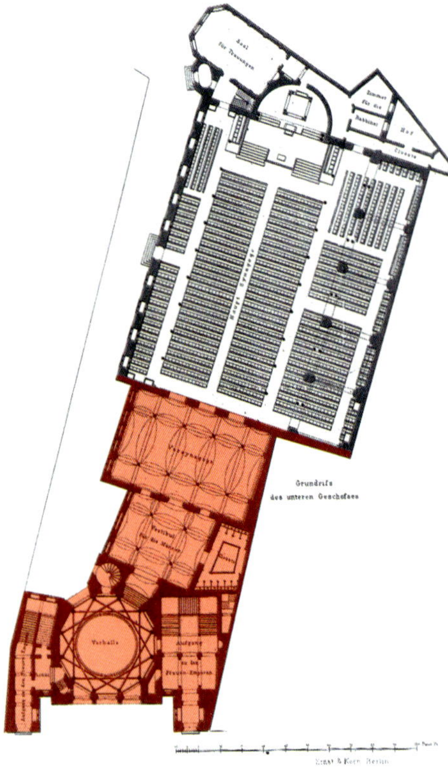

Oranienburger Straße 30. Neue Synagoge, Grundriss des Erdgeschosses mit Kennzeichnung des wieder aufgebauten Teiles der Synagoge.

Oranienburger Straße 30. Neue Synagoge.

genannt, nur einige Straßenzüge entfernt war 1866 die sogenannte „Neue Synagoge" in der Oranienburger Straße eingeweiht worden. Ebenfalls wenige Minuten entfernt liegt jenes Quartier, das in der neueren Literatur wieder unbefangen als „Scheunenviertel"[2] bezeichnet wird, das stadtgeschichtlich gesehen wohl besser als Spandauer Vorstadt bezeichnet werden sollte und das „alte" Berliner Juden in Teilen „Finstere Medine" nennen. Die meisten Menschen dieses Viertels sind in der Schoa systematisch ermordet worden. „Die Jüdische Gemeinde von Groß-Berlin", später die Jüdische Gemeinde Berlin in der Hauptstadt der DDR, hatte zwar ihre Hauptverwaltung, ihr Kulturzentrum und eine Anfang der 1970er Jahre eingerichtete Bibliothek in der Oranienburger Straße 28, aber es blieb ein auf wenige Köpfe beschränktes, dem Andenken an die von den Nationalsozialisten Ermordeten verschriebenes jüdisches Dasein. Eine Lebenswelt wie ein Friedhofstein, dessen Aufheben ein Stück Schmerz bedeutete. All dies wurde in jenem Dreivierteljahr, das dem 9. November 1989 folgte, seinem Dornröschenschlaf entrissen. Jetzt stehen die Gebäude wieder für die Nutzung durch eine wachsende und in ihrer Art lebendige jüdische Gemeinde: die Schule in der Großen Hamburger Straße, die Gebäude in der Auguststraße und – als ein Wahrzeichen der Stadt wieder sichtbar – die Neue Synagoge in der Oranienburger Straße.

2 Eike Geisel, Im Scheunenviertel. Bilder, Texte und Dokumente. Mit einem Vorwort von Günter Kunert, Berlin 1981.

In der Großen Hamburger Straße, also nur ein Häuserquartier von der Neuen Synagoge entfernt, lag – zunächst außerhalb der Memhardtschen Stadtmauer – seit 1672 der Begräbnisplatz der Jüdischen Gemeinde Berlin. Ebenfalls unweit befand sich das am heutigen Rosenthaler Platz gelegene Rosenthaler Tor. Es war bekanntlich das Einzige, das Juden benutzen durften, um in die Stadt zu gelangen. Zwischen Rosenthaler Tor, dem Begräbnisplatz in der Großen Hamburger Straße und der Synagoge in der Heidereutergasse, jedes der Objekte keine zehn Minuten Fußweg voneinander entfernt, entstanden nicht zufällig seit dem frühen 19. Jahrhundert zahlreiche Funktionsbauten der Jüdischen Gemeinde zu Berlin. Zwar gab es in Berlin zu keiner Zeit ein jüdisches Viertel oder ein Ghetto, aber Quartiere mit einem überdurchschnittlichen Anteil jüdischer Bewohner gab es wohl. Bis zum 19. Jahrhundert war es das Dreieck zwischen Rosenthaler Tor, Spree und Heidereutergasse, im 19. Jahrhundert expandierte dies auf die anschließenden Flächen vor der Stadtmauer, dem heutigen S-Bahnviadukt und verlagerte sich im 20. Jahrhundert, was die alteingesessenen Berliner Juden anlangte, nach Charlottenburg und rund um den Bayrischen Platz in Schöneberg. Laut Statistik waren 1925 in Berlin von insgesamt 140.000 Juden mehr als 40.000 Ausländer, vorwiegend aus Osteuropa. Sie wohnten rund um die ehemalige Grenadierstraße (heute Almstadtstraße), wo sie das meiste wiederfanden, was sie daheim gewohnt waren. Auch Carl Zuckmayer ließ seinen „Hauptmann von Köpenick“ beim Trödler Krakauer in der Grenadierstraße seine abgewetzte Uniform kaufen. Anders als die religiösen Feste in den großen und prächtigen Synagogen von der Oranienburger Straße bis zum Grunewald spielten sich die religiösen Feiertage der osteuropäischen Juden im Scheunenviertel auf der Straße, in den Laubhütten der Hinterhöfe und in den Betstuben in den Etagen der Mietshäuser ab. Die proletarisch geprägte Gegend war empfänglich für die Gedanken des Sozialismus. Ein Gründer des Volksheims in der ehemaligen Dragonerstraße (heute Max-Beer-Straße) war Gershom Scholem, der damals noch Siegfried Lehmann hieß. Gustav Landauer, Martin Buber und Salman Schasar, der spätere Staatspräsident Israels, verfochten dort ihre politischen Ideale, ehe sie nach Palästina auswanderten. Trotzdem ist es falsch, hier von einem jüdischen Ghetto zu sprechen. In Venedig oder auch Frankfurt am Main gab es geschlossene Stadtviertel, die allein von Juden bewohnt wurden, ganz zu schweigen von den Ghettos der Nazizeit. Hier hingegen war alles offen, jedermann offen, der sich hier niederlassen wollte, und so war die Bevölkerung christlich und jüdisch, inländisch und ausländisch durchmischt. Freilich, eine besonders vornehme Gegend war es nicht, wiewohl die Neue Synagoge mit ihrer Pracht und die aus allen Berliner Bezirken zunächst in Pferdewagen, später mit Automobilen vorfahrenden wohl situierten Berliner Juden sicherlich einen Kontrast zu der finsteren Welt der kleinen Straßen dahinter boten.

1671 hatte der Große Kurfürst Friedrich Wilhelm bis zu fünfzig aus Wien vertriebenen Juden Zuzug nach Berlin gewährt. Dieses Datum gilt als das Gründungsdatum der Jüdischen Gemeinde, wiewohl es bereits zuvor mehrfach jüdische Ansiedlungen in Berlin gegeben

Große Hamburger Straße. Wiederaufgerichtete Bruchstücke zerstörter Grabsteine auf dem Alten Jüdischen Begräbnisplatz.

hatte, die aber alle durch gewaltsame Vertreibung aufgelöst worden waren. In diesem Ansiedlungsedikt war den nach Berlin kommenden Juden zwar noch untersagt worden, eine Synagoge zu errichten, ein Begräbnisplatz vor den Mauern der Stadt war ihnen jedoch zugestanden worden. Bereits 1828 war dieser voll belegt, da das jüdische Religionsgesetz das Aufheben von Gräbern und die Beerdigung weiterer Verstorbener untersagt. Kurz nach der Schließung des Friedhofes in der Großen Hamburger Straße errichtete die jüdische Gemeinde parallel zur Straße ein Altersheim, das bis zu seiner Beschlagnahmung durch die Gestapo 1942 mehrfach erweitert wurde. Dies war die erste jüdische Einrichtung, die in der Spandauer Vorstadt mit einem repräsentativen Bau errichtet wurde. Die Anschrift Große Hamburger Straße 26 wurde in den frühen 1940er Jahren bis zur Wende unter den in Berlin verbliebenen Juden zum Synonym für den Abtransport nach Theresienstadt oder Auschwitz, da hier von der Gestapo eines der wichtigsten Sammellager zur Deportation der Berliner Juden eingerichtet worden war. Das Gebäude wurde kurz vor Kriegsende zerstört. Heute erinnern eine Figurengruppe des Bildhauers Will Lammert und ein Gedenkstein an dieses finstere Kapitel deutsch-jüdischer Geschichte in Berlin. Erhalten ist das historische Gebäude der „Jüdischen Knabenschule" in der Großen Hamburger Straße 27. 1778 hatten der Aufklärer David Friedländer, Daniel Itzig und Hartwig Wessely auf Initiative Moses Mendelssohns die Jüdische Freischule in der Klosterstraße gegründet. Ihr nächstes Domizil war ab 1826 in der Rosenstraße 12, also in unmittelbarem räumlichen Zusammenhang mit der Synagoge in der Heidereutergasse. 1863 bezog sie Räume in der Großen Hamburger Straße 27 und 1905-06 wurde hier der von Johann Hoeniger entworfene um einen Innenhof gelagerte dreigeschossige Putzbau errichtet. Über dem Portal überdauerte alle Irrnisse und Wirrnisse der vergangenen Jahrzehnte die Inschrift „Knabenschule der Jüdischen Gemeinde". 1983 wurden auf Initiative des Schriftstellers Heinz Knobloch Gedenktafeln angebracht, die das in der DDR-Zeit als Berufsschule genutzte Gebäude in direkten Zusammenhang nicht nur zu seiner jüdischen Geschichte, sondern auch zu dem nur wenige Meter entfernt beerdigten Moses Mendelssohn bringen.

1856 wurde die Synagoge in der Heidereutergasse nicht nur umgebaut, sondern, soweit dies möglich war, auch erweitert. Freilich blieb es, was den synagogalen Ritus anlangt, im Wesentlichen bei der altfrommen Gebetsform. Die Synagoge blieb übrigens in der Pogromnacht 1938 verschont, weil das Gebäude zu dieser Zeit bereits der Reichspost gehörte, die Gottesdienste der jüdischen Gemeinde dort noch duldete, obwohl sie selbst bereits etliche Räume nutzte. So konnte dort am 9. November 1939 der erste Gedenkgottesdienst an die Novemberpogrome von 1938 stattfinden. Vermutlich 1943 wurde sie bei einem Luftangriff zerstört. Bis in die 1970er Jahre sollen in der Westberliner Landespostdirektion Umbaupläne Knoblauchs aufbewahrt worden sein, um dann im Rahmen einer Aktenvernichtungsaktion gedankenlos zerstört zu werden, wie dies 1968 auch mit den baulichen Überresten der Synagoge Heidereutergasse in Ostberlin geschehen ist.

Ebenfalls in der Spandauer Vorstadt, auf dem rückwärtigen Hofgelände des Grundstückes Große Hamburger Straße 11, errichtete um 1850 ein Tischler namens Albert Fränkel, eine Fachwerksynagoge nach Plänen von Eduard Tietz. Diese Interimssynagoge grenzte unmittelbar an die Parzellen Oranienburger Straße 28 bis 30, d.h. auch an das Grundstück der 1866 eingeweihten Neuen Synagoge. Der Bau fasste 1.700 Plätze und wurde am 1. September 1850 eingeweiht. „Wahrscheinlich wurde die Synagoge 1866 geschlossen, nachdem sie mit der Einweihung der Synagoge Oranienburger Straße ihren Zweck erfüllt hatte."[3]

Wie die Interimssynagoge war auch der nächste Synagogenneubau in Berlin eine Privatinitiative: In der Johannisstraße 16 wurde eine Reformsynagoge errichtet. Noch 1823, zur Regierungszeit Friedrich Wilhelm III., war eine Reform des jüdischen Gottesdienstes an königlichen Einsprüchen gescheitert, denn im Zeitalter der Restauration wurde jede Neuerung, auch ein veränderter jüdischer Gottesdienst, für revolutionsverdächtig gehalten. Friedrich Wilhelm IV. war liberaler gesinnt: Und so wird in den Jahren 1853-54 von Gustav Stier in der Johannisstraße eine Synagoge errichtet, die den bis dahin in der Georgenstraße abgehaltenen Reformgottesdiensten ein eigenes Haus bot. Hier wurden fast alle Gebete in deutscher Sprache, ohne Kopfbedeckung und unter eigenwillig zeitbezogener Definition jüdischer Traditionen abgehalten, ab 1849 nicht mehr im Wechsel zwischen Samstag und Sonntag, sondern nur sonntags. Die Mitglieder dieser Reformgemeinde mussten aber gleichzeitig Mitglieder der damals ausschließlich orthodoxe Gottesdienste abhaltenden Jüdischen Gemeinde Berlin bleiben, also zweifach „Synagogensteuer" entrichten, was den Zulauf stark bremste. „Die Hoffnungen vieler fortschrittlicher Mitglieder der Gemeinde, dass der Reformtempel ‚in kurzer Zeit der erste Tempel des jüdischen Berlin sein, d. h. die große Hauptsynagoge' bilden wird [...], erfüllten sich nicht."[4] Im Führer durch die Jüdische Gemeindeverwaltung von 1932-33 wird diese Synagoge unter der Rubrik „Synagogenvereine: Jüdische Reformgemeinde" aufgeführt. Da es eine zweite Kategorie „der von der Gemeinde laufend subventionierten Synagogenvereine" gibt, in der die Reformsynagoge nicht erscheint, kann man davon ausgehen, dass diese Reformgemeinde ihre Unabhängigkeit bewahrt hat. Die in der Pogromnacht 1938 beschädigte und geschändete Synagoge wurde im Verlauf des Zweiten Weltkrieges schwer beschädigt. Heute erinnert an der Neubebauung nichts mehr an diesen ersten Synagogenneubau der Reformgemeinde in Berlin.

1859 war es dann die Jüdische Gemeinde Berlin, die in der Oranienburger Straße ein Grundstück erwarb, um hier eine „Neue Synagoge" zu errichten. Am 18. Mai desselben Jahres wurde der Grundstein zum ersten Synagogenneubau der Jüdischen Gemeinde Berlin in Berlin seit 1712 gelegt. Hatte man seinerzeit das Gebäude in der Heidereutergasse etwas unter Straßenniveau errichten müssen, um einer behördlichen Auflage nachzukommen, die Synagoge nicht höher als das höchste in der Umgebung befindliche Bürgerhaus zu bauen, so gab es diesmal von Amts wegen keine architektonisch diskriminierenden Vorgaben. Ein Wettbewerb wurde ausgeschrieben – Bauwettbewerbe in Berlin sind aber offenbar schon immer eine schwierige Angelegenheit gewesen: Die unter Vorsitz von Eduard Knoblauch tagende Jury verwarf alle eingereichten Vorschläge. Statt dessen präsentierte Knoblauch selbst einen Entwurf, der auch den Zuschlag erhielt. Während der Bauausführung in den Jahren 1859-66 erkrankte Knoblauch. Friedrich August Stüler, der für die Innenausstattung verantwortlich zeichnete, führte das Werk fort. Nach seinem

3 Synagogen in Berlin. Zur Geschichte einer zerstörten Architektur, Berlin 1983 = Stadtgeschichtliche Publikationen, Hg.: Rolf Bothe, Bd. 2, S. 14.

4 Harold Hammer-Schenk, Historische Einführung, in: Synagogen in Berlin. a.a.O., Bd 1, S. 26.

Tod 1865 wurde er von Knoblauchs Sohn Gustav abgelöst.
Die *ILLUSTRATED LONDON NEWS* beschreibt die Neue Synagoge in ihrer Ausgabe vom 22. September 1866: „Der Innenraum ist sehr groß und nach dem Vorbild der Alhambra im maurischen Architekturstil gehalten. Die Wände, Säulen und spitzen Gewölbe, mit feinsten gemeißelten, vorzüglich gestalteten Verzierungen versehen, steigen empor, um eine reich mit Stuck und miteinander verflochtenen Mustern geschmückte Decke zu stützen, die, genauso wie die Seiten, Säulen und das Gewölbe, mit Farben verziert ist, die gleichzeitig feierlich und prächtig sind. Fast am Ende des Innenraumes der Synagoge, vom Eingang am weitesten entfernt, auf einem Podium aus Marmor, steht eine Maurische Kuppel auf vier Säulen von jeweils etwa 18 Fuß.
Die Säulen werden von goldenen Weinblättern auf weißem Grund rundum umrankt; die Kuppel selbst ist weiß und golden geschmückt.
Von der Mitte dieser Kuppel hängt eine kleine rote Lampe, in der eine ewige Flamme sanft flackert; der blaue und silberne Vorhang dahinter, der zwischen den letzten zwei Säulen hängt, die die Kuppel tragen, bedeckt eine Lade, in der die heiligen Bücher des Gesetzes aufbewahrt werden und die in einer jüdischen Synagoge die Stelle einnimmt, die in den meisten Gebetsstätten dem Altar zukommt. Vorne auf dem Podium, vor der Heiligen Lade, um die Kanzel und um das Lesepult, stehen goldene Leuchter mit hochstrebenden Armen, während über der Kuppel ein schwerer Kronleuchter voller Lichter hängt, hinter dem, in einer runden Nische, Chor und Musiker plaziert wurden. [...]
Die Gasbeleuchtung war in den Doppelfenstern angebracht, wobei durch ein damals neues System ständig für frische Luft gesorgt war. In den Fensterleibungen waren Kanäle angebracht, durch die die verbrauchte Luft abzog. Mit diesem System waren alle Fenster der Synagoge beleuchtet, und zwar die fünf großen Oberlichte des Mittelschiffes in der Weise, dass ein großer Reflector, unter welchem sich die Gasflammen befinden, die ganze Lichtöffnung bedeckt. Der ganze Apparat ruht auf Rädern und wird in Schienen geführt. Er wird bei Tage auf die Seite gerückt, so dass das Tageslicht frei einfallen kann; am Abend wird dann, nachdem die Flammen angezündet worden, der ganze Beleuchtungsapparat über das Oberlicht geschoben. Der durch diese Art der Beleuchtung erzielte Lichteffect ist außerordentlich überraschend, für die reiche Farbengebung im Innern des Tempels ganz besonders günstig.“ [5]
Abgesehen von der das ganze Viertel prägenden Fassadengestaltung und der weithin sichtbaren Kuppel, war die „Neue Synagoge“ eine äußerst schwierige und delikate Aufgabe. Synagogen sind nach Osten, nach Jerusalem ausgerichtet, wie es in der jüdischen Überlieferung heißt. Entsprechend der jüdischen Tradition gilt Osten als Synonym für Licht, Licht als Synonym für Erleuchtung, Erleuchtung als Synonym für die Tora, die fünf Bücher Moses, die an der Stirnseite der Synagoge aufbewahrt werden. Ist eine Ostung nicht möglich, so beten die Gläubigen in die Richtung des Toraschreins. Hier in der Oranienburger Straße galt es, auf einem schräg nach Südost verlaufendem Grundstück die Synagoge unter Verzicht auf die Ostung zu errichten. Dies war allerdings die geringste Abweichung, denn das hatte es auch schon an anderen Orten in der jüdischen Diaspora gegeben. Entscheidend war, dass die „Neue Synagoge“ nicht nur ein archi-

5 Die Neue Synagoge 1867 (Reprint) Hg.: G. Knoblauch / Hollin, Mit einem Geleitwort von Heinz Galinsnki sowie einem Beitrag von H.S., Berlin 1992 = Stätten der Geschichte Berlins, Bd. 70 , ohne Paginierung [9] und [7f].

tektonisch neues Werk sein, sondern auch nicht mehr den altfrommen Gottesdienstregeln folgen sollte. Frauen sollten nicht mehr hinter der sogenannten „Mechiza" - einer Scheidewand - sitzen, sondern auf der Empore, zwar noch räumlich von den Männern getrennt, aber nicht mehr hinter Sichtblenden verborgen. Zudem sollten gemischte Chöre sowie Orgelbegleitung den Gottesdienst umrahmen. Beides war im altfrommen Gottesdienst unvorstellbar. Die Beteiligung der Frauen am Chorgesang und die gegen die altfromme Regel des Arbeitsverbotes verstoßende Orgelbegleitung waren Gegenstand des sogenannten Berliner Orgelstreits, zu dem u. a. auch Giaccomo Meyerbeer ein Gutachten abgab. Louis Lazarus Lewandowski[6] komponierte nicht nur für den Sabbat, sondern für alle Feiertage völlig durchorganisierte Gottesdienste, die noch heute in den liberalen Synagogen Berlins praktiziert werden[7]. Gleichwohl sollten die Grundstrukturen des jüdischen Gottesdienstes erhalten bleiben, insbesondere auch das Hebräische als etwa neunzig Prozent des Gottesdienstes prägende Sprache. Die Reformen nannten sich denn auch liberal und waren, rückblickend betrachtet, nicht so radikal wie die Neuerungen im Reformtempel in der Johannisstraße. Nach den Vorstellungen der sich in die Gesellschaft Preußens integrierenden Gemeindemitglieder sollte das Gebäude nicht nur äußerlich repräsentativ sein, sondern auch mit seinem „liberalisierten" Gottesdienst dem Gefühl der deutschen Staatsbürger jüdischen Glaubens entsprechen, die sich mit ihrem Judentum eher als dritte Konfession begriffen. Für sie war nun mit der goldenen Kuppel, die ein Zitat des auf dem Tempelberg errichteten Felsendoms ist, die Diaspora beendet. Nicht umsonst wurden Synagogen im Umgangssprachlichen bis in die 60er Jahre des 20. Jahrhunderts hinein insbesondere unter Juden als Tempel bezeichnet. Am 5. September 1866 weihte Rabbiner Dr. Joseph Aub die Synagoge in Gegenwart des preußischen Ministerpräsidenten Otto von Bismarck ein. Mit der Inbetriebnahme der Neuen Synagoge war zugleich eine Berliner Eigenart jüdischen Lebens begründet: die „Einheitsgemeinde". Unter dem Dach einer Gemeindeverwaltung koexistierten nun die Orthodoxen, die ihren Gottesdienst in dem nun als „Alte Synagoge" bezeichneten Bethaus in der Heidereutergasse abhielten, neben den Liberalen in der „Neuen Synagoge". Dies war der Anlass für die sogenannte Austrittsgemeinde „Adass Jisroel", die meinte, altfrommes rechtgläubiges jüdisches Leben könne nicht mit den liberalen und reformierten Juden in einer gemeinsamen Organisation praktiziert werden[8]. Ergebnis war dann, dass ein Teil der Orthodoxen eine eigene Gemeinde gründete: Auch deren Synagoge und Gemeindeinstitutionen konzentrierten sich in der Spandauer Vorstadt. Nach einigen Interimslösungen in Sälen verschiedener Organisationen errichtete Adass Jisroel in der Gipsstraße 12a ein Gemeindezentrum, das neben einer Synagoge auch das orthodoxe Rabbinerseminar beherbergte[9]. 1873 wurde es eingeweiht. Schon 31 Jahre später konnte dann das heute wieder von Adass Jisroel genutzte Ensemble in der Artilleriestraße 31, heute Tucholskystraße 40, eingeweiht werden, das die Räumlich-

6 Andreas Nachama/ Susanne Stähr, Die vergessene Revolution. Der lange Weg des Louis Lewandowski, in: Menora. Jahrbuch für deutsch-jüdische Geschichte 1992, S. 241-255.

7 Frank Pauli, Jüdische Stimmen am Mikrofon - Akzente im Rundfunkprogramm. Erfahrungsbilanz eines Redakteurs, in: Aufbau nach dem Untergang, 1992, S. 319.

8 Adass Jisroel, Die jüdische Gemeinde in Berlin (1869-1942). Vernichtet und Vergessen. Hg.: Mario Offenberg, Berlin o.J. [1986].

9 Synagogen in Berlin, a.a.O. Bd. 2, S. 16.

keiten in der Gipsstraße ersetzte. Nach dem Entwurf von Johann Hoeniger, der auch die Synagoge der Jüdischen Gemeinde zu Berlin in der Rykestraße entworfen hat – beide Synagogen wurden übrigens am gleichen Tag, dem 4. September 1904, eingeweiht – entstand ein Gemeindezentrum mit einer Synagoge, die 800 Sitzplätze hatte. Der eigentliche Synagogenbau des heute in der Tucholskystraße befindlichen Gebäudes, in dem Adass Jisroel wieder Gottesdienste abhält, wurde nach der Pogromnacht durch Kriegseinwirkung zerstört.

Im Zuge der Zerstörung jüdischer Einrichtungen wurde Ende der 1930er Jahre Adass Jisroel von den Nationalsozialisten mit der Jüdischen Gemeinde Berlin zuerst zwangsvereinigt, dann aufgelöst. Mitte der 1980er Jahre wurde die orthodoxe Tradition durch eine jüdische Familie wieder belebt. Sie hat es erreicht, dass die DDR-Regierung unter Hans Modrow eine von dem damaligen stellvertretenden Ministerpräsidenten Lothar de Maziere, der zuvor als Anwalt die Interessen von Adass Jisroel vertreten hat, eingebrachte Ministerratsvorlage zur „Wiedereinsetzung" der Gemeinde in ihre alten Rechte beschloss. Heute unterhält diese Gemeinde nicht nur die Synagoge mit orthodoxem Gottesdienst in der Tucholskystraße, den von ihr rekonstruierten Adass-Jisroel-Friedhof in Weißensee, der unweit des größten jüdischen Friedhofs in Europa im gleichen Bezirk gelegen ist, sondern auch ein beliebtes Café, das Beth Café, im Vorderhaus der Tucholskystraße 40 sowie ein für koschere Lebensmittel und andere Bedarfsartikel eingerichtetes Geschäft, Kol Bo, in der Auguststraße 77-78[10]. Ob diese jüdische Gemeinde im wieder vereinigten Berlin und Deutschland in der Spandauer Vorstand überleben kann, hängt nicht zuletzt davon ab, ob die für die Abwicklung[11] jüdischen Besitzes zuständige Claims Conference die heutige Adass Jisroel als Nachfolgeorganisation der Vorkriegs-Adass ansieht. Dies mag augenblicklich füglich bezweifelt werden, denn auch die Jüdische Gemeinde zu Berlin, die zumindest in ihrem Gemeindeleben unmittelbar nach der Befreiung wieder auflebte, hat diesem Vertrag und der Rechtsauffassung der Claims Conference folgend keinen unmittelbaren Anspruch auf ihren gesamten Vorkriegsbesitz im Beitrittsgebiet, also Ost-Berlin. Die das Gemeindeleben der heutigen Gemeinde beinhaltenden Synagogen und Gebäude sowie die Friedhöfe werden entsprechend einem zwischen dem Zentralrat und der Claims Conference geschlossenen Vertrag dem Zentralrat überlassen, der diese Liegenschaften dann an die Jüdische Gemeinde Berlin weitergibt. Die anderen Grundstücke werden einer „Verwertung" zugeführt, deren Erlös zum größten Teil der Claims Conference zufließen soll.

Die „Neue Synagoge" wurde am 9. November 1938 nicht in Schutt und Asche gelegt, wie fast alle jüdischen Gotteshäuser in Deutschland. Es war der „beherzte Reviervorsteher", der mit Hinweis auf den kaiserlichen Denkmals-

10 Lothar Mertens, Die Kinder Mose im Staate Marx. Die jüdischen Gemeinden in der ehemaligen DDR, in: Aufbau nach dem Untergang, a.a.O., S. 290.

11 „Conference on Jewish Material Claims against Germany: roof Organisation established in 1951 by 23 international Jewish organisations. Its aims were to obtain funds for the relief, rehabilitation, and resettlement of Jewish victims of Nazi persecution, and the rebuilding of Jewish communal life; and to obtain indemnification for injuries inflicted upon victims of Nazi persecution and restitution for properties confiscated by the nazis." vgl. ENZYKLOPAEDIA JUDAICA; Jerusalem o.J. Bd. 5, Sp. 872; Vertrag zwischen der Bundesrepublik Deutschland und der Deutschen Demokratischen Republik über die Herstellung der Einheit Deutschlands - Einigungsvertrag -. Bulletin des Presse- und Informationsamtes der Bundesregierung Nr. 104/S. 877, Bonn den 6. September 1990, S. 1072.

schutz, unter dem das Gebäude (angeblich) stand, die nationalsozialistischen Brandstifter vertrieb[12]. Trotzdem blieb auch diesem Gebäude die Zerstörung nicht erspart: Am 22. November 1943 kam es wahrscheinlich durch einen Bombenangriff der Alliierten zu schwerem Schaden; 1958 wurde der Hauptteil des Gebäudes, die eigentliche Synagoge, unter Vorgabe akuter Einsturzgefahr gesprengt[13]. Am 5. September 1966, hundert Jahre nach der Einweihung, ließ der Vorstand der Jüdischen Gemeinde von Groß-Berlin, so die damals verwendete offizielle Bezeichnung der Ostberliner Gemeinde, an der Fassade eine Gedenktafel anbringen: „Diese Synagoge ist 100 Jahre alt und wurde am 9. November 1938 IN DER KRISTALLNACHT von den Nazis in Brand gesteckt. Während des II. Weltkrieges 1939-1945 wurde sie im Jahre 1943 durch Bombenangriff zerstört. Die Vorderfront dieses Gotteshauses soll für alle Zeiten eine Stätte der Mahnung und der Erinnerung bleiben. VERGESST ES NIE. Jüdische Gemeinde von Groß-Berlin. Der Vorstand."

Als damals Fünfzehnjähriger wohnte ich der Zeremonie bei und fragte nach, ob die Synagoge nicht doch aufgebaut werden könnte, ich erhielt zur Antwort, dass man eine Synagoge nur dann errichten könne, wenn es auch jüdisches Leben gäbe. Man ging damals auf Grund von Hochrechnungen auf der Basis der Gemeindemitglieder davon aus, dass die achtfach größere jüdische Gemeinde im Westteil der Stadt im Jahr 2000 etwa 800 Mitglieder haben werde, während für den Ostteil sogar davon ausgegangen wurde, dass es dort keine Gemeinde mehr geben würde[14].

Als am 6. Juni 1991 die Kuppel auf das Synagogenvestibül gesetzt wurde, stand die Frage im Raum, wann denn die Synagoge wieder errichtet werde. Dort, wo damals der Kran stand, war ursprünglich das Synagogenhauptschiff. Als am 29. Oktober 1990 die „mit blauen und weißen Bändern geschmückte Richtkrone" hochgezogen wurde, sagte Heinz Galinski, Zentralratsvorsitzender[15]: „Die Stiftung 'Centrum Judaicum' hat sich zum Ziel gesetzt, diesen symbolträchtigen Ort wieder in einen jüdischen Ort zu verwandeln. Was wir anstreben, ist kein Versuch der Wiederherstellung – man kann die Vergangenheit nicht ungeschehen machen und die Dahingemordeten nicht zu neuem Leben erwecken. Wir wollen lediglich der einst dem Geist geweihten Stätte wieder geistigen Charakter verleihen und Judentum wieder einkehren lassen, wo Judentum früher beheimatet war. Ein Archiv, ein Dokumentationszentrum, eine Bibliothek und ein Museum sollen Zugang zur Geschichte, eine kleine Synagoge den Übergang in die Zukunft mit einem Schimmer von Hoffnung ermöglichen."

Am 8. Mai 1995, fünfzig Jahre nach der Befreiung, wurde der in seinen Grundzügen erhaltene Teil, also das Vestibül und die Straßenfront der Neuen Synagoge, seiner neuen Bestimmung als Centrum Judaicum übergeben. An einen Wiederaufbau der Synagoge ist „vorerst nicht gedacht. Die Möglichkeit dazu soll aber nicht 'verbaut' werden: Die Grundrissfigur dieses Raumes wird

12 Heinz Knobloch, Der beherzte Reviervorsteher. Ungewöhnliche Zivilcourage am Hackeschen Markt, Berlin 1990.

13 Hermann Simon, Geschichte und Wiederaufbau der Neuen Synagoge, in: Die Neue Synagoge in Berlin, a.a.O., ohne Paginierung [S.18].

14 „.. um der Menschheit zu ersparen, was uns nicht erspart geblieben ist." Heinz Galisnki im Gespräch mit Burkhard Asmuss und Andreas Nachama, in: Aufbau nach dem Untergang, a.a.O., S. 69.

15 Hermann Simon, Die Neue Synagoge Berlin. Geschichte. Gegenwart. Zukunft, Berlin 1997, S. 24.

in Stein angelegt sein. Mögen künftige Generationen diese Steine entfernen...!"[16] Wäre es denn tatsächlich undenkbar, dass neben dem Berliner Dom, dem Französischen und Deutschen Dom, der Hedwigskathedrale auch der monumentale jüdische Sakralbau rekonstruiert wird? Man muss nicht auf die Zeit des jüdischen Kulturbundes zurückgehen, um Beispiele für Konzerte in der Neuen Synagoge zu finden. So ist z.B. überliefert, dass am 5. Dezember 1914 in der Synagoge ein Konzert zugunsten der „National Stiftung" stattfand[17]. Das Jüdische Gemeindehaus Fasanenstraße weist mit seinem multifunktional nutzbaren Auditorium den hier möglicherweise einzuschlagenden Weg.

Die Wiederherstellungsarbeiten sahen vor, dass in der Oranienburger Straße 30, neben Präsentationsräumen für die Ausstellungen des Centrum Judaicum zur Geschichte der jüdischen Gemeinde, der Sitzungssaal der Repräsentantenversammlung, das Parlament der Gemeinde, an historischer Stelle und im originalen Ambiente wieder entsteht. Zwar ist dieser Sitzungssaal wieder entstanden, aber, von gelegentlichen Sitzungen abgesehen, tagt das Gemeindeparlament weiter im Gemeindehaus in der Charlottenburger Fasanenstraße. Seminar- und Funktionsräume, die vom Centrum Judaicum oder der Jüdischen Volkshochschule genutzt werden sowie ein multifunktional eingerichteter Veranstaltungsraum, der etwa 200 Sitzplätze bietet, werden sowohl von der jüdischen Gemeinde als auch dem Centrum Judaicum, einer aus dem Synagogenaufbau hervorgegangenen Stiftung, genutzt. Im wiederhergestellten Portalgebäude der „Neuen Synagoge" befindet sich auch der 1998 eingeweihte Betsaal, der dem Namen des Hauses entsprechend einen für Berlin neuen Ritus, in dem Männer und Frauen in allen gottesdienstlichen Handlungen gleichgestellt sind, in das Gemeindeleben integriert hat. Von allen Etagen gibt es Ausblicke auf die Freifläche, auf der einstmals das Synagogenhauptschiff stand. Dieser Übergang wurde im Wesentlichen mit Glas von innen und außen geschützt, so dass im wahrsten Sinn des Wortes eine von zukünftigen Generationen zu treffende Entscheidung über den Wiederaufbau nicht verbaut wurde.

Das Gebäude Oranienburger Straße 29 ist gänzlich neu errichtet worden. Es beinhaltet im Wesentlichen Büro- und Archivräume für das Centrum Judaicum sowie anschließend an das im Erdgeschoss der Nummer 28 befindliche Café Oren einen kleineren Veranstaltungssaal.

Wieder aufgebaut wurde das Gebäude Oranienburger Straße 28. Hier war nach 1945 die Hauptverwaltung der Jüdischen Gemeinde zu Berlin untergebracht. Das wieder eingerichtete Vorstandsbüro in der zweiten Etage ist mit dem originalen Schreibtisch und Stuhl ausgestattet: Heinz Galinski, der am 1. April 1949 ins Amt gekommene Vorsitzende der Nachkriegsgemeinde, hatte hier bis 1953 seinen Sitz gehabt und nach der Wiedervereinigung großen Wert darauf gelegt, dass die originalen Möbel wieder aufgearbeitet werden. Er verband damit die Hoffnung, dass er selbst es noch erleben könnte, den Vorstand der Jüdischen Gemeinde zu Berlin hier wieder zu etablieren. Seit 1998 ist die Oranienburger Straße 28 wieder Amtssitz des Vorsitzenden der Jüdischen Gemeinde zu Berlin.

In diesem Haus sind neben dem schon erwähnten Restaurationsbetrieb, der sich größter Beliebtheit erfreut, das zukünftige Vorstandsbüro, die Bibliothek der Jüdischen Gemeinde Berlin sowie

16 Hermann Simon, Geschichte und Wiederaufbau der Neuen Synagoge, in: Die Neue Synagoge in Berlin, a.a.O.,ohne Paginierung [S. 25].

17 Simon, ebenda, ohne Paginierung, [S. 15].

weitere Verwaltungsteile eingeplant. Dringend sanierungsbedürftig ist das Gebäude in der Oranienburger Straße 31. Auch hier haben jüdische Institutionen ihren Sitz bezogen: Die Zentralwohlfahrtsstelle der Juden in Deutschland betreut die aus der ehemaligen UdSSR zuziehenden Gemeindemitglieder. Im Erdgeschoss wurde die „Jüdische Galerie" errichtet, um Malern aus dem Zuwandererkreis eine Ausstellungsmöglichkeit zu geben. Ursprünglich war dieses Haus als Siechenheim der jüdischen Gemeinde verwendet worden. Ab 24. Januar 1933 diente es als erstes jüdisches Museum in Berlin[18].

Über die hochgesicherte Durchfahrt des Hauses Oranienburger Straße 31 kommt man entlang der nicht mehr vorhandenen Hauptsynagoge zu den Grundstücken der Jüdischen Gemeinde Berlin in der Auguststraße 11-13 und 14-16. Die unmittelbar benachbarten Hausanlagen bilden ein wichtiges bauliches Ensemble des jüdischen Lebens in der Spandauer Vorstadt. Die jüdische Gemeinde konnte bisher noch kein abschließendes Konzept für die zukünftige Nutzung dieser Liegenschaften entwickeln. Ob die Gebäude wieder jüdisches Leben beinhalten werden, hängt nicht zuletzt davon ab, ob es gelingt, die Claims Conference davon zu überzeugen, dass dieses Flurstück zwischen August- und Oranienburger Straße, zwischen der von Knoblauch errichteten „Neuen Synagoge" und dem ehemaligen Jüdischen Krankenhaus eine nicht nur durch die Geschichte untrennbar miteinander verbundene Einheit darstellt. Die Auguststraße 14-16 wurde wie die Neue Synagoge von Eduard Knoblauch entworfen. Das ab 1914 als Schule genutzte Gebäude war 1861 als Krankenhaus aus Spendenmitteln errichtet worden, der östliche Erweiterungsbau mit dem Hofgebäude stammt

Auguststraße 14-16. Ehemaliges Jüdisches Krankenhaus.

von 1875. Das Krankenhaus zählte „zu den modernsten medizinischen Einrichtungen Europas. Im Gebäude wurde 1879 eine Poliklinik ‚für arme Stadtkranke' eingerichtet."[19] „Das wertvolle Gebäude des Klassizismus beherbergte zuletzt einen ganzen Komplex jüdischer karitativer Einrichtungen. Das Jüdische Jahrbuch von 1928 verzeichnet: Vorderhaus links und Hof links Mädchenwohnheim des jüdischen Frauenbundes, Vorderhaus rechts 1. Stock Tagesheim für Säuglinge, Vorderhaus rechts 2. Stock Fromme Gesellschaft Chevra Kadischa von Großberlin (zur Bestattung der Toten und Pflege der Kranken), Quergebäude und Hof links

18 Hermann Simon, Das Berliner Jüdische Museum in der Oranienburger Straße. Geschichte einer zerstörten Kultstätte, Berlin [DDR], 1988, S. 20f.

19 Scheunenviertel Berlin. Stadtteilführer. Sieben Wandertouren, Berlin 1993, S. 62.

Almstadtstraße 16. Der Fotograf Abraham Pisarek konnte noch 1935 den jüdischen Alltag im „Scheunenviertel" dokumentieren. Der Eingang zum ehemaligen Kellerladen von Benjamin Feingold ist heute noch vorhanden.

jüdisches Kinderheim Ahawah (ein privater Verein der sozialen Fürsorge), ferner Arbeitsstube für Frauen und Mädchen, Nähstube, Zahnklinik, orthopädischer Turnsaal der jüdischen Kinderhilfe, Kinderstube des Wohlfahrtsamtes der jüdischen Gemeinde, Hof links 2. Stock jüdisches Mädchenheim AHAWAH. Und eines Tages standen da die Mütter mit den leeren Kinderwagen, die Kinder waren weggeholt worden, zusammen mit den Pflegeschwestern. Die Mütter haben stundenlang geheult und wollten nicht gehen."[20] Die Vergangenheit wurde jedoch verdrängt; Schweigen umgibt, was hier geschah. Das Haus wurde nach dem Kriege als Schule benutzt, als wäre nichts geschehen. Vergleicht man eine Photographie von 1992 mit einem überlieferten Photo von Abraham Pisarek von 1935, aufgenommen aus fast demselben Blickwinkel, erkennt man noch die alte Tür; aber es fehlt die Inschrift darüber: AHAWAH[21] (= hebr. LIEBE). Der westlich anschließende Klinkerbau war 1930 als Jüdische Mädchenvolksschule eröffnet worden. Die Baupläne hatte der Gemeindebaumeister Alexander Beer gefertigt. Im Zweiten Weltkrieg hatte das Haus als Lazarett gedient. Zu DDR-Zeiten beherbergte das Haus die Bertolt-Brecht-Oberschule.

Die 1870 von Moritz Lazarus und Salomon Neumann gegründete Hochschule für die Wissenschaft des Judentums nahm am 6. Mai 1872 zunächst in einem Gebäude an der Spandauer Brücke 8 ihre Lehrtätigkeit auf. 1907 konnte die Hochschule ihren Neubau in der Tucholskystraße 9 beziehen. Das Gebäude, heute Sitz des Zentralrats der Juden in Deutschland, der Redaktion der Jüdischen Allgemeinen Wochenzeitung sowie einer Außenstelle des European Jewish Congress, wurde vom Gemeindebaumeister Johann Hoeniger entworfen und von Nathan Bernstein finanziert. Nicht nur Rabbinerausbildung war vorgesehen, sondern eine allgemeine Vermittlung jüdischen Wissens. 1883 musste sich die unabhängige Hochschule in „Lehranstalt" umbenennen. Der ursprüngliche Name wurde 1920 wieder zugelassen, jedoch 1934 erneut verboten. Der Lehrbetrieb mit nur noch wenigen verbliebenen Studenten musste am 19. Juli 1942 gänzlich eingestellt werden. Einer der letzten Professoren war Rabbiner Leo Baeck. Er lehrte seit 1919 Religionsgeschichte, Judaistik und Pädagogik, war ab 1933 Präsident der Reichsvertretung der deutschen Juden, wurde 1943 ins Konzentrationslager Theresienstadt deportiert, überlebte und emigrierte 1945 zunächst nach London und später nach Cincinnatti. Dem nationalsozialistischen Wahn, alle jüdischen Spuren auszulöschen, entging der jüdisches Leben symbolisierende Löwenkopf über dem Portal[22]. Gegenwärtig wird von hier das sich langsam reorganisierende und wieder etablierende jüdische Leben in Deutschland betreut.

---

20 Ulrich Eckhardt, Denk-Bilder. Nachrichten vom Vergessen und Erinnern, in: Aufbau nach dem Untergang, 1996, S.125f.

21 Regina Scheer, Ahawah, Berlin [u.a.], 1992.

22 Vgl. 1 Moses 49,9.

Vergangenheit, Gegenwart und Zukunft der jüdischen Gemeinde sind in der Spandauer Vorstadt aber nicht nur durch Funktionsbauten miteinander verbunden. Hier war zu allen Zeiten ein Gradmesser jüdischer Existenz in dieser Stadt. „1871 wohnten nur 0,39% (= 142) der in Berlin und den 1920 eingemeindeten Vororten lebenden Juden in Charlottenburg. [...] Während die ostjüdischen Zuwanderer sich vorwiegend in ‚Alt-Berlin' niederließen, zogen die wohlhabenderen Juden in die Berlin neu angegliederten Wohnviertel."[23] Loslösen konnten sich die „Altberliner" Juden aber nicht von dem Schicksal ihrer ostjüdischen Glaubensgenossen, die in die Stadt einwanderten. Als im Scheunenviertel, in der „Finsteren Medine", rund um die Linienstraße 1923 mehrtägige Ausschreitungen gegen die überwiegend ostjüdischen Einwohner tobten, meinte man, diese galten nicht der eigenen Existenz, sondern den traditionell gekleideten jüdischen Einwanderern aus Osteuropa und ging daran, in der Wilmersdorfer Prinzregentenstraße eine 2300 Plätze beinhaltende Synagoge zu bauen, die am 16. September 1930 eingeweiht wurde. Wenn die jüdische Lebenswelt in Berlin sichtbar gemacht werden soll, wenn sie in Ansätzen mit ihren hier und da versteckt übrig gebliebenen baulichen Resten erhalten werden soll, dann gehören dazu auch jene Gebäude, die nicht im Scheinwerferlicht stehen.

Eine Gedenktafel am Haus Linienstraße 154a erinnert an die jüdische Widerstandskämpferin Margarete Kaufmann, die bis zu ihrer Verhaftung 1936 für die Kommunistische Partei tätig war. 1938 zu fünfzehn Jahren Haft verurteilt, wurde sie 1942 nach Auschwitz deportiert und dort ermordet.

Am Haus des ehemaligen israelitischen Volkskindergartens und Kinderhorts in der Gipstraße 3 ist eine Gedenktafel für Sala und Martin Kochmann, Mitglieder der kommunistisch-jüdischen Widerstandsgruppe „Herbert Baum" angebracht. Beide haben hier gewohnt und gearbeitet.

Vom israelitischen Heimathaus mit Vereinsküche für Notleidende und dem Club „Großvater Teitel" in der Gormannstraße 5 steht nach der Bombardierung im Zweiten Weltkrieg nur noch das Hinterhaus.

Die erste Filiale des Stralsunder Unternehmens der Brüder Georg, Franz, Wilhelm und Wolf Wertheim wurde am 1.10.1885 in der Rosenthaler Straße 28-31/Ecke Sophienstraße eröffnet – quasi die Geburtsstunde eines Warenhauskonzerns, der Berlin prägte. Das Gebäude aus dem Jahre 1903, entworfen von Alfred Messel, war Prototyp vieler später gebauter Kaufhäuser, so auch des berühmten Wertheim-Kaufhauses am Leipziger Platz, mit der typischen modernen Vertikalstruktur.

Im Seitenflügel des Hauses Rosenthaler Straße 39, zeigt heute eine Außenstelle des Jüdischen Museums Berlin, die Bürstenfabrik Otto Weidt und dokumentiert das außerordentliche Wirken zur Ret-

Almstadtstraße 16. Die hebräischen Ladenaufschriften sind von späteren Anstrichen verdeckt.

23 Burkhard Asmuss / Andreas Nachama, Zur Geschichte der Juden in Berlin und das Jüdische Gemeindezentrum in Charlottenburg, in: Von der Residenz zur City. 275 Jahre Charlottenburg. Hg.: Wolfgang Reibe, Berlin 1980.

tung jüdischer Menschen am authentischen Ort. Otto Weidt hatte nach Kriegsbeginn blinden jüdischen Zwangsarbeiterinnen und -arbeitern durch Beschäftigung Schutz vor Deportation und Ermordung gegeben und mit seltener Zivilcourage lange Zeit erfolgreich versucht, sie vor alltäglichen Schikanen und vor der Vernichtung zu bewahren. Nach langem Schweigen erinnert jetzt eine Gedenktafel an diese Geschichte. Mindestens 56 jüdischen Menschen hat er geholfen, hat sie versteckt, ihnen Ausweise und Lebensmittel besorgt, hat für sie Gestapo und Arbeitsamt bestochen. 27 Menschen überlebten durch dieses Engagement. Otto Weidt wurde 1883 geboren und schuf sich allmählich sein kleines Unternehmen. Als die Nationalsozialisten an die Macht kamen, beschäftigte er in seiner kleinen Fabrik demonstrativ Arbeiterinnen und Arbeiter aus dem jüdischen Blindenheim in der Steglitzer Wrangelstraße. Es gelang ihm sogar, eine Gruppe Blinder und Taubstummer aus dem Sammellager in der Großen Hamburger Straße zurückzuholen. In von ihm gemieteten Lagerräumen in der Brückenstraße und Großbeerenstraße hielt er Familien und Angehörige seiner Arbeiter versteckt. Die meisten wurden allerdings durch Denunziation aufgespürt und in die Konzentrationslager geschickt. Auch nach dem Kriege blieb Otto Weidt Wohltäter, verteilte sein Vermögen, sammelte Geld und Kleider für die Überlebenden (32 Alte, 31 Kinder), die zurückkamen. Er war beteiligt am Wiederaufbau des Heimes in Pankow-Niederschönhausen, das heute als Altersheim der jüdischen Gemeinde dient. Er forderte 1947 ein Mahnmal für die ermordeten Juden auf einem öffentlichen Platz in Berlin, schrieb Briefe mit der Bitte um Rettung und Hilfe für die notleidenden Überlebenden des Holocausts, starb 1948 arm und verbittert. Sein Name war lange Zeit vergessen. Ihm wurde durch die Schriftstellerin Inge Deutschkron, die in ihrer Biographie „Ich trug den gelben Stern" und durch das Theaterstück „Ab heute heißt du Sara" diese Geschichte bekannt gemacht hat, ein Denkmal gesetzt.

Mehr als ein Viertel der Mieter im Komplex Hackesche Höfe waren Juden. Es existierten soziale Einrichtungen wie eine Mensa und ein Mädchenheim. In den Höfen wurden Laubhütten zum jüdischen Feiertag Sukkot aufgestellt. Wo heute im sogenannten Hackeschen Hoftheater wieder jiddische Musik an historischem Ort erklingt und das Varieté „Chamäleon" spielt, fand am 8. November 1909 eine für das literarische Berlin bedeutsame Gründung statt, an die jetzt eine Gedenktafel für Jakob van Hoddis erinnert. Zu Beginn des Wintersemesters 1909/10 lud ein Anschlag am schwarzen Brett der Berliner Universität alle „Produktiven, Intellektuellen und Asozialen" zur Gründungsversammlung des „Neuen Clubs" in Neumanns Festsäle ein. Der „Neue Club" war dann mit seinen Mitgliedern Kurt Hiller, Jakob van Hoddis, Erwin Loewenson, Simon Ghuttmann, Heinrich Eduard Jacob, Arthur Drey, Franz Grüner, Rudolf Majut, Erich Unger, John Wolfsohn ein Hort des literarischen Expressionismus. Er verstand sich als eine „Vereinigung von Studenten und jungen Künstlern, die sich verschworen haben, den Blasphemien dieser Zeit nicht länger untätig zuzusehen und ihren Ekel vor allem Commishaften im Kunst- und Wissenschaftsbetrieb und ihre Bewunderung der Einzelgeister kundzutun." Erwin Loewenson sagte zur Gründung: „Schaffen Sie ein Rendezvous für solche Menschen, und Sie werden die kulturelle Situation in der Stadt Berlin bedeutend verändert haben." Das war eine Kampfansage gegen den konservativen Kulturbetrieb im wilhelminischen Deutschland.

Im von Alfred Messel 1890 in der Neuen Schönhauser Straße 13 errichteten ehemaligen Volkskaffeehaus war ab 1919 ein Realgymnasium der orthodoxen Gemeinde Adass Jisroel untergebracht. Überhaupt war die Neue Schönhauser Straße jüdisch geprägt: in der Nr. 15 die

Bäckerei Hirsch, in der Nr. 3 der Arbeiter-Kultur-Verein und in der Nr. 10/11 ein später arisiertes vegetarisches Speisehaus von Rudolf Meinung und Rudolf Kronberg. Aus der Neuen Schönhauser Straße berichtete Joseph Roth über den „Engelspalast", eine Schieberspelunke, später das berüchtigte Café Dalles, was böser unglückbringender Geist heißt.

In dem Haus Almstadtstraße 5 (ehemals Grenadierstraße 24) betrieb Leo Loewenthal ein Lokal mit Schankraum und Saal, wo das jiddische „Theater des Centrums" seine Bühne hatte. Isaak Löwy, Kafkas Freund und Anreger, trat 1910 hier auf. Alexander Granach sah hier nach seiner Ankunft 1906 jiddisches Theater und ließ sich von diesem Erlebnis inspirieren.

Das Gebäude Torstraße 146 beherbergte seit 1909 das unter Aufsicht der orthodoxen Gemeinde Adass Jisroel stehende, 1900 gegründete israelitische Krankenheim. Es war das zweite große jüdische Krankenhaus in Berlin. Im Herbst 1941 wurde das Krankenhaus von den nationalsozialistischen Behörden geschlossen. Der Hintereingang des israelitischen Krankenheims, in der Linienstraße 86, war die Ausfahrt für Verstorbene. Reste hebräischer Inschriften und ein Davidstern sind mit einiger Mühe noch ablesbar.

„Zufällige Begegnung vor dem Hause Almstadtstraße 16: Im Hause wohnt ein junger Facharbeiter, der das Haus und den kleinen Garten im Hinterhof pflegt. Ihn ärgert die Gedankenlosigkeit der Behörden im Prozess der Sanierung, ihn ärgert die Nachlässigkeit der Öffentlichkeit im Umgang mit jüdischen Überlieferungen. Er will wissen, wo er lebt, wer vor ihm hier wohnte, welche Schicksale seine Vorläufer erlitten. Er zeigt gerne die allerletzten Spuren im Hause und hinter dem Haus. Er hat alle Schriften gesammelt und gelesen, derer er habhaft werden konnte, und weiß heute, wo hinter dem abgerissenen Quergebäude, dessen Umrisse sich wie ein Schatten noch deutlich auf der Rückwand des angrenzenden Häuserblocks abbilden, die Laubhüttenfeste der chassidischen Juden gefeiert wurden. [...] In den beiden erhaltenen Gebäuden befanden sich chassidische Gebetsräume, Toraschulen und ein Gästehaus. Die hinweisende Hand im Treppenhaus führte den Ankömmling dorthin. Nur im Gegenlicht und bei genauem Hinsehen ist das mit Lack überstrichene Handzeichen im Treppenhaus zu erkennen. Einige hebräische Buchstaben sind noch zu erahnen."[24]

Diese letzten Spuren ostjüdischen Lebens stehen nicht unter Denkmalschutz und es steht zu befürchten, dass im Vereinigungstaumel hier eine Schicki-Micki-Society schnieke Wohnquartiere für Juppies errichtet, die überhaupt nicht mehr von jenem künden, was jetzt noch unter dem Zahn der Zeit vorkommt, wenn man am Putz kratzt. Zum Wiederaufbau der prächtigen „Neuen Synagoge" gehört aber untrennbar damit verbunden und verwoben auch jene „Finstere Medine", ein jüdisches Quartier in Berlin: die Oranienburgerstraße und ihre Umgebung.

[24] Ulrich Eckhardt, Denk-Bilder. Nachrichten vom Vergessen und Erinnern, a.a.O., S.132f.

Thomas Flierl

KUNSTGESCHICHTE IM STADTRAUM

Die Entdeckung, bauliche Sanierung und Aufwertung der Spandauer Vorstadt in den 1990er Jahren war wesentlich kulturell vermittelt. Der in der Berliner Innenstadt kaum noch zu findende, mittelalterlich geprägte Grundriss der vor dem Spandauer Tor gelegenen Vorstadt, die wertvolle bauliche Substanz des 18. und 19. Jahrhunderts und ihr Verfall in der DDR-Staatswirtschaft, schließlich die Spuren vielfältigen jüdischen Lebens bis zu seiner Auslöschung durch das NS-Regime ließen die Spandauer Vorstadt nach 1990 geradezu zu einem metaphysischen Ort der Neubestimmung durch historische Vergegenwärtigung werden.
Die Spandauer Vorstadt wurde kultureller Aktionsraum, Ort von Investoreninteressen und Gegenstand öffentlicher Stadtentwicklungspolitik, darunter auch der mündig gewordenen Bewohnerschaft selbst. Die Aufwertung des Stadtteils tendiert jedoch dazu, eine Kontinuität von Stadt vorzutäuschen, in der nicht nur alle gegenwärtigen Interessenkonflikte ruhig gestellt scheinen, sondern selbst noch die tiefsten Brüche der Geschichte als Imagefaktor angeeignet werden.

Koppenplatz. „Der verlassene Raum" von Karl Biedermann und Eva Butzmann.

Die vielen neuen kulturellen Orte und Initiativen, die mit dem Aufstieg der Spandauer Vorstadt seit 1990 verbunden sind, können hier nicht dargestellt werden. Es kann hier lediglich der Versuch gemacht werden, auf einige Kunstwerke im Stadtraum einzugehen. Selbst dann, wenn einige von ihnen nur temporär realisiert wurden oder bislang überhaupt nur Projekt blieben, gehören sie mittlerweile zur Kulturgeschichte dieses Stadtteils.

Vom Friedhof zum Stadtplatz

Das kürzlich restaurierte Denkmal des Stadthauptmanns Christian Koppe verweist auf einen solchen, heute fast vergessenen Umbruch, die große Stadterweiterung des 19. Jahrhunderts. 1704 hatte Koppe der Stadt Berlin das Grundstück um den später nach ihm benannten Platz geschenkt, damit dort die Ärmsten innerhalb der Stadtmauer begraben werden könnten. Bis 1838 reihten sich hier namenlose Gräber. Und Koppe ließ sich selbst auf diesem Armenfriedhof begraben. „Ein Armenhaus für 20 alte Frauen stand hier und an der Ecke Linienstraße, die damals die Stadtgrenze bildete, das Leichenschauhaus, das ‚Türmchen' – bis 1853. Im selben Jahr wurde der Koppenplatz zu einem öffentlichen Platz, mit der Zeit umbaut von Wohnhäusern, von der 1834 gegründeten Wilhelminen-Amalien-Stiftung und einem zur Jahrhundertwende von Ludwig Hoffmann entworfenen Schulgebäude. Über den Gräbern wuchs Gras. 1875 entstand

[1] Regina Scheer, Die dünne Kruste unter dem Denkmal, Sendemanuskript, Kulturtermin / SFB III am 14. April 1997.

hier eine Grünanlage."[1] Dankbar ehrte die Stadt Berlin Koppe im Jahre 1855: Vor der Fassade eines am Platz errichteten Gebäudes finden wir das grabmalartige Denkmal von Friedrich August Stüler. Das Denkmal stand schon, bevor das Wohnhaus errichtet wurde. So erinnert das Koppe-Denkmal nicht nur an den Stadthauptmann selbst. Im Wandel vom Grabmal zum Denkmal gibt sich so der Funktionswandel des Ortes vom Friedhof zum Stadtplatz zu erkennen.

Der verlassene Raum

Südlich des Koppenplatzes, in der Großen Hamburger Straße, unweit der Neuen Synagoge in der Oranienburger Straße, befand sich bis zur Nazizeit ein Zentrum des Berliner jüdischen Lebens: Neben dem alten jüdischen Friedhof standen die traditionsreiche, auf Moses Mendelssohn zurückgehende Knabenschule mit Lehrerseminar, das Altersheim sowie das erste Krankenhaus der jüdischen Gemeinde. Das Altersheim in der großen Hamburger Straße 26 „genoss einen hervorragenden Ruf als gutbürgerlicher Ruhesitz in der Nachbarschaft zu vielen wichtigen jüdischen Institutionen. Es bildete den Eingang zum Friedhof. 1942 wurde aus ihm ein Haus des Schreckens. Die Gestapo bestimmte es zum ‚Judenlager', in dem in den Folgemonaten insgesamt 55.000 aus ihren Wohnungen getriebene Bürger vor ihrer Deportation und Ermordung zusammenpfercht wurden." [2] Den 1672 geweihten und bis 1827 für Begräbnisse, u.a. wurde hier Moses Mendelsohn begraben, später als Park genutzten Friedhof zerstörten die Nazis bei der Übernahme des Altersheims. 1945 wurden hier zahlreiche Soldaten und Zivilisten in Massengräbern beigesetzt.

Bald nach dem Krieg erinnerte die jüdische Gemeinde, die den Friedhof 1948 zurück erhielt, mit einer schwarzpolierten **Gedenktafel** in hebräischer und deutscher Sprache an den „ältesten Begräbnisplatz der Jüdischen Gemeinde zu Berlin". In den ersten Jahrzehnten vor allem auf den kommunistischen antifaschistischen Widerstandskampf verengt, gewann der offizielle Gedenkdiskurs der DDR später an Breite. Aber erst in den 1980er Jahren wurde die

Große Hamburger Straße 15/16. „Missing House" von Christian Boltanski.

[2] Stefanie Endlich, Gedenkstätten in Berlin, in: Gedenkstätten für die Opfer des Nationalsozialismus, Eine Dokumentation, Bd. II, Bundeszentrale für politische Bildung, Bonn 1999.

stärkere Hinwendung zum jüdischen Erbe auch im Stadtraum erkennbar.
So erinnert seit 1983 an die nach dem Krieg als Berufsschule genutzte Knabenschule eine von Gerhard Thieme gestaltete **Gedenktafel** mit einem Portraitrelief von Moses Mendelsohn. 1985 wurde das **Figurenensemble** des 1957 verstorbenen Bildhauers Will Lammert am Zugang zu dem heutigen kleinen Park mit der Nachbildung des Mendelsohn-Grabes aufgestellt. Lammert, der für die Gedenkstätte im ehemaligen Konzentrationslager Ravensbrück das große Mahnmal „Tragende" geschaffen hatte, hatte auch eine unvollendete Gruppe mit fünfzehn Figuren hinterlassen. Nach einer früheren Gestaltungsidee von John Heartfield wurden dreizehn von ihnen in keilförmiger Anordnung aufgestellt. Der 1987 vom Ost-Berliner Magistrat aufgestellte grabsteinartige Gedenkstein erinnert an das Altersheim und die Deportationen.
Parallel zum 1988 begonnenen Wiederaufbau der von Eduard Knoblauch entworfenen, zwischen 1859 und 1866 errichteten, in der Pogromnacht 1938 angegriffenen, aber weitgehend unversehrt gebliebenen, im Krieg durch Bombenangriffe zerstörten Neuen Synagoge in der Oranienburger Straße durch die DDR-Regierung veranstalte der Ost-Berliner Magistrat 1988 einen künstlerischen Wettbewerb für ein „Denkmal für das Wirken der jüdischen Bürger in Berlin, zum Gedenken an ihre Verfolgung und zur Würdigung ihres Widerstands". Ursprünglich für das Areal des alten jüdischen Friedhofs vorgesehen, wurde das Denkmalvorhaben nach Protest der jüdischen Gemeinde auf den am nördlichen Ende der Großen Hamburger Straße befindlichen Koppenplatz verlegt. Ein jüdischer Friedhof müsse für alle Zeit Friedhof bleiben, außerdem gehöre ein Denkmal, das Nichtjuden den Berliner Juden errichten wollen, nicht an einen jüdischen Ort.
Den 1989 ausgelobten Wettbewerb gewannen der Bildhauer Karl Biedermann und die Gartengestalterin Eva Butzmann. Ihr Projekt **„Der verlassene Raum"** wurde allerdings erst 1996 fertiggestellt. Bei der Errichtung des Denkmals musste der 1941 von französischen Kriegsgefangenen errichtete Bunker auf dem Koppenplatz beseitigt werden. Immer wieder waren bei Bauarbeiten auf dem Koppenplatz Überreste von auf dem Armenfriedhof Bestatteten, möglicherweise auch von Kriegstoten, gefunden worden, so auch bei der Errichtung des Denkmals des „Verlassenen Raums".
Karl Biedermann gestaltete in Bronze einen ungeschützten Raum ohne Wände: auf gebrauchtem Parkettfußboden ein Wohnzimmertisch, dahinter ein Stuhl stehend, davor der andere, verlassen, umgeworfen. Am Boden umsäumt ein Text aus Nelly Sachs' Gedichtband „Die Wohnungen des Todes" das Denkmal.
Der Schriftsteller Jürgen Rennert, der den Text ausgesucht hatte, gab bei der Einweihung folgende Deutung des Denkmals: „Wie es zum massenhaften Mord kommen konnte und kommt, lässt sich an dieser Bronze am Koppenplatz wirklichkeitsnah nachvollziehen und in Erfahrung bringen. Es waren, sind und bleiben – noch beim größten Völkermord – anfangs und letztlich doch immer nur zwei: der Mörder und sein Opfer, an denen sich das Entsetzliche des Geschehens in unsere Vorstellung heben lässt. Der eine hinter dem Tisch und der oder die andere davor. / Wenn sich die, die hinter den Tischen sitzen, der eigenen Verantwortlichkeit für die Folge ihres Tuns und Lassens enthoben und entbunden glauben, sterben die davor. / Gutmachen und Wiedergutmachen lässt sich schlechtes Tun nur an jenen, die es überlebten, ihr

[3] Jürgen Rennert, Worte zur Einweihung des „Denkmals für das Wirken der jüdischen Bürger in Berlin" am 26. September 1996, Manuskript.

gnädiges Einverständnis vorausgesetzt. Millionen europäischer Juden, darunter fünfzigtausend Berliner, haben uns auf eine sowohl von unseren geplante wie auch tolerierte und schließlich fabrikmäßig perfektionierte mörderische Weise nicht überlebt. Der Stuhl bleibt leer. / Gegen Gewalt hilft letztlich keine Gewalt. Und dem verbrecherischen Hang vermeintlich zwangsläufig verlaufener und verlaufender Geschichte wehrt keine noch so ausgeklügelte Art von allein intellektueller Bewältigung. Gegen Gewalt hilft allenfalls der ebenso tapfere wie sinnliche Versuch, sich selbst an allem beteiligt zu sehen und die Ergebnisse des eigenen Tuns nicht vom Tisch zu wischen." [3]

Vergänglichkeit und Erinnerung

Hatten die künstlerischen Bemühungen zur Erinnerung an den Holocaust vor 1990 noch ganz den traditionellen Medien vertraut (Gedenktafel, Portraitrelief, Figurenensemble, allegorisches Sinnbild), entstanden später zwei künstlerische Gedenkinstallationen, die das Medium historischer Überlieferung selbst reflektierten.

Im Rahmen des Ost-West-Projektes „Die Endlichkeit der Freiheit" realisierte der in Frankreich lebende Künstler Christian Boltanski 1990 auf dem Grundstück Große Hamburger Straße 15/16 seine Arbeit **„The Missing House"**. Das der ehemaligen jüdischen Knabenschule (heute Jüdisches Gymnasium) genau gegenüber liegende Haus war 1911 als offene Hofanlage erbaut worden, wurde in der Bombennacht vom 3. Februar 1945 beschädigt und ist nach dem Krieg ohne das mittlere Quergebäude wieder aufgebaut worden. An den so entstandenen Brandwänden brachte Boltanski die Namen und die Berufe der früheren Bewohner an. Jahreszahlen markieren die Dauer ihres Aufenthaltes im heute fehlenden Haus. Bei Boltanski stammen Erinnerungen nicht aus der Vergangenheit, sondern die Vergangenheit resultiert aus Erinnerungen, die selbst ein Resultat von Gedächtnisforschung sind. Gemeinsam mit zwei Assistenten hatte Boltanski die Lebensgeschichte der Bewohner recherchiert. Viele Bewohner waren jüdischer Abstammung, ihre Enteignung und Deportation ließ sich aus den Akten rekonstruieren. Die Alltagsgeschichte und das Schicksal der Menschen, die in diesem Haus gelebt haben, wird dem Vergessen entrissen. Die Inschriften enthalten nur die Andeutung dieses Zusammenhangs. Während des Projektes „Die Endlichkeit der Freiheit" wurden die Rechercheergebnisse an einem anderen Ort aufbewahrt und zugänglich gemacht. Heute funktioniert die Installation auch ohne dieses Material. Durch den stadträumlichen und zeitgeschichtlichen Kontext wird das Erinnern gerichtet: einen konkreten Sinngehalt erlangt es aber erst durch die weiter führende Auseinandersetzung des Betrachters mit der Geschichte. In Form von Spurensicherung legt hier die Kunst Fährten, der Produktionsweise des öffentlichen Erinnerns nachzugehen. Auf die Suche nach der verlorenen Vergangenheit begab sich auch Shimon Attie mit seinem Projekt **„Die Schrift an der Wand"**. Der kalifornische Künstler kam 1991 nach Berlin und suchte im Scheunenviertel zwischen Grenadier- (heutige Almstadtstraße) und Artilleriestraße (heutige Tucholskystraße) nach den Spuren jüdischen Lebens. „'Die Schrift an der Wand' entwickelt sich als meine Antwort auf die Diskrepanz zwischen dem, was ich fühlte und dem, was ich nicht sah. Ich wollte dieser unsichtbaren Vergangenheit eine Stimme geben, sie wieder ans Licht holen, wenn auch nur für einige Augenblicke." Attie suchte historische Schwarzweißfotos des jüdischen Straßenlebens in Berlin und projizierte sie auf Häuserwände im Scheunenviertel. Bald schon war klar, dass nicht die Geschichtstreue das angemessene Verfahren sein konnte. So ergab die Projektion

Oranienburger Straße 35. „LoveLetters Building" von HA Schult.

einer historischen Aufnahme auf ein neues Gebäude an gleicher Stelle kein sinnvolles Bild. Also wurde auf ein Nachbargebäude projiziert. Für einige Projektionen benutzte Attie historische Aufnahmen von anderen jüdischen Vierteln Osteuropas. „Wenn ich mich zu entscheiden hatte, ob ich ein guter Historiker oder lieber ein – hoffentlich – guter Künstler sein wollte, wählte ich immer das letzte. Das Projekt ‚Die Schrift an der Wand' sollte als eine Simulation jüdischen Lebens angesehen werden, wie es einst im Scheunenviertel existiert hatte, nicht aber als wörtliche Rekonstruktion." [4] Dabei existierte das Projekt doppelt: als mehrtägige nächtliche Vor-Ort-Installation und als Kunstfotografie. „Attie ist es gelungen, das der Photographie zugrunde liegende Gefühl der Trennung und des Verlustes zu thematisieren, indem er die Schatten einer Welt beschwört, der es verwehrt wurde, im normalen Rhythmus des allmählichen Werdens und Verfalls zu vergehen [...] Attie registriert die vereinzelten Überreste des deutschen Judentums der Vorkriegszeit in absentia und als reine Abwesenheit, nicht so sehr als Versuch, die verstreuten Reststücke des davon noch Erkennbaren wiederzugewinnen (ein sinnloses Unterfangen), auch nicht einmal, um ihren Verlust zu beklagen, sondern um ihr Fehlen zur Grundlage eines zutiefst photographischen Projekts zu machen. Seine Arbeit ist gleichzeitig ein Ausloten des Fundaments der Photographie [...] und ein historisch ergiebiges Nachdenken, das um so fesselnder wird, weil jede explizite Didaktik fehlt." [5]

---

4 Shimon Attie, Die Schrift an der Wand, Photographien und Installationen, Heidelberg 1993.

Hackescher Markt. „Kaleidoskop der Stadt", Spiegel- und Lichtbildinstallation von Sabine Jank.

Kunst Liebe Werbung

Das ehemalige Postfuhramt in der Oranienburger Straße war in den 1990er Jahren zu einem interessanten Präsentationsort zeitgenössischer Kunst geworden. Eine Zeit lang gab es Bemühungen, die Berlinische Galerie, das Landesmuseum für zeitgenössische Kunst und Fotografie, im Postfuhramt anzusiedeln. Doch das Land und die Post AG konnten sich nicht auf die Verkaufsbedingungen einigen. „Während der Vorstand noch überlegt, was mit dem Gebäude mitten in Berlins Touristenquartier geschehen soll" (Berliner Morgenpost vom 20. 9. 2001) (es wird von einem Luxushotel gesprochen), ließ die Deutsche Post im Herbst 2001 den Kölner Aktionskünstler HA Schult das Gebäude mit mehr als 35.000 Briefen verhüllen. Künstler und Post hatten zuvor aufgerufen, Liebesbriefe zu schreiben. Die Einsendungen wurden vergrößert, auf wasser- und feuerfeste Folie gezogen und zur Fassade des „**LoveLetter-Buildings**" montiert. Ähnlich wie Christos Verhüllung des Reichstagsgebäudes markiert die Installation einen bevorstehenden Funktionswandel. Das ebenso anachronistisch wie anrührend anmutende Plädoyer für die Liebesbriefkultur konnte sich der unmittelbaren Resonanz beim Publikum sicher sein. Das wusste auch die Post, die das LoveLetter-Building bundesweit zur Werbung nutzte. So vollzieht sich der Abschied von der künstlerischen Nutzung des Postfuhramtes in der Form der Kunst selbst. Das touristisch geprägte Szeneviertel ist nun auch ästhetisch bei sich selbst

[5] Michael A. Bernstein, Shimon Attie, Bilder als Erinnerung / Erinnerungen an Bilder, in: Shimon Attie, vgl. Anm. 4.

angekommen. Der konkrete Ort wurde zur Projektionsfläche massenhafter abstrakter Sehnsüchte, eine zur Skulptur geronnene Loveparade.

Kaleidoskop der Stadt

Die Vielfalt der Perspektiven auf ein und denselben Ort und die Überlagerung verschiedener Bilder von der Stadt machte die Künstlerin Sabine Jank zum Gegenstand einer Spiegel- und Lichtbildinstallation. Sie entwickelte die Idee einer in den Boden am Hackeschen Markt eingelassenen, betretbaren, im durchsichtigen Untergrund fächerartig gebrochenen Spiegelfläche, in der sich der Betrachter gleichzeitig selbst, in seiner unmittelbaren Umgebung, wie auch mehrere, von Kameras an verschiedenen Orten der weiteren Umgebung aufgenommene und live eingeblendete Bilder wahrnehmen kann. So liefen vor verfremdeter, aber in Details erkennbarer Umgebung nicht nur die Menschen, sondern es fuhren auch Radfahrer, Autos, Straßen- und S-Bahnen durchs Bild, in dem man selbst stand. Das in einer Galerie am Modell demonstrierte Projekt bestach durch seine technische und ästhetische Perfektion. Die Kopplung von Überblendung und Kaleidoskop schuf die Möglichkeit, das Tempo, die Gleichzeitigkeit und die Wiederholungen des städtischen Lebens in der künstlerischen Anschauung festzuhalten und miteinander zu verbinden. Und das an einem Ort, der heute wie kaum ein anderer für urbanes Leben in Berlin steht. Hier sollte nichts auf den Ort projiziert, sondern seine städtische Qualität reflektiert werden.

Literatur:

Shimon Attie, Die Schrift an der Wand, Photographien und Installationen, Heidelberg 1993.

Michael A. Bernstein: Shimon Attie: Bilder als Erinnerung / Erinnerungen an Bilder, in: Shimon Attie, a.a.O.

Stefanie Endlich, Gedenkstätten in Berlin, in: Gedenkstätten für die Opfer des Nationalsozialismus, Eine Dokumentation, Bd. II, Bundeszentrale für politische Bildung, Bonn 1999.

Wulf Herzogenrath, The Missing House, in: Wulf Herzogenrath, Joachim Sartorius, Christoph Tannert (Hg.): Die Endlichkeit der Freiheit Berlin 1990. Ein Ausstellungsprojekt in Ost und West, Berlin 1990.

Jürgen Rennert, Worte zur Einweihung des „Denkmals für das Wirken der jüdischen Bürger in Berlin" am 26. September 1996, Manuskript.

Regina Scheer, Die dünne Kruste unter dem Denkmal, Sendemanuskript, Kulturtermin / SFB III am 14. April 1997.

Tina Bielefeld

PUTZ- UND STUCKFASSADEN IN DER SPANDAUER VORSTADT

Ihre Restaurierung und Wiederherstellung

In der Spandauer Vorstadt sind zahlreiche Fassaden aus unterschiedlichen Epochen erhalten. Sie zeugen von der regen Bautätigkeit seit fast 300 Jahren in diesem Stadtgebiet. Insbesondere wurden in den vergangenen zehn Jahren Baulücken durch Neubauten ergänzt und Straßenzüge somit wieder vervollständigt. Nach dem Zweiten Weltkrieg waren einige der alten Gebäude abgerissen worden, viele der alten Fassaden waren vernachlässigt. Mit Hilfe des Förderprogrammes „Städtebaulicher Denkmalschutz" konnte seit dem Fall der Mauer ein Großteil der historischen Gebäude und Fassaden wiederhergestellt werden.

Bauforscher und Restauratoren haben in den letzten zehn Jahren gründliche Untersuchungen vor der Instandsetzung vieler der denkmalgeschützten Gebäude durchgeführt, um Informationen über die Baugeschichte und das bauzeitliche Aussehen zu erhalten. Weiteres Ziel war es, Aussagen über Möglichkeiten der Erhaltung und Wiederherstellung von verlorenen Bauteilen, Bauschmuck und Farbfassungen treffen zu können. Unter der Beteiligung von Denkmalbehörden, Architekten, Restauratoren und Handwerkern wurde eine Vielzahl von denkmalgerechten Instandsetzungen realisiert.

Im Folgenden soll eine Auswahl besonders bemerkenswerter Bauten vorgestellt werden, bei denen die Untersuchungsergebnisse die jeweiligen Maßnahmen Gewinn bringend unterstützt haben.

Beispiel für eine gelungene Restaurierung ist das Gebäude in der **Neuen Schönhauser Straße 8**. Es wurde um 1785, vermutlich nach einem Entwurf von Georg Christian Unger, erbaut. Das Bürgerhaus war eines von rund 130 unter Friedrich II. errichteten „Immediatbauten". Das waren Wohngebäude, die auf Veranlassung des Königs entweder als zwei- oder dreigeschossige Fachwerkbauten oder als verputzte Ziegelbauten konzipiert waren. Beim vorliegenden Beispiel haben wir es mit einem massiven, verputzten Ziegelbau zu tun, dessen Fassade mit Stuckelementen im Stil des Friederizianischen Rokoko geschmückt ist. Das Gebäude in der Neuen Schönhauser Straße 8 befand sich zur Erbauungszeit unmittelbar an der Grenze zum alten Berliner Stadtgebiet. Es ist eines der wenigen spätbarocken und damit ältesten Wohnhäuser der Stadt.

Das Haus ist dreigeschossig angelegt. Die Erdgeschossfläche wird durch sechs hohe Rundbogenfenster mit verschiedenen Mädchenköpfen und Blumengirlanden gegliedert. Über der zentralen Hofdurchfahrt befindet sich eine Tuchgirlande, die um eine Kartusche geschlungen ist. Als vor zweihundertfünfzig Jahren die Bebauung der Neuen Schönhauser Straße begann und etwa vierzig Jahre später dieses Gebäude entstand, gab es noch keine Hausnummern, doch anhand der Mädchenköpfe - einer Art Wahrzeichen - konnte dieses Haus benannt werden.

Die Ladeneingänge im Erdgeschoss wurden nachträglich eingebaut. Die zwei Granitpoller an der Hofdurchfahrt dagegen stammen aus der Erbauungszeit und waren zum Schutz vor Beschädigung durch Lastfuhrwerke aufgestellt. In den beiden oberen Geschossen

Neue Schönhauser Straße 8. Zustand der Fassade vor der Restaurierung, 1995.

sind um die Fenster Stuckelemente in den Verdachungen, Konsolen und Umrahmungen sichtbar. An den Fenstern fehlen heute kleine Sonnenblenden und die Fensterhölzer sind nicht mehr die bauzeitlichen. Bei der Durchfahrt, dem Treppenhaus und der darin befindlichen Rundtreppe liegen weitgehend die unveränderten Originalzustände aus der Erbauungszeit vor. Zum Ursprungsbau gehört auch der westliche Hofflügel, der 1841 um ein drittes Fachwerkgeschoss erhöht wurde.

Neue Schönhauser Straße 8. Aufnahme 2002.

Im Sommer 1996 erfolgten an Fassade und Treppenhaus restauratorische und bauforscherische Untersuchungen. Die Fassade zeigte sich stark vernachlässigt, der Putz war in Teilen abgeplatzt und hatte zahlreiche Risse. Die Stuckteile, insbesondere die Mädchenköpfe, waren in einem desolaten Zustand. Der bis dahin zuletzt aufgetragene Anstrich war vergraut und aufgerissen.

Über gezielte Freilegungen konnte man insbesondere um die ornamentalen Stuckbereiche herum unter der neueren Überputzung Reste des historischen Kalkputzes nachweisen. Dieser war in einer (Besen-)Stupfputztechnik ausgeführt, eine besondere, heute in Berlin sonst nicht mehr auffindbare Gestaltungsart, die hier mit Ausnahme des Sockelbereichs für alle Fassadenflächen belegt werden konnte. Die Gesimse sowie die Fensterumrahmungen waren glatt gezogen.

Auf Putz und Stuck wurden insgesamt elf Anstriche gefunden. Diese belegen einen wechselnden Zeitgeschmack bezüglich der Farbgestaltung, denn die Anstriche waren teils monochrom, teils mit Absetzungen von Fenstereinfassungen und Schmuckteilen zweifarbig ausgeführt. Zur Erbauungszeit lag auf dem Putz ein ocker-rosé farbener Kalk-Kaseinanstrich. Die Farbigkeit dieses Anstrichs ist für diesen Zeitraum nicht ungewöhnlich - ein ähnlicher Farbton wurde auch am Berliner Zeughaus, Unter den Linden, in der ersten Hälfte des 18. Jahrhunderts verwendet - dort jedoch nicht als Anstrich, sondern in Form eines mit Ziegelmehl durchgefärbten Putzes.

1996/97 wurde die Fassade in der historischen Technik restauriert. Die Köpfe waren auf Grund der schlechten Wasserableitung stark beschädigt und bereits zuvor mindestens einmal in Teilen vereinfacht erneuert worden. Vor fünf Jahren wurden die Stuckteile von den vielen Anstrichen befreit und die alten Ergänzungen abgenommen. Der Neuanstrich erfolgte nach Befund. Die fehlenden Teile wurden nach den an der Fassa-

de vorhandenen Vorbildern wiederhergestellt. Die Köpfe dagegen mussten größtenteils ab dem Stirnbereich und dem seitlichen Haaransatz frei rekonstruiert werden, da dafür keine verwendbaren Vorlagen erhalten waren.

Die Tropfwasserableitung stellt auch heute in Teilen noch ein Problem dar. Auf die Gesimsbleche im ersten Obergeschoss wurden daher zusätzliche Kanten gesetzt. Neue Schäden werden verhindert durch die regelmäßige Wartung der Köpfe und Girlanden mit einfachen Maßnahmen wie Abstauben und Überprüfung von neuen Rissbildungen.

Auch im Innern sind Befunde von historischen Ausmalungen erhalten. Die restauratorischen Untersuchungen für das Treppenhaus ließen jedoch auf Grund der geringen Befundlage eine Rekonstruktion des ursprünglichen malerischen Gestaltungssystems nicht zu. Einige freigelegte Fragmente werden dem Betrachter heute als Freilegefenster präsentiert, um den Hausbesucher auf das Vorhandensein und die Form von älteren Anstrichen hinzuweisen, so z. B. an der Decke der Durchfahrt.

Die Restaurierung der Fassade mit dem Stupfputz und dem Kalk-Kaseinanstrich ist hier erfolgreich gelungen. Dass bei der Wiederherstellung einer Fassade in der historischen Technik jedoch auch Probleme auftreten können, zeigt das Beispiel des Gebäudes in der **Neuen Schönhauser Straße 12**.

Das Vorderhaus wurde bereits um 1760 erbaut und 1857 mit einer spätklassizistischen Fassadengestaltung überformt. Das Gebäude zählt damit wie die Neue Schönhauser Straße 8 zu den ältesten baulichen Zeugnissen der Spandauer Vorstadt.

Die Fassade wird durch flache Putzquaderungen gegliedert. Gerade Fensterverdachungen mit unterschiedlich geschmückten Stuckspiegeln in beiden Obergeschossen sowie das durchlaufende Sohlbankgesims unterstreichen die schlichte Gestaltung. Verzierungen durch Stuckornamente sind auch unter dem Dachgesims zu finden. Einige Details der Fassade von 1857 sind verloren gegangen, weil z. B. das Erdgeschoss im rechten Bereich für eine Ladennutzung verändert wurde.

1993 wurde sie als eine der ersten Fassaden nach der Wende instand gesetzt und restauriert. Bei den Maßnahmen mussten die Stuckornamente in den Brüstungsfeldern unterhalb der Fenster des ersten Obergeschosses auf Grund ihres Erhaltungszustandes und für die Sanierung des Putzes ausgebaut wer-

Neue Schönhauser Straße 8.

links:
Der bildhauerische Fassadenschmuck war aufgrund des heruntertropfenden Regenwasser sehr zerstört. Die Aufnahme entstand während der Restaurierung im August 1996, erste Ergänzungen wurden am Kopf bereits vorgenommen.

rechts:
Die künstlerische Qualität der Mädchenköpfe mit dem charakteristischen „Schwanenhals" kommt nach der Restaurierung wieder zur Wirkung.

den. Diese Flächen zeigen sich heute glatt verputzt. Die Stuckteile hätten in der Hofdurchfahrt präsentiert werden sollen. Sie gingen jedoch aus ungeklärten Gründen bei den Arbeiten verloren. Ein verantwortungsvoller Umgang mit den historischen Teilen wäre hier erforderlich gewesen.

Bei der restauratorischen Untersuchung wurden auf Putz- und Stuckteilen mehrere Anstriche festgestellt. Es konnte auch die farbliche Gestaltung von 1857 nachgewiesen werden, bei der es sich um einen monochromen hellen, olivgrünen Ölanstrich handelte. Der Anstrich wurde in Anlehnung an den Befund wiederhergestellt.

Bei heutiger Betrachtung zeigt sich, dass bereits erneut Schäden und Veränderungen aufgetreten sind. Zusätzlich gab es im Erdgeschossbereich wiederholt Graffitischmierereien. Diese sind generell schwer zu beseitigen, wenn keine geeignete Schutzschicht aufgetragen wird. Wie hier behilft sich der Eigentümer im Normalfall, indem er die beschmierten Bereiche gesamt überstreicht. Durch den wiederholten Anstrich des Erdgeschosses zeigen sich die Obergeschosse durch die ungleiche Behandlung heller, so dass die einheitliche Gestaltung der Wiederherstellung nicht mehr gegeben ist.

Die Fassade wurde 1993 anlehnend an die historische Technik mit einer Ölfarbe gestrichen, die heute in Teilen bereits wieder abblättert und fleckig ist. Für dieses Schadensbild gibt es mehrere Gründe. Nach handwerklicher Tradition wurden Ölfarben im 19. Jahrhundert nach definierten Rezepturen vom Maler zusammengestellt. Dazu gehörte eine gewisse Erfahrung. Seit der fabrikmäßigen Herstellung der Farben sind diese Erfahrungen und Traditionen verloren gegangen. Möglich ist in diesem Fall, dass bei der Instandsetzung der erneuerte Untergrund nicht fachgerecht vorbereitet wurde, so dass der Anstrich nicht ausreichend am Putz haftet. Auch kann es sein, dass Zusammensetzung und Auftragstechnik dem historischen Anstrich nicht entsprechen. Dieses Beispiel zeigt, dass es im Bereich der überlieferten Handwerkstraditionen und ihrer praktischen Umsetzbarkeit heute große Defizite gibt. Ein modernes Anstrichsystem hätte langfristig zu einem besseren Ergebnis führen können.

Von dieser recht schlichten Fassade hebt sich das Nachbargebäude **Neue Schönhauser Straße 13** deutlich ab. Es wurde 1890-91 von Alfred Messel im Auftrag der gemeinnützigen „Volkskaffee- und Speisehallen-Gesellschaft" errichtet. Im Erdgeschoss und im Seitenflügel war ursprünglich eine Kaffee- und Speisehalle eingerichtet. In der ersten Etage befand sich der erste öffentliche Lesesaal Berlins, darüber Mietwohnungen. In Volkskaffeehäusern wurden ärmere Frauen und Männer nach Geschlechtern getrennt bedient. Man bekam hier Kaffee und Suppe für wenig Geld.

Die Fassade ist im Stil der Neorenaissance gestaltet. Oberhalb des Erdgeschosses ist die Fassade hinter einer Balustrade und einem zweigeschossigen, übergiebelten Erker zurückgesetzt. Am Erkergiebel ist das Baudatum 1890 festgehalten.

Neue Schönhauser Straße 12. Fassade vor Beginn der Instandsetzung 1992.

Im Gegensatz zu vielen anderen Fassaden in der Spandauer Vorstadt wurde hier neben der Verputzung auch mit Sandstein als Gestaltungsmaterial gearbeitet. Aus Sandstein bestehen das Erdgeschoss, die Gesimse, die Fensterrahmungen, der Erker und die Blendgiebel. (Vgl. Abb. S. 180–182)
1996/97 sind restauratorische und bauforscherische Untersuchungen durchgeführt worden. Zu diesem Zeitpunkt zeigte sich die Fassade mit einem einheitlichen Anstrich und ähnlich vernachlässigt wie viele Gebäude in der Spandauer Vorstadt. Auf der Balustrade wuchsen Pflanzen, der Putz hatte Risse und der Sandstein im Erdgeschoss war stark verschwärzt.
Bei der restauratorischen Untersuchung wurde durch gezielte Freilegungen das Ornament oberhalb der Balustrade entdeckt. Erhalten war bis auf kleine Fehlstellen ebenfalls der Schriftzug „Volks=Kaffee=u. Speise=Hallenges.[ellschaft]". Die Inschrift wurde zum Zweck der Dokumentation von Restauratoren abgepaust. Anhand dieser Dokumentation konnte der Schriftzug wiederhergestellt werden, nachdem bei den Instandsetzungsarbeiten der Originalputz mit der Inschrift (bis auf das rechte Begrenzungsornament) unwiederbringlich zerstört worden war.
Von dem Gebäude gibt es gut erhaltene historische Fotografien. Sie lieferten eine verlässliche Grundlage, um im zweiten Obergeschoss die ornamentale Bemalung, die nur fragmentarisch erhalten war, zu rekonstruieren. Das untere Ornamentteil im ersten Obergeschoss dagegen war sehr gut überliefert. Es konnte vorsichtig freigelegt werden und man musste nur partiell Retuschen vornehmen. Die Auswahl der Farben und die genaue Lage der Bemalung im zweiten Obergeschoss waren anhand der Konservierung des unteren Bereiches belegbar.
Nicht rekonstruiert wurden dagegen eine Wetterfahne auf dem Dachgiebel (heute ist lediglich die Halterung sichtbar) sowie das in der Höhe des Fassadenornaments angebrachte Kaffeehausschild, obgleich für eine Rekonstruktion verwendbare Fotografien vorhanden waren. Entgegen des Befundes wurden die Fenster grau gestrichen. Die Untersuchung hatte für die Fensterhölzer ein Braun ergeben.
Mit dieser Fassade ist ein frühes Beispiel für die Anwendung der so genannten „Keimschen Malerei" erhalten. Die Fassadengestaltung wurde 1890 in dieser damals noch relativ neuen Silikatfarben-Technik ausgeführt. Die Keimsche Maltechnik, erstmals etwa 1880 angewendet, stellte neben den bis dahin als Fassadenfarben bekannten Öl- oder Kalkanstrichen eine große Neuerung dar. Bei der Wiederherstellung wurde auf dem Putz ebenfalls in Keimtechnik gearbeitet.
Im Erdgeschossbereich konnte der Sandstein wegen des hohen Kostenaufwandes nicht vollständig gereinigt werden und zeigte sich auch nach der Abnahme der obersten Schmutzschichten stark verschwärzt. Man entschied sich hier, den Stein in Anlehnung an die Natursteinfarbe mit einem Dispersionsfarbanstrich anzugleichen. Dabei wur-

Neue Schönhauser Straße 12. Aufnahme 2002.

den teils auf einzelne Sandsteinquader auch die in einem Stein vorkommenden Äderungen dezent nachgestellt, um optisch eine natürliche Wirkung zu erzielen. In den Obergeschossen wurde der Naturstein gereinigt und ungestrichen belassen.

Die Fassade vermittelt in ihrer wiederhergestellten Form eine Ahnung davon, wie sich der Bau als Volkskaffeehaus im späten 19. Jahrhundert gezeigt hat. Leider besteht auch hier wie an vielen denkmalgeschützten Gebäuden das Problem der fehlenden Wartung. Auf der Balustradenebene wachsen bereits wieder erste Pflanzen, die auch vor der Instandsetzung 1996 zu Schäden geführt hatten. Der Anstrich blättert teilweise ab und müsste in Bereichen erneuert werden, um Schäden vorzubeugen.

Restauriert wurde am Ende dieses Straßenzugs auch die Fassade **Neue Schönhauser Straße 19**. Das Vorderhaus besitzt eine qualitätvolle, fein durchgebildete Fassade in ausgeprägten Jugenstilformen. Das Treppenhaus folgt ebenfalls den Formen des Jugendstils. Den künstlerischen Fassadenentwurf für das 1904-05 errichtete Gebäude lieferte der Bildhauer Otto Stichling. Die Konzeption des Gebäudes als Wohn- und Geschäftshaus ist bis heute geblieben.

Die Instandsetzung erfolgte 1999. Die reliefierten Putzoberflächen waren bis zu 90% vorhanden. Lediglich Teilbereiche wie z. B. das Eingangsportal wurden nach historischen Fotografien ergänzt und die Eingangstür in Anlehnung an historische Aufnahmen neu gefertigt. Nicht rekonstruiert wurde ein Balustradengitter, dass sich vor dem Fenster oberhalb der Eingangstür befand.

Neue Schönhauser Straße 19.

oben: Die Messbildaufnahme ermöglicht eine genaue Erfassung der Schäden vor der Fassadenrestaurierung.

unten: Restaurierte Fassade.

Auguststraße 9/ Tucholskystraße 34.

Durch die restauratorische Untersuchung der Fassadenfarbigkeit konnte die bauzeitliche, helle Farbgebung - hier unter Verwendung eines modernen Anstrichsystems - wiederhergestellt werden. Obgleich die Fassade einen monochromen Anstrich besitzt, wird durch einen in Teilbereichen aufgebrachten, strukturierten Kämmputz eine deutliche Licht- und Schattenwirkung und damit Auflockerung des vergleichsweise hohen und massiven Gebäudes erzielt. Diese Fassade stellt ein spätes und recht seltenes Beispiel für die Verwendung von ornamentiertem Putz in der Spandauer Vorstadt dar. Zahlreicher erhalten sind Bauten aus der Zeit des Klassizismus, in der die Fassaden vor allem mit kleinteiligen Ornamenten geschmückt waren. So stehen zum Beispiel in der Tucholskystraße - schräg gegenüber dem Postfuhramt von 1875-81 - mehrere Wohnhäuser aus der Mitte des 19. Jahrhunderts.

Das Eckgebäude **Auguststraße 9/Tucholskystraße 34** wurde 1856 als Mietshaus erbaut. Den viergeschossigen klassizistischen Bau gliedern horizontale Putzquader und Gesimse. Diese Gliederung wird durch lange, ornamentale Friese über den ersten beiden Obergeschossen und durch Stuckreliefs unterhalb der Fenster unterstrichen. Bei den Friesen erkennt man kaum, dass es sich hierbei um einen angestrichenen Stuck und nicht um Terrakotta handelt. Die terrakottarote Farbigkeit konnte durch restauratorische Befunduntersuchungen nachgewiesen werden. An den übrigen Fassadenelementen wurde einschließlich der anderen Stuckelemente ein sandsteinfarbener Ton festgestellt. Die Fenster waren ähnlich hell gestrichen. Die Fassadenfarbigkeit konnte auf der Grundlage der Untersuchungen im Rahmen einer Gesamtinstandsetzung 1998 mit mineralischen Anstrichsytemen wiederhergestellt werden.

Der Stuck wurde auf seine Zusammensetzung hin naturwissenschaftlich untersucht. Stuck für den Aussenbereich wird aus einer Mischung von Gips und Kalk gefertigt. Zusätzlich konnten hier als Färbemittel Zusätze von Ziegelmehl und hellen Sanden nachgewiesen werden. Zur besseren Witterungsbeständigkeit wurde der Stuck mit einem heißen Öl eingelassen und mit einem Anstrich versehen. Durch die Untersuchung konnte man diese Vorgehensweise auch für die Reliefs an der Auguststraße 9 nachweisen und damit einen wichtigen Beitrag zur Herstellungstechnik der Friese leisten. Die Vorfärbung und der zusätzlich schützende, terrakottarote Anstrich unterstützt die Imitationswirkung des Stucks.

Im Innern des Gebäudes ist die bauzeitliche Gestaltung des Haupttreppenhauses ebenfalls wiederhergestellt. Die Wandgestaltung von 1856 besteht aus einer schlichten türkisblauen Bänderung auf hellgrauem Grund. Zusätzlich sind aus dieser Ausstattungszeit originale Wohnungstüren und Treppenhausfenster mit Rundbögen überliefert. Türen, Fenster und auch die bauzeitlichen Kastendoppelfenster wurden instand gesetzt und farblich nach dem restauratorischen Befund gestaltet. Die Fassade lebt durch die materialimitierenden Friese. Sie gehört zu denjenigen Fassaden, die ausnahmslos nach Befund wiederhergestellt wurden.

Doch nicht immer geben die Untersuchungen klare Aussagen über den bauzeitlichen Zustand eines Gebäudes. Daher muss bei der Restaurierung mitunter auch auf Gestaltungen verzichtet werden, die auf spekulativen Interpretationen basieren. So könnte man bei der im Jahr 2000 restaurierten Fassade des Nachbargebäudes ebenfalls den Einsatz von Materialimitation vermuten. Dort sind vergleichbare Ornamentfriese wie am Gebäude Auguststraße 9/Tucholskystraße 34 zu finden.

Das Mietshaus **Tucholskystraße 32** wurde mit einer Putz- und Stuckfassade in klassizistischen Formen 1844 und damit etwas früher als das Nachbarhaus errichtet. In den oberen Geschossen sind kleine Stuckfriese aus Efeublättern sowie figürliche Stuckornamente im ersten Obergeschoss erhalten. Man erkennt dort aufwändige florale Ornamente und Putten. Es gibt insgesamt sieben verschiedene Puttenformen, die sich ohne erkennbare Systematik unterschiedlich oft wiederholen. In den Zwickeln des Eingangsportals sind zwei bauzeitliche Allegorien aus Stuck erhalten. Auf Grund der hohen bildhauerischen Qualität wird vermutet, dass die Stuckteile ausschließlich für dieses Bauwerk hergestellt worden sind.

Bei der Wiederherstellung wurden der Puttenfries sowie die übrigen Stuckteile sorgfältig freigelegt und restauriert. Die Freilegung und damit die Entfernung aller alten, vorhandenen Anstriche war notwendig, um die Plastizität der fein ausgearbeiteten Formen wieder sichtbar zu machen. Ein Erhalt der Anstriche wäre zudem aus ästhetischen und technischen Gründen weder möglich noch sinnvoll gewesen. Sie stellten mit ihrer aufgerissenen Oberfläche für den Stuck keinen Schutz mehr vor eindringender Feuchtigkeit, Schadstoffen und Mikroorganismen dar. Nach einer restauratorischen Untersuchung des Stucks war es möglich, Fehlstellen in den Ornamentbereichen in nachgestelltem Material auszuführen. Die Ergänzungen wurden der Formensprache des Stucks angepasst.

Beim Puttenfries konnte ebenfalls wie am Nachbargebäude eine braunrote Färbung des Materials nachgewiesen werden. Auf Grund der Machart, der Durchformung und der vorstellbaren Farbigkeit lag der Vergleich mit Terra-

Tucholskystraße 32. Schadenserfassung am Stuckfries vor der Fassadenrestaurierung 2000.

kotten ebenfalls nahe. Die Befunde ließen hier die Interpretation zu Gunsten einer Materialimitation nicht zu. Man entschied sich daher, die Ornamente bei der Wiederherstellung im Farbton der Fassade zu streichen. Für die Fassade wurde bei den Untersuchungen ein monochromes Hellgrau nachgewiesen. Der Anstrich wurde hier auf Wunsch des Bauherrn heller als der Befund ausgeführt.

In einem letzten Beispiel soll ein größerer Wohn- und Gewerbekomplex vorgestellt werden. Die Wohn- und Gewerbehofanlage **Oranienburger Straße 27** wurde zwischen 1840 und 1866 sukzessive erbaut. Die klassizistische, dreigeschossige Straßenfassade mit einer zentralen Hofdurchfahrt stammt von 1840. Ihr Zustand bei Beginn der Instandsetzungsarbeiten im Frühjahr 1997 war einerseits durch den Umbau des Erdgeschosses gekennzeichnet, andererseits durch die langjährige Vernachlässigung und damit verbundenen Schäden. Im Erdgeschoss war die ursprüngliche Fassadengliederung mit Sockel, Fensteröffnungen und Stuckdekoration bei einem früheren Umbau bereits entfernt worden. Heute dominieren die vergrößerten Schaufenster die Fassade. In den Obergeschossen sind die Stuckornamente und einige der Fenster noch bauzeitlich.

Die Vorderhausfassade wurde 1997/98 im Rahmen einer umfassenden Instandsetzung der baulichen Anlage restauriert. Auch hier bilden restauratorische Untersuchungen die Grundlage der heute sichtbaren Farbigkeit. Bei der Fassadenuntersuchung wurden insgesamt sieben, zum Teil sehr unterschiedliche Fassungen festgestellt.

Die Fassade war zur Erbauungszeit in einem rötlichen Hellbraun gestrichen, einschließlich der feinen Stuckteile, der Medaillons und Rosetten im Obergeschoss. Die Rosetten sind aus Zinkguss gefertigt. Ähnlich wie bei Stuckteilen konnten beim Zinkguss gleich mehrere Teile aus einer Form kostengünstig hergestellt werden. Durch den Anstrich fügen sie sich vollständig in das Fassadenbild ein.

Oranienburger Straße 27. Messbildaufnahme 1995.

Bemerkenswert ist der gusseiserne Balkon, der trotz der Demontage in den 1980er Jahren erhalten und an seinem ursprünglichen Ort wieder eingebaut werden konnte. Die grüne Farbigkeit wurde ebenfalls bei den Türen und Fenstern nachgewiesen und nach der Restaurierung nach Befund neu gestrichen.

Durch Archivalien ist bekannt, dass die Hofgebäude nacheinander erbaut wurden. Obwohl die einzelnen Bauabschnitte nicht gleichzeitig ausgeführt worden sind, konnte anhand von gezielten Freilegungen festgestellt werden, dass auf der gesamten Hoffassade dieselbe Schichtenabfolge vorlag. Diese Ergebnisse lassen vermuten, dass der Hof bis zur Fertigstellung putzsichtig stand und erst später einen einheitlichen Anstrich bekam.

Bei der Instandsetzung der vernachlässigten Fassaden wurden die Reste der erhaltenen Putze in den Neuputz eingebunden. Mit dem für die Hof- und Straßenfassaden einheitlich gewählten Farbton, präsentiert sich der Komplex als bauliche Einheit.

Mit den oben beschriebenen Beispielen wurden einige restaurierte Fassaden der Spandauer Vorstadt vorgestellt. An vielen Fassaden konnten die aufgrund von Vernachlässigung oder Umbauten fehlenden Teile ergänzt und die Orna-

Oranienburger Straße 27. Aufnahme 2000.

mentik und Farbigkeit angelehnt an die bauzeitliche Intention wiederhergestellt werden.

Grundlage für eine Wiederherstellung war jeweils die gründliche Erfassung auf bauforscherischer und restauratorischer Ebene. Sorgfältig erarbeitete und dokumentierte Voruntersuchungen haben über eine bauzeitliche Farbigkeit sowie herstellungs- und bautechnische Merkmale Aufschluss gegeben.

Natürlich wurden bei der Wiederherstellung nicht immer die Vorgaben des Befundes eingehalten, insbesondere, wenn der Eigentümer ein eigenes Gestaltungssystem der bauzeitlichen Gestaltung vorzog. Auch konnte eine Untersuchung nicht immer das Ursprungsbild erschließen, gerade wenn durch jahrelange Vernachlässigung die Befunde deutlich minimiert worden waren.

Mit den beschriebenen Maßnahmen ist es jedoch weitgehend gelungen, den denkmalwerten Bestand der Gebäude zu konservieren und zu restaurieren. Für die Zukunft gelingt eine Erhaltung nur, wenn die Denkmale gewartet und gepflegt werden. Es reichen dafür einfachste Mittel aus, wie das regelmäßige Entfernen von Schmutz und die rechtzeitige Beseitigung kleinerer Schäden. Aufwändige und kostenintensive Instandsetzungsarbeiten werden damit vermieden und der bauzeitliche Bestand zu Gunsten des Denkmalwertes erhalten.

Norbert Heuler

NEUBAUTEN IN DER SPANDAUER VORSTADT

Seit Anfang der 1990er Jahre sind in der Spandauer Vorstadt - ein laut Denkmalschutzgesetz Berlin geschütztes Denkmalensemble und ein nach § 172 BBauG ausgewiesenes städtebauliches Erhaltungsgebiet - eine Vielzahl von Neubauten entstanden. Die Qualität dieser Gebäude ist sowohl hinsichtlich ihrer Gestaltung als Einzelgebäude als auch in Bezug auf ihre städtebauliche Einfügung sehr unterschiedlich. Die Vorgaben und Entwurfsansätze spiegeln sich in der Höhenentwicklung, den Geschosshöhen, der plastischen Gliederung der Baukörper, der Gestaltung der Fassaden, den verwendeten Materialien und Farben sowie der Ausbildung der gestalterischen Details. Einige Neubauten zeigen deutlich den Wunsch nach Maximierung der baulichen Ausnutzung. Das Spektrum reicht von Bauten, die sich in ihrer Gestaltung eher zurücknehmen oder als Ergänzungsbauten kaum zu erkennen geben bis hin zu Entwürfen, die keinen Bezug zu ihrer unmittelbaren Umgebung und zum Gesamtensemble herstellen.

Welche Bedeutung und Auswirkung haben nun Neubauten und deren gestalterische Qualität oder städtebauliche Einfügung für das Denkmalensemble? Die Antwort liegt auf der Hand: Neubauten beeinflussen durch ihre Gestaltung, aber auch durch ihre Nutzung das Erscheinungsbild und den Charakter des Denkmalensembles; vereinfacht gesagt, sind sie dem Denkmalensemble je nach Ausführung zuträglich oder abträglich. Durch die in den letzten Jahren entstandenen Neubauten wurden vor allem noch vorhandene Baulücken geschlossen, die auf die Zerstörung des Zweiten Weltkrieges zurückgehen. Insoweit wird mit den Lückenschließungen ein gestörtes Denkmalensemble repariert. Wie die realisierten Beispiele zeigen, werden durch die neuen Gebäude jedoch nicht einfach Fehlstellen neutral geschlossen, die Neubauten beeinflussen oder verändern immer auch das Ensemblebild, akzentuieren oder harmonisieren - und wäre es auch nur unmerklich - den Denkmalkontext der umgebenden Straßen- und Platzräume.

Die Dichte der Neubauten aus der Nachwendezeit innerhalb des Denkmalbereiches Spandauer Vorstadt bietet eine gute Voraussetzung für eine vergleichende Betrachtung der Ergebnisse. Für deren denkmalpflegerische Beurteilung können zunächst die Kriterien angelegt werden, die den Schutz der Umgebung von Baudenkmalen regeln. Nach dem Wortlaut des Denkmalschutzgesetzes dürfen die Eigenart und das Erscheinungsbild von Denkmalen durch Neubauten in ihrer unmittelbaren Umgebung nicht wesentlich beeinträchtigt werden. Innerhalb eines Denkmalensembles ist der „Näheschutz" oder Umgebungsschutz jedoch nur ein zusätzlicher Aspekt. Denn das neue Bauvorhaben entsteht ja nicht am Rande oder im Umfeld des denkmalgeschützten Baudenkmals bzw. Denkmalensembles, sondern im städtebaulichen Denkmal selbst. Der Denkmalbereich ist nach dem Denkmalschutzgesetz in seiner Gesamtheit ein Denkmal und darf in seinem Erscheinungsbild nur mit Genehmigung der zuständigen Denkmalbehörde verändert, instand gesetzt, wiederhergestellt oder in seiner Nutzung verändert werden. Wie bei jedem anderen Denkmal auch, muss ein Neubauvorhaben genehmigt werden, wenn der geplanten Maßnahme Gründe des Denkmalschutzes nicht entgegenstehen, also Eigentümerinteressen höher wiegen als das öffentliche Erhaltungsinteresse, oder ein überwie-

gendes öffentliches Interesse die Maßnahme verlangt.
Aber wann beeinträchtigt ein Neubau ein Baudenkmal? Welches sind die „Gründe des Denkmalschutzes", die einer Neubauplanung entgegenstehen könnten? Nach welchen Kriterien sollen Neubauten in einem Denkmalensemble beurteilt werden?
Eine Antwort setzt Klarheit darüber voraus, welche Denkmalbedeutung vorliegt und welche Denkmalaussage erhalten, wiederhergestellt oder gestärkt werden soll. Die denkmalpflegerische Analyse untersucht die Wirkung des geplanten Neubaus auf die benachbarten Baudenkmale und den gesamten Denkmalbereich.
Ein Neubauvorhaben im Denkmalensemble ist im übertragenen Sinne gleichzusetzen mit der Reparatur eines Denkmals, ist Stadt-Reparatur an einem gestörten Denkmal-Bereich. Wenn Teile eines Denkmals beschädigt oder zerstört sind - und solche Zerstörung nicht selbst bereits den Denkmalwert mitprägt - sondern die Lückenschließung als denkmalpflegerisches Ziel gilt, muss die gewünschte Art der baulichen Ergänzung geklärt werden. Es gilt beispielsweise zu entscheiden, ob Fehlstellen eher rekonstruierend als Wiederherstellung oder eher zeitgemäß, d.h. als sichtbare bzw. nachvollziehbare Zutat ergänzt werden sollen. Durch die zurückhaltende Schließung einer Fehlstelle kann einerseits ein gestörter Gesamteindruck geheilt und wiedergewonnen werden, andererseits besteht die Gefahr, dass die Bedeutung des original Überkommenen verunklärt wird. Durch die kontrastierende Schließung dagegen wird die Störung hervorgehoben. Hierbei kann der Denkmalrest bewusst abgesetzt und betont, aber auch überlagert und in den Hintergrund gedrängt, also abgewertet werden. Grundsätzlich stellt sich die Frage, inwieweit der bauliche Eingriff das Denkmal in seiner Aussage verändert und welchen Stellenwert einem Neubau von heute in späterer Zeit zukommt, ob der Neubau künftig als integraler Bestandteil des Denkmalensembles interpretiert und konserviert oder als Fremdkörper wahrgenommen werden wird.
Aufschlussreich ist in diesem Zusammenhang die Feststellung von Alfred Wyss dessen Beitrag unter dem Titel „Kleiner Katechismus - Denkmalpflege als Moralische Frage" in der Zeitschrift „Die Denkmalpflege" (1994, Heft 2, Seite 123ff) erschien: „ [...] Das Denkmal ist seinem Wesen nach Erinnerungsmal und daher unveränderlich; das dem Leben ausgesetzte Denkmal überlebt aber nur mit seinen Veränderungen [...] Denkmäler stehen im Leben. Leben aber bedeutet ein sich Wandeln, und dies manifestiert sich in der Veränderung des Gebauten [...] Das neue Bild wird sich in den Sehgewohnheiten einnisten, und bei weiteren Eingriffen in das Ensemble ein neues Maß für die denkmalpflegerische Beurteilung bilden. Denkmalpflege ist also Interpretation im doppelten Sinn: durch die Zeitgebundenheit der aktuellen Denkmalpflege und durch die Veränderung der Denkmäler selbst durch denkmalpflegerisches Handeln [...]"

Das Denkmalensemble Spandauer Vorstadt

Die Bedeutung der Spandauer Vorstadt als Denkmalensemble liegt darin begründet, dass sich hier ein vielschichtiger Denkmalort erhalten hat, der mit seiner Topographie und seinen überkommenen Bauten die fast dreihundertjährige städtebauliche Entwicklung dokumentiert. Noch heute ist im denkmalwerten Straßennetz der Spandauer Vorstadt das ursprüngliche Wegenetz ablesbar, das einst die mittelalterliche Stadt über das vor den Toren gelegene unbebaute Gebiet mit den umliegenden Gemeinden verbunden hat. Aus anfänglich entlang dieser Wege entstandenen Gebäuden, entwickelte sich langsam eine Vorstadt, die immer stärker in das urbane Gefüge und schließ-

lich in die Großstadtentwicklung einbezogen wurde. Seine heutige Bedeutung als Denkmalensemble verdankt die Spandauer Vorstadt vor allem der Tatsache, dass es als einziges Vorortgebiet weitgehend von den Zerstörungen des Zweiten Weltkrieges verschont geblieben ist und uns heute exemplarisch und konzentriert Architektur-, Bau- und Stadtgeschichte Berlins vermittelt.
Die Spandauer Vorstadt ist heute aber nicht nur ein Zeugnis der Vergangenheit, sondern ein lebendiger Denkmalort, dem durch seine Lage im Zentrum der Hauptstadt besondere und neue Bedeutung zukommt. Die Eigentümer- und Bewohnerstruktur hat sich bereits verändert und wird sich weiter verändern. Im Gebiet haben sich viele Kunstgalerien, Läden und Gastronomiebetriebe angesiedelt. Die Spandauer Vorstadt ist ein Anziehungspunkt für Besucher der Stadt und Touristen geworden. All dies prägt auch die weitere bauliche Entwicklung mit und wird als neue Schicht oder sogar Wachstumsring Spuren hinterlassen, so wie die Entwicklungen des 19. und frühen 20. Jahr hunderts heute in der Spandauer Vorstadt nachvollziehbar sind - etwa entlang der Oranienburger Straße mit der Synagoge, den repräsentativen Bauten der Post und den Friedrichstadtpassagen, dem heutigen Tacheles, oder angesichts der stattlichen Wohn- und Geschäftshäuser an der Rosenthaler- und Neuen Schönhauser Straße sowie den raumgreifenden Sanierungsergebnissen im sogenannten „Scheunenviertel". Aber - und hierin liegt der grundlegende Unterschied zu heute - die Entwicklung im ausgehenden 19. und frühen 20. Jahrhundert erfolgte gleichsam ungebremst durch städtebauliche und konservatorische Erhaltungsziele, die heute im öffentlichen Interesse eine bestandsschonende Modernisierung gewährleisten sollen, ja mehr noch: Hätten sich die ungestümen Wachstums- und Erneuerungsimpulse, wie sie sich der Spandauer Vorstadt insbesondere in ihren Randbereichen zum Stadtzentrum in den Jahren vor und nach 1900 einprägten, in der anfänglichen Dynamik im 20. Jahrhundert fortgesetzt, hätte das Quartier wohl kaum die Anerkennung und Zuwendung als Denkmalort und Lebensraum erfahren, die ihm seit der Wende entgegengebracht wurde und wird.
Die Spandauer Vorstadt liefert in ihrer Vielgestaltigkeit und auch Gegensätzlichkeit außergewöhnlich dichtes Anschauungsmaterial für die historische Entwicklung im Schatten der Schloss- und Museumsinsel. Ihre Vergangenheit liefert aber kaum Referenzmaterial oder gar Patentrezepte für zukünftig wünschenwerte Lösungen, zumindest nicht im Sinne der Erhaltung historischer Gestaltungs- und Geschichtsmerkmale des Quartiers. Die Neubauten entstanden ja allein unter Wachstums- und Erneuerungsaspekten. Eine Anpassung oder gar Einfügung in die vorhandene ältere Bebauung war kein vorrangiges Anliegen, da davon ausgegangen werden konnte, dass die älteren Nachbargebäude früher oder später ebenso ersetzt bzw. der Großstadtentwicklung geopfert werden würden.
An einigen historischen Beispielen ist aber durchaus der Versuch einer bewusst behutsamen Einfügung oder rücksichtsvollen Ergänzung erkennbar. So dokumentiert der 1903 nach Entwurf des Architekten Alfred Messel errichtete Neubau für das Kaufhaus Wertheim an der Rosenthaler Straße 28-31 in seiner Höhenentwicklung und durch die Zusammenlegung mehrerer Parzellen in Funktion und Maßstab die großstädtische Enwicklung der Rosenthaler Straße zur Geschäfts- und Mietshausstraße im frühen 20. Jahrhundert. Der Bauteil an der Sophienstraße degegen nimmt in der Höhenentwicklung bewusst Rücksicht auf die vorhandene Bebauung und Maßstäblichkeit und erreicht damit einen behutsamen Übergang und die Einbeziehung in den städtebaulichen Kontext. Ein aufschlussreiches Beispiel der Nachkriegszeit ist das 1958-63 errichtete Postgebäude an der

Oranienburger Straße, Ecke Tucholskystraße mit der geschickten Vermittlung zwischen dem dreigeschossigen Putzbau des Logengebäudes aus dem 18. Jahrhundert an der Oranienburger Straße und dem höheren Backsteingebäude der Post von 1926 an der Tucholskystraße. Mit seinem überhöhten, verglasten Treppenhaus als Ecklösung, stellt es gleichzeitig mit modernen Mitteln eine Korrespondenz zur gegenüberliegenden kuppelbekrönten Eingangssituation des Postfuhramtes von 1875-81 her. Das Nebeneinander der in einem Zeitraum von beinahe 300 Jahren entstandenen Gebäude der Spandauer Vorstadt wird von uns heute weitgehend selbstverständlich als Ensemble wahrgenommen. Eine genauere Betrachtung dieser Tatsache könnte auch Hinweise für eine Beurteilung von Neubauten bieten. Obwohl die historischen Bauten in Höhenentwicklung, Material, plastischer Gliederung der Baukörper sowie Gliederung und Dekoration der Fassaden unterschiedlich, ja stellenweise gegensätzlich sind, bilden sie einen Zusammenhang, stehen sozusagen in Proportion und Höhenentwicklung in Gestaltung und Bauform oder in Materialwahl und Farbklang miteinander im Dialog. Manche Gebäude leben aus der Spannung zwischen der aus der Ferne wahrnehmbaren ruhigen Großform und den gestalterischen Details, die erst erkennbar werden, je mehr man sich dem Gebäude nähert. Andere reizvolle Details laden das Auge des interessierten Betrachters zum Verweilen, wecken Neugierde und Nachdenklichkeit.

Solche Formen der subtilen und zugleich spannungsvollen Bezugnahme auf den historisch gewachsenen städtebaulichen Kontext würde man auch den aktuellen Neubauten in der Spandauer Vorstadt wünschen, vor allem denjenigen, die durch ihre plastische Gliederung mit Vor- und Rücksprüngen und vorgesetzten Balkonen, oder durch die verwendeten kontrastierenden Materialien bereits aus großer Entfernung eher beziehungslos oder sogar aufdringlich anmuten. Aus der Nähe lassen diese Bauten meist in der Durchbildung von Details Qualität vermissen, die bei einem Betrachter Aufmerksamkeit wecken oder gar Gefallen finden könnten. Auch bei den historischen Bauten wurden natürlich nicht alle Details durch Architekten oder Baumeister selbst entworfen. Aber während die Mitwirkung vieler Architekten heute mit dem Entwurf endet und von der Bauleitung die Ausbildung der Details ausführenden Firmen überlassen wird, die wiederum nur zugelassene Serienprodukte einsetzen, wurden die Details früher von Handwerkern ausgeführt, die durch Ausbildung, im Rahmen allgemein verbindlicher gestalterischer Konventionen, Solidität und ein bestimmtes Maß an Qualität sicherstellten.

Anspruch und Anforderung an Neubauten heute

Während der Ausgangspunkt für die Gestaltung der Neubauten des ausgehenden 19. und beginnenden 20. Jahrhunderts in der Spandauer Vorstadt die Weiterentwicklung im Sinne einer langfristigen Umgestaltung war, müssen Neubauten heute das Erhaltungsziel des Denkmalensembles und des städtebaulichen Erhaltungsgebietes berücksichtigen. Dies bedeutet keineswegs eine Musealisierung oder Anbiederung. Ganz im Gegenteil sollten Neubauten selbstbewusst als neue Bestandteile des Denkmalensembles begriffen werden, die allerdings den überkommenen Bestand des Denkmalensembles und die für den Bereich charakteristischen Eigenarten respektieren und sich im Denkmalkontext durch Baukörpergliederung, Höhenentwicklung, Gestaltung und Material nicht ignorant verhalten.

Ein wesentlicher Punkt ist dabei die Höhenentwicklung der Gebäude. Mit den Neubauten des ausgehenden 19. und beginnenden 20. Jahrhunderts entstanden in der Spandauer Vorstadt

Bauten mit der für Berlin damals üblichen Traufhöhe von 22 Metern. Diese Entwicklungsstufe lässt sich heute deutlich im Stadtbild ablesen und prägt einige Bereiche der Spandauer Vorstadt. Im Auge behalten muss man dabei, dass diese Entwicklung ohne ein übergeordnetes Erhaltungsinteresse, allein im Hinblick auf die weitere Entwicklung und Umgestaltung des Bereiches erfolgte.

Die nach der Wende realisierten Neubauten entstanden jedoch unter geänderten Voraussetzungen, unter der erklärten Zielsetzung der Erhaltung des charakteristischen Erscheinungsbildes des Gebietes. Betrachtet man Neubauten der Nachwendezeit unter diesem Aspekt, ist festzustellen, dass ein Teil dieser neuen Gebäude allein durch ihre Bauhöhe die Umgebung und den Bereich dominieren und damit beeinträchtigen. Dies ist auch nicht mit dem Hinweis auf die Weiterentwicklung des Gebietes zu rechtfertigen. Ein weiterer Aspekt sind die Geschosshöhen und dabei vor allem die Höhe der Erd- und Ladengeschosse. Betrachtet man die Straßenräume innerhalb der Spandauer Vorstadt aufmerksam, stellt man schnell fest, dass die hohen Erdgeschosse bzw. die hohen Gebäudesockel, die sich aus einer gestalterischen Verknüpfung des sichtbaren Souterrains mit dem Hochparterre ergeben, das Bild der Straßenräume entscheidend mitprägen. Das Straßenraumprofil wird als großzügig wahrgenommen. Entscheidend und wirksam ist dabei die Höhe der Erd- und Ladengeschosse in ihrem Verhältnis zum Gesamtgebäude, in ihrem Verhältnis zur Breite der Straße und nicht zuletzt in ihrem Verhältnis zur Größe der Passanten. Die Erdgeschosse der meisten Neubauten sind dagegen zu niedrig und beeinträchtigen bzw. stören damit erheblich eine großzügige Wirkung und damit das Gesamtensemble.

Münzstraße 13-15/ Rochstraße.

Kriterien für die Bewertung von Neubauten

Die Kriterien für die Bewertung von Neubauten in einem Denkmalensemble ergeben sich also nicht nur aus den unmittelbar benachbarten Gebäuden, sondern auch aus dem baulichen und historischen Gesamtcharakter des Denkmalbereiches. So kommt der konkreten Lage eines Gebäudes besondere Bedeutung zu, d.h. ein Gebäude, dass sich an einem bestimmten Ort innerhalb des Denkmalensembles einfügt, kann an anderer Stelle durchaus störend wirken, unabhängig von der Qualität der konkreten Gestaltung.
So beeinträchtigt z.B. das Gebäude **Münzstraße 13 Ecke Rochstraße** ganz unabhängig von der überdurchschnittlichen architektonischen Qualität - alleine durch seinen Standort, erheblich das Denkmalensemble, da es in diesem Straßenzug durch seine Gestaltung und die Höhenentwicklung falsche Signale setzt. Das Gebäude fügt sich nicht in seine Umgebung ein, sondern scheint sich zum Vorläufer einer künftigen Entwicklung machen zu wollen, die aus einer von Wohnbauten geprägten Straße ein Geschäfts- und Bürohausviertel machen will. Das Gebäude konterkariert damit die Ziele des Denkmalschutzes wie des Erhaltungsgebietes. Betrachtet man dagegen z.B. das gegenüberliegende, um 1910 errichtete Gebäude Münzstraße 18, das eine ähnliche Entwicklung in diesem Gebiet andeutet, die aber durch den ersten Weltkrieg gestoppt wurde, so kann man im Vergleich feststellen, dass dieses Gebäude zwar auch deutlich seine neue Nutzung zum Ausdruck bringt, allerdings ohne die laute Aufdringlichkeit des aktuellen Neubaus - und das obwohl damals die Zeichen der Zeit auf Entwicklung standen, während heute nach wie vor und nicht nur von der Denkmalpflege, sondern auch von der Stadtplanung, die „Erhaltung“ des Gebietscharakters Ausgangspunkt und Ziel der Entwicklung ist.
Das Gebäude **Am Hackeschen Markt 2-3** dagegen, das in seiner modernen Gestaltung ebenso radikal ist wie das Bürogebäude in der Münzstraße 13, fügt sich in die bestehende Bebauung der Rosenthaler Straße und des Hackeschen Marktes hervorragend ein. Die besondere Qualität dieses Neubaus besteht u.a. darin, dass er die Gesamthöhe und prägende Elemente der anschließenden Hackeschen Höfe, die historische Geschosshöhe und die Achsbreiten aufnimmt und in eine selbstbewusste, zeitgemäße Architektur überträgt.
Ein Spezial- und bisher Einzelfall in der Spandauer Vorstadt ist der Neubau **Krausnickstraße 23**. Ohne dem Gebäude eine gestalterische Qualität absprechen zu wollen, ist hier der Versuch sich in die vorhandene Bebauung einzufügen nicht erkennbar. Durch die sehr plastische Gestaltung des Baukörpers und vor allem durch das aufgerissene Dach drängt sich der Neubau vielmehr als Fremd-

Krausnickstraße 23.

körper und Neuheit in den Vordergrund und stört damit deutlich das Erscheinungsbild der erst in den 60er Jahren des 19. Jahrhunderts angelegten und nahezu zeitgleich mit Wohnhäusern einheitlicher Traufhöhe bebauten Krausnickstraße.

Beispiele für eine sehr zurückhaltende Einfügung in die bestehende Umgebung, ohne dass dem aufmerksamen Betrachter ihre Entstehungszeit verheimlicht wird, sind die beiden Neubauten **Sophienstraße 1, 1a** und **Gipsstraße 5**. Kritisch anzumerken beim Gebäude Gipsstraße ist allerdings die Gebäudehöhe. Eine ebenfalls unaufdringliche Zurückhaltung zeigt auch der Neubau **Auguststraße 87**.

Die Gebäude **Augustraße 50 Ecke Joachimstraße, Auguststraße 60 Ecke Große Hamburger Straße und Neue Schönhauser Straße 6-7** ignorieren dagegen durch ihre starke plastische Gliederung, die vorgehängten Balkone und die insgesamt aufdringliche Gestaltung vollständig ihre Umgebung und führen eine für diesen Innenstadtbereich völlig fremde Architektursprache ein. Die bereits weiter oben angeführte Bemerkung zu den niedrigen Erdgeschoss- und Ladenbereichen trifft hier besonders zu. In die Reihe der eher negativen Beispiele gehört ohne Zweifel auch das Gebäude Rosenthaler Straße 43-45, das auf jeden gestalterischen Anspruch zu verzichten scheint.

Zum Glück gibt es allerdings doch auch interessante Beispiele für selbstbewusste Neubauten, die sich in keiner Weise gestalterisch anbiedern und trotzdem den Eindruck vermitteln, dass sie ihre Umgebung und das Gesamtensemble respektieren. Hier zu nennen sind beispielsweise die Neubauten **Gormannstraße 24, Ecke Mulackstraße oder Joachimstraße 5** Besonders hervorzuheben ist dabei das Gebäude **Auguststraße 62,** in dessen Fassade sich die innere Struktur der zweigeschossigen Maisonette-Wohnung abzeichnet, das sich also gänzlich von der Lochfassade und der Abbildung der einzelnen Stockwerke verabschiedet, sich aber trotzdem, durch seine Gesamtmaßstäblichkeit und Gebäudehöhe, wohltuend in das Gesamtbild der Auguststraße einfügt. Entscheidend scheint dabei zu sein, dass sich dieses Gebäude aus der Entfernung sehr zurückhaltend in den Straßenraum integriert und die Besonderheiten - wie die Details der Altbauten - erst bei der Annäherung zur Wirkung kommen, dann aber das Interesse und die Aufmerksamkeit des Passanten wecken. Fraglich bleibt hier die Dauerhaftigkeit des gewählten Materials und deren Alterungsfähigkeit. Problematisch ist allerdings auch hier die geringe Höhe des Erdgeschosses. Gespannt sein kann man auf den ge-

S. 258

oben:
Auguststraße 50 / Joachimstraße.

unten:
Gormannstraße 24/ Mulackstraße.

Gipsstraße 3, 4, 5, 6.

Auguststraße 62.

planten Neubau Auguststraße 26a, für den bisher erst die Entwürfe vorliegen. Ein besonderes Thema im Zusammenhang mit den Neubauten ist die Bewertung und ggf. die Neubewertung der Neubauten der Nachkriegszeit und der DDR. In der aktuellen Denkmalliste sind die meisten dieser Bauten als nicht konstituierender Bestandteil des Denkmalensembles eingetragen und damit nicht geschützt. Sie wurden damit als Störung, zumindest aber als nicht bedeutsam eingestuft."...solange solche Störungen aber nicht zur Zerstörung des Gesamtzusammenhangs geführt haben, können sie nicht einfach aus dem Denkmalbereich ausgeklammert werden..." (Tilmann Breuer: Landschaft, Kulturlandschaft, Denkmallandschaft als Gegenstände der Denkmalkunde, in: Die Denkmalpflege 1997, Heft 1, S. 5ff). Dementsprechend müsste z.B. die Wohnbebauung an der Auguststraße Ecke Große Hamburger

Große Hamburger Straße 38-42.

Straße neu bewertet werden, die sich - soweit dies bei Plattenbauten möglich ist - maßstäblich in die Spandauer Vorstadt einfügt.

Die Neubauten prägen das Gesamtbild des Denkmalensembles Spandauer Vorstadt entscheidend mit. Eine differenzierte Bewertung und vergleichende Betrachtung, wie sie, nicht zuletzt als Grundlage für die Beurteilung der künftigen Planungen, sinnvoll wäre, konnte an dieser Stelle nicht geleistet werden. Dieser Beitrag versucht lediglich einen Einstieg in das vielschichtige Thema und bietet vielleicht Anregungen für eine intensivere Beschäftigung und Auseinandersetzung mit dieser Problematik.

Bernhard Maaz

„ANTE MUROS", ODER: WIE PERIPHER IST DIE SKULPTURALE KUNST DER VORSTADT?

Sah man von Berlins ehemaliger Mitte aus auf die bildende Kunst in den Straßen der Spandauer Vorstadt, so ergab sich ein etwas anderes Bild als heute, denn ursprünglich prunkte das Stadtschloss mit opulenter und kolossaler Bauplastik, im weiten Zirkel umgeben von sechs teilweise längst verlorenen Reiterstandbildern, deren massive Anspruchsgebärde die Werke und Menschen der Umgebung untertan machte. Doch bis heute ragen über den Dächern von Zeughaus, Dom und Kirchen, von Palais, Museen und Theatern zahlreiche Göttergestalten auf. Das patriotische Bildprogramm am Brandenburger Tor bekrönt die Siegesgöttin auf der Quadriga. Am Roten Rathaus memoriert ein schier endloser Fries die vielteilige Berliner Geschichte, narrativ, für jeden Bürger lesbar, was solchen Werken immer mehr Akzeptanz oder sogar Popularität sicherte, als den mythologischen Götterwelten vergönnt war.

Im Norden Deutschlands zwingt das Klima zur Beschränkung auf Skulpturen bei der Ausschmückung von Bauten. Wandmalereien halten der Bewitterung kaum Stand, und Sgraffiti sind selten. Daher überwiegt die Skulptur.

Neben all dieser Pracht scheint die Spandauer Vorstadt auf den ersten Blick arm an künstlerischem Schmuck und bildhauerischer Bereicherung. Aber bei näherem Hinsehen erweist sie sich als reicher Fundus baukünstlerischer Werke, deren Fülle bezeugt, wie man seit über zweihundert Jahren in dem Gebiet „ante muros" stetig danach strebte, im Kleinen zu gewinnen, was im Herzen der Stadt in großer Dimension vorhanden war, nämlich Sinn stiftende und Sinn vermittelnde künstlerische Bereicherung der Architektur, die nicht auf ihre utilitaristische Funktion reduziert, sondern künstlerisch mehr oder weniger bescheiden ausgeschmückt wurde.

Unter den Linden. Denkmal König Friedrich II. von Preußen.

So sind die Kunstwerke im Stadtraum der Spandauer Vorstadt also mehr als bloß dekorative Elemente im Geiste ihrer Zeit. Während man im Zentrum etliche Stand- und Reiterstandbilder sowie Giebelskulpturen als Insignien des Staates und der Staatsbauten findet und auf der nördlich vorgelagerten Schlossterrasse sogar Bildwerke internationaler Künstler wie Fratin und Clodt von Jürgensburg öffentlich aufgestellt waren, bietet die Spandauer Vorstadt reiche Grabskulptur (die Friedhöfe lagen früher vor der Stadt), kleinere Denkmäler und vor allem bürgerliche Bildprogramme an Wohnhäusern, die in der Friedrich- und der Dorotheenstadt zumeist späterer Überbauung gewichen sind. Es finden sich hier zahlreiche Werke, deren Schöpfer wenig oder gar nicht bekannt sind.

Das relativ hohe Beharrungsvermögen der feinteilig und irregulär gegliederten Spandauer Vorstadt hat gewiss dazu beigetragen, dass es hier noch eine Vielzahl baukünstlerischer Zeugnisse aus dem 18. und 19. Jahrhundert gibt. Die seit der Mitte des 19. Jahrhunderts entstandenen offiziellen Schul-, Verwaltungs- und Theaterbauten bereichern das Gesamtbild. Schmerzlich vermisst man freilich das Schloss Monbijou, denn dies war Scharnier und geistige Klammer zwischen Stadtschloss, Innenstadt und Spandauer Vorstadt.

Eine zentrale künstlerische Aufgabe der Neuzeit war und ist es, das Andenken an Menschen und Ereignisse zu sichern; Grabmal und Denkmal sind hierbei die maßgeblichsten Formen für den öffentlichen Raum. In der Spandauer Vorstadt gibt es heute einen minimalen Bestand an Denkmälern. Wir erwähnen das Denkmal für Adelbert von Chamisso, aufgestellt 1888, ein charakteristisches Büstendenkmal seines Jahrhunderts, geschaffen vom Spätklassizisten Julius Moser, der durch die Mitwirkung an der Bauplastik der Alten Nationalgalerie am ehesten bekannt ist. Chamissos Bildniszüge beruhen auf Bildmaterial, das den 1838 verstorbenen Dichter und Naturwissenschaftler mit nackenlang wallendem Haar romantisch-aufbegehrlich kanonisierte. Dass man ihm, einem in Berlin angesiedelten Franzosen und Wegbereiter des revolutionären Vormärz, nach dem Deutsch-Französischen Krieg von 1870/71 ein Denkmal setzte, geschah wohl zunächst seiner literarischen Bedeutung wegen. Es ist aber für den „geistigen Haushalt" der Stadt bezeichnend, dass ein solches Denkmal außerhalb des Stadtzentrums, in der Vorstadt, platziert wurde. Der Typus des Denkmals entspricht den Normen der Zeit: die bildhauerische Arbeit aus Carrara-Marmor, der Sockel aus Granit mit seiner freilich lakonischen Inschrift „Chamisso".

Monbijouplatz. Marmorbüste für Adelbert Chamisso. Aufnahme 1888 im Atelier des Bildhauers Julius Moser.

Im Zusammenhang mit Denkmälern in der Spandauer Vorstadt stellt sich die Frage, warum beispielsweise für Ludwig Tieck, dessen Aufstieg ja in der Gegend am Rosenthaler Platz begann, kein Erinnerungszeichen gesetzt wurde. Vermutlich waren die städtischen Interessen nie stark genug, das geistige Leben in diesem Stadtbereich durch eine größere Zahl von Denkmälern oder auch nur durch Gedenktafeln zu verdeutlichen. Im Jahrhundert der großen Denkmalsetzungen lag die Spandauer Vorstadt jedenfalls nicht im Blickfeld der Mächtigen.

Gräber sind Erinnerungsstätten, deren Schmuck heutzutage minimal gehalten wird, die aber einstmals als Zeugnisse des Wohlstandes oder des Einflusses ihrer 'Besitzer' über den Tod hinaus wirkten. Dass Grabplastik neben der Erinnerung an konkrete Menschen auch der

Vermittlung ethischer Normen dienen konnte, bezeugen die erhaltenen Grabmale des Sophienkirchhofes und des Garnisonfriedhofes.
Christliche Heilsbotschaft und zu vorbildlichen Taten anspornender Nachruhm sind am Köpjohannschen Grabmal auf dem Sophienkirchhof, einem steil aufragenden und nach Programmatik und Erhaltungszustand in der Spandauer Vorstadt singulären Werk, ineinander verflochten: Ein Engel hält das Buch der Verkündigung mit einer eingemeißelten Seligsprechung, er verkörpert die christliche Heilsbotschaft. Neben ihm steht eine Inschrifttafel, die an die normativen Tugenden der Gattin des Schiffsbaumeisters Köpjohann erinnert: Sie „lebte in Wohlthätigkeit, Fleiß und Gottes Furcht". Mit barocker Ausdruckskraft inszenierte der Bildhauer um 1780, vermutlich Wilhelm Christian Meyer, vom todesverschleierten Putto über das Buch bis zum heiter aufragenden Verheißungsengel ein Grab-Denkmal, das sich mit den Schöpfungen namhafter Barockbildhauer messen kann und dessen Wert offenbar durch zwei Jahrhunderte immer geschätzt wurde. Die Ausstrahlung der besten Berliner Bildhauerwerkstätten auf die Vorortlage jenseits von Schloss Monbijou wird hier deutlich.
Andere, vor allem die späteren Grabmale sind eher den lokalen Traditionen verpflichtet, etwa das repräsentative Wandgrabmal für Leopold von Ranke auf dem Sophienkirchhof, dem trotz seines legendären Ruhmes als einer der bedeutendsten deutschen Geschichtsschreiber kein anderes Denkmal je in Berlin gesetzt wurde.
Auch auf dem Garnisonsfriedhof finden sich Grabmäler, die der Berliner Bildhauerschule um und nach Christian Daniel Rauch zuzuordnen sind. Wiederum bemerkt man, dass in der Grabplastik des 18. und 19. Jahrhunderts in der Spandauer Vorstadt ein hohes künstlerisches Niveau gehalten und durchaus prominente Künstler beschäftigt worden waren. Es sind die charakteristischen Gattungen und Typen - besonders prominent das Stelengrab - noch heute repräsentativ vertreten.
Eine Besonderheit der Spandauer Vorstadt liegt in der kulturellen und ethnischen Durchmischung und im einst hohen Anteil jüdischer Bewohner. Polen und Russen kamen und gingen. Juden aber wurden deportiert und ermordet. Daran erinnern das Denkmal auf dem Koppenplatz von Karl Biedermann und die fein durchkomponierte Figurengruppe an der Großen Hamburger Straße von Will und Mark Lammert. Doch es gibt auch positiv besetzte Erinnerungszeichen, Mahnzeichen der Toleranz: Das Grab Moses Mendelssohns sowie das Mendelssohn-Relief am Jüdischen Gymnasium, das nach Tassaerts Büste ent-

Sophienkirchhof. Grabmal Köpjohann.

stand, sind Boten der reinsten Menschlichkeit, nach der Mendelssohn strebte.
Die größte Vielfalt bietet sich im Bereich der Bauplastik; zwei Jahrhunderte lang wurden immer neue Formen, Themen, Materialien gefunden und gewählt, um die jeweils moderne Architektur sinn- und beziehungsreich zu verzieren, um namentlich auf die Funktionen der Bauten, auf ihre Bewohner und Nutzer hinzuweisen oder von ihren Aufgaben und Interessen zu künden. So bergen diese Bildprogramme zahlreiche stadt- und architekturgeschichtlich aufschlussreiche Hinweise.
Vom seriellen, meist ornamentalen Bauschmuck, den man noch zahlreich findet und der oft in seiner feingliedrigen Gestaltung maßgeblich zum Charme der Fassaden beiträgt, wird hier zugunsten einer Konzentration auf die figürlichen Arbeiten abgesehen, da sie ikonographisch aufschlussreicher sind und nicht nur dem jeweils gebräuchlichen stilistischen Repertoire angehören, sondern von den individuellen oder kollektiven Intentionen der Bauherren zeugen. Natürlich handelt es sich um eine Auswahl, die repräsentativ sein mag, aber nicht komplett.
Aus der Vielzahl von Wohnbauten des 18. Jahrhunderts ist das frühklassizistische, zwischen 1785 und 1794 errichtete Haus Neue Schönhauser Straße 8 erhalten, dessen Fassade sechs Köpfe über den Scheitelpunkten der Parterre-Fenster aufweist. Sollte das Gebäude, wie vermutet wird, von Georg Christian Unger errichtet worden sein, so gibt es kaum Zweifel daran, daß der nur drei Jahre ältere Johann Christian Unger der Bildhauer war, von dem die schönen, noch in barocker Bewegtheit modellierten Köpfe herrühren. Dies um so weniger, als der Bildhauer ebenso wie der Besitzer des Hauses, der Königliche Knopflieferant Mollardt, zum hofnahen Berliner Kreis gehörte. Unger, der 1789 in Johann Gottfried Schadows Werkstatt übernommen wurde, gehörte zuvor Jean-Pierre-Antoine Tassaerts Hofbildhauer-Atelier an. Von dem in verschiedenen europäischen Ländern tätig gewesenen Tassaert hat der Bildhauer der sechs Köpfe aber offenbar vieles übernommen, etwa die gelängten 'Schwanenhälse', die dicken Drapierungen, die wulstig weichen Haarsträhnen, die allgemeine Formenweichheit, das Fließen und Schwellen. Wenngleich die Quellen nichts über Ungers Urheberschaft aussagen, liegt es doch nahe, ihn als den Schöpfer dieser wohl ältesten Bauplastik in der Spandauer Vorstadt zu nominieren.
Funktional vergleichbar sind zwei strenger behandelte, männliche Schlussstein-Köpfe am Logengebäude in der Oranienburger Straße 71/72, bei denen allerdings der programmatische Wert den dekorativen noch übersteigt. Die beiden Sandsteinköpfe sind als Sokrates und Seneca gedeutet worden und vertreten damit die Philosophie, und zwar die Griechenlands und Roms, wobei Sokrates gleichsam für philosophische Weisheit und Seneca für stoische Gelassenheit durch Einsicht steht. Dieses Programm - beide Philosophen erstrebten höchste Tugendbegriffe im Dienste der Gemeinschaft - entsprach der Funktion des Gebäudes, das die Freimaurerloge beherbergte, in dem derartige philosophische Tugenden ihren Hort haben und von dem diese Tugendhaftigkeit ausstrahlen sollte.

Neue Schönhauser Straße 8. Mädchenkopf im Scheitelpunkt der Erdgeschossfenster.

Der Schöpfer der Köpfe, deren etwas scharfkantige Behandlung der Physiognomien die Schulung am römischen Porträt ahnen läßt, ist nicht bekannt. Das Gebäude wurde 1789-91 von dem Logenmitglied Christian Friedrich Becherer für die Große Landesloge von Deutschland errichtet. Der Bildhauer und Stuckateur Constantin Sartori war ebenfalls Logenmitglied und könnte mitgewirkt haben.[1] Die appliziert wirkende, gipsmaskenartige Behandlung lässt dies gut vorstellbar scheinen. Auch gibt es formale Ähnlichkeiten zu Sartoris „Jesaias" am Deutschen Dom, der eine ähnlich 'philosophische' Physiognomie mit einem allerdings etwas weicher knitternden Faltenstil verbindet.[2] Dennoch darf man seine Urheberschaft annehmen, zumal die Köpfe stilgeschichtlich jener älteren Generation, nicht aber der Tassaert- und Schadow-Schule nahestehen.

Logenbrüder, Juden, Protestanten, Katholiken lebten in der Spandauer Vorstadt in gegenseitiger Toleranz, was sich im Stadtbild bis heute ablesen lässt. Die Bauplastik am katholischen St.-Hedwig-Krankenhaus bringt mit ihren mittelalterlich anmutenden Statuen der Heiligen Hedwig und Karl Borromäus sowie der Madonna mit Kind eine katholisch-mittelalterliche Note in die Gegend ein, der man sonst eher im Rheinland zu begegnen pflegt. Ihr junger Schöpfer Johannes Janda war noch in Christian Daniel Rauchs allüberragender Werkstatt tätig, in der kurz zuvor das Reiterstandbild Friedrichs des Großen vollendet worden war, als er diese drei Heiligenbilder signierte. Erst zehn Jahre später machte er sich definitiv selbstständig. Aus dem katholischen Oberschlesien stammend, wurde ihm dieser Auftrag wohl dank konfessioneller Kontakte zuteil.

Janda führte die Statuen in Terrakotta, einem um 1850 beliebten und gerne zur seriellen Produktion von Bauplastik genutzten Material, das sich insbesondere in Ziegelfassaden ästhetisch gut einfügt, aus. Die in freier Anverwandlung gotischen Madonnen nachempfundene

Oranienburger Straße 71-72. Sandsteinköpfe des Sokrates und des Seneca über den Portalen des ehemaligen Logengebäudes.

[1] Vgl. Hübner+Oehmig, Denkmalpflegerisches Gutachten zum Gebäude Oranienburger Straße 71-72 im Auftrag Freiberger-Immobilien-Entwicklungsgesellschaft mbH, 2001.

[2] Ethos und Pathos, Bd. 2, S. 239 mit Abb.

Krausnickstraße 3. Medaillon in der Durchfahrt.

Muttergottes mit dem Christuskind auf dem Arm, die im Gartenhof des Krankenhauses steht, wurde bedauerlicherweise mit einem entstellenden Ölfarbanstrich überzogen. Ganz dem katholischen Mittelalter verpflichtet ist die Behandlung der Hl. Hedwig mit dem Kirchenmodell, wie man es von Stifterstatuen und Grablegen kennt. Doch auch der Hl. Karl Borromäus, ein wichtiger Repräsentant der Gegenreformation (und insofern im protestantischen Berlin besonders befremdlich), ist augenscheinlich an historische Vorbilder angelehnt, nicht nur was seine legendären, durch Abbildungen überlieferten, scharfgeschnittenen Gesichtszüge mit großer Nase und den typischen Attributen - u. a. umgehängtes Kreuz - angeht. Durch Baldachin und Gewandform neugotisch verbrämt, in der kraftvollen plastischen Formensprache jedoch klassizistisch geschult, erweisen sich Jandas Figuren als typische Beispiele des Historismus. Für die Spandauer Vorstadt ist es das bedeutendste Beispiel neugotischer Skulptur. Ganz in der Tradition Bertel Thorvaldsens, der die Gattung genrehafter Rundreliefs in die klassizistische Skulptur des 19. Jahrhunderts einführte und populär machte, stehen sechs Medaillons im Vestibül des Wohnhauses Krausnickstraße 3. Zu ihnen gehören Darstellungen des Weingottes Bacchus und des Apoll mit der Leier sowie eine sich entschleiernde Frauengestalt (wohl Persephone), eine sitzende Frau mit Blüten (wohl Ceres). In starker, für die Zeit um 1860 charakteristischer, den aufziehenden Neubarock ankündender Plastizität stehen die antikisierenden Figuren vor dem Reliefgrund und überschneiden teilweise den profilierten Rand. Der Künstler ist sicher in der jüngeren Schülergeneration Rauchs, in der Nachfolge Schievelbeins oder Hagens zu suchen. Mögen derartige Reliefs vielleicht einst in mehreren Exemplaren hergestellt und verschiedenenorts an ähnlichen Stellen montiert worden sein - heute sind es selten gewordene Zeugnisse einer Neigung zu beziehungsreichen Zitaten, die den bildungsbürgerlichen Anspruch ihrer Zeit und ihrer Bauherren transportieren.

Große Hamburger Straße 5-11. St.-Hedwig-Krankenhaus, Terrakottafiguren des Heiligen Borromäus und der Heiligen Hedwig am Haupthaus.

Den hohen Anspruch in der zum mittleren 19. Jahrhundert hin weiter aufgewerteten Spandauer Vorstadt erkennt man am ehemaligen Direktionsgebäude des Sophiengymnasiums in der Weinmeisterstraße 15, einem fein gegliederten, programmatisch geschmückten Bau der Schinkelschule, backsteinsichtig mit einem Fries an der Fassade und mit einigen in der Durchfahrt platzierten Terrakotta-Repliken von Reliefs der Bauakademie, die aus dem Künstlerkreis um Schinkel stammen. Dabei handelt es sich nur um eine Auswahl aus dem programmatischen Zyklus. Die Übernahme dieser Motive von der Bauakademie am 1865-67 errichteten Schulgebäude in der Weinmeisterstraße zeigt, wie derartige Werke Programmcharakter trugen und noch nach Jahrzehnten als serielle Repliken verwendet wurden.[3] Unikate sind hingegen die erst 1886 aufgesetzten Sandsteinfiguren auf dem Gesims über dem Eingang. Hier befinden sich eine Büste der Minerva als Schutzgöttin der Wissenschaften zwischen zwei Greifen, dem Symboltier des Apoll, des Schutzgottes der Künste, so dass die Ganzheit des auf Realien und auf humanistische Werte orientierten gymnasialen Lehrziels skulptural allegorisch präsent ist. Zwei seitliche Genien mit Wappenschilden, auf denen der Berliner Bär zu sehen ist, und mit Kranz bzw. Palmzweig wollen mit pädagogischem Impetus verdeutlichen, dass der Ruhm jenem (Berliner) Schüler winkt, der sich sorgfältiger Ausbildung befleißigt.

Nie wieder ist in der Spandauer Vorstadt so komplex, anspruchsvoll und heiter das humanistische Bildungsprogramm in ein skulpturales Bildprogramm verwandelt worden. Wer daran beteiligt war, wissen wir nicht, aber vielleicht war es einer jener Bildhauer, die in den führenden, nahegelegenen Ateliers der Münzstraße (wo sich auch die Gladenbecksche Gießerei befand) angesiedelt waren. Sicher führte ein Künstler der Generation nach Hagen, Schievelbein und Wolgast, also etwa ein Bildhauer im Umkreis von August Wredow und Albert Wolff diese Gruppe aus. Da diese Bildhauer aber alle eine hohe künstlerische und handwerkliche Ausbildung hatten und sich nicht durch prägnante Künstlerhandschriften unterscheiden lassen, wird es schwer fallen, den Schöpfer ohne weitere Quellen ausfindig zu machen.

Der Stilpluralismus des 19. Jahrhunderts ist auch in der Spandauer Vorstadt mit allen möglichen Spielarten präsent. Witzig, spätromantisch, genrehaft nehmen sich die beiden 1877 geschaffenen Reliefs im Hofe des Hauses Rosenthaler Straße 51 aus; man fühlt sich an Moritz von Schwinds Waldschrate oder an die Heinzelmännchen erinnert. Weniger humoristisch, doch ähnlich narrativ ist das hofseitige Relief am Postfuhramt von Hermann Steinemann, einem fast ganz unbekannten Künstler[4], gehalten, das Zurüstung zur Reise und Abschied thematisiert, ganz der Funktion des Gebäudes gemäß. Das Relief ist ebenfalls in gebranntem Ton ausgeführt. Dieses Material zeichnet sich durch Detailgenauigkeit in der Ausformung, durch Witterungsbeständigkeit und einen günstigen Herstellungspreis aus.

---

3 Robert Graefrath/Bernhard Maaz, Die Friedrichswerdersche Kirche, Baudenkmal und Museum, Berlin 1993, S. 123. - Zum Phänomen reproduzierbarer Bauplastik vgl. auch Bernhard Maaz (Hrsg.), Die Friedrichswerdersche Kirche, Schinkels Werk, Wirkung und Welt, Berlin 2001, S. 104-108.

4 Bezeichnenderweise ist er erneut nachweisbar an einem anderen Postamt; vgl. Heinrich Trost, Berlin, Bd. I, Die Bau- und Kunstdenkmale in der DDR, Berlin 1984, S. 234. Möglicherweise hatte er Konnexionen zu Carl Schwatlo, der beide Bauten errichtete.

Weinmeisterstraße 15. Büste der Minerva über dem Hauptportal.

Der Bauboom im ausgehenden 19. Jahrhundert ist im Bereich der Bauplastik noch heute an einer Vielzahl von Zeugnissen ablesbar, seien es auch nur simple Darstellungen wie der Pferdekopf an der 1887 entstandenen Remise in der Oranienburger Straße 32. Heute, im Zeitalter absoluter Schmucklosigkeit von Funktionsbauten, darf man aber doch erstaunen, wie selbst Schlachthöfe, einfache Metzgerläden und Pferdeställe mit den künstlerischen Signets ihrer Bestimmung, also mit Schweine-, Ochsen- oder Pferdeköpfen, aufgewertet wurden. Das waren die späten Früchte von Schinkels Bemühen, über den Bettine von Arnim noch 1817 gewitzelt hatte, dass er „viel zu phantastisch sei, und daß er keinen Kuhstall bauen könne, wo er seine Ideale nicht anbringen würde."[5]

Die um 1900 errichteten Bauten dokumentieren ein Bemühen um immer raffiniertere Bildprogramme, mit denen der Ausbruch aus der kanonisierten Ikonographie vollzogen wird. Dieses Raffinement indiziert wohl nichts anderes als die latente Vorbereitung auf den Zusammenbruch des gesellschaftlichen Vertrauens in die Gattung Bauplastik im Zeitalter von Adolf Loos und der nachfolgenden Bauhaus-Ästhetik.

Ganz deutlich ist dieser Verlust des Verbindlichen an dem 1902 errichteten Wohn- und Geschäftshaus der Sophiengemeinde in der Großen Hamburger Straße 28 abzulesen. Hier sind christliche und heidnische Zitate bizarr verwoben. Über der Tordurchfahrt befindet sich das Lamm Christi mit Kreuzstab. Auf dem Fassadenmittelpunkt, oberhalb der Mittelfenster der Beletage, findet sich der Schwan mit Leier, also das dem Apoll heilige Tier mit dem tradionellen Attribut des Apoll. Seitlich schließen sich zwei Reliefs mit je einem sitzenden Engel und drei flankierenden Putten an. Weiter oben folgen zwei strenge, präraffaelitisch aufgefasste Engel. Eines dieser Reliefs wiederholt sich

[5] Bettine an Achim von Arnim, Berlin 8.8.1817; zitiert nach Joachim Müller (Hrsg.): Bettina von Arnim. Briefe, Frechen 1961, S. 170.

an der Hoffront, wo man auch auf die Eule, das Tier der Minerva, trifft. Dieses Bildprogramm bedarf der Erläuterung, wenigstens versuchsweise. Kann Apollinisches und Christliches so bizarr und willkürlich verflochten sein, zumal an einem Pfarr- und Gemeindehaus? Es scheint, dass hier getreu Nietzsche'scher Denkungsart Apoll und Christus (also antike Mythologie und Bibel) als Synonyme gesetzt wurden, als verschiedene Facetten der gleichen, einzigen Göttlichkeit. Auffällig ist auch, wie die beiden stehenden Engel sich in ihrer gestelzten geöffneten Körpersprache an der Reformbewegung der Jahrhundertwende mit ihrem Körper- und Lichtkult orientieren. Diese skurrile Fassade lässt dem Betrachter erstaunlich weite Deutungsspielräume, aber gerade das macht sie interessant.[6]

Die 1913-15 errichtete, in der Nachkriegszeit wieder aufgebaute Volksbühne hat große Teile des plastischen Schmucks verloren, doch sind Franz Metzners formreduzierte Skulpturen aus Kirchhainer Muschelkalk im Hof erhalten, parataktisch flächengliedernd platziert. Ihre körpersprachlich expressive Gezwängtheit, ihre maskenhafte Gesichtsredzierung, ihre pseudoantike Gewandhinterfangung - alles verweist mit der offenkundigen pantomimischen Theatralik auf die Funktion des Gebäudes, auf das Theater. In jedem Falle gehören diese Gestalten, die in ihrer formalen Stille Barlachs Fries der Lauschenden vorwegzunehmen scheinen (obgleich sie härter konturiert sind), zu jener expressionistischen Formverhärtung, die um 1910 mit Franz Metzners und Hugo Lederers gestisch aufgeladenen Gestalten florierte. Ihre Modernität bildet einen entschiedenen Abschluss im Rundgang durch die Baukunstwerke der Spandauer Vorstadt.

Große Hamburger Straße 28. Engelsfigur an der Fassade.

Die Architektur der letzten Jahrzehnte hat sich fast immer eines künstlerischen, figürlichen Schmuckes enthalten, die Plattenbauten ebenso wie die nach 1989 errichteten Gebäude. Aber vielleicht soll man die fünf Attikaskulpturen des Hauses Dircksenstraße 48 als

[6] Es wäre wissenswert, wer dieses Programm im einzelnen bestimmte bzw. von welchem Künstler die Bildwerke ausgeführt sind. Der umfassende Kirchenumbau 1892-95 und der Bau des Gemeindehauses 1902 fanden unter der Leitung des ersten Predigers der Sophiengemeinde, Konsistorialrat Otto Ludwig Leonhardts, und des zweiten Predigers, Paul Wilhelm Heinrich Witte, statt, Architekt bzw. Inhaber der ausführenden Baufirma war Kurt Berndt.

Rosa-Luxemburg-Platz. Volksbühne, Reste des ursprünglichen Fassadenschmucks von Franz Metzner befinden sich im Lichthof.

Fortsetzung der Metznerschen Gestalten betrachten? Oder sind es gar Bildwerke, die an die Attikaskulpturen der barocken Palais und Herrschaftshäuser anknüpfen wollen? Damit würden sie immerhin deutlich machen, dass hier, im neuen Bürogebäude des neuen 'In-Viertels', die neuen 'Mächtigen' angesiedelt sind, die jungen, aufsteigenden Verlage und Computerfirmen. Von allen vagen Deutungen unabhängig, kann man nur begrüßen, dass der Architekt sich den künstlerischen und intellektuellen Herausforderungen des Genius loci gestellt hat.

Zusammenfassend ist festzuhalten, wie die innerhalb der Spandauer Vorstadt vorhandenen, überlieferten Werke - wenige Denkmale, einige Grabmale, viel Bauplastik - eine Vielzahl intellektueller Anregungen, stilistischer Formen und künstlerischer Techniken umfassen. Nicht die serielle Produktion überwiegt, wie vielleicht in den später gewachsenen Wohnbezirken zwischen Prenzlauer Berg und Kreuzberg, sondern die Einzellösung. Nicht so sehr prominente Künstler als vielmehr originelle Schöpfungen und sinnreiche Bezüge finden sich allenthalben. Wenn auch Anspruch und Umfang der Werke und Werkkomplexe weit kleiner ist als im Bereich der Friedrich- und Dorotheenstadt, Cöllns oder der Linden, wurde doch mit geringeren Mitteln vieles geschaffen, was sich mit jenen Werken messen kann.

Die gesamte stilistische Entwicklung zwischen spätem Barock und expressiv-expressionistischer Formensprache ist vertreten, nur der Neubarock schwach. Das erklärt sich daher, dass dies der Stil der wilhelminischen Macht war, die ihrerseits aber innerhalb der Spandauer Vorstadt keine Repräsentationsbauten errichtete. So ist auch das Abwesende signifikant: Die Spandauer Vorstadt blieb stets Bürgerstadt und hielt die geistigen Ansprüche hoch.

Eberhard Roller

TRÄUME EINES BANKIERS – RÄUME DES SPÄTKLASSIZISMUS

Besuch beim Bankier

Es ist kalt und ungemütlich, sagen wir ein Nachmittag im Winter des Jahres 1855, und Sie brauchen Geld. Sie gehen über den Hackeschen Markt, die Oranienburger Straße entlang, stadtauswärts. An lockerer Bebauung vorbei erreichen Sie das Grundstück Oranienburger Strasse 27. Die fein modellierte Fassade mit neun Fensterachsen und einem zentralen Balkon in Berliner Eisenguss zeigt die Formensprache der Schinkel-Nachfolge. Das kleine runde Auge, der Oculus, im Zentrum der Balkontür markiert exakt den Schnittpunkt der Fassadendiagonalen. Nichts verrät, dass sich dahinter eines der größten Grundstücke der Strasse verbirgt.

Erst hinter der hohen schmalen Hofdurchfahrt öffnet sich das weite Karree des Hofes mit einem Brunnen, teils in italienisierendem Rundbogenstil umbaut, teils von kleinen Schuppen begrenzt. Im üblichen Gewirr von Gemüsegärten und Schuppen im Blockinneren der Grundstücke lärmt und wächst eine Baustelle – immerzu Baustellen in dieser Stadt! –, die Katholiken leisten sich da hinten gerade ihr erstes eigenes Krankenhaus, Sankt Hedwig. Ein Dutzend Mieter, vom Buchdruckereibesitzer bis zum Lebensmittelhändler, drängeln sich auf dem Gelände.

Die alte Kegelbahn am Westrand des Grundstücks ist abgerissen, es stinkt nach Mist aus dem neu gebauten Pferdestall; Brunnen sorgen für Frischwasser, tierische und menschliche Fäkalien landen in der Hofgrube, ein großes Weinspalier steht kahl und knochentrocken.

Ihre Absichten jedoch führen Sie ins Vorderhaus. Sie wenden sich dafür in der Tordurchfahrt nach rechts in das Treppenhaus, erklimmen die Stiege vorbei an aufwändig mit vergoldetem Dekor bemalten Wänden. Im ersten Stock, der Beletage, klopfen Sie an die rechte von drei baugleichen Flügeltüren.

Ein kreisrunder Türspion in Augenhöhe hinter einer durchbrochen geschnitzten Rosette erlaubt Sichtkontrolle vor dem Einlass.

Hier empfängt Herr Joseph Tobias Goldberger, ein junger Bankier. Nachdem er in Oberschlesien mit „Rheumabetten" ein Vermögen gemacht hat, verschlägt ihn der Wirbel der Industrialisierung nach Berlin. Er ist gerade einmal gut dreißig Jahre alt, aber schon blendend positioniert, ein wichtiges neues Gesicht in der kleinen jüdischen Gemeinde.

Erst im letzten Winter wurde der Kaufvertrag für dieses Grundstück unterzeichnet, jetzt wird alles umgekrempelt, daher die Bautätigkeiten im Hof. Was Sie als Besucher 1855 noch nicht ahnen können: Diese Familie ist mit größtem Einsatz zielstrebig auf dem Weg nach oben, in das Zentrum der Berliner Gesellschaft. Goldbergers Frau und Nachkommen werden nach seinem frühen Tod jahrzehntelang zu den führenden Kaufleuten der Hauptstadt gehören. Der ältere von zwei Söhnen, zum Zeitpunkt Ihres Besuchs ein Knirps von kaum acht Jahren, wird später noch Furore machen: Er wird ein geflügeltes Wort prägen, das heute noch jeder kennt, jeder. Es ist darauf zurückzukommen...

Goldberger hat weder Mühen noch Kosten gescheut, derlei Absichten auch mit der neuen Raumausstattung im Vorderhaus zu demonstrieren. Man sagt, diese soll für einen Bürgerlichen unverschämt anspruchsvoll sein, hier sollen Architekten des Königs engagiert sein, Schinkels Schüler und Erben.

Insbesondere eine Abfolge von vier Räumen in der Beletage zeigt, darin fürstlichen Gemächern gleich, einen dynamischen Akkord jeweils anderer Materialstellungen und subtiler Farbprogramme.

Der Ehrgeiz zeigt sich schon im kleinen Flur. Er überrascht mit einem bildschönen Boden aus Mosaik"steinen", bisher nur bekannt aus dem Kreis der Baualchimisten um den Geheimen Oberbaurat Ernst August Stüler. Geradewegs öffnen sich Flügeltüren zum hochmodernen neugotischen Herrenzimmer. Ihre Füße treten knarrendes Parkett von Eiche mit rotbraunen rahmenden Bändern, seine Geometrie korrespondiert mit den quadratischen Deckenfeldern. Knorriges Rankenwerk rahmt altdeutsche Eichentüren mit überstabten Profilen, Maßwerk ziert alle Füllungen. Sind Sie vom Fach, schauen sie sich Schnitzwerk und Profilierung einmal aus der Nähe an, Sie werden kaum Vergleichbares in der Stadt finden. Die zeitgenössische architektonische Avantgarde hat sich aufgemacht, den patriotischen Zeitgeist mit dunkel raunenden Mythen des Mittelalters zu beflügeln. Sie wandern, u. a. aus Caspar David Friedrichs und Schinkles Werken und der Sagenwelt des Historienmalers Moritz von Schwind direkt in die Salons des städtischen Bürgertums.

Konsequent wurde dafür der schattigste Raum ausgewählt: Fahles Nordlicht zwängt sich vom einzigen, über Eck gestellten Fenster in das große, zwischen Vorder- und Seitenflügel, eingeklemmte Zimmer. Was wenige Jahre später durch die Publikation von „Mustergrundrissen" durch den Architekten Gustav Assmann zu zwiespältigem Ruhm gelangt und als „Berliner Zimmer" zum Standard des Mietskasernenbaus wird, ist hier als Neuheit schon angelegt.

Oranienburger Straße 27. Zustand des Parkettbodens im 1. Obergeschoss 1997.

Der Mosaikboden im Vorraum

Den Vorraum der Wohnung im ersten Stock schmückt ein auffallend farbiger, in geometrischen Mustern angelegter Mosaikboden. Das Material der quadratischen Mosaiksteine, die eine Kantenlänge von zwei Zentimetern besitzen, ist nicht etwa Stein, sondern Ton, was auf den ersten Blick nicht zu erkennen ist. Die „Steine" dieses Bodens sind nach dem damals hochmodernen Verfahren der Trockenpressung hergestellt: Pulverisierte Tonmasse wurde zwischen zwei stählernen Stempeln starkem Druck ausgesetzt und zu Würfeln gepresst. Durch die enorme Pressung und einen abschließenden Brand bei hohen Temperaturen erhielten die Steine ihre außerordentliche Härte. Für diesen Boden wurden Mosaiksteine in sieben verschiedenen Farbtönen hergestellt: Für die Grundfläche weiße Steine, für das gitterartige Muster der Hauptfläche blaue und terrakottafarbene, für die umlaufende zickzackartige Bordüre schwarze, braune und ockerfarbene Steine. Diese Art von Bodenbelag aus Mosaiksteinen wurde erstmals beim Bau des Neuen Museums, keine 500 Meter Luftlinie entfernt auf der Museumsinsel, erprobt. Der Innenausbau erfolgte von 1850 bis 1858. Den Museumsbau plante der Schinkelschüler, Architekt und Geheimer Oberbaurat Friedrich August Stüler. (Kerstin Bruhns)

Die Flügeltür allerdings, die zu den Räumen der Straßenfront führt, ist großzügig verglast. Glas in einer Türe! – So etwas gab es bisher nur in königlichen Gemächern. Doch so hilft auch in der notgedrungen fensterlosen Ofenecke mit dem Kachelofen eine Handvoll Tageslicht beim Einheizen. Eingesetzt werden dafür Torf und Holz wie überall. Schon jetzt am Nachmittag ist künstliche Beleuchtung notwendig, Öllampen oder Kerzen am Kronleuchter entzünden das goldene Feuer der Blattgoldauflage auf dem reichen Deckenstuck. Die spätklassizistische Zimmerflucht hinter der Straßenfront, mit hel-

Oranienburger Straße 27. Fußbodenaufsicht der Marketerie auf Tafelparkett, östlicher Raum/Mosaikboden im 1. Obergeschoss. Aufgenommen von Katharina Kramer, 1997.

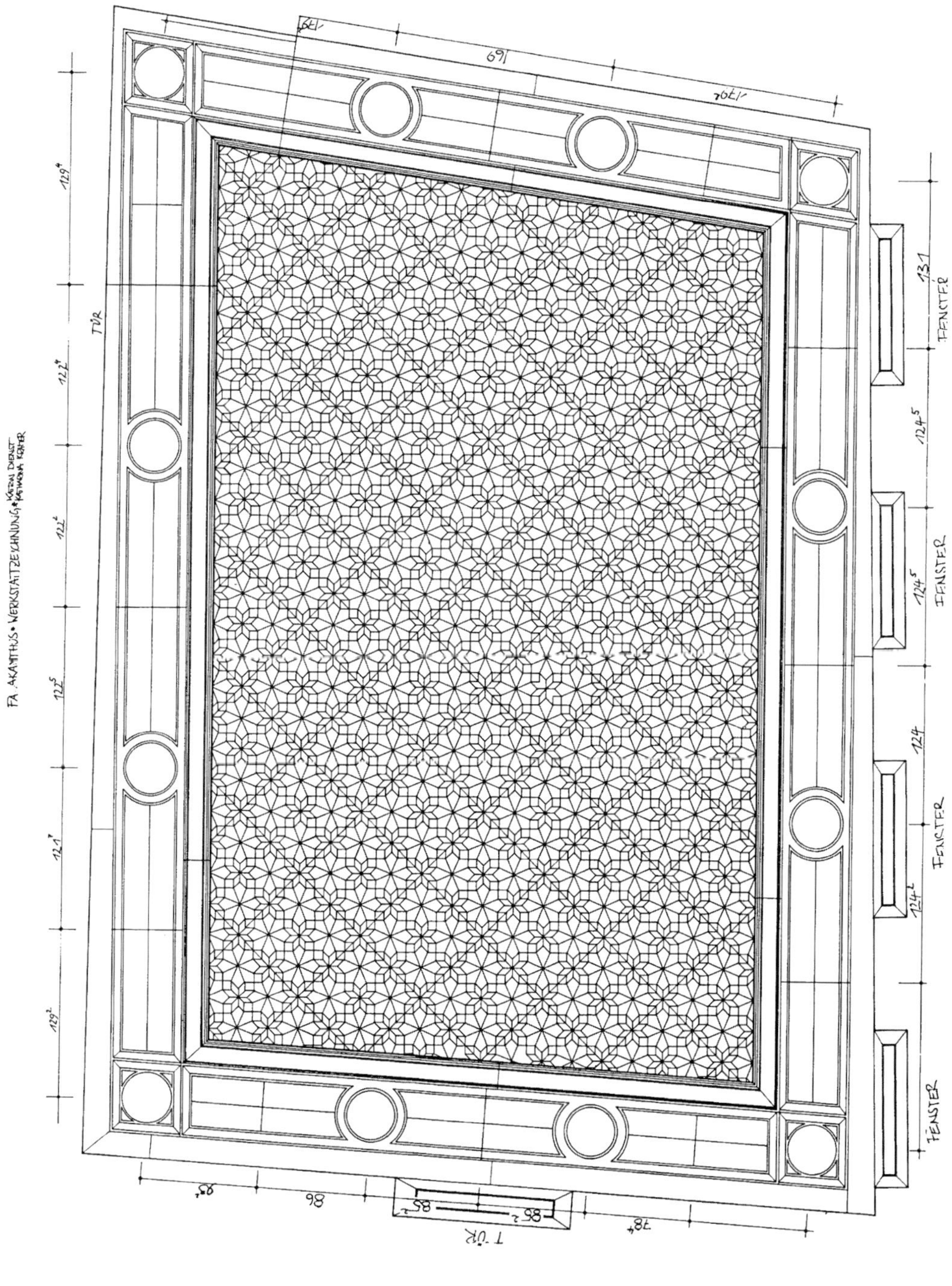

lem Südlicht versorgt, wird, durch Flügeltüranlagen zwischen den drei Räumen einer zeremoniellen höfischen Raumfolge ähnlich, in eine kleine „Enfilade" verwandelt.
Im Raum hinter den Glastüren auf Parkettboden mit hellen Bändern auf eichenem Fond steht zur Linken ein veritabler Tresor, in Formen des romantischen Historismus mit runden Eckpfosten architektonisch gegliedert. Im plastischen Dekor des Deckenstucks spielen Salamander und Frösche im Laubwerk, bunt ausgemalt und wiederum in Blattgold ausgelegt. Die Türen zeigen Mahagoni allererster Güte aus Mittelamerika, wie es anderswo die Leute angesichts des sündhaft hohen Preises nur für Mobiliar einzusetzen wagen, die erstklassig ausgeführte Politur betont den unvergleichlichen rotbraunen Satinglanz dieser Holzart. Dagegen stehen polierte Türbeschläge in rauchgrau gebrochenem Silber. Diese sind hier an Türen und Fenstern mit der ultramodernen, noch fast unbekannten Galvanotechik aus England veredelt. In raumfüllenden Elektrolytbädern wird Gold und Silber kostengünstig wie nie zuvor auf Trägermetalle aufgeschichtet. Erst im Jahre 1848 mit königlicher Konzession versehen, wird damit die hochtoxische Feuervergoldung ersetzt, die zuvor jede Vergolderlaufbahn mit einer schleichenden Quecksilbervergiftung bedrohte. Im nächsten Raum liegt auf dem Boden Dekor mit hellen Bändern und Kleeblattmotiven. Eiche ist im Spiel, Palisander, Ahorn und Mahagoni. Der Preis für diese Qualitätsstufe dürfte etwa das Zehnfache einer einfachen Holzdielung betragen haben. Aus vier verschiedenfarbigen Materialien sind die Türen hier komponiert: hellbrauner Walnussbaum, schillernd silbergrau gefärbter, amerikanischer Zuckerahorn, tief rotbrauner Rio-Palisander und wiederum silberne Beschläge.

Die Tafelparkettböden

In beiden Obergeschossen findet sich in insgesamt zehn Räumen ein herausragendes Ensemble von rund 260 Quadratmetern historischer Holzböden. Auf eine ca. 32 Millimeter starke quadratische Platte aus Kiefernholz mit einer Kantenlänge von etwa 60 Zentimetern, genau genommen zwei Fuß, ist eine Lage von Edelhölzern, bis zu 8 Millimeter dick, aufgeleimt, übrigens mit einem aufbereiteten Absud von Schlachtviehresten als Leim. Nur diese mehr oder weniger kunstvoll durchgearbeitete Furnierschicht bildet die Ansicht des Bodens, die Größe der Tafeln selbst erkennt nur ein geübtes Auge. Denn diese Marketerietafeln - nicht Intarsie! - werden dicht an dicht zumeist diagonal in den Raum gelegt und von einem umlaufenden furnierten Fries eingerahmt. Die Raumecken unter Öfen und Kachelöfen wurden aus Gründen des Feuerschutzes niemals parkettiert, sondern blieben ausgespart. Im späten 17. Jahrhundert für die Höfe des Sonnenkönigs in Frankreich noch ohne Furnierschicht entwickelt, wurden mit diesen Schmuckböden ab dem späten 19. Jahrhundert regulär auch die Salons des Bürgertums ausgestattet. Beschichtet wurden diese „Fournierparkets" mit Leinöl oder mit Bienenwachs und abschließend gebohnert. Standardisiert als „Berliner Tafel" in Eiche mit Mahagonibändern wurden allein in der Spandauer Vorstadt mutmaßlich hunderte von Böden verlegt. Die Marketerieböden im heutigen Restaurant Adermann im 1. Obergeschoss allerdings können sich mit den feudalen Interieurs der verschwundenen Hohenzollernschlösser messen.
Das Parkett des Salons sowie die Türanlagen sind nach bisherigem Forschungsstand innerhalb des Denkmalbestandes dieser Epoche in Berlin von unübertroffener Güteklasse.
Hier hat sich ein Bankier, strotzend vor Selbstbewusstsein ein Denkmal gesetzt und uns als Erben einen winzigen Widerschein der Raumqualitäten des Berliner Stadtschlosses hinterlassen.

Die achtflügelige verglaste Fenstertür mit Schnitzwerk in Palisander und hochliegendem Oculus öffnet den Raum zum eingangs erwähnten Balkon in Eisenkunstguss hin. Ein Tritt hinaus erlaubt einen Blick über die Straße, wo die beginnende Industrialisierung sich anschickt, in urbanem Gründungsfieber zügellos Gebäude hinzuwürfeln, eine städtebauliche Collage. Von geschlossener Blockrandbebauung kann noch nicht die Rede sein, Krausnick-, und Monbijoustraße gibt es noch nicht, nicht einmal schön ist es, nur aufregend. Noch keine Spur der großen Bauten die im nächsten Jahrzehnt das Gesicht der Straße verändern werden, ist weit und breit zu finden, kein Postfuhramt, stattdessen ein bescheidenes Postillonhaus. Das (vom Balkon aus gesehen) zur Linken angrenzende Nachbargrundstück ist kaum bebaut und wird gärtnerisch genutzt, es trägt noch an seiner Vergangenheit: „Scharfrichter Etablissement" wird es auf einer Bauzeichnung um 1830 noch genannt, hier war einstmals das Hochgericht, die Hinrichtungsstätte Berlins...

Auf der gegenüberliegenden Straßenseite leuchtet das 18. Jahrhundert durch das kahle Geäst der Parkbäume, es ist der Westflügel von Schloss Monbijou. Gerade wird über die Errichtung eines Domstiftes für angehende evangelische Theologen im Schlosspark verhandelt. Gegenüber wächst und wächst der alte Packhof mit Schuppen auf Gartengrundstücken und Stellplätzen für die unzähligen Kutschen, welche die rasch anschwellenden Warenströme durch die pulsierenden Kapillare der Stadt zu treiben haben. Halbrechts daneben führen die Freimaurer seit Jahrzehnten ein großes Haus, mit seinen drei Etagen überragt es gediegene Bürgerhäuser, die zumeist lediglich zwei Obergeschosse aufweisen. Dieseits der Strasse zwei Grundstücke nach rechts liegt die Baubrache, deren Ankauf für die Neue Synagoge gerade in diesem Winter von Goldbergers Glaubensbrüdern im Gemeindevorstand verhandelt wird. Noch also ist hier Vorstadt, wenn auch vor wenigen Jahren beim Märzaufstand 1848 mit einer großen Barrikade stadteinwärts umkämpft. Doch längst geht es um Geld, die Revolte ist eine industrielle, keine oppositionelle. Dass dies ebenso fiebrig und im Ergebnis nicht minder umstürzlerisch ist, das wissen auch Goldbergers nicht. Gehören sie doch selbst zu dem assimilierten Teil der jüdischen Gemeinde, der fest entschlossen ist, königstreu, preußisch und patriotisch den Aufbau der Wirtschaft voranzutreiben. In einem Spitzelbericht der königlichen Geheimpolizei wird Goldberger jun. später als „Streber" bezeichnet.

Ob Ihre Bonität als Gast und Kunde ausreicht, um nun auch in den kostbarsten und letzten Raum der Zimmerflucht geladen zu werden? Tatsächlich ist dieser Salon, nennen wir ihn „Mosaikzimmer", von höfischer Pracht: Der Bodenspiegel mit kontrastreicher mosaizierender Marketerie von kristalliner Schärfe zeigt rotes Mahagoni, dunklen Palisander und leuchtend weiße Achtsterne aus Ahorn. Den rahmenden Bodenfries zieren auf blassbraunem Eichenfurnier eingelegte Kreisformen, sogenannte tondi, man denkt an die florentinische Renaissance. Sie zeigen reitende Knaben auf Seeungeheuern und Delphinen, in Raumecken Rosetten mit Akanthuslaub. Brandschattierungen verdeutlichen deren Konturen. Gut 8000 einzelne Holzstückchen bilden gemeinsam eine Fläche von 53 Quadratmetern, auf jeder Tafel 92 Furnierstücke. Die Türblätter in florentinischer Gliederung aus Palisander und tiefschwarzem Ebenholz bilden den Hintergrund für üppige Profilleisten und Schuppenbänder, Stäbe und Kehlen mit Blattgoldauflage, hervorragenden Marmorierungen sowie vergoldete Türdrücker und Scharnierbänder.

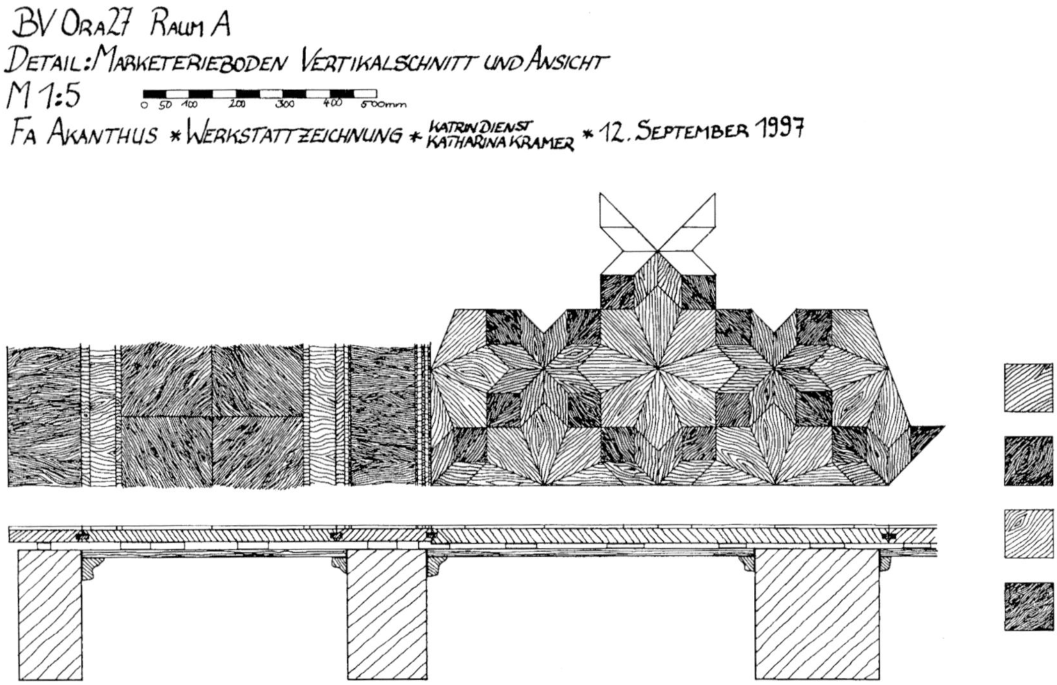

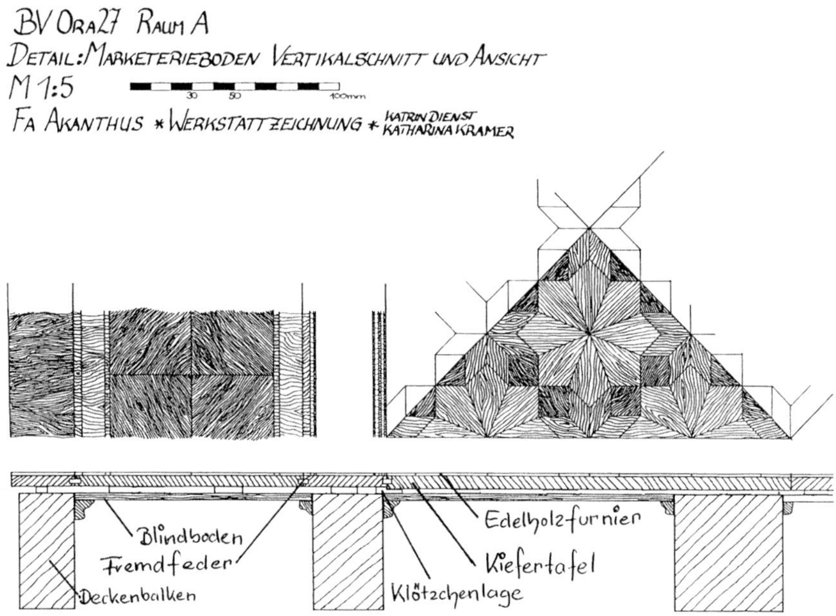

Oranienburger Straße 27. Vertikalschnitt des Fußbodenaufbaus /Mosaikboden östlichen Raum im 1. Obergeschoss. Aufgenommen von Katharina Kramer u.a.in der Art von Musterbüchern des 19. Jahrhunderts, akanthus, 1997.

Marmorierungen

Auf den Türrahmen liegt eine bestechend realistisch wirkende Marmorierung. Es kontrastiert hochglänzend schwarzer „Marmor" mit goldgelben Adern zu Einlagen aus grünlich-schwarzem „Serpentinstein" - alles Imitate. Zur Herstellungsweise: In der Konsistenz einem Mürbeteig ähnliche „Farbmassen" werden kunstvoll zusammengeknetet, in wenige Millimeter dicken Scheiben aufgeschnitten und dann

auf das Trägerholz aufgeleimt; die dabei entstehenden Ansichten gleichen etwa Schnitten von „Marmor"kuchen. Der Befund ergibt - in diesem Falle auf Holz aufgelegt - über 90% reinweisses Calcit, daneben Leinöl und Pigmente. Alles Weitere erfordert Handwerk und sehr viel Zeit. Die Oberfläche wird geglättet und fein poliert. Diese höchst kostspielige technologische Rarität, dem Stucco-lustro eng verwandt, hat sich der Hausherr nur für die Türrahmen geleistet. Exakt dieselbe Material- und Farbstellung sowie Türgliederung, findet sich noch an einem zeitgleich ausgestatteten Flügel von Schloss Schwerin in Mecklenburg, allerdings in viel größeren Dimensionen.(Hinweis von Till Mertins)
Der Baumeister dort war Friedrich August Stüler aus Berlin.

Der zweite Stock ist deutlich schlichter gehalten, jedoch mit seinen teilweise bemalten „Patentfußböden" von der innovativen Aufbruchstimmung der Epoche geprägt.
Soweit reichen die Aussagen von Quellen und materielle Befunde am Bau, auch wenn eine umfängliche Bauforschung noch aussteht.

Badmeyer´sche Patentfußböden

Eine auffallende Besonderheit einiger Räume im 2. Obergeschoss, gründet auf einer kapriziösen Idee: Dieser fugen- und nagellose Holzfußboden in Kiefer an Stelle von einzelnen Dielenbrettern ist modern und kostengünstig, pflegeleicht und formschön, teilweise mit Schablonenmalerei dekoriert. Ein Konstruktionsprinzip aus dem Möbelbau soll dabei das gefürchtete Werfen und Schwinden der Holzbretter verhindern: Man kann sich ein riesengroßes Tischblatt mit unten liegenden Gratleisten als Bodenbelag vorstellen. Diese Idee wurde 1832 mit preußischem Patent versehen, der Tischlermeisterund „ Erfinder" Carl August Badmeyer, glaubte an eine große Innovation des Bodenbelags. (Matthias Vondung, Magisterarbeit, Th Berlin, 1997) Tatsächlich jedoch scheiterte seine Technologie an der praktischen Umsetzung, schon die kleinste Klima-

Oranienburger Straße 27. Jede ausgebaute Tafel wurde vor und nach der Restaurierung beidseitig fotografiert.

veränderung verformte die in der Werkstatt vorbereiteten, bis zu 8 Quadratmeter großen Tafeln so sehr, dass an eine saubere Montage nicht mehr zu denken war. Sie sind praktisch nicht verlegbar. In der Evolutionsgeschichte des Bodenbelags bleiben sie daher eine „Fuß"note... Heute ruhen sie - mit einer Ausnahme - durch Überbauung verborgen unter „Berliner Tafeln". Es ist bisher nur noch ein einziger weiterer Ort in Berlin bekannt, der dieselben Böden aufweist: Wiederum das Neue Museum von Friedrich August Stüler.

Geschichte wird gemacht

Aber viele Schleier sind noch ungelüftet: Die Beweislage ist dünn nach den Verheerungen der Archive durch den Zweiten Weltkrieg. Warum finden wir heute hinter den Sockelleisten eines Bodens Blätter belgischer Zeitungen aus den Jahren 1853-55 an die Wand gepappt? Belgische Gastarbeiter als „Parquette"leger? Hat womöglich gar nicht Goldberger die Ausstattung besorgt sondern ein Vorbesitzer? Hat sich dieser fianziell verhoben bei diesem Kraftakt und der Zugereiste ein Schnäppchen gemacht? Wir wissen es nicht. Wie waren die Wände gestaltet? Wer war der Architekt dieser Raumausstattungen? Führen die Spuren tatsächlich zum Geheimen Oberbaurat Friedrich August Stüler oder zu einem seiner Konkurrenten?

Die Geschichte schreitet über die Böden hinweg.

Eine Quelle berichtet davon, dass Ludwig Max Goldberger junior zwanzig Jahre später mit einem internationalen Netz von Filialen dieser kleinen „Großbank" aus jährlich enorme Mengen Goldmark bewegt haben soll. Sein Erfolg manifestiert sich im Haus. Erdgas wird in Rohren in die Deckenleuchten geführt und ermöglicht Gasbeleuchtung, eine Wasserleitung ist belegt, später „ein Telegraf". Die Wände zeigen keine Mäander mehr, die Gründerzeit mag es fülliger. Das Treppenhaus wird neu ausgemalt, im Mosaikzimmer werden die Wände mit Textil bespannt, Fensternischen von polierter Fassung in Ocker gerahmt, darauf duftiges eklektizistisches Dekor in Rot und Blattgold. Die allzu schlichten Patentböden im zweiten Stock werden irgendwann fast überall ebenfalls mit weitgehend standardisiertem Tafelparkett überbaut. Mit Ausnahme eines sehr reizvollen „Flechtwerks" auf einem Boden finden sich nur Varianten von Berliner Tafeln.

Die Geschichte beschleunigt, das Rad dreht schneller, die Kapitalakkumulation findet jetzt anderswo statt.

Ludwig Max Goldberger, rastlos und erfolgreich bis in „höchste Kreise" - der zu Beginn genannte ältere Sohn des Käufers - tritt um die Jahrhundertwende eine große Amerikareise an. Er wird von Roosevelt persönlich empfangen und feiert nach seiner Rückkehr die Neue Welt in einer euphorischen Hymne in Buchform, das wird sofort ein Bestseller. Seinen Titel kennt wohl jeder: „Das Land der unbegrenzten Möglichkeiten". Goldberger jun. wird später noch die Berliner Handelskammer ins Leben rufen.

Die Vorstadt wird zur Innenstadt, es wird zu eng. Das Geld zieht in den Westen, Goldbergers in die Drakestraße 3 in Zehlendorf, man wohnt jetzt in Landvillen, das Grundstück in der Oranienburger Straße wird verkauft. Mehrfach wechseln die Besitzer und die Moden, wenigstens ein Dutzend Tapetenwechsel sind belegt.

Als sich 1933 die Nacht über Deutschland senkt ist in den Versicherungsakten „Zwangsverwaltung" ausgewiesen. Das tausendjährige Reich geht auch hier im Marschtritt bis ans Ende, da haust mit Sicherheit die Angst in den noblen Räumen: Granattreffer oder Bomberangriffe treffen das Mosaikzimmer, zerstören reitende Knaben, Dutzende riesige Eisensplitter bleiben im Holz der Tafeln stecken.

Vermutlich nach Kriegsende dienen die Palisandertüren als Zielscheibe, sie sind durchsiebt von Gewehrkugeln, das Blattgold der Profile zerfetzt. Ob der

Brand, der die Flügeltür zum Balkon zerfrisst, Kriegseinwirkung war, wissen wir nicht.
Der nachfolgende Realsozialismus hat andere Sorgen als großbürgerliche Raumfantasien. Hastig auf das Parkett gestellte Zwischenwände schaffen Behausungen für viele. Der Deckenstuck ist längst bis auf zwei Räume verloren, der Balkon aus Kunstguss gammelt in einem Nebengelass, zahllose Schnitzappliken entschwinden. Läufer-, Papp- und Plasteschichten überziehen das edle Holz, Geometrien werden von Wischwasser bis zur Unkenntlichkeit zergraut, unzählige tiefe Risse furchen die feine Faserstruktur des empfindlichen Werkstoffes Holz, Fehlstellen wachsen in die Breite und die Tiefe, Schimmelflecken auch, Nutzung und „Restaurierungen", die ihren Namen völlig zu Unrecht tragen, schleifen tiefe Mulden in die Böden, tragischerweise insbesondere im Mosaikzimmer. Als stiller Höhepunkt von Scheußlichkeit landet ganzflächig Goldbronze auf polierten Profilen und weiße Dispersionsfarbe auf polierten Edelhölzern. Die halbverbrannte Balkontür dient als Regalstütze. Der gefürchtete Hausschwamm quillt in dicken Matten unter Holzbauteilen hervor. Der Bau scheint am Ende.

Restaurierung

Durch massive Förderung der Denkmalpflege beflügelt, kann die gesamte Anlage nach 1994 aufwändig restauriert werden.
Ein Erhaltungskonzept plant die Wiedergewinnung der ruinösen Fragmente der historischen Raumausstattung wie Stuck, Böden und Türen, aber auch von Fasssadenputz, steinernen Bodenplatten und Fenstern sowie Treppenanlagen. Der Konservierung des Bestandes wird dabei höchste Priorität eingeräumt. Als Ziel gilt, nicht zu „renovieren", nichts „ wieder neu" zu machen. Spuren von Geschichte werden lesbar gemacht, Verschüttetes freigelegt, Gefährdetes wie Tausende von gelösten Furnierstückchen gesichert. Keinesfalls soll durch Abschliff wie bei herkömmlichen „Aufarbeitungen" die Würde gealterter Holzoberflächen zerstört werden, auch Polituren und durch UV-Licht induzierte Alterungsfarben bleiben unberührt.
Bewusst werden Schäden da belassen oder gar geschützt wo sie historische Umstände und Gebrauch dokumentieren.
Ein fehlendes Türfutter wird - wegen fehlender Mittel zum Teil vereinfacht mit Kunstharz an Stelle des Originalmaterials - nachgebaut, seine Profile vergoldet.
Spätgotisches Rankenwerk wird nach millimetergenauen Kartierungen der Fehlpartien nachgeschnitzt.
Hervorragend erhaltene originale Harzpolituren und Blattvergoldungen werden mit großem Zeitaufwand unter Dispersionen und Bronzen freigelegt. Die Balkontür wird teilrekonstruiert. Trotz extremer Brandschäden und Rußschichten können auch hier Reste der Politur gesichert, unterstützt von naturwissenschaftlichen Analysen historische Rezepte nachgewiesen und nachgestellt werden.
Edelmetallauflagen auf Hunderten von Beschlagelementen werden konserviert, zuvor millimeterdicke Korrosionsschichten abgetragen, fehlende Beschläge präzise kopiert.
Auf die spezifische Schadensproblematik individuell abgestimmt, werden vier Böden komplett ausgebaut und werkstattseitig bearbeitet, fünf andere in situ restauriert. Modernste Verfahren wie Lasertechnik und Trockeneisreinigung (letztere erfolglos) werden eingesetzt, Laborbefunde unterstützen die Auswahl der Verfahren und ihre Anwendungen. Bodenbeläge und Schmutzschichten werden entfernt, rund 4500 Furnierstücke eingelassen, Bearbeitungskartierungen aller Böden dokumentieren jede einzelne Ergänzung. Die nachfolgende Oberflächenveredelung folgt historischen Quellen. Strikt konservatorisch wird ein in der Denkmalpflege noch nie gewagter, in der Fachwelt umstrittener Weg beschritten: Der Wertvollste dieser Böden, - die Nutzung würde weitere Verluste nach sich ziehen, wird nach der Restaurierung ganzflächig überglast. Platten aus einer 24 Millimeter dicken Schicht Spezialglas sind, in Lage und Größe den Parketttafeln gleich, rund sechs Zentimeter hoch aufge-

von oben nach unten:
Oranienburger Straße 27. Marketerietondo des Bodenfrieses mit reitendem Knaben während der Schmutzabnahme.
Oranienburger Straße 27. Restaurierte Raumecke mit Bombensplitterschäden.
Oranienburger Straße 27. Restaurierter Mosaikboden, noch ohne Überglasung.

ständert auf individuell höhenverstellbare Aluminiumstempel. Sie sind mit geätzten Punktrastern versehen - nicht als preiswerte Deko-Idee, sondern als behördlich geforderte Rutschsicherung. Der Luftraum zwischen Boden und Glas ist klimatisiert, um Schäden an dem äußerst klimaempfindlichen Material Holz vorzubeugen.
Allein für die Bearbeitung der Böden und Türen werden weit über 12 000 Arbeitsstunden aufgewendet.
Das wohl Wichtigste aus der bestürzend geringen Zahl erhaltener Fragmente von hölzerner Raumkunst des großbürgerlichen Berlins der Mitte des 19. Jahrhundert ist vorerst gerettet.

Besuch 150 Jahre später

Es ist nachmittags im November, kalt und ungemütlich sagen wir 2005.
Sie haben Hunger und Geld, von letzterem deutlich mehr als von ersterem. Sie wenden sich noch in der Tordurchfahrt nach rechts in das Treppenhaus. Neue Bemalungen, nach dem Befund von 1840, zieren jetzt die Wände. Sie erklimmen die Stiege mit dem zierlichen Geländer maseriert in der goldgelben Farbe von geriegeltem Ahorn in den ersten Stock, sie kennen das schon. Der Kunststeinboden empfängt immer noch hinter dem Türspion, doch der enge Flur ist weg, die Räume geweitet. Nicht Kriegseinwirkungen sondern Architekten haben Wände durchbrochen und dem hungrigen Blick Schneisen durch die Raumgrundrisse geschlagen. Denn dort tafelt bei „Adermann", einem Restaurant mit zwei Sternen jetzt die Neue Mitte, diverse Kanzler und Minister werden gesichtet.
Der Augenschmaus ist gebrochen, dem neu eingebrachten Mobiliar schaut noch das Preisschild aus dem Kragen. Die vormals raumbeherrschenden Kachelöfen sind verlustig, ihre Nachfolger zieren jetzt die Fensternischen, elektrisches Licht von riesigen Kronleuchtern fließt über Gedecke, heller als je zuvor. Die Wände sind neu und einfältig dekoriert, in den Fensterlaibungen schim-

mern kostbare Reste der gründerzeitlichen Vergoldungen. Wieder da ist der Balkon und seine wunderschöne Doppelflügeltür. Unwiederholbar bleiben die meisten Stuckdecken und die Wandbespannung.

Der Boden aber, der knarrt immer noch. Weicher Glanz von Wachspolitur liegt auf patinierten Edelhölzern. Die Spuren der Tresore - UV-Licht hat im Laufe der Jahre ihre Umrisse in die Hölzer gezeichnet - und der Schmutzkanten unter Trennwänden, alles ist noch da.

Die geschundenen Böden zeigen Flecken von Schmauchspuren, kleine Mulden und Brandlöcher machen den Funkenflug vor den Ofenstellen augenfällig, die jetzt mit Parkett geschlossen sind; daneben Verletzungen bis hin zum denkmalwürdigen Granatsplitterregen im Mosaikzimmer. Nur die reitenden Knaben sind jetzt unter Glas begraben...
Diesem Verlust an unwiederholbarem Raumeindruck gegenüber steht hier der erfolgreich durchgesetzte Erhaltungsanspruch der Denkmalpflege auch für zukünftige Generationen. Der Preis sind Zumutungen für das Auge des Betrachters: Eine quasi-archäologisch ästhetisierte Inszenierung dieses kunsthandwerklichen Kleinods und Verfremdungen durch technologische Anforderungen an die Schutzschicht.

Quellennachweis:

Landesarchiv Berlin, Bestand Feuersozietät, ARep. 0180, Acc. 750.
Landesarchiv Berlin, Adressbücher der Stadt Berlin.
Laurenz Demps, Die Oranienburger Straße, 1998.
Wolfgang Feyerabend, Quer durch die Mitte, 1999.
Peter Lemburg, Festvortag zum 150. Geburtstag von Ludwig Max Goldberger, 1998.
Peter Nickl, Parkett, 1995.

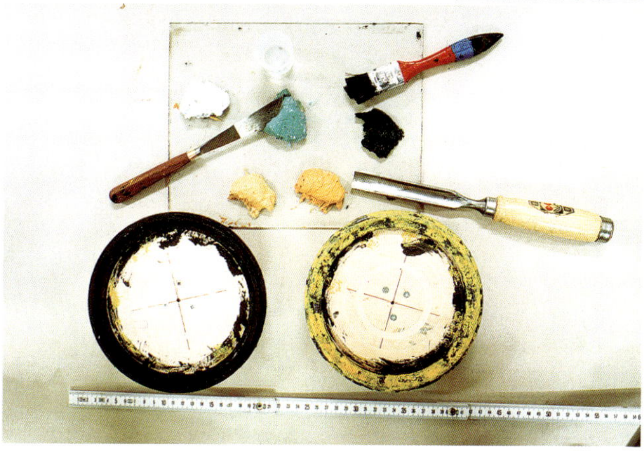

Oranienburger Straße 27. Herstellung von Farbpasten für die Marmorierung von gedrechselten Profilkreisen des rekonstruierten Türfutters.

Oranienburger Straße 27. Gesamte Türanlage nach Konservierung und Rekonstruktion des Türfutters.

Matthias Weiß

DAS KUNST- UND WOHNPROJEKT KULE E. V. IN DER AUGUSTSTRASSE 10 – EIN „UNBEQUEMES BAUDENKMAL"?

Zwischen dem sorgsam wiederhergestellten Wohn- und Geschäftshaus Auguststraße 9 mit leuchtend terrakottaroten Friesen und der heute verwaisten, ehemaligen Jüdischen Mädchenschule aus dunklem Klinkermauerwerk in der Auguststraße 11-13 befindet sich ein Gebäude von eigentümlicher Zwittrigkeit. Geschunden und schön zugleich und von Zeit zu Zeit wie eine Art Schaugerüst mit Bildern oder Objekten behangen, kündet es weit weniger vom wirtschaftlichen Aufschwung und der Prunksucht seiner Erbauungszeit während der Gründerjahre als vielmehr von Zerstörung, Niedergang und Neuaneignung. Es stört so den Blick dessen, der Trost oder ästhetische Befriedigung in einem intakten Stadtbild sucht: Das Kunst- und Wohnprojekt KuLe (Kultur und Leben) e. V. in der Auguststraße 10 – ein „unbequemes Baudenkmal"?

Bereits 1997 hat Norbert Huse, Inhaber des Lehrstuhls für Kunstgeschichte an der Technischen Universität München und namhafte Stimme in der öffentlichen Diskussion denkmalrelevanter Fragen, den Begriff „unbequeme Baudenkmale" im Rahmen einer Publikation mit gleich lautendem Titel geprägt.[1] Angewandt hat er ihn auf die unterschiedlichsten Bereiche denkmalpflegerischer Verantwortlichkeit, sei es auf die politisch kontaminierte Baukunst des Dritten Reiches, sei es auf die Weitläufigkeit und häufig spröde Schönheit industrieller Flächendenkmale oder auf die jahrzehntelang als Mahnmal wider den Krieg fungierende Frauenkirchruine in Dresden, die 1993/94 dem Wunsch nach Wiederaufbau weichen musste. Zwar lässt sich der seinerzeit als Mietshaus konzipierte Bau in der Auguststraße 10 weder historisch noch typologisch als solch ein unliebsames Erbe begreifen. Bezüglich seiner jüngsten Geschichte sowie seiner heutigen Gestalt aber, die einem eigenwilligen und zumindest innerhalb der Spandauer Vorstadt einzigartigen Konzept sowie hartnäckigen Auseinandersetzungen mit den zuständigen Behörden geschuldet ist, kann man das Gebäude durchaus als „unbequemes Baudenkmal" bezeichnen.

Das nicht als Einzeldenkmal eingetragene, im Rahmen des Ensemblegedankens allerdings als schützenswerter Bestand eingestufte Haus erwies sich bereits mit seiner Besetzung im Juli 1990 als äußerst unbequem. Auch das Abschließen von Mietverträgen zwischen der neuen Bewohnergemeinschaft, die sich vornehmlich aus Studierenden künstlerisch ausgerichteter Fächer zusammensetzte und der Wohnungsbaugesellschaft Mitte ein Jahr später sollte daran so schnell nichts ändern. Der Rückübereignung an eine Erbengemeinschaft aus Niedersachsen folgten bald massive Konflikte mit einem wenig kunstsinnigen Kaufinteressenten, so dass die mittlerweile im Verein „Kultur und Leben" assoziierten Bewohner eigene Anstrengungen unternahmen, einen Käufer für „ihr" Haus zu finden. Im November 1993 konnten ein neuer, die Ziele von KuLe e. V. unterstützen-

[1] Norbert Huse, Unbequeme Baudenkmale. Entsorgen? Pflegen? Schützen?, München 1997.

der Besitzer vorgewiesen und ein zunächst auf zwanzig Jahre ausgelegter Pachtvertrag unterzeichnet werden, dessen einzige Bedingungen die Aufnahme in das bauliche Selbsthilfeprogramm des Berliner Senats sowie der langfristige Erhalt der Bausubstanz waren.

Obwohl der Substanzerhalt erklärtes Ziel aller am Sanierungsprogramm „Spandauer Vorstadt" beteiligten Parteien war und ist, konnte bezüglich des von den Bewohnern eingebrachten Gesamtkonzeptes das Einvernehmen mit den Denkmalbehörden nicht hergestellt werden. Wichtigster Streitpunkt der Verhandlungen war der Umgang mit der im Straßenraum wirksamen Fassade. In Zusammenarbeit mit einer der Gruppe freundschaftlich verbundenen Architektin erarbeiteten Mitglieder des KuLe e. V. ein erstes Konzept, das zwei wesentliche Leitlinien enthielt. Zum einen sollten alle historischen Spuren einschließlich der Beschädigungen des Zweiten Weltkrieges und der anschließenden Vernachlässigung erhalten bleiben, um so Geschichte als dynamischen und nicht immer angenehmen Prozess zu vermitteln. Zum anderen sollte die Hauptfront wie schon zur Zeit der Besetzung als „Fassadengalerie" genutzt werden, das heißt sie sollte entsprechend der künstlerischen Intentionen der Bewohner transformierbarer bzw. aktualisierbarer und damit lebendiger Ausdrucksträger bleiben. Legitimationshilfe suchte man in diesem Zusammenhang in der ausdrücklichen Berufung auf den wohl prominentesten Baumeister Berlins – Karl Friedrich Schinkel – und die Anbindung an dessen über die architektonische Form artikuliertes Verständnis von Geschichte, das nicht Wiederholung sondern stete Fortschreibung auf der Basis des Alten meint. Ganz bewusst knüpfte man außerdem an die Konzeption einer „sprechenden Baukunst" an, die bis weit in das 19. Jahrhundert hinein Gültigkeit besessen und im Zuge der Postmoderne ihre Wiederbelebung erfahren hatte. Dass die Idee einer mit dem Betrachter kommunizierenden Architektur im Zusammenwirken mit einem dynamischen Begriff von Geschichte als gestaltprägende Instanzen heute zu einem anderen Ergebnis führen muss als zu Zeiten Schinkels, ist nichts als logische Konsequenz.

Als problematisch sollte sich allerdings erweisen, dass die in Form von Installationen, Aktionen oder als Performance gedachten Verwandlungen der Fassade in dieser ersten Planungsphase immer wieder von neuem substantiell in den Bestand eingreifen sollten und somit nicht nur dem von KuLe e. V. selbst ge-

Zur Zeit der Hausbesetzung hingen mehr als stockwerkhohe Puppen vor der Fassade, das Erdgeschoss war leuchtend bunt bemalt. Messbild, 1991.

äußerten Anliegen nach Erhalt und Konservierung diametral gegenüber standen, sondern auch der ohnehin vonseiten der Denkmalpflege formulierten Sorge um ein stetiges Fortschreiten des Verfalls weiter Vorschub leisteten. Ein Architektenwechsel im Oktober 1996 sollte den Weg aus dem Dilemma weisen. In Kooperation mit einer für das außergewöhnliche Projekt neu gewonnenen Architektengemeinschaft entschloss man sich, die disparaten Anforderungen auf eine sogenannte „erste" und eine „zweite Haut" zu verteilen. Mittels einer zweiteiligen Kragkonstruktion oberhalb des Sockelgeschosses und im Bereich der Traufe sowie einer Stahlseilbespannung war nun eine im Grunde beliebig bestückbare Ebene gut einen halben Meter vor der baulichen Hülle vorgesehen, so dass die gemäß des ursprünglichen Konzeptes zu erhaltende Bausubstanz materiell im Grunde unbeeinträchtigt blieb. Die Demontierbarkeit beträchtlicher Teile dieser stählernen Konstruktion sollte außerdem gewährleisten, dass auch eine visuelle Störung des denkmalrelevanten Bestandes im Zeitraum zwischen zwei künstlerischen Transformationen möglichst gering gehalten würde.

Einer der Vorentwürfe aus der ersten Planungsphase sah das Anbringen unzähliger Fahnen direkt im denkmalgeschützten Bestand vor. KuLe e. V., um 1995.

Die zuständigen Denkmalämter konnten und wollten in Übereinstimmung mit den gerade im Falle der Spandauer Vorstadt stadtteilübergreifend formulierten Zielen auch dieses veränderte Konzept nicht als denkmalgemäßen Umgang anerkennen, mussten ihre fachlichen Einwände im November 1997 letztendlich aber aufgrund einer politischen Entscheidung aus dem Bezirksamt zurückstellen. Trotzdem blieb das Wohnhaus Auguststraße 10 für seine Bewohner weiterhin unbequem. Der bereits im Herbst 1994 mit dem Senat abgeschlossene Vertrag über bauliche Selbsthilfe beinhaltete einen straffen Zeitplan, den man aufgrund der langwierigen Verhandlungen nur mit Mühen einhalten konnte. Entsprechend der üblichen Konditionen sah dieser Vertrag außerdem vor, dass die Bewohner siebzehn Prozent der gesamten Bausumme in Form von Eigenarbeit abzuleisten hatten, was die unterschiedlichsten Aufgaben von Schuttschleppen über das Fliesenlegen in Bädern und der gemeinschaftlich genutzten Küche bis hin zu den in Abstimmung mit einer renommierten Restaurierungsfirma ausgeführten Konservierungsmaßnahmen an der ruinösen Fassade beinhaltete.

In mehrfacher Hinsicht präsentiert sich diese Fassade heute als vielschichtiger Bedeutungsträger, der dem aufmerksamen Betrachter eine Fülle von Informationen vermittelt. Die stark plastisch ausgeführte Putzgliederung in Formen der italienischen Renaissance ist weitgehend überkommen und zeugt nach wie vor von der für die Zeit um das Baujahr 1880 typischen Diskrepanz zwischen herrschaftlicher Pracht und bürgerlicher Nutzung. Über einem mit kräftiger Rustika versehenen Sockelgeschoss werden die oberen Etagen von Dreiecks- und Segmentgiebeln in geschossweisem Wechsel geziert. Ein deutliches Gegengewicht zu der aus dem engen Aneinanderrücken der Fensterverdachungen resultierenden Horizontalgliederung entsteht durch die Ausbildung der westlichen Achse mit Tordurchfahrt als leicht aus der Gebäudeflucht hervorspringender Risalit. Dass der Fassadenschmuck vor allem in den oberen Geschossen stellenweise stark beeinträchtigt ist, verleiht dem Bau einen eigenwilligen Reiz, angesiedelt irgendwo zwischen Authentizitätsanspruch und Ruinenromantik. Neu hinzugewonnen ist eine vermutlich wenige Jahre nach Kriegsende errichtete Aufstockung, die nur bedingt die Achsen des bestehenden Gebäudes aufgreift. Heute ist sie mit mattgelben Lichtwellbahnen bekleidet, wodurch sie sich unmissverständlich als Addition zu erkennen gibt. Als oberer Abschluss dient eine stählerne Kragkonstruktion mit Laufsteg und abnehmbarem Geländer, die mit ihrem Widerpart unterhalb der Brüstungen des ersten Obergeschosses verspannt werden kann, um bei künstlerischen Aktionen dem Haus und seinen Bewohnern als die bereits erwähnte „zweite Haut" zu dienen. Das Sockelgeschoss hat bis in das Frühjahr 2001 mit einer dunkelblauen, metallisch schimmernden Bemalung den neuen Glanz der Nachbarschaft ironisch kommentiert und damit zugleich an die Zeit der Besetzung erinnert, die mittlerweile selbst ein Teil der Hausgeschichte geworden ist. Der heute weiße Anstrich ist im Rahmen einer Kunstaktion ausgeführt worden.

Während also die umstehenden Gebäude mit ihrem wiederhergestellten Gewand in erster Linie Auskunft über das finanzielle und gestalterische Vermögen ihrer Entstehungszeit geben, erzählt die Fassade des Anwesens Auguststraße 10 noch immer aus der Zeit um und nach 1945. Bei gleichzeitiger Ablesbarkeit ihres ursprünglichen Erscheinungsbildes berichtet sie von Kriegseinwirkung und anschließender Verwahrlosung, von der Aneignung durch Hausbesetzer und einer behutsamen Sanierung unter besonderen Bedingungen. Darüber hinaus ermöglicht sie mit ihrer „zweiten Haut" den Mitgliedern von KuLe e. V., politisch wie künstlerisch immer wieder neu Stellung zu beziehen. Unbequem war das gesamte Haus bereits in besetztem Zustand. Unbequem blieb es im Ringen seiner Bewohner um den Erhalt eines alternativen Lebensprojektes, in der Auseinandersetzung um ein angemessenes Sanierungskonzept sowie in der zumindest teilweise eigenhändigen Umsetzung desselben. Unbequem ist nicht zuletzt sein heutiges Erscheinungsbild, das den Blick des Passanten irritiert, um ihn so auch an die weniger erbaulichen Momente in der Geschichte der Spandauer Vorstadt zu erinnern: Das Kunst- und Wohnprojekt KuLe e. V. in der Auguststraße 10 – in der Tat ein „unbequemes Baudenkmal".

Straßenregister

** Förderung im Programm Städtebaulicher Denkmalschutz*
*** Gefördert durch die Deutsche Stiftung Denkmalschutz*

Personenregister

Fehlende Daten waren nicht zu ermitteln.